Leichter führen und besser entscheiden:
Psychologie für Manager

Lizenz zum Wissen.

Sichern Sie sich umfassendes Wirtschaftswissen mit Sofortzugriff auf tausende Fachbücher und Fachzeitschriften aus den Bereichen: Management, Finance & Controlling, Business IT, Marketing, Public Relations, Vertrieb und Banking.

Exklusiv für Leser von Springer-Fachbüchern: Testen Sie Springer für Professionals 30 Tage unverbindlich. Nutzen Sie dazu im Bestellverlauf Ihren persönlichen Aktionscode C0005407 auf www.springerprofessional.de/buchkunden/

Springer für Professionals.
Digitale Fachbibliothek. Themen-Scout. Knowledge-Manager.

- Zugriff auf tausende von Fachbüchern und Fachzeitschriften
- Selektion, Komprimierung und Verknüpfung relevanter Themen durch Fachredaktionen
- Tools zur persönlichen Wissensorganisation und Vernetzung

www.entschieden-intelligenter.de

Springer für Professionals

Ute Rademacher

Leichter führen und besser entscheiden: Psychologie für Manager

Ute Rademacher
International School of Management
Hamburg
Deutschland

ISBN 978-3-658-04261-5   ISBN 978-3-658-04262-2 (eBook)
DOI 10.1007/978-3-658-04262-2

Die Deutsche Nationalbibliothek verzeichnet diese Publikation in der Deutschen Nationalbibliografie; detaillierte bibliografische Daten sind im Internet über http://dnb.d-nb.de abrufbar.

Springer Gabler
© Springer Fachmedien Wiesbaden 2014
Das Werk einschließlich aller seiner Teile ist urheberrechtlich geschützt. Jede Verwertung, die nicht ausdrücklich vom Urheberrechtsgesetz zugelassen ist, bedarf der vorherigen Zustimmung des Verlags. Das gilt insbesondere für Vervielfältigungen, Bearbeitungen, Übersetzungen, Mikroverfilmungen und die Einspeicherung und Verarbeitung in elektronischen Systemen.

Die Wiedergabe von Gebrauchsnamen, Handelsnamen, Warenbezeichnungen usw. in diesem Werk berechtigt auch ohne besondere Kennzeichnung nicht zu der Annahme, dass solche Namen im Sinne der Warenzeichen- und Markenschutz-Gesetzgebung als frei zu betrachten wären und daher von jedermann benutzt werden dürften.

Gedruckt auf säurefreiem und chlorfrei gebleichtem Papier

Springer Gabler ist eine Marke von Springer DE. Springer DE ist Teil der Fachverlagsgruppe Springer Science+Business Media
www.springer-gabler.de

Für Dominik

Vorwort

Liebe Leserin und lieber Leser,[1]

warum brauchen Manager Psychologie? Dazu zunächst eine Gegenfrage: Wie entscheiden Sie in wenigen Augenblicken, ob Sie zu Ihren Pommes lieber Ketchup oder Mayonnaise nehmen? Ökonomische Vorstellungen vom „rationalen Konsumenten" gehen davon aus, dass Sie in dieser Situation beide Optionen anhand aller Eigenschaften systematisch miteinander vergleichen und sich dann entscheiden. Jetzt mal ehrlich: Gehen Sie im Kopf die Vor- und Nachteile von Ketchup und Mayonnaise hinsichtlich Farbe, Geschmack, Konsistenz, Fettgehalt, Anteil an künstlichen Zusatzstoffen, Zuckergehalt, Geruchsintensität, Preis und Gefahr des Kleckerns durch, bevor Sie sich für Rot oder Weiß entscheiden? Wohl kaum. Schon eher entscheiden Sie nach Gewohnheit oder spontanem Impuls. Und wie viel schwieriger und langwieriger wäre Ihre Entscheidung zwischen den 22 Sorten des leckeren Eiscafés an der Ecke? Die Warteschlange hinter Ihnen würde Ihnen wohl kaum so viel Zeit geben, wie Sie bräuchten, um die komplette Entscheidungsmatrix durchzurechnen. Wahrscheinlicher und ungefährlicher ist es, schneller und einfacher eine Wahl zu treffen: Der Ketchup sieht vielleicht einfach leckerer aus als die klebrige Mayo, Mangoeis klingt exotisch und Ihnen läuft schon beim Anblick das Wasser im Mund zusammen. Was den Ausschlag gibt, ist für denjenigen, der die Pommesbude oder das Eiscafé führt, sehr wichtig. Denn ohne dieses Wissen bleibt es ein Mysterium, warum manche Produkte so schlecht laufen, es bei anderen wiederum starke Aufs und Abs beim Absatz gibt und wie man mit dem Laden mit möglichst wenig Mitteln noch mehr Umsatz machen kann. Bei den meisten Entscheidungen und der Führung größerer Unternehmen sieht es nicht grundsätzlich anders aus als in diesem Alltagsbeispiel. Wirtschaft wird von Menschen für Menschen gemacht. Menschen bieten ihre Waren auf Märkten an und Menschen entscheiden sich für oder gegen den Kauf. Manager führen ihre Mitarbeiter in erster Linie dadurch, dass sie gezielt sozialen Einfluss auf sie ausüben. Denn das Verkünden von

---

[1] Aufgrund der einfacheren Handhabung wird in diesem Buch auf die wiederholte Nennung der weiblichen Endungen verzichtet („Mitarbeiterinnen und Mitarbeiter", „Konsumentinnen und Konsumenten" etc.). An dieser Stelle sei jedoch darauf hingewiesen, dass Frauen selbstverständlich ebenso angesprochen sind wie Männer.

Dienstanweisungen allein sorgt selten dafür, dass hochmotivierte Mitarbeiter ihr Bestes geben, sondern erzeugt Widerstand oder „Dienst nach Vorschrift". Gute Führungskräfte beobachten das Verhalten und Erleben ihrer Mitarbeiter und üben gezielt sozialen Einfluss auf sie aus. Lob und Wertschätzung an der richtigen Stelle, das Schaffen motivierender Rahmenbedingungen im Job und Möglichkeiten, wie Mitarbeiter sich aktiv in die Arbeitsprozesse einbringen können, sind erfolgversprechende Führungsstrategien. Das menschliche Denken, Wollen, Wünschen, Entscheiden und Handeln entspricht selten den ökonomisch-rationalen Gesetzmäßigkeiten, die Betriebswissenschaftler in ihrem Studium erlernen. Im Management und bei der Führung von Menschen, Teams und Unternehmen ist es unabdingbar, ein Gefühl dafür zu haben, wie Menschen „ticken". Was kommt bei den Kunden gut an und wieso? Wie können Sie Mitarbeiter für Ihre Ziele gewinnen? Wie führen Sie ein Unternehmen durch eine Krise, ohne dass Ängste und schlechte Stimmung die Lage zusätzlich erschweren? Menschen verhalten sich oft irrational und folgen einer ganz eigenen Logik: der Psycho-Logik. Persönlichkeitseigenschaften, Erfahrungen, Ziele, Impulse, Intuition und die Situation, in der sie sich bei einer Kaufentscheidung oder in einem Mitarbeitergespräch befinden, haben einen maßgeblichen Einfluss darauf, wie sie sich verhalten. Allerdings ist Menschen das selten bewusst und es fühlt sich auch gar nicht so an. Sie wähnen sich im Glauben, ihre Entscheidungen ausschließlich auf sachliche Informationen und rationale Überlegungen zu gründen. Sie unterschätzen die Fehleranfälligkeit ihrer Überlegungen und überschätzen die Sicherheit ihrer Entscheidungen. Wie können Sie dies im Management berücksichtigen?

Menschen können die Art und Weise, wie ihr Gehirn Informationen verarbeitet, nur bedingt austricksen. Sich mit einem Mehr an Anstrengung um Vernunft zu bemühen, ist meist genauso aussichtslos wie der Versuch, das Bein bewusst locker baumeln zu lassen, wenn der Arzt mit dem Hammer den Kniesehnenreflex testet. Denn es liegt nicht am Willen, sondern an der Natur der Informationsverarbeitung, wie man wahrnimmt, denkt und zu Urteilen kommt. Menschen verarbeiten Informationen nicht nur viel langsamer, sondern völlig anders als Computer. Das hat auch seine guten Seiten. Denn wenn alle Menschen wie Mister Spock von Raumschiff Enterprise die Welt betrachten würden, wäre ihr Zusammenleben ohne das wärmende Feuer ihrer Emotionen um einige Grade kälter. Sie würden keine verrückten Ideen ausprobieren, Grenzen überschreiten und Dinge erfinden. Sie hätten nicht so viel Freude miteinander und Kraft durch gegenseitige Unterstützung. Und sie würden in vielen Fällen überraschenderweise auch schlechtere Entscheidungen treffen. Als Kapitän einer Raumflotte, Eltern, Kollegen, Konsumenten, Mitarbeiter oder Führungskräfte eines Unternehmens. In vielen ökonomischen Bereichen helfen psychologische Kenntnisse dabei, wirtschaftliche Prozesse zu erklären und bessere Prognosen zu erstellen. Es hilft zu wissen, wie Menschen denken, wahrnehmen, vergleichen, Gruppen bilden, Ängste überwinden und Durchhaltevermögen entwickeln, um die komplexen Prozesse der Wirtschaft zu verstehen und mit ihnen zurechtzukommen. Seien es makroökonomische Prozesse der globalisierten Welt oder alltägliche Begegnungen von Käufern und Verkäufern, Anbietern und Nachfragern, Vorständen, Führungskräften und Mitarbeitern. Nachhaltige Lösungen für wirtschaftliche Herausforderungen und Probleme erfordern zunehmend psychologische Kenntnisse.

Vorwort

Ein Basiswissen über Motivations-, Denk- und Lernpsychologie sowie über Konzepte der Arbeits- und Organisationspsychologie verbessert die Überzeugungskraft von Bewerbungen, Angeboten oder Webseiten, den konstruktiven Verlauf von Mitarbeitergesprächen, den Wechsel von der Fach- zur Führungskraft und den gesunden Umgang mit Stress und Krisen. Hier setzt dieses Buch an. Es gibt Ihnen ein Grundverständnis der Psychologie an die Hand, wissenschaftlich fundiert und gleichzeitig praxisorientiert. Alltagsnahe Beispiele und Cases aus der Wirtschaft geben Ihnen Anregungen, wie Sie dieses Wissen im Managementalltag nutzen können. Das erste Kapitel skizziert die Unterschiede zwischen dem Menschenbild der Ökonomie, das Ihnen als Betriebswirtschaftler vertraut oder gar selbstverständlich vorkommen mag, und dem Menschenbild der wissenschaftlichen Psychologie. Das zweite Kapitel erläutert, was Menschen motiviert und wie der Weg von anfänglich oft vagen Zielen bis zur Umsetzung in konkrete Handlungsschritte verläuft. Praktische Tipps für die eigene Motivation und das Steigern des Engagements Ihrer Mitarbeiter geben Hilfestellungen dafür, selbst aktiv zu werden und Ihr Wissen anzuwenden. In Kap. 3 erfahren Sie, wie Menschen denken, entscheiden, urteilen und Probleme lösen. Die Balance zwischen Bauch- und Kopfentscheidungen wird durch neue Erkenntnisse der Denkpsychologie und Neurowissenschaften als gutes Entscheidungsrepertoire empfohlen. Wann Sie eher mit einem kühlen Kopf oder eher nach spontanem Bauchgefühl entscheiden sollten und wie die Synthese beider Systeme gelingt, können Sie anhand von Forschungsergebnissen und praktischen Übungen am Ende des Kapitels herausfinden. In Kap. 4 erfahren Sie, wie Menschen lernen und wie Sie als Manager auf gelungene Weise Wissen vermitteln und Lerneffekte bei Ihren Mitarbeitern anstoßen und fördern. Kapitel 5 erläutert, wie Menschen miteinander reden und wie konstruktive Gespräche gelingen. Für Manager mit Personalverantwortung sind Tipps für das Führen von Mitarbeitergesprächen mit praktischen Checklisten zur Vorbereitung angefügt. Kapitel 6 führt die Grundlagen der Psychologie zusammen und vertieft die Möglichkeiten ihrer Anwendung in der Mitarbeiterführung, dem Brand Management und dem Marketing, dem Lenken von Veränderungsprozessen im Change Management und dem Konfliktmanagement. Mit praxisnahen Modellen und Techniken können Sie Ihre „Soft Skills" verbessern und für Ihren Managementalltag nutzen.

Ich möchte mich bei allen Menschen bedanken, die wissentlich oder unwissentlich dazu beigetragen haben, dass Sie dieses Buch jetzt in den Händen halten. Mein besonderer Dank gilt Irene Buttkus und Regine Rompa vom Springer Verlag für ihre professionelle Unterstützung, Begleitung und meine Lernerfolge in Sachen „Schreiben" durch ihr konstruktives Feedback. Ich danke Ihno Fokken für die anregenden Gespräche über Management in Theorie und Praxis. Ralf Hüttinger und Frauke Hoth bereichern meinen Blick auf Coaching durch unseren fachlichen Austausch seit vielen Jahren, danke dafür. Neue Perspektiven auf Marken und Marketing gewinne ich in den inspirierenden Meetings mit Karl Krainer und David Fauck in ihrer Gedankenfabrik. Ich danke allen Kunden, Studierenden und Kolleginnen und Kollegen an der International School of Management und in früheren Stationen meines beruflichen Lebens, durch die ich gelernt habe, dass in der Wirtschaft nicht nur Zahlen, sondern auch die Menschen zählen. Meinen Mitarbeiterinnen und Forschungskollegen verdanke ich die Expertise aus 20 Jahren Marketingforschung:

Katja Kiefer, Josephin Wandt, Frieder Eichmann, Christian Geissler, Greet Sterenberg, Emma Laney, Johannes Cichorius, Petra Deutsch, Monica Wegener, Stefanie Hörder, Angelika Haas, Richard Gehling, Heike Hofer und vielen weiteren Kollegen aus der Marktforschung danke ich für das erfolgreiche, gemeinsame Bewältigen mancher Herausforderungen und den psychologischen Blick auf die Welt der Konsumenten. Schließlich danke ich von ganzem Herzen meinem Partner, meiner Familie, Freundinnen und Freunden für ihre Geduld und ihr Verständnis dafür, dass ich zeitweilig völlig in die Welt des Schreibens abgetaucht bin.

Es würde mich freuen, wenn Sie aus der Lektüre dieses Buches mit Freude an der wissenschaftlichen Forschung und brauchbaren Erkenntnissen für sich und Ihr Tun wieder auftauchen und Wirtschaft durch Ihre Art des Managements noch menschlicher machen. Ich wünsche Ihnen beim Lesen viele Aha-Momente und gutes Gelingen bei der Umsetzung!

Hamburg im Mai 2014   Prof. Dr. Ute Rademacher

Inhaltsverzeichnis

1 Die Unvernunft wirtschaftlichen Handelns 1
   1.1 Warum Geld allein nicht glücklich macht 1
       1.1.1 Hygienefaktoren 2
       1.1.2 Motivatoren 3
       1.1.3 Individuelle Bewertungsmaßstäbe 3
       1.1.4 Soziale Vergleiche 4
       1.1.5 Erwartungen 5
   1.2 Die Psychologie der Menschenbilder 6
       1.2.1 Selbsterfüllende Prophezeiungen 7
       1.2.2 Wandel des Menschenbilds 8
   1.3 Der Homo oeconomicus 8
       1.3.1 Der repräsentative Agent 9
       1.3.2 Der menschliche Hang zum Tauschen und Handeln 9
       1.3.3 Der Mensch als egoistischer Einzelgänger 9
       1.3.4 Streben nach Nutzenmaximierung 12
       1.3.5 Entscheidung mithilfe rationaler Präferenzreihen 12
   1.4 Das Menschenbild in der Psychologie 13
       1.4.1 Der Mensch als Individuum 14
       1.4.2 Der Mensch als soziales Wesen 16
       1.4.3 Menschliche Motivation 18
       1.4.4 Menschliche Entscheidungen im Zusammenspiel von Kopf und Bauch 19
   1.5 Selbsttests und Arbeitsmaterialien 23
       1.5.1 Reflexion: Menschenbild 23
       1.5.2 Reflexion: Entscheidungskultur 23
   Literatur 25

2 Was Menschen wollen 27
   2.1 Keine Aktion ohne Motivation 27
   2.2 Was motiviert Menschen? 29

		2.2.1	Annäherung und Meiden	31

      2.2.1   Annäherung und Meiden 31
      2.2.2   Intrinsische und extrinsische Motivation 34
  2.3   Motivationstheorien 37
      2.3.1   Inhaltstheorien – was Menschen motiviert 37
      2.3.2   Prozesstheorien – wie Menschen sich und andere motivieren 49
  2.4   Selbsttests und Arbeitsmaterialien 60
      2.4.1   Beispiel für ein motivationales Organigramm 60
      2.4.2   Reflexion: Meine Ziele 61
  Literatur 61

3 Wie Menschen denken 65
  3.1   Wie Menschen Urteile bilden 65
      3.1.1   Die Wirkung des Haloeffekts 67
      3.1.2   Faktor sozialer Austausch 67
      3.1.3   Informationen aufnehmen 69
      3.1.4   Nach Informationen suchen 72
      3.1.5   Informationen integrieren 77
  3.2   Wie Menschen entscheiden 81
      3.2.1   Entscheidungsarten 81
      3.2.2   Rahmung von Entscheidungen 83
      3.2.3   Entscheidungsregeln 84
      3.2.4   Entscheidungstechniken 86
  3.3   Wie Menschen Probleme lösen 90
      3.3.1   Gute Problemlöser 91
      3.3.2   Der Prozess der Problemlösung 93
      3.3.3   Nutzung von Metaphern und Analogien 94
  3.4   Selbsttests und Arbeitsmaterialien 96
      3.4.1   Reflexion: Mehr Aufmerksamkeit gewinnen 96
      3.4.2   Auflösung des Neun-Punkte-Problems 97
  Literatur 98

4 Wie Menschen lernen 101
  4.1   Lernen als Verhaltensänderung 101
      4.1.1   Lernen durch Zusammenhänge und Unterscheidungen 102
      4.1.2   Lernen durch die Konsequenzen des Verhaltens 103
      4.1.3   Lernen im Berufsalltag 104
      4.1.4   Lernen durch Beobachtung 108
  4.2   Lernen als Wissenserwerb 113
      4.2.1   Wissen aufnehmen 114
      4.2.2   Wissen integrieren 118
      4.2.3   Wissen speichern und abrufen 120

4.3		Wissen an andere weitergeben	124
	4.3.1	Zum Lernen motivieren	124
	4.3.2	Vorhandenes Wissen nutzen	128
	4.3.3	Wissen strukturieren	130
	4.3.4	Kooperatives Lernen	133
4.4		Selbsttests und Arbeitsmaterialien	135
	4.4.1	Selbsttest: Entdecken Sie Ihren eigenen Lernstil	135
	4.4.2	Auswertung: Welcher Lerntyp sind Sie?	135
	4.4.3	Beschreibung der vier Lerntypen	136
Literatur			137

5 Wie Menschen miteinander reden ... 139
- 5.1 Konstruktive Kommunikation ... 139
  - 5.1.1 Psychologische Transaktionen ... 141
  - 5.1.2 Ich-Zustände ... 146
  - 5.1.3 Für ein gutes Gesprächsklima sorgen ... 151
  - 5.1.4 Konstruktive Wege aus der Sackgasse ... 159
- 5.2 Besondere Gesprächsarten ... 163
  - 5.2.1 Grundlagen für gute Mitarbeitergespräche ... 164
  - 5.2.2 Das Feedbackgespräch ... 171
  - 5.2.3 Das Kritikgespräch ... 180
  - 5.2.4 Das Zielvereinbarungsgespräch ... 183
- 5.3 Selbsttests und Arbeitsmaterialien ... 188
  - 5.3.1 Psychologischer Vertrag ... 188
  - 5.3.2 Ich-Zustände erkennen ... 189
  - 5.3.3 Ebenen der Kontaktaufnahme ... 190
- Literatur ... 191

6 Wie Menschen lenken ... 193
- 6.1 Die Macht des Sozialen ... 193
  - 6.1.1 Sozialer Einfluss ... 194
- 6.2 Führung als sozialer Einfluss ... 198
  - 6.2.1 Sozialer Einfluss im People Management ... 198
  - 6.2.2 Sozialer Einfluss im Brand Management ... 216
  - 6.2.3 Sozialer Einfluss im Konfliktmanagement ... 232
  - 6.2.4 Sozialer Einfluss im Change Management ... 242
- 6.3 Selbsttests und Arbeitsmaterialien ... 254
  - 6.3.1 Die Rahmenbedingungen für meine Führung ... 254
  - 6.3.2 Mögliche Spannungsfelder und Stolpersteine ... 256
  - 6.3.3 Reflexion: Mein Führungsstil ... 259

6.3.4	Reflexion: Passung und Optimierung von Führungsstil und Führungssituation	260
6.3.5	Reflexion: Führungsrollen	262
6.3.6	Zusammensetzung von Teams: Teamrollen	264
6.3.7	Teamklima: Stimmungsbarometer	264
6.3.8	Die Story meiner Marke	265
6.3.9	Analyse: Selbst- und Fremdbild der Marke	266
6.3.10	Markenpersönlichkeit	267
6.3.11	Meine Antennen für Konflikte	268
Literatur		269

Sachverzeichnis 273

Die Unvernunft wirtschaftlichen Handelns 1

In diesem Kapitel lernen Sie Herrn Kühne und sein Team kennen, dessen Stimmungstief nach einer Gehaltserhöhung Ihnen einen ersten Eindruck von den Besonderheiten menschlichen Erlebens und Verhaltens vermittelt. Sie lernen die Annahmen des ökonomischen Menschenbildes kennen und entdecken dessen Grenzen. Diesem wird das psychologische Menschenbild gegenübergestellt, welches den Ursachen, Einflussfaktoren und der Dynamik wirtschaftlichen Verhaltens von Menschen stärker auf den Grund geht und die rein ökonomische Perspektive gewinnbringend ergänzt. Sie gewinnen einen ersten Eindruck davon, was Menschen bewegt und beeinflusst und wie Ihnen psychologisches Wissen bei wirtschaftlichen Entscheidungen und Verhaltensweisen von Nutzen sein kann.

1.1 Warum Geld allein nicht glücklich macht

Wenn mehr weniger ist

Herr Kühne ist Abteilungsleiter eines sechsköpfigen Teams. Die jährlichen Mitarbeitergespräche stehen vor der Tür. Das Unternehmen hat sich von der im Jahr zuvor recht angespannten Wirtschaftslage gut erholt und sein Team konnte höhere Gewinne erzielen als ursprünglich geplant. Deswegen konnte Herr Kühne nach einigem Hin und Her die Geschäftsführung von Gehaltserhöhungen für sein gesamtes Team überzeugen, was nicht der Regelfall ist. Herr Kühne nimmt sich Zeit für die Mitarbeitergespräche und bespricht mit jedem Einzelnen, wie das Jahr verlaufen ist und welche Möglichkeiten für die weitere Entwicklung im Unternehmen gegeben sind. Den angenehmen Abschluss bildet die Verkündung der Gehaltserhöhung.

Herr Kühne freut sich schon darauf, mit seinem nun hochmotivierten Team die anstehenden Projekte anzugehen. Doch beim nächsten Teammeeting gewinnt er den

Eindruck, dass die Stimmung im Team nicht besonders gut ist. Auch im Verlauf der nächsten Tage herrscht ‚dicke Luft'. Herr Kühne fragt offen, was los ist, bekommt aber keine klare Antwort. Erst in der Kaffeeküche im beiläufigen Gespräch mit dem Trainee erfährt Herr Kühne, dass auch die Mitarbeiter aller anderen Abteilungen Gehaltserhöhungen erhalten haben und deswegen schlechte Stimmung herrscht. Sind seine Mitarbeiter so missgünstig, dass sie ihren Kollegen den Finanzzuwachs nicht gönnen? Fast kommt es ihm vor, als sei sein Team sogar enttäuschter als im Vorjahr, in dem die gesamte Belegschaft bei der Gehaltserhöhung eine Nullrunde verkraften musste. Herr Kühne versteht die Welt nicht mehr und kommt zu dem Schluss, dass er sich das Ringen mit der Geschäftsleitung um die Gehaltserhöhungen auch hätte sparen können.

Situationen wie diese, in denen unsere guten Absichten und Annahmen, wie andere reagieren werden, nicht die erwünschte Wirkung zeigen, kommen im Berufsalltag häufig vor. Sie führen oft zur beiderseitigen Enttäuschung und können nachhaltige Konflikte nach sich ziehen, wenn Kompromisse und gegenseitiges Verständnis für die Absichten und Verhaltensweisen der Betroffenen ausbleiben. Was ist hier passiert?

Herr Kühne kommt aus dem Controlling. Ihm wurde erst vor kurzer Zeit und ohne spezielle Schulung eine Position mit Personalverantwortung übertragen. Er möchte, dass seine Mitarbeiter zufrieden sind und hat ein offenes Ohr für ihre Erlebnisse, Pläne und Befindlichkeiten. Über Psychologie weiß er wenig. Deswegen wendet er die ihm vertrauten ökonomischen Grundsätze auf die Mitarbeiterführung an. Entscheidungen trifft Herr Kühne nach logischen Gesetzmäßigkeiten. Zahlen und Fakten geben ihm Orientierung und Sicherheit bei seiner Zielsetzung. Je mehr man in etwas investiert, desto höher soll der Gewinn ausfallen. Er war sich daher sicher, dass seine Mitarbeiter das Jahr zufriedener beenden, als sie es im letzten Jahr mit der Nullrunde taten. Denn schließlich können sie sich darauf freuen, bald monatlich spürbar mehr Geld auf dem Konto zu haben.

1.1.1 Hygienefaktoren

Herr Kühne lässt die psychologischen Einflussfaktoren, die zu einer höheren oder niedrigeren Arbeitszufriedenheit führen, außer Acht. Diese sind vielschichtig und komplex. Sie unterscheiden sich in mehrerlei Hinsicht von der Annahme, mit der Herr Kühne die Gehaltserhöhung betrachtet: „Mehr Gehalt macht die Mitarbeiter zufriedener." Zum Einen ist das Gehalt nur einer von vielen Einflussfaktoren, welche die Arbeitszufriedenheit ausmachen. Auch die Ausstattung des Arbeitsplatzes, der eigene Spaß an der Tätigkeit, die Bedeutung der Tätigkeit für das Gesamtunternehmen, die Qualität der Beziehungen mit den Kolleginnen und Kollegen und vor allem die Wertschätzung für die eigene Tätigkeit bestimmen beträchtlich, wie zufrieden Mitarbeiter mit ihren Jobs und ihren Vorgesetzten sind. Die Wirkungen all dieser Faktoren sind miteinander verwoben. Wird der Arbeitsplatz durch neueste Technik besonders gut ausgestattet, erleben die damit Arbeitenden diese Maßnahme auch als Wertschätzung ihrer Leistung und ihrer Bedeutung für den Gesamterfolg des Unternehmens. Machen den Teammitgliedern ihre Projekte Spaß, wirkt sich dies auf die Stimmung im Team und den Umgang miteinander positiver aus, als wenn sich alle durch ihre Projekte hindurchquälen müssen. Von diesen Aspekten bilden manche quasi die **motivationale Grundausstattung**, die gegeben sein muss, damit die Mitarbeiter von Herrn Kühne **nicht unzufrieden** sind, zufrieden machen sie allerdings noch nicht. Sie werden in der Arbeitspsychologie **Hygienefaktoren** genannt. Dass das Gebäude des Unternehmens mit allen Verkehrsmitteln gut zu erreichen ist und dass die Kantine ein passables Menüangebot hat, würde wahrscheinlich niemanden dazu bewegen, aus einem anderen Unternehmen hierher zu wechseln. Ist die Kantine jedoch geschlossen oder erschweren Baustellen den täglichen Weg zur Arbeit, zeigt sich schnell, dass diese Faktoren nicht unwichtig sind und vielleicht sogar die Produktivität darunter leidet.

1.1.2 Motivatoren

Andere Faktoren verhindern nicht nur Unzufriedenheit, sondern **steigern wirksam die Zufriedenheit** der Mitarbeiter. In der Psychologie der Arbeitszufriedenheit heißen diese Einflussfaktoren Motivatoren. Je stärker beispielsweise Mitarbeiter ihre eigenen Stärken und Talente in ihre Tätigkeiten einbringen können, desto befriedigender erleben sie die eigentliche Arbeit. Auch die Anerkennung von außen trägt dazu bei, dass der eigene Job Freude macht. Das Lob für den gelungenen Abschluss eines schwierigen Projektes vor versammelter Mannschaft im Teammeeting macht die Projektgruppe stolz und zufrieden. Ein konstruktiver Umgang mit Meinungsverschiedenheiten und Konflikten trägt dazu bei, dass Mitarbeitende auch in schwierigen Zeiten mit ihrem Job zufrieden sind. Herr Kühne hat durch seine Art, die Mitarbeitergespräche zu führen, intuitiv gute Bedingungen dafür geschaffen, dass ein positives Kommunikationsklima in seinem Team herrscht. Und dennoch hält sich die Begeisterung im Beispiel in Grenzen.

1.1.3 Individuelle Bewertungsmaßstäbe

Viele Faktoren können sowohl als Motivator als auch als Hygienefaktor wirksam werden. Das hängt zum Beispiel vom persönlichen Vergleichsmaßstab, früheren Erfahrungen, den eigenen und gesellschaftlichen Werten und kulturellen Gegebenheiten ab. In Zeiten und Gebieten von Krisen können beispielsweise Aspekte wie die Arbeitsplatzsicherheit zu einem Motivator werden, die zu sicheren Zeiten und in sicheren Regionen lediglich als Hygienefaktor wirken. Dass Herr Kühnes Teammitglieder mit ihrer Gehaltserhöhung weniger zufrieden sind als mit der Nullrunde im vorangegangenen Krisenjahr kann durchaus daran liegen, dass sie nach dem gemeinsamen Durchschreiten der Talsohle eine höhere Anhebung ihres Gehalts erwartet haben. Gerade wenn das Team überdurchschnittliche Erfolge erzielt hat, kann ihre Erwartung höher ausfallen als es die Geschäftsleitung ermöglichen kann, welche sich an dem Gesamtergebnis des Unternehmens orientieren muss. Dieselbe Summe kann je nach dem individuellen Vergleichsmaßstab also eine andere psychologische Bedeutung haben. Die Erhöhung des Gehalts bedeutet also eventuell für die Teammitglieder etwas anderes als für Herrn Kühne und die Geschäftsleitung, fällt möglicherweise geringer aus als die Erwartungen und ist nur einer von vielen Motivationsfaktoren, welche die Zufriedenheit seines Teams bestimmen.

1.1.4 Soziale Vergleiche

Flurfunk

Beim Klatsch und Tratsch in der Kaffeepause stellen einige Mitarbeiter von Herrn Kühne fest, dass auch die Kollegen der anderen Abteilungen Gehaltserhöhungen erhalten haben. Selbst das Team von Herrn Kurtz, das bekanntlich kaum einen Fuß auf den Boden bekommen hatte und keinen nennenswerten Auftrag an Land ziehen konnte. Dabei sind in diesem Team viel mehr alte Hasen als in ihrem, von denen man eigentlich bessere Ergebnisse hätte erwarten können. Als sie erfahren, dass die Gehaltssteigerungen in manchen Teams sogar höher ausfallen als bei ihnen, werden ihre Gesichter wirklich lang. Da hört der Spaß auf. Nicht nur, dass sie als relativ kleines und junges Team die Gruppe der erfahrenen Kollegen durchfüttern mussten. Der Großauftrag, für den sie sogar die Geschäftsleitung im Quartalsbericht gelobt hat, scheint nicht viel wert zu sein. Eine Gehaltserhöhung haben ja sowieso alle bekommen, egal, ob sie sich besonders engagiert und gute Resultate erbracht haben oder nicht. Das Team von Herrn Kühne ist frustriert. Sollten sie einfach mal Dienst nach Vorschrift machen?

Wie Herr Kühne im Beispiel nach dem Gespräch in der Kaffeeküche richtig vermutet, ist es für seine Mitarbeiter nicht nur von Bedeutung, welches Gehalt sie selbst beziehen, sondern auch welche Gehaltserhöhungen die Kollegen aus anderen Abteilungen bekommen. Diese soziale Dimension kommt in seinem ökonomischen Ansatz gar nicht vor. Seine Überlegungen berücksichtigen die Tatsache nicht, dass Menschen soziale Wesen sind. Zufriedenheit und Selbstwert erhalten Menschen nicht nur aus sich selbst heraus, sondern in starkem Maße auch durch den Vergleich mit anderen. Der Sozialpsychologe Leon Festinger hat bereits in den 1960er Jahren in vielen Studien erforscht, wie sich das menschliche Bestreben auswirkt, den eigenen Platz in der Welt durch den Vergleich mit anderen Menschen zu bestimmen. Solche sozialen Vergleichsprozesse finden im Arbeitsleben statt, im Freundes- und Bekanntenkreis, in der Familie oder in Freizeitgruppen wie dem Lauftreff, der Yogagruppe oder beim Stammtisch. Beschäftigte vergleichen sich mit Kollegen, um einzuschätzen, ob sie ihre Arbeit gut machen, die Chefin mit ihrem Engagement zufrieden ist und wie gut die Beziehung zu Kunden und Kollegen ist. Je nachdem, ob jemand besser abschneidet als andere oder schlechter, steigt oder sinkt die persönliche Zufriedenheit. Das hat nichts damit zu tun, ob den anderen ihre Erfolge gegönnt werden. Es geht vielmehr darum, die eigenen Leistungen und Erfolge zu bewerten. Das Selbstwertgefühl hängt im Zweifel weniger davon ab, wie viel Euro die absolute Gehaltserhöhung ausmacht, als vielmehr davon, ob sie im Vergleich mit der Gehaltserhöhung der Kollegen größer oder kleiner ist und wie groß diese Unterschiede ausfallen. Auch hier kommen wieder die individuellen Vergleichsmaßstäbe ins Spiel. Wer sich nur mit den Kolleginnen und Kollegen aus der eigenen Abteilung vergleicht, kommt möglicherweise zu einem anderen Ergebnis als jemand, der sich mit anderen Teams vergleicht. Welcher Vergleichsmaßstab bei der Bewertung herangezogen wird, hängt wiederum von einer Vielzahl von Faktoren ab, beispielsweise der Stärke der Gruppenzugehörigkeit. Herrscht in Herrn Kühnes Team ein ausgeprägter Teamgeist und identifizieren sich seine Mitarbeiter stärker mit ihrem Team als mit dem Gesamtunternehmen, so werden sie sich eher mit den Kollegen aus den anderen Teams vergleichen. Herrscht hingegen ein geringeres Wir-Gefühl, so vergleichen sich die Mitarbeiter auch stärker miteinander und stören sich stärker daran, wenn die Gehaltserhöhungen innerhalb des Teams vermeintlich oder tatsächlich zu den eigenen Ungunsten ausfallen. Diese sozialen Vergleichsprozesse wurden für das Team von Herrn Kühne zum Stimmungskiller.

1.1.5 Erwartungen

Beim Blick auf die Gedankengänge der Beteiligten zeigt sich wiederum die Bedeutung der persönlichen Vergleichsmaßstäbe, Annahmen und Erwartungen. Die Erwartungen der Mitarbeiter decken sich nicht mit denen Herrn Kühnes und der Geschäftsleitung. Die Mitarbeiter vergleichen sich mit den anderen Teams im Unternehmen und haben dabei insbesondere das Volumen der gewonnenen Projekte im Blick. Da ihr Team in diesem Jahr sogar mehr Projekte erfolgreich abschließen konnte als geplant, rechnen sie mit höheren Gehaltserhöhungen für ihr Team im Vergleich zur Gesamtbelegschaft. Herr Kühne vergleicht die zukünftige Entlohnung mit dem bisherigen Gehalt und nimmt an, dass seine Mitarbeiter sich über die Erhöhung freuen. Da in diesem Jahr allen Teammitgliedern eine Erhöhung zugesprochen wurde und in seinem Team ein kollegiales Miteinander herrscht, rechnet er in keiner Weise mit Neid oder Unzufriedenheit. Die Geschäftsleitung wiederum hat das gesamte Unternehmen mit allen Abteilungen im Blick. Die Leistungen sind nicht in allen Teams so erfreulich wie bei Herrn Kühne. Gleichwohl wollen sie das positive Jahresergebnis auch an die Belegschaft weitergeben, zumal sie im letzten Jahr leer ausgegangen ist. Neben den Teamergebnissen stellen sie auch die Expertise, die Rolle im Unternehmen, die besonderen Fertigkeiten und die Dauer der Firmenzugehörigkeit in Rechnung. Im Team von Herrn Kühne befinden sich zum großen Teil junge, kreative Köpfe, die noch am Anfang ihrer Karriere stehen, keine besonderen Projektverantwortungen haben und noch nicht lange im Unternehmen sind. Entsprechend fallen die Gehaltserhöhungen insgesamt etwas geringer aus als im erfahrenen Team von Herrn Kurtz, das einige wichtige Patente für das Unternehmen entwickelt hat.

Das Beispiel von Herrn Kühne und seinem Team verdeutlicht die Turbulenzen, die entstehen können, wenn ein ökonomisch geprägtes Weltbild auf das Denken und Fühlen von

Menschen angewandt wird. Menschen ticken nicht wie Registrierkassen oder Rechenmaschinen. Sie sind nicht in erster Linie durch Geld motiviert, sondern wollen viel mehr und vor allem anderes von ihren Unternehmen im Austausch für ihre Zeit, ihre Ideen und ihren Einsatz: Anerkennung, Bestätigung, Herausforderung, Unterstützung, Freude, Abwechslung, Inspiration, Gemeinsamkeit und das Gefühl, etwas Sinnvolles zu tun. Diese Wünsche beeinflussen sich gegenseitig. Was angenehme Gemeinsamkeit, das richtige Maß an Abwechslung und Herausforderung ist, ist zudem für jeden Menschen verschieden. Die eigene Lerngeschichte, Erfahrungen, Werte und Einstellungen, aber selbstverständlich auch die physiologische Grundausstattung und die individuelle Arbeitssituation wirken sich auf den persönlichen Maßstab dafür aus. Für die Vorhersage und Erklärung von menschlichem Verhalten ist daher ein anderes Verständnis wirtschaftlichen Handelns als das ökonomische vonnöten. Hier sind wirtschaftspsychologische Ansätze gefragt, welche die Dynamik und Auswirkungen von Motivation, Gedächtnis, Wahrnehmung, Kommunikation und Sinnerleben mit einbeziehen. Der folgende Abschnitt erläutert, wie sich das **ökonomische Menschenbild** des nach Gewinnmaximierung strebenden Tauschhändlers und das **psychologische Menschenbild** des sozialen Wesens voneinander unterscheiden.

1.2 Die Psychologie der Menschenbilder

> Menschenbilder sind gebündelte Annahmen und Werthaltungen über das Wesen des Menschen, die in sozialen Gemeinschaften entstehen und sich als Versuche generieren, die Natur des Menschen zu verstehen und ihr Sinn zu verleihen. Diese Bilder prägen und formen die Wahrnehmung der einzelnen Mitglieder von Gesellschaften und Organisationen. Sie generieren Werthaltungen, wie der Mensch sein soll und wie er sich zu verhalten habe. Brigitta Hug (2013, S. 3–14).

Was haben **Menschenbilder** mit Wirtschaft und Management zu tun? Menschenbilder sind so wichtig, weil sie prägen, was Personen über ihre Mitmenschen denken, welche Erwartungen sie an diese stellen, wie sie mit ihnen sprechen, was sie mit ihnen gemeinsam tun wollen und was nicht. Annahmen und Erwartungen für das berufliche Miteinander wirken wie eine Blaupause für die täglichen Begegnungen. Dabei wirken sie nicht nur auf die Person selbst, sondern beeinflussen auch die Menschen, mit denen diese zu tun hat. Menschen verhalten sich entsprechend ihrer Vorstellungen und Werte und **erzeugen** dadurch bei anderen ein Verhalten, das ihre Erwartungen und ihr Menschenbild bestätigt. Dieses Phänomen nennt man in der psychologischen Fachliteratur ‚**selbsterfüllende Prophezeiung**'.

▶ Menschen tendieren dazu, ihre Vorannahmen und Erwartungen zu bestätigen. Führen Erwartungen zu einem Verhalten, das ein erwartetes Verhalten von anderen hervorruft, nennt man dies selbsterfüllende Prophezeiung.

1.2.1 Selbsterfüllende Prophezeiungen

Wenn jemand davon ausgeht, dass andere Menschen neugierig, wissbegierig und interessiert an Weiterentwicklung sind, berichtet er seinem Team begeistert, welche Innovationen im Management für das nächste Jahr angedacht sind. Das Engagement und die Details der Schilderung lösen stärkeres Interesse aus, als wenn er diese Pläne lediglich als Fußnote in einem Rundschreiben erwähnt hätte, da die Mitarbeiter sonst annehmen, dass sich dafür nur wenige direkt Betroffene interessieren. Das jeweilige Menschenbild wird zur Realität, indem das eigene Verhalten andere Menschen so handeln lässt, dass es die eigenen Annahmen und Werte bestätigt.

Im Positiven werden Ihre Mitarbeiter, Kunden und Zulieferer freundlicher, kooperativer und flexibler agieren, wenn Ihr Menschenbild von diesen Qualitäten bestimmt wird. Gehen Sie unbewusst von diesen positiven Eigenschaften aus, strahlen Sie dies in Ihrem Verhalten aus und gehen freundlicher und kooperationsbereiter auf Ihre Mitmenschen zu. Ihre Haltung überträgt sich auf Ihr Gegenüber und die Zusammenarbeit wird sich bedeutend reibungsloser gestalten, als wenn Sie davon ausgegangen wären, dass Sie es mit kritischen Kunden und unflexiblen Zulieferern zu tun haben.

Leider wirken selbsterfüllende Prophezeiungen nicht nur im Positiven. Ihr Team wird weniger Verantwortung übernehmen, Ideen zurückhalten und sich wenig für Verbesserungen engagieren, wenn Sie bewusst oder unbewusst davon ausgehen, dass Ihre Mitarbeiter sowieso nur das machen, was man ihnen sagt. Entsprechend wichtig ist es für Sie als Führungskraft, sich Ihres eigenen Menschenbildes bewusst zu sein und von Ihren Mitarbeitern nichts zu erwarten, das nicht mit Ihren Annahmen und Erwartungen übereinstimmt.

Natürlich ist der Einfluss Ihrer Annahmen und Erwartungen nicht unbegrenzt. Selbsterfüllende Prophezeiungen haben ihre Grenzen. So können Sie noch so sehr vom Weltbürgertum überzeugt sein, werden jedoch aus einem regional verhafteten Mitarbeiter keinen mehrsprachigen Weltenbummler machen, der mit Wonne zwischen Niederbayern, Peking und Sao Paulo pendelt. Aber Sie können ihn durch Ihr Verhalten dazu ermuntern, sich auf einer Messe mit Handelspartnern aus diesen Ländern zu treffen und sich über die Vorzüge und Besonderheiten ihrer Regionen auszutauschen. Körperliche Grenzen, Sprachkenntnisse, Qualifikationen, Kompetenzen und die Persönlichkeit anderer Menschen lassen sich nicht ohne Weiteres verändern. Aber Ihre Erwartungen und Annahmen können innerhalb der Möglichkeiten Ihrer Mitarbeiter das Bestmögliche zutage fördern und stärken. Deswegen sind Sie gefragt. Seien Sie neugierig und entdecken Sie, welche Eigenschaften, Talente, Fähigkeiten und Gefahren Sie Menschen grundsätzlich zuschreiben. Nehmen Sie sich ein paar Minuten Zeit, gehen Sie etwas in sich und entdecken Sie für sich auf den Seiten zur Selbstreflexion am Ende dieses Kapitels Ihr persönliches Menschenbild.

1.2.2 Wandel des Menschenbilds

Da den meisten Menschen ihr Menschenbild nicht (ganz) bewusst ist, ist es auch nicht einfach, es zu verändern. Doch Menschenbilder sind nicht in Stein gemeißelt. Einstellungen können sich ändern. Auch die Menschenbilder in der Wirtschaftspsychologie haben sich im Laufe der Jahre spürbar verändert. Die ersten Forscher betrachteten Menschen ähnlich wie Maschinen und waren in erster Linie an ihrem Verhalten am Arbeitsplatz interessiert. Kein Wunder, denn die frühen Arbeitsstudien wurden oft von Ingenieuren durchgeführt. Sie beschäftigten sich mit Fragen wie:

- Wann erbringen Menschen ihre beste Produktionsleistung?
- In welche Arbeitsschritte lässt sich der Produktionsprozess am besten unterteilen?

Erst später kamen Psychologen mit ins Spiel und Faktoren wie Betriebsklima und soziale Beziehungen am Arbeitsplatz rückten stärker ins Zentrum des Forschungsinteresses. Noch heute unterscheiden sich die Menschenbilder der Ökonomen und der Psychologen in einigen Bereichen deutlich. Da Menschenbilder durch das Prinzip der selbsterfüllenden Prophezeiung das Verhalten von sich und von anderen Personen beeinflussen, wird sich der Führungsstil eines Managers mit ökonomischer Ausbildung vom Führungsstil eines Managers mit psychologischem Hintergrund unterscheiden und auch andere Wirkung zeigen. Das unten in Kap. 1.4 vorgestellte wirtschaftspsychologische Menschenbild versucht, beide wissenschaftlichen Disziplinen zu vereinen und wirtschaftliches Verhalten und Erleben um die soziale Sphäre zu erweitern, durch die sich Menschen bedeutsam von Computern unterscheiden.

1.3 Der Homo oeconomicus

Das Menschenbild, welches ökonomische Theorien und Ansätze am stärksten prägt, ist das Bild des wirtschaftlich handelnden Menschen. In Anlehnung an die menschliche Entwicklungsgeschichte wird der Mensch als ‚Homo oeconomicus' bezeichnet. John Kells Ingram verwendete in seinem 1888 erschienenen Werk ‚A History of Political Economy' den englischen Begriff ‚economic man' zum ersten Mal. Es war der Psychologe Eduard Spranger, der in seiner ‚Psychologie der Typenlehre' den Homo oeconomicus als eigenen Typus beschrieb.

> Der ökonomische Mensch im allgemeinsten Sinne ist also derjenige, der in allen Lebensbeziehungen den Nützlichkeitswert voranstellt. Alles wird für ihn zu Mitteln der Lebenserhaltung, des naturhaften Kampfes ums Dasein und der angenehmen Lebensgestaltung. Eduard Spranger (1950).

1.3 Der Homo oeconomicus

Auch wenn neuere ökonomische Strömungen Kritik (Häring 2001) am Homo oeconomicus als wirtschaftswissenschaftlichem Leitbild hegen, bestimmt dieses Menschenbild nach wie vor die Grundlagen der Standardökonomie (Kirchgässner 2008).

1.3.1 Der repräsentative Agent

Der Homo oeconomicus dient in mikro- und makroökonomischen Theorien als ‚repräsentativer Agent', welcher das typische Verhalten der Menschen in einem Markt oder Wirtschaftsraum verkörpert. Ökonomische Modelle arbeiten mit einem fiktiven Durchschnittsmenschen. Das wirtschaftliche Handeln von Bevölkerungsgruppen, Nationen oder Wirtschaftsräumen ermitteln die Modelle, indem auf Basis dieses Repräsentanten wirtschaftliche Prozesse wie der Kauf oder Verkauf von Konsumgütern oder die Höhe der Nachfrage modelliert werden. Unterschiede zwischen Menschen und Einflüsse der individuellen Umwelt auf Kaufentscheider oder Nachfragende werden bei diesen Ansätzen nicht berücksichtigt.

1.3.2 Der menschliche Hang zum Tauschen und Handeln

Ökonomische Theorien gehen davon aus, dass Menschen einen naturgegebenen Hang haben, Gegenstände und Dienstleistungen auszutauschen, mit anderen Menschen zu handeln, zu tauschen und zu feilschen. Dies gilt für das Verleihen des Lieblingsspielzeugs im Kindergarten genauso wie für das Verkaufen von Bodenschätzen und industriell hergestellten Waren. Ob das Tauschen und Handeln einem übergeordneten Zweck oder höheren Ziel dient, ist für Ökonomen dabei nicht von Bedeutung. Der objektiv feststellbare Nutzen ist die einzig gültige Währung des Handels. Ob also – aus unserer Perspektive – eher wertlose Glasperlen, mit denen Columbus den Ureinwohnern Amerikas Land abkaufte, für die Häuptlinge wertvoll waren, weil sie durch die – aus ihrer Perspektive – höchst seltenen Steine ihren Kopfschmuck verschönern und dadurch mehr Status als Oberhaupt oder die Gunst ihrer Angebeteten gewinnen konnten, ist für Ökonomen nicht von Belang. Das ökonomische Menschenbild geht davon aus, dass der Mensch an sich motiviert ist zu tauschen und zu handeln (siehe Kap. 2 Was Menschen wollen) und dies auch dann tut, wenn er damit keine besonderen Ziele erreichen oder Bedürfnisse befriedigen will. Menschen handeln immer so, dass für sie der höchste Nutzen resultiert.

1.3.3 Der Mensch als egoistischer Einzelgänger

Zwar bestreiten einige Wirtschaftswissenschaftler, dass der Homo oeconomicus bei seinen Entscheidungen notwendigerweise nur an sich denkt. Aber sie ziehen nicht in Erwägung, dass Menschen andere Menschen ohne Eigennutz unterstützen wollen oder sich für das

Gemeinwohl ihrer Gemeinschaft einsetzen. Der Homo oeconomicus lebt in seiner eigenen Welt. Der Austausch mit anderen Personen oder das Zugehörigkeitsgefühl zu einer sozialen Gruppe werden in ökonomischen Modellen nicht berücksichtigt, außer wenn daraus wieder ein Nutzen in eigener Sache entsteht. Vielleicht geht der Homo oeconomicus nicht bewusst über die Interessen und Bedürfnisse anderer hinweg, sondern ist einfach ‚sozial blind'. Dass dieses Menschenbild auch innerhalb ökonomischer Ansätze an seine Grenzen stößt, zeigen Studien der Spieltheorie.

1.3.3.1 Spieltheorie

Spieltheorien entstammen ursprünglich der Mathematik, werden aber auch häufig als Simulation von Entscheidungssituationen angewendet. Historischer Ausgangspunkt der Spieltheorie ist die Analyse des Homo oeconomicus. Ihre Bedeutung für die aktuellen Wirtschaftstheorien zeigt sich unter anderem daran, dass der Nobelpreis für Wirtschaftswissenschaften bereits acht Mal an spieltheoretische Arbeiten vergeben wurde.

Ein Spiel bezeichnet in diesem Zusammenhang eine Entscheidungssituation, in der sich mindestens zwei Parteien nach bestimmten Regeln verhalten und damit bestimmte Gewinne oder Verluste bewirken können. Der Erfolg des Einzelnen hängt dabei nicht nur vom eigenen Handeln ab, sondern auch von den Aktionen der anderen. Ein Beispiel liefert das sehr bekannte Szenario des Gefangenendilemmas

> **Das Gefangenendilemma**
>
> Die Polizei hat zwei Verbrecher festgenommen, die beide unabhängig voneinander verhört werden. Vor der Gerichtsverhandlung wird beiden ein Deal vorgeschlagen: Wenn einer gesteht und seinen Komplizen belastet, droht diesem als Kronzeuge nur ein Jahr Gefängnis, seinem Komplizen drohen jedoch fünf Jahre. Gestehen beide, kann das Gericht bei beiden zuschlagen und jeder Gefangene erhält jeweils vier Jahre Haft. Schweigen beide, kann nur ein Indizienprozess geführt werden und sie werden mit je zwei Jahren davonkommen.
>
> Das Dilemma der beiden ergibt sich vor allem dadurch, dass sie nicht wissen, wie sich der jeweils andere entscheiden wird. Die mathematisch resultierende optimale Strategie wäre, einander zu vertrauen und zu kooperieren, indem beide schweigen. Dies funktioniert aber nur, wenn beide sich unabhängig voneinander dazu entscheiden, was unsicher ist. Denkt jeder nur an sich, weil er versucht, seine eigene Gefängnisstrafe bestmöglich zu reduzieren, ist das Geständnis die verhältnismäßig bessere Wahl. Da für beide die individuelle Wahl des Geständnisses besser ist, wird wahrscheinlich mindestens einer von ihnen gestehen. Dann aber wird das beste Gesamtergebnis der optimalen Strategie nicht erreicht. Die ökonomisch geprägten Spieltheoretiker beschreiben dies so, dass sich die *individuell* optimale Strategie und die *insgesamt* optimale Strategie widersprechen (Abb. 1.1).

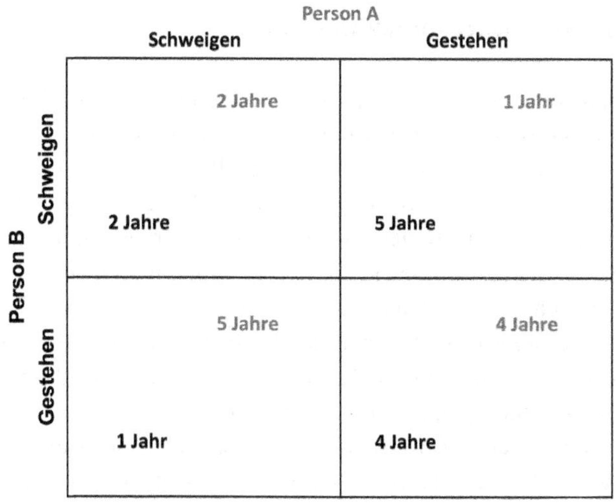

1.3 Der Homo oeconomicus

	Person A Schweigen	Person A Gestehen
Person B Schweigen	2 Jahre / 2 Jahre	1 Jahr / 5 Jahre
Person B Gestehen	5 Jahre / 1 Jahr	4 Jahre / 4 Jahre

Abb. 1.1 Das Gefangenendilemma

1.3.3.2 Das unterschätzte Vertrauen

Das Gefangenendilemma ist so konstruiert, dass sich Vertrauen auszahlt und zum für beide Parteien besten Gesamtergebnis führt. Das ist natürlich nicht in allen Entscheidungssituationen im politischen oder wirtschaftlichen Leben der Fall, aber vielleicht häufiger, als man vermutet. Die psychologischen Untersuchungen von Nobelpreisträger Daniel Kahnemann (2012) und Amos Tversky zeigen zumindest Beispiele wirtschaftlicher Verhandlungen auf, in denen ein Mangel an Vertrauen letztlich zu einem für alle Beteiligten schlechteren Ergebnis führte, als es bei kooperativem, vertrauensvollem Verhalten möglich gewesen wäre. Im Gefangenendilemma würden beide Komplizen sich mit größerer Wahrscheinlichkeit für das Schweigen entscheiden und damit das beste Gesamtergebnis erzielen, wenn die Spieltheoretiker mit sozialem Austausch der beiden rechneten. Dies ist aber im Menschenbild des Homo oeconomicus nicht vorgesehen.

1.3.3.3 Sozialer Austausch

Im Gegensatz dazu haben Menschen in politischen und wirtschaftlichen Verhandlungen glücklicherweise meistens die Möglichkeit, sich miteinander auszutauschen. Sie müssen einander selten ‚blind' vertrauen, sondern können sich ein Bild von ihrem Verhandlungspartner und dessen Zuverlässigkeit machen. Auch wenn sie sich irren können, steigen ihre Chancen, das wahrscheinliche Verhalten ihres Gegenübers in ihre individuelle Entscheidung einbeziehen zu können. Sozialer Austausch ermöglicht Vertrauen und Vertrauen wiederum stärkt Kooperation. Die Erweiterung der Welt des Homo oeconomicus um die soziale Sphäre steht deswegen im Zentrum des wirtschaftspsychologischen Menschenbilds (siehe Kap. 1.4).

1.3.4 Streben nach Nutzenmaximierung

Das Gefangenendilemma zeigt ein mögliches Modell menschlicher Entscheidungen. In den mikro- und makroökonomischen Untersuchungen gibt es eine Vielzahl von Erklärungsmodellen, die wirtschaftliche Ereignisse und Prozesse beschreiben und erklären. Gemeinsam ist ihnen, dass sie davon ausgehen, dass Menschen in erster Linie oder ausschließlich durch Nutzenkalkulationen und Gewinnmaximierung motiviert sind. Steht der Homo oeconomicus vor einer Entscheidung, sortiert er die individuellen Nutzenwerte der möglichen Alternativen, gewichtet sie gegebenenfalls hinsichtlich der Wahrscheinlichkeit ihres Eintreffens oder ihrer Erreichbarkeit und handelt dann so, wie es die resultierende Präferenzreihe gebietet. Seine Entscheidungen fallen immer rational und logisch aus, er folgt ausschließlich vernünftigen Schlussfolgerungen.

Persönliche Motive, Ziele und Werte spielen ebenso wenig eine Rolle wie spontane Impulse, Stimmungs- und Gefühlslagen. Auch Persönlichkeitsmerkmale oder unterschiedliche Stile, Informationen zu verarbeiten, werden im ökonomischen Menschenbild nicht berücksichtigt, geht es doch gerade darum, mithilfe eines ‚repräsentativen Agenten' wirtschaftliche Verhaltensweisen zu modellieren. Unterschiede zwischen Menschen werden ausgeklammert oder gar als störend betrachtet, da sie es erschweren, einen ‚Durchschnittsverbraucher' abzubilden.

Dies beruht auf der Annahme, dass Persönlichkeitsmerkmale (und andere Eigenschaften, durch die sich Menschen unterscheiden) nur bei individuellen Entscheidungen einzelner Menschen von Bedeutung sind. Geht es beispielsweise um die Besetzung einer offenen Stelle, ist es unerlässlich, die Persönlichkeit der Kandidaten zu kennen, um die besten Kandidaten für die Position und das Team auszuwählen, sodass ‚die Chemie stimmt'. Geht es aber um internationale Warenströme, sind Persönlichkeitsmerkmale unbedeutend oder gleichen sich aufgrund der großen Anzahl der beteiligten Akteure gegenseitig aus.

Die Funktion der Persönlichkeitsmerkmale Die Annahme dieses Ausgleichs reduziert die Komplexität wirtschaftlicher Modelle und erleichtert die Vorhersage von wirtschaftlichen Prozessen und Entwicklungen. Untersuchungen des Konsumentenverhaltens weisen jedoch darauf hin, dass Persönlichkeitsmerkmale, kulturelle Unterschiede und Werthaltungen auch auf kollektiver Ebene einen Einfluss ausüben. Modelle, welche diese Faktoren berücksichtigen, liefern bessere Prognosen des Konsumentenverhaltens. Deshalb entwickeln viele international agierende Großunternehmen Typologien ihrer Käufer, die nicht nur sozio-demografische Eigenschaften wie Alter, Geschlecht und den Bildungsstand berücksichtigen, sondern auch psychografische Eigenschaften wie Einstellungen, Werte und Motivstrukturen (Salcher et al. 1995).

1.3.5 Entscheidung mithilfe rationaler Präferenzreihen

Der Homo oeconomicus trifft Entscheidungen anhand rationaler Kriterien, indem er den individuellen Nutzen verschiedener Alternativen (z. B. Schweigen und Gestehen im Gefangenendilemma) ermittelt und daraus eine Präferenzliste ableitet. Ganz oben auf dieser Liste steht die für ihn nützlichste Alternative, über verschiedene weniger nützliche Verhaltensoptionen bis zur für ihn am wenigsten einträglichen Alternative. Diese Präferenzreihe leitet sich völlig logisch aus den Annahmen der Nutzenwerte ab. Jede andere Person würde zu denselben Ergebnissen kommen. Der Homo oeconomicus handelt *immer* gemäß der Präferenzliste und bezieht auch *nur* die in ihr berücksichtigten Nutzenwerte ein. Er wechselt seine Meinung nicht. Er trifft keine spontanen Entscheidungen und hört nicht auf sein Bauchgefühl. Der Nutzen muss dabei nicht notwendigerweise finanziellen Gewinn bedeuten, sondern kann theoretisch alles umfassen, was für den Homo oeconomicus einen Mehrwert darstellt. Dadurch ließe sich auch der psychologische Nutzen bestimmter Alternativen fassen, der beispielsweise daher rührt, dass bestimmte Verhaltensalternativen das Selbstbild des Homo oeconomicus stärken, soziale Bedürfnisse befriedigen oder positive Emotionen wecken. Im rein ökonomischen Menschenbild jedoch hat der Homo oeconomicus überhaupt kein Selbstbild, soziale Motive oder Emotionen. Werden diese Aspekte einbezogen, handelt es sich bereits um ein erweitertes wirtschaftspsychologisches Menschenbild.

Wie lässt sich das Verhalten von Herrn Kühnes Team mit diesem Menschenbild erklären? Die absolute Erhöhung des aktuellen Gehalts scheint nicht die am stärksten präferierte Alternative und das oberste Ziel seiner Mitarbeiter zu sein. Die relative Erhöhung des Gehalts im Vergleich zu den Kollegen anderer Teams könnte die schlechte Stimmung erklären. Diese sozialen Vergleiche, die Herrn Kühnes Mitarbeitern die Gehaltserhöhung verleiden, lassen sich in die ökonomische Nutzenkalkulation integrieren, wenn es für die Mitarbeiter an sich einen Nutzen erbringt, mehr zu verdienen als ihre Kollegen. Im Extremfall bedeutet dies, dass ein Mitarbeiter, der sich zwischen der Option 500 € Gehaltserhöhung zu erhalten, die geringer ausfällt als die Gehaltserhöhung der Kollegen anderer Abteilungen, und der Option 100 € Gehaltserhöhung zu erhalten, die aber größer ist als alle Gehaltserhöhungen der Kollegen, entscheiden müsste, als Homo oeconomicus die 100 € mehr im Monat statt der 500 € wählt. Dies könnte man dann aber kaum als rationale ökonomische Entscheidung bezeichnen und die Annahmen des Homo oeconomicus widersprechen sich. Das rein ökonomische Menschenbild stößt an dieser Stelle an seine Grenzen.

1.4 Das Menschenbild in der Psychologie

Während Mikro- und Makroökonomen den Menschen als ‚repräsentativen Agenten' verstehen, sehen Psychologen ihn vor allem als soziales Wesen, das stark von Beziehungen geprägt ist und andere Menschen in sein Denken, Planen und Handeln einbezieht. Menschen haben das Bedürfnis nach Nähe zu anderen, Gemeinsamkeit, Zugehörigkeit, Liebe und Anerkennung. Sie wollen eine bestimmte Wirkung auf andere ausüben und verhalten sich entsprechend. Andere beeindrucken, ermuntern, inspirieren oder schrecken sie ab. Sie werden von anderen berührt, wahrgenommen, gelobt oder kritisiert und lernen dadurch. In allen Bereichen der Psychologie geht es nicht um isolierte Einzelwesen, sondern um Menschen, die zu einer Familie, einem Freundeskreis, einem Verein oder Club, einem Unternehmen, einer Nation und anderen Gruppen gehören. Management wird ebenfalls als Aufgabe verstanden, in der es nicht um Planung am Reißbrett geht, sondern um Mittel und Wege, Mitarbeiter zu beeinflussen, um gemeinsam die Unternehmensziele zu erreichen.

1.4.1 Der Mensch als Individuum

Im Gegensatz zu einem fiktiv angenommenen Repräsentanten berücksichtigt das psychologische Menschenbild individuelle Unterschiede zwischen Menschen. Natürlich beschäftigen sich Theorien der allgemeinen Psychologie mit den allgemeinen Grundlagen, wie Menschen wahrnehmen, Informationen speichern und erinnern, Ziele setzen und verfolgen und miteinander kommunizieren. Doch neben den allgemeinen Gesetzmäßigkeiten werden auch individuelle Unterschiede erforscht. Die Persönlichkeitspsychologie oder Differentielle Psychologie widmet sich explizit und systematisch zwei Arten von Unterschieden im menschlichen Erleben und Verhalten:

- **Interindividuelle Unterschiede**
  Persönlichkeitsunterschiede zwischen verschiedenen Menschen
- **Intraindividuelle Unterschiede**
  Schwankungen und Veränderungen des Verhaltens einer Person innerhalb ihres Verhaltenspotenzials – beispielsweise bedingt durch die individuelle Tagesform, den Kontext, Lerneffekte oder die biologische Entwicklung und Reifung

1.4.1.1 Die fünf Grundsäulen der Persönlichkeit

Seit Jahrzehnten untersuchen Psychologen, welche zeitlich stabilen Persönlichkeitsmerkmale es gibt, die dafür sorgen, dass wir uns in unterschiedlichen Situationen recht ähnlich verhalten. Mithilfe spezieller statistischer Verfahren (sogenannter Metaanalysen) wurden die Studienergebnisse verglichen, komprimiert und interpretiert. Fünf Faktoren bilden demnach die Grundsäulen der Persönlichkeit. Sie werden auch ‚**Big Five**' genannt:

1. **Offenheit für neue Erfahrungen** bezeichnet das Ausmaß, in dem man sich gerne mit neuen Erfahrungen, Erlebnissen und Eindrücken beschäftigt.
2. **Gewissenhaftigkeit** beschreibt das Maß an Selbstkontrolle, Genauigkeit und Zielstrebigkeit.
3. **Extraversion bzw. Introversion** beschreibt die Aktivitäten im zwischenmenschlichen Verhalten und die Art und Weise, Energie eher im Kontakt mit anderen Menschen oder im Alleinsein zu gewinnen.
4. **Verträglichkeit** meint, wie hilfsbereit, kooperativ und ausgleichend man sich anderen Menschen gegenüber verhält.

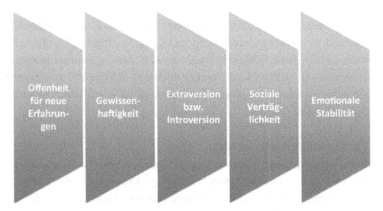

Abb. 1.2 Big Five – Die Grundsäulen der Persönlichkeit

5. **Emotionale Stabilität** bezeichnet, wie empfänglich man für negative Gedanken und Gefühle ist und wie leicht man sich durch Schwierigkeiten aus dem Lot bringen lässt (Abb. 1.2).

▶ Dank psychologischer Kompetenzen gewinnen Sie bessere Mitarbeiter.

Es ist möglich, ein guter Chef zu sein, ohne die Dynamik von Persönlichkeiten zu kennen. Aber mit etwas Wissen darüber können Sie eine noch einflussreichere Führungskraft werden. Es kann Ihnen helfen, die zwischenmenschlichen Probleme zu meistern, die unweigerlich entstehen, wenn Menschen zusammen arbeiten. Unterschiedliche Menschen werden durch unterschiedliche Arten von Belohnung motiviert und wenn Sie die innere Motivation einer Person verstehen, können Sie sie besser dazu ermuntern, im Job ihr Bestes zu geben. Dr. Elana Miller[1], Psychiaterin und Managementberaterin.

1.4.1.2 Persönlichkeitstyp Manager

Welche Bedeutung haben diese Persönlichkeitsmerkmale in wirtschaftlichen Kontexten? In manchen wirtschaftlichen Bereichen trifft man bestimmte Persönlichkeitstypen häufiger an als in der Gesamtbevölkerung. Der kanadische Professor und Psychiater Robert Hare untersuchte Hunderte von Führungskräften aus amerikanischen Konzernen und kam zu dem Schluss, Manager zeichneten sich häufig durch narzisstische Eigenschaften wie häufiges Lügen, eingeschränktes Mitgefühl und Verantwortungsbewusstsein aus (Babiak et al. 2007). Auch sehr impulsives und disziplinloses Verhalten war in dieser Aufsehen erregenden Studie so oft unter Topmanagern zu finden, dass ihr Charakter gefährlich nahe an psychopathische Strukturen heranreichte (ZEIT Online 2013). Manager müssen häufig schnelle Entscheidungen bei Unsicherheit treffen. Informationen sind nicht umfassend

---

[1] http://www.forbes.com/sites/cherylsnappconner/2013/09/01/how-psychology-can-make-you-a-better-boss. Zugegriffen am 8. März 2014.

und detailliert bekannt. Die Zeit drängt und nötige Entschlüsse ziehen unpopuläre Folgen nach sich. Da sind Durchsetzungsvermögen und Überzeugungskraft gefragt. Persönlichkeitsmerkmale, welche diese Fähigkeiten nähren, sind deswegen unter Managern stärker vertreten als andere. Dass diese Charakterzüge auch bedrohliche und unternehmensschädliche Formen annehmen können, zeigen die Forschungsarbeiten von Professor Hare und seinen Kollegen deutlich.

1.4.1.3 Persönlichkeit der Kunden

Auch für einen Brand Manager ist es wichtig zu wissen, ob die potenziellen Käufer seines neuen Produktes extrovertierte und abenteuerlustige Draufgänger sind, die er mit dem Sponsoring von Events erreicht, oder besonnene Kunden, die stärker durch sachliche Argumente überzeugt werden. Die steigende Bedeutung psychologischer Kundentypologien im Marketing verdeutlicht, dass es wirtschaftlich sinnvoll ist, die Ecken und Kanten seiner Kunden zu kennen und zu nutzen.

1.4.1.4 Persönlichkeit der Mitarbeiter

Im Management ist es hilfreich, die Persönlichkeiten seiner Mitarbeiter und die daraus entstehende Dynamik im Team zu kennen. So blühen extrovertierte Menschen förmlich auf, wenn sie von vielen Menschen umgeben sind. Sie fühlen sich in Cliquen und Gruppen am wohlsten und laufen in der Gruppe zur Höchstform auf. Sich einer Aufgabe zu widmen, ohne sich mit anderen austauschen zu können, wirkt auf sie demotivierend. Introvertierte Menschen hingegen fühlen sich wohler, wenn sie intensive Gespräche mit einzelnen Personen führen, in die sie richtig tief eintauchen können. Ihre Stärken und Talente bringen sie stärker in Einzelaufgaben als im Team ein.

Psychologische Studien (Kay 2007) zeigen, dass Personalentwickler und Führungskräfte dazu neigen, bevorzugt Menschen einzustellen, die ähnliche Persönlichkeitsmerkmale haben wie sie selbst. Das mag zwar dafür sorgen, dass ‚die Chemie stimmt' und es weniger Konflikte innerhalb des Teams gibt. In heterogenen Arbeitsteams ergänzen sich die Teammitglieder jedoch gewinnbringend, wenn sie sich mit verschiedenartigen Aufgaben oder Kundentypen befassen.

Je besser Sie die Persönlichkeit Ihrer Mitarbeiter kennen, desto besser können Sie ihre individuellen Stärken nutzen, Konflikte vermeiden und ideale Teams zusammensetzen. Deswegen lernen Sie in Kap. 2 die wichtigsten Persönlichkeitseigenschaften der Big Five kennen und erhalten Anregungen, wie Sie Ihre Kommunikation und Ihren Führungsstil durch die Kenntnis dieser Unterschiede zwischen Ihren Mitarbeitern verbessern können.

1.4.2 Der Mensch als soziales Wesen

Die gemeinschaftliche Natur des Menschen hat bereits der griechische Philosoph Aristoteles in der Nikomachischen Ethik beschrieben. Die Natur des Menschen bestimme ihn für ein Leben mit anderen, sei es ein Leben als Paar (zoon syndyastikon) oder ein Leben in einer (größeren) Gemeinschaft (zoon politikon). In der modernen Psychologie wird dieses

Streben als ‚Anschlussmotiv' bezeichnet. Der Wunsch nach Nähe und Kontakt liegt in der menschlichen Natur, auch wenn die Art und Weise des Kontaktes und das ideale Maß an Nähe oder Distanz sehr unterschiedlich ausfallen können. Wie sich das Verhalten in Gruppen von dem Verhalten einzelner Personen unterscheidet, untersuchen Sozialpsychologen in wissenschaftlichen Studien. Sie erforschen, wie wir uns gegenseitig wahrnehmen und wie wir uns in unseren Entscheidungen und Urteilen gegenseitig beeinflussen. Für Manager sind diese Kenntnisse besonders wichtig bei der Personalauswahl, der Kommunikation mit den Mitarbeitern, in der Teamarbeit und beim Konfliktmanagement.

▶ Menschen sind soziale Wesen und beeinflussen sich in ihrem Denken, Fühlen, Entscheiden und Handeln gegenseitig.

> Niemand ist eine Insel ganz in sich selbst; jeder ist ein Stück des Kontinents.
> John Donne.

Manchmal machen Menschen etwas mit sich selbst aus und tauschen sich vielleicht nicht einmal mit anderen Menschen über ihre Gedanken aus. Selten sind sie jedoch völlig frei vom Einfluss anderer. Es macht ihnen etwas aus, ob sie andere für kompetent, zuverlässig oder einfallsreich halten. Sie vergleichen ihre Handlungen und Leistung mit anderen, um zu wissen, wo sie stehen. Menschen suchen bewusst die Nähe von anderen, mit deren Unterstützung sie ihre Ziele einfacher oder schneller erreichen. Gehören sie zu einer Gruppe, fallen ihre Urteile und Entscheidungen anders aus als für sich alleine. Kapitel 6 erläutert genauer, wie Menschen Entscheidungen fällen und wie das Zusammenspiel aus rationalen Entscheidungsprozessen und dem intuitiven Bauchgefühl gelingt.

Frage
Wie werden in Ihrem Unternehmen Entscheidungen gefällt? Die Selbstreflexion im Anhang gibt Ihnen die Möglichkeit, sich über die in Ihrem Unternehmen aktuell vorherrschende Entscheidungskultur ein Bild zu machen.

Gruppenurteile Psychologen haben in vielen Experimenten untersucht, wie sich der Weg von der Fragestellung bis zur Entscheidung gestaltet. Gruppen neigen dazu, extremere Urteile abzugeben als der Durchschnitt der Entscheidungen jedes einzelnen Gruppenmitglieds ergäbe. Dieser Effekt wird **Gruppenpolarisierung** genannt. Wie kommt er zustande? In Gruppen kommen verschiedenartige Argumente und Informationen für oder gegen eine Position auf den Tisch. Wenn Sie selbst beispielsweise gegen die Einführung flexiblerer Arbeitszeiten sind, begegnen Ihnen im Gespräch mit Ihren Kollegen weitere Gründe, die gegen eine Flexibilisierung sprechen. Selbst wenn sich die Pros und Kontras Ihrer Kollegen die Waage halten, sind Sie geneigt, den Schattenseiten stärkeres Gewicht beizumessen. Denn Informationen, die Ihren Annahmen und Erwartungen entsprechen, nehmen Sie besser und schneller wahr, speichern sie effektiver und erinnern sich besser daran als an widersprechende Argumente. Ihre innere Liste mit Gründen gegen die neue Arbeitszeitregelung wird also länger und länger. So kommen Sie schlussendlich zu einem extremeren Votum gegen flexible Arbeitszeiten, als es der Fall wäre, wenn Sie sich nicht mit Ihren Kollegen ausgetauscht hätten. Dieser Prozess verläuft nicht bewusst oder absichtlich und ist, selbst bei Kenntnis dieser Dynamik, nur mit viel Aufmerksamkeit und einer entsprechenden Diskussions- und Entscheidungskultur zu kontrollieren. Darüber hinaus ist Ihnen wichtig, welchen Eindruck Sie auf Ihre Kollegen machen. Zeichnet sich im Laufe einer Diskussion ab, dass die Entscheidung der Gruppe tendenziell eher gegen die Einführung flexiblerer Arbeitszeiten ausfällt, präsentieren Sie sich besonders smart, indem Sie eine Meinung vertreten, die etwas extremer ausfällt als die Gruppentendenz.

Gruppen neigen außerdem dazu, zu einem Konsens kommen zu wollen. Es ist unangenehm, nach langen Gesprächen oder gar kritischen Debatten im Dissens auseinanderzugehen. Gruppen haben die Tendenz, zu einer Entscheidung zu kommen, hinter der ‚alle stehen können'. Menschen in Gruppen klammern deswegen abweichende Informationen aus und bemühen sich um eine einheitliche Position. Dies bezeichnen Psychologen als ‚**Groupthink**' (Janis 1982). Dieser Effekt ist besonders stark, wenn für die Gruppenmitglieder die Zugehörigkeit zu dieser Gruppe wichtig für ihre Identität ist und sie ein positives Bild der Gruppe aufrechterhalten wollen (Turner und Pratkanis 1998). Viele Teams, Netzwerke und Gremien erfüllen beide dieser Kriterien, sodass viele Entscheidungen stark vom Effekt des Groupthink geprägt sind. Dabei ist Konsens nicht in jedem Fall die bessere Entscheidung. Oft würde die Güte des gemeinsamen Beschlusses steigen, wenn auch abweichende Informationen bedacht würden statt vorschnell zu einem Konsens zu gelangen, nur weil sich dieser angenehmer und besser anfühlt.

Teil eines Kontinents zu sein, wie es der Dichter John Donne so schön ausdrückte, hat viele positive Seiten. Wir gleichen in der Teamarbeit Engpässe aus und springen für andere ein, wenn es mal eng wird. Das Miteinander kann Ihnen und Ihren Mitarbeitern den Rückenwind geben, den Sie in schwierigen Momenten und harten Zeiten für das beharrliche Verfolgen Ihrer Ziele benötigen. Als Führungskraft sollten Sie sich aber auch der Effekte der extremeren und einseitigeren Urteile bewusst sein, um bei gemeinsamen Entscheidungen in der Gruppe zu guten Entscheidungen zu kommen.

1.4.3 Menschliche Motivation

Finanzielle Anreize bewegen Menschen dazu, sich mehr anzustrengen und ihre Fähigkeiten, Kompetenzen und Kenntnisse besser einzusetzen. Der finanzielle Gewinn einer Verhaltensalternative wirkt als Anreiz von außen. Diese Motivation wird in der Psychologie als **extrinsisch** bezeichnet. Im Gegensatz zum ökonomischen Menschenbild gehen Psychologen davon aus, dass es eine große Zahl unterschiedlicher Motivationen gibt, von denen viele von innen heraus wirken (**intrinsische** Motivation). Die individuelle Motivationslage in einer bestimmten Entscheidungssituation entwickelt sich aus dem Zusammenspiel dieser Motivatoren und weiterer Aspekte wie Stimmung oder Tagesform.

Der finanzielle Nutzen ist ohne Zweifel ein wichtiger Motivator im Rahmen wirtschaftlichen Verhaltens, schon alleine, weil Geld ein Mittel ist, mit dem sich auch andere

Motivationen erfüllen lassen. Finanzieller Gewinn ist aber selten der wichtigste Motivator und kann interessanterweise sogar eine demotivierende Wirkung haben.

Nachhaltige Motivation von innen schenkt uns die Neugier. Neugier ist der Motor für unsere Entwicklung. Kinder betasten, fühlen und erforschen alles, was ihnen zwischen die Finger kommt. Sie nehmen zum Beispiel ein altes Radio auseinander und versuchen stundenlang, es wieder zusammenzuschustern. Und das nicht unbedingt, damit es wieder funktioniert, sondern vor allem, um sein Innenleben zu verstehen und weil das Herumbasteln an sich Spaß macht. Neugier hat eine nachhaltige Wirkung, da sie – im Gegensatz zu finanziellen Anreizen – nicht immer wieder von außen ‚gefüttert' werden muss, sondern das Leben selbst genügend Stimulation und Anregung bietet, um die natürliche Neugier zu befriedigen. Menschen suchen aktiv inspirierende Objekte, Tätigkeiten und Begegnungen. Allerdings kann die motivierende Kraft der Neugier auch nachhaltig beeinträchtigt werden. Wenn es beispielsweise niemals gelingt, das zerpflückte Radio wieder erfolgreich zu montieren, verliert der Bastler irgendwann die Lust darauf. Gibt man einem Kind, das aus Spaß mühselig die Einzelteile wieder zu einem Radio zusammengefügt hat, dafür jedes Mal etwas Geld, so verlagert sich seine Motivation allmählich von innen nach außen. Statt aus Neugier und Entdeckerfreude bastelt es nach einer Weile nur noch geduldig an dem Radio herum, wenn es angemessen dafür ‚bezahlt' wird. Gibt es dann eine geringere oder gar keine Belohnung mehr dafür, bleiben die Einzelteile unbeachtet in der Ecke liegen. Die intrinsische Motivation der Bastelfreude wurde abtrainiert und die extrinsische Motivation von außen bleibt ebenfalls aus.

Auf diese Weise kann man das Engagement, das Menschen aus eigener, innerer Neugier und Spaß an Leistung, sozialem Engagement, Abenteuerlust und Entdeckerfreude entwickeln, durch finanzielle Anreize aushöhlen. Wirtschaftsentscheider sollten entsprechend die sensible Balance der inneren und äußeren Motivatoren im Auge haben, wenn sie mit Anreizen ein bestimmtes Verhalten fördern oder unterbinden wollen. Was Menschen motiviert und wie Sie dies nutzen können, werden Sie in Kap. 2 erfahren.

1.4.4 Menschliche Entscheidungen im Zusammenspiel von Kopf und Bauch

Menschen haben überwiegend den Eindruck, ihre Entscheidungen auf Basis rationaler Überlegungen zu treffen. Dies gilt insbesondere für wirtschaftliche Entscheidungen mit finanziellen Konsequenzen. So kauft niemand Aktien einfach ‚aus dem Bauch heraus'. Den neuen sportlichen Van kauft man, weil der Platzbedarf der Familie gestiegen ist und man eine höhere PS-Zahl ‚als Kraftreserve aus Sicherheitsgründen' benötigt.

▶ Menschen entscheiden nicht rational.

> Seitdem Menschen Entscheidungen treffen, denken sie auch darüber nach, wie sie Entscheidungen treffen. Jahrhundertelang stellten Philosophen dazu komplexe Hypothesen auf, bei denen sie sich auf Beobachtungen des menschlichen Verhaltens von außen stützten. (…)

> Alle Hypothesen beruhten seit der griechischen Antike auf einer Annahme: wir sind rational. Wenn wir Entscheidungen treffen, setzen wir uns angeblich bewusst mit Alternativen auseinander und wägen sorgfältig das Für und Wider ab. (…) Die These von der Rationalität des Menschen wirft allerdings ein Problem auf: Sie ist schlichtweg falsch. Unser Gehirn funktioniert anders. Jonah Lehrer (2009), Neurowissenschaftler.

Dass neben vernünftigen Gründen auch die reine Lust am schnellen Fahren eine Rolle spielt, gestehen sich viele Autokäufer nicht ein. Die nachträgliche vernünftige Erklärung von spontan oder intuitiv getroffenen Entscheidungen, die in erster Linie nach dem Lust-Unlust-Prinzip ablaufen, wird **Rationalisierung** genannt. Intuitive Entscheidungen nach dem Bauchgefühl müssen dabei nicht unbedingt falsch sein und können unter Umständen sogar zu besseren Ergebnissen führen als sachliche Überlegungen. Denn nicht immer können oder sollten wir Entscheidungen nach nüchternen Wahrscheinlichkeitserwägungen ausrichten. In vielen Situationen sind intuitive Entscheidungen ‚aus dem Bauch heraus' schon allein aufgrund ihrer Schnelligkeit besser. Wenn wir als Ersthelfer vor einem Menschen mit einer stark blutenden, klaffenden Wunde stehen, wäre es fatal, alle möglichen Ursachen der Verletzung und die am besten geeignete Behandlung sorgfältig gegeneinander abzuwägen. Die Blutung muss sofort gestoppt werden. Es zählt jede Sekunde. Ob das mit einem sterilen, professionellen Druckverband oder einer handfesteren Lösung geschieht, ist zunächst nebensächlich.

Aber nicht nur bei überlebenswichtigen Entscheidungen unter Zeitdruck kann es besser sein, weniger über die möglichen Alternativen nachzudenken und sich auf sein ‚Bauchgefühl' zu verlassen, wie viele psychologische Studien zu Entscheidungen nachweisen. Das zeigt auch folgendes Beispiel:

Beispiel

Ap Dijksterhuis von der Universität Amsterdam untersuchte die Kaufentscheidung beim Autokauf. Er fühlte sich von dem großen Angebot an Fahrzeugen überfordert und wollte untersuchen, wie andere Menschen sich für einen bestimmten Wagen entschließen. Die Teilnehmer an seiner Studie (Dijksterhuis et al. 2007 S. 1005–1007) erhielten Beschreibungen von vier verschiedenen Gebrauchtwagen. Die Entscheidenden konnten 16 Informationen miteinander vergleichen. Ein Wagen bot einen niedrigen Benzinverbrauch, war aber mit einem schlechten Getriebe und schlechten Lautsprechern ausgestattet. Ein anderer Wagen war sehr geräumig, aber unkomfortabel zu bedienen. Der Forscher gestaltete seinen Versuch so, dass ein infrage kommender Wagen überwiegend positive Eigenschaften bot und objektiv betrachtet die beste Alternative darstellte.

Die eine Gruppe konnte sich in seinem Experiment ausreichend Zeit lassen, um die Beschreibungen in Ruhe miteinander zu vergleichen und sich ein Urteil zu bilden. Unter dieser Rahmenbedingung wählten über 50 % der Teilnehmer den faktisch besten Wagen. Die andere Gruppe hatte es schwerer. Denksportaufgaben hielten sie davon ab, die Beschreibungen im Detail durchzugehen und sorgfältig miteinander zu vergleichen. Sie mussten stattdessen aus dem Bauch heraus ihren Gebrauchtwagen auswählen. Deutlich seltener wählten sie den faktisch besten Wagen.

Abb. 1.3 Wenn Kopfentscheidungen die Kapazität der menschlichen Informationsverarbeitung überfordern, sind reine Bauchentscheidungen hilfreicher

Das Fazit aus den Ergebnissen überrascht wenig: Nachdenken verbessert die Qualität von Entscheidungen. Doch damit gab sich Ap Dijksterhuis nicht zufrieden. Er führte das Experiment noch einmal durch und bat andere Personen, ein Auto aus vier Gebrauchtwagen auszuwählen, deren Profile sich anhand von zwölf verschiedenen Kriterien voneinander unterschieden. Neben dem Getriebe, dem Benzinverbrauch, der Bedienungsfreundlichkeit und dem Soundsystem wurden Informationen zur Innenausstattung, Kofferraumgröße und zu weiteren Merkmalen angegeben. Jetzt wählten weniger als 25 % der Entscheider, denen Zeit für ihre Entscheidungsfindung gewährt wurde, den besten Wagen aus. Das bedeutet, dass sie sogar schlechter abschnitten als es bei einer Zufallsentscheidung der Fall gewesen wäre, denn beim einfachen Raten hätte jedes der vier Fahrzeuge eine Chance von 25 % gehabt! Erstaunlicherweise kamen die Entscheider, die durch Denksportaufgaben vom Nachdenken über die komplexen Wagenprofile abgehalten wurden, zu weitaus besseren Ergebnissen: Fast 60 % von ihnen wählten den Gebrauchtwagen, der faktisch das beste Profil aufwies. Sie kamen gar nicht dazu, alle möglichen Kombinationen von Für und Wider gegeneinander abzuwägen (Abb. 1.3).

Sachliche Entscheidungen, über die wir uns ‚den Kopf zerbrochen haben', können zu schlechteren Ergebnissen führen als Entscheidungen, die intuitiv gefällt werden. Ap Dijksterhuis erklärt dies damit, dass komplexe Entscheidungen die Kapazität der menschlichen Informationsverarbeitung überfordern können. Dann ist weniger mehr, indem aus wenigen Informationen schnell und unbewusst auf das Gesamtergebnis geschlossen wird und das mit erstaunlich guten Ergebnissen.

Psychologen, welche die Prozesse des Denkens, Wahrnehmens, der Eindrucks- und Urteilsbildung erforschen, beschäftigen sich mit diesen und ähnlichen **Urteilseffekten**. Dass das Interesse am Kauf eines Neuwagens gerade dann steigt, wenn die letzte Werkstattrechnung für den in die Jahre gekommenen Wagen ins Haus flattert, ist beispielsweise kein Zufall. Menschen schätzen das Risiko weiterer Reparaturen ein, wenn sie über die Alternative eines Neuwagenkaufs nachdenken, und erinnern sich schmerzlich an die letzte Rechnung. Durch die Präsenz der Kosten (in der Psychologie ‚Verfügbarkeit' von Informationen genannt) überschätzen sie das Risiko zukünftiger Reparaturkosten. Weil die letzte Reparatur noch nicht lange her ist, sind Informationen präsenter und wiegen im Entscheidungsprozess schwerer als angemessen ist. So gehen sie automatisch davon aus, dass auch in Zukunft regelmäßig Reparaturkosten auf sie zukommen werden. Dabei ist es wahrscheinlicher, dass sie Ihren Wagen *nach* der Reparatur für eine gewisse Zeit problemlos fahren können. Auf keinen Fall sind zukünftige Reparaturen wahrscheinlicher als sie es *vor* der Reparatur auch gewesen wären. Hätte man sie jedoch vor der letzten Reparatur gefragt, mit welchen zukünftigen Reparaturkosten sie rechnen, hätten sie aller Wahrscheinlichkeit nach ein geringeres Risiko angegeben, weil ihnen keine Rechnung präsent gewesen wäre.

Diese Entscheidung ist ein Ergebnis der so genannten Verfügbarkeitsheuristik. Heuristiken sind Daumenregeln, die es erlauben, schnell und auf Basis weniger Informationen Entscheidungen zu treffen. Nur sind leider die Informationen, auf denen ein „Ja" oder „Nein" fußt, nicht immer die richtigen oder sie werden auf Basis falscher Annahmen gewichtet und bewertet. Die Verfügbarkeitsheuristik ersetzt die schwierig zu ermittelnde Wahrscheinlichkeit eines Ereignisses (im Beispiel weiterer Reparaturrechnungen) oder den Umfang einer Kategorie (beispielsweise der Höhe der zu erwartenden Reparaturkosten) durch die relativ einfache Frage, wie leicht es gerade fällt, sich an passende Beispiele zu erinnern. Allein die Verfügbarkeit der Werkstattkosten im Moment der Überlegungen verzerrt die Risikoeinschätzung und lässt den Kauf eines neuen Autos attraktiver erscheinen.

Solche Urteilsverzerrungen geschehen überall und am laufenden Band. Intelligente Menschen tappen ebenso in ihre Falle wie weniger intelligente Entscheider. Experten urteilen bei schnellen Entscheidungen ebenso mittels Heuristiken wie Laien. Die Kenntnis der Heuristik macht sie noch nicht unwirksam. Selbst die Psychologen, die sich seit Jahrzehnten professionell mit den Voraussetzungen und Folgen heuristischer Entscheidungen beschäftigen, sind nicht immun gegen ihre Wirkung. Aber sie können Bedingungen beschreiben, unter denen es wahrscheinlicher ist, dass Menschen ihre Entscheidungen gründlicher bedenken, alle relevanten Informationen nutzen und zu besseren Einschätzungen und Entscheidungen kommen.

Die Empfehlung des Entscheidungsexperten Ap Dijksterhuis:

Die Botschaft dieser Untersuchungen liegt auf der Hand. Nutze Dein bewusstes Denken, um alle Informationen zu beschaffen, die für eine Entscheidung notwendig sind. Aber versuche nicht, diese auch bewusst zu analysieren. Nimm vielmehr Urlaub, während dein Unbewusstes die Informationen verdaut. Und was dann deine Intuition sagt, ist fast sicher die beste Wahl (Dijksterhuis 2007).

Insbesondere die Einschätzungen von Risiken und das Treffen von Entscheidungen unter Unsicherheit sind für wirtschaftliche Entscheider von Bedeutung. Neben guten Rahmenbedingungen für möglichst optimale Entscheidungen kann man lernen, Risiken und Ungewissheiten richtig einzuschätzen. Die Risikoschulung des Experten Gerd Gigerenzer hilft mit erstaunlichen Erfolgen, Risiken realistisch einzuschätzen und Panikmache ebenso wie Verharmlosung zu vermeiden (Gigerenzer 2013).

In Kap. 2 erfahren Sie, was Menschen zu ihrem Verhalten und Entscheidungen antreibt und wie Sie als Führungskraft ihre Mitarbeiter motivieren können. Kapitel 3 erläutert ausführlicher, wie Menschen denken, welche systematischen Denkfehler es gibt und wie Sie durch das richtige Entscheidungs-Management Fehlurteile vermeiden können. Kapitel 4 schildert, wie Menschen lernen, Erfahrungen ihr Verhalten ändert und sie sich neues Wissen aneignen. In Kap. 5 erfahren Sie, wie Menschen sich miteinander austauschen und wie Kommunikation gelingt, und Kap. 6 macht Sie mit den psychologischen Grundlagen von Führung vertraut.

1.5 Selbsttests und Arbeitsmaterialien

1.5.1 Reflexion: Menschenbild

Notieren Sie Ihre Antworten bitte auf den jeweiligen Linien.

1. Ich glaube, Menschen sind grundsätzlich _____
2. Ich gehe davon aus, dass Menschen nach _____ streben.
3. Menschen werden motiviert durch _____
4. Menschen können gut zusammenarbeiten, wenn _____

1.5.2 Reflexion: Entscheidungskultur

Kreuzen Sie bitte die zutreffenden Antworten an (Tab. 1.1).

Tab. 1.1 Entscheidungskultur

	gering ausgeprägt				stark ausgeprägt
	1	2	3	4	5
Alle Beteiligten werden frühzeitig über die anstehende Diskussion zur Entscheidungsfindung informiert.					
Informationen über mögliche Folgen der Entscheidung werden vorab zur Verfügung gestellt.					
Jede/r von uns kann eine unbegrenzte Zahl an Vorschläge einbringen.					
Es ist allen klar, nach welchen Kriterien Ideen und Vorschläge bewertet werden.					
Die Kriterien, nach welchen Ideen und Vorschläge bewertet werden, ändern sich häufig im Laufe der Diskussion.					
Für die Bewertung der Vorschläge steht ein ausreichender Zeitraum für Diskussionen zur Verfügung.					
In der Debatte gehen wir auf die Vor- und Nachteile verschiedener Alternativen ein.					
Jeder traut sich, seine Meinung und Ideen einzubringen.					
Persönliche Positionen mischen sich mit sachlichen Interessen.					
Wir erhalten Rückmeldungen, welche Konsequenzen unsere Entscheidungen nach sich gezogen haben.					
Wir bekommen Anerkennung von anderen, wenn wir richtige Entscheidungen getroffen haben.					
Es ist auch in Ordnung, mal eine falsche Entscheidung zu treffen, solange wir daraus etwas lernen.					
Entscheidungen werden von denjenigen Personen getroffen, die den höchsten Status bzw. die höchste Position innehaben.					
Meetings werden nicht beendet, bevor ein Konsens gefunden wurde.					
In Diskussionen und Debatten kann es manchmal ganz schön hoch hergehen.					
Ich bin mit der Art, wie wir Entscheidungen treffen, zufrieden.					

Literatur

Babiak, P., & Hare, R. D. (2007). Menschenschinder oder Manager. Psychopathen bei der Arbeit. München: Carl Hanser Verlag.

Dijksterhuis, A. (2007). Breakthrough Ideas. Harvard Business Review.

Dijksterhuis, A., et al. (2006). On making the right choice: The deliberation-without-attention effect. *Science, 311,* 1005–1007.

Gigerenzer, G. (2013). Risiko: Wie man die richtigen Entscheidungen trifft. Bertelsmann Verlag.

Häring, N. (2001). Der Homo oeconomicus ist tot. Financial Times Deutschland.

Hug, B. (2013). Grundlagen des Führungsverständnisses. Menschenbilder. In T. Steiger & E. Lippmann (Hrsg.), *Handbuch Angewandte Psychologie für Führungskräfte,* pp. 3–14. Heidelberg Berlin: Springer Verlag.

Janis, I. (1982). Groupthink. 2. Auflage. Boston: Houghton Mifflin.

Kahnemann, D. (2012). Schnelles Denken, langsames Denken. Siedler Verlag.

Kay, R. (2007): Auf dem Weg in die Chefetage. Betriebliche Entscheidungsprozesse bei der Besetzung von Führungspositionen. Hg.: Bonn:Institut für Mittelstandsforschung.

Kirchgässner, G. (2008): Homo oeconomicus. Das ökonomische Modell individuellen Verhaltens und seine Anwendung in den Wirtschafts- und Sozialwissenschaften. Tübingen: Mohr.

Lehrer, J. (2009). Wie wir entscheiden. Das erfolgreiche Zusammenspiel von Kopf und Bauch. München: Piper Verlag.

Salcher, E., & Hoffelt, P. (1995). Psychologische Marktforschung (Marketing Management). Berlin: De Gruyter.

Spranger, E. (1950). Lebensformen. Geisteswissenschaftliche Psychologie und Ethik der Persönlichkeit. 8. Tübingen:Auflage

Turner, M. E., & Pratkanis, A. R. (1998). A social identity maintenance model of group think. *Organizational Behavior and Human Decision Processes, 73,* 210–235.

ZEIT Online (7. September 2013) http://www.zeit.de/2013/34/psychopaten-irre-erfolgreich-manager. Zugegriffen am 16. Oktober 2014.

Was Menschen wollen 2

Dieses Kapitel macht Sie mit den Grundlagen der Motivations- und Persönlichkeitspsychologie vertraut. Sie erfahren, was Menschen bewegt und wie sich der Weg von der Absicht bis zur gelungenen Umsetzung gestaltet. Denn zwischen Zielsetzung und dem Erreichen eines Ziels liegt oft ein langer, mühsamer Weg, der Hartnäckigkeit, Konsequenz, Unerschütterlichkeit oder Anpassungen erfordert. Ohne den Motor unserer inneren Antreiber wäre alles unerreichbar, was erst in Zukunft Belohnungen für unser Bemühen erbringt. Beispiele und Fallstudien aus Marketing, Werbung, Management und Organisationsentwicklung geben Ihnen Anregungen, wie Sie dieses Wissen in Ihrem Wirkungskreis umsetzen und nutzen können.

2.1 Keine Aktion ohne Motivation

Geduldig in der Warteschlange zu verweilen, fällt Menschen oft schwer, wenn sie auf den Bus oder die U-Bahn warten, die sie zur Arbeit bringt. Wie anders fühlt es sich an, vor dem Check-in-Schalter zu stehen und auf das Abgeben des Reisegepäcks für die lang ersehnte Karibikreise zu warten! Es ist möglich, eine Situation ganz unterschiedlich zu erleben. Der unterschiedliche Drive hängt nicht nur von der momentanen Verfassung und Stimmung ab, sondern in starkem Maße davon, welche Ziele durch die jeweiligen Handlungen erreicht werden und was diese für die jeweilige Person bedeuten. Äußerlich ähnliches Verhalten kann aus sehr unterschiedlichen Ursachen erfolgen. Psychologen beschäftigen sich schon lange mit der Frage, wieso sich Menschen in bestimmten Situationen auf eine bestimmte Art und Weise verhalten. Verhaltensorientierte Ansätze der sogenannten Behavioristen interessieren sich dabei allein für das gezeigte und beobachtbare Verhalten. Sie erklären es vor allem mit den Konsequenzen, welche Verhaltensweisen nach sich ziehen. Es scheint ganz logisch und nicht überraschend, dass Menschen häufiger Verhalten zeigen, das zu angenehmen Konsequenzen führt und mit dem sie ihre Ziele erreichen, als Verhalten, das unangenehme Konsequenzen zur Folge hat oder ihre Ziele verfehlt. Aber mit dieser einfachen Erklärung kann man viele menschliche Verhaltensweisen nicht erklären. Es wird besonders dann schwierig, wenn menschliches Verhalten hauptsächlich mit den finanziellen Konsequenzen, also den Chancen auf finanziellen Gewinn beziehungsweise das Vermeiden finanzieller Verluste, erklärt werden soll.

Gemeinsam mehr erreichen

Die dicke Luft im Team von Herrn Kühne hat sich einigermaßen gelegt. Er möchte die individuellen Stärken seines Teams besser nutzen und die Mitarbeiter stärker in die Projektplanung einbeziehen. Für das anstehende Teammeeting hat er zwei unterschiedliche strategische Ansätze erarbeitet, wie sie gemeinsam das Jahresziel erreichen können. Er ist sich etwas unsicher, wie dies bei seinen Mitarbeitern ankommen wird. Die Planung der Projekte ist recht aufwendig und sicherlich Neuland für einige Teammitglieder. Bislang hat diese Aufgabe sein Vorgänger alleine bestritten. Die zusätzliche Aufgabe kann er nicht besonders honorieren und er kann auch keinen Bonus dafür in Aussicht stellen, wenn die Planung aufgeht und sie gemeinsam das ambitionierte Jahresziel erreichen. Die Diskussion im Teammeeting verläuft lebhaft und Herr Kühne ist angenehm überrascht, wie engagiert sich alle einbringen. Selbst der sonst recht zurückhaltende Herr Lehmann macht Vorschläge, wie man das Angebot neuen Kunden präsentieren kann. Das Meeting ist wesentlich länger als sonst und viele der vorgeschlagenen Taktiken erscheinen Herrn Kühne schwer umsetzbar, aber er hat den Eindruck, das Engagement seiner Mitarbeiter wieder geweckt zu haben.

Menschen erbringen erfolgreich Ausdauer- und Höchstleistungen, ohne dass sie dafür finanzielle Belohnungen erhalten. Nicht selten investieren sie dafür sogar viel Geld. Immer mehr Menschen trainieren Woche für Woche für den Marathonlauf und nicht wenige reisen eigens nach New York, um dort als einer von mehr als 50.000 Teilnehmern durchs Ziel zu laufen. Die Zahl der Gipfelbesteigungen des Mount Everest ist in den letzten Jahrzehnten deutlich gestiegen. Immer mehr Menschen wenden viel Zeit, Energie, Schmerz und Geld auf, um ein Mal in ihrem Leben auf dem höchsten festen Punkt der Erde zu stehen. Nicht nur in sportlichen Bereichen werden Menschen durch andere als finanzielle Anreize aktiv. So engagieren sich viele Menschen ehrenamtlich in sozialen oder gemeinnützigen Einrichtungen. Im Jahr 2013 unterstützten laut Bundesamt für Familie und zivilgesellschaftliche Aufgaben mehr als zwölf Millionen Deutsche unentgeltlich soziale Projekte und Institutionen neben ihrem Beruf oder in ihrer Freizeit.

Und Menschen können selbst bei Aktivitäten, deren Aussichten auf Erfolg nahezu gegen Null gehen, sehr hartnäckig und ausdauernd sein. Millionen von Menschen machen Woche für Woche Kreuze auf Lottoscheinen, obwohl sie wissen, dass die Wahrscheinlichkeit, auf offenem Feld vom Blitz getroffen zu werden, höher ist als ihre Chance, Lottomillionär zu werden. Und selbst wenn sie es werden, ändert sich das Leben längerfristig meist nicht auf die gewünschte Weise. Ernüchternde Studien mit Lottogewinnern ermittelten, dass ein Lottohauptgewinn ebenso wenig dauerhaft glücklich macht wie eine schwere Krankheit dauerhaft unglücklich macht: Nach anderthalb Jahren ist die Lebenszufriedenheit meist genauso hoch oder niedrig wie vor dem einschneidenden Erlebnis (z. B. Lau und Kramer 2005). Menschen passen sich an ihre Lebensumstände an, sodass sich das Niveau an Lebenszufriedenheit nach nicht allzu langer Zeit wieder ‚einpendelt'. Wer ein recht zufriedenes Leben führt, wird auch mit einer schweren Krankheit gut umgehen und neuen Sinn in dem veränderten Leben finden. Wer hingegen vor einem Lottogewinn ein Leben voller Baustellen geführt hat, wird sehr wahrscheinlich auch durch die Lottomillionen nicht von ihnen befreit und Opfer falscher Freunde oder Ratschläge werden. Es muss also für Menschen andere Motive geben, das Lottoglück wieder und wieder zu versuchen.

2.2 Was motiviert Menschen?

Auf die Frage nach der menschlichen Motivation gibt es viele unterschiedliche Antworten. Es gibt kein ‚Patentrezept' dafür, wie Sie sich selbst und andere Menschen zu bestimmten Handlungen bewegen. Psychologische Erkenntnisse bringen jedoch eine Struktur in die Vielfalt unterschiedlicher Ziele und Motivationsmuster. Und sie erhellen die Dynamik des inneren Prozesses, wie sich aus persönlichen Werten und Wünschen handlungsbestimmende Motive entwickeln und durchsetzen.

▶ Der Begriff Motivation umfasst alle Prozesse, die für das Initiieren, Lenken und Aufrechterhalten physischer und psychischer Aktivitäten erforderlich sind.

Motive bringen Menschen also nicht nur körperlich in Bewegung und treiben sie an, etwas zu tun und etwas anderes zu lassen. Auch psychische Aktivitäten wie Denken, Urteilen, Entscheiden, Vergleichen, Planen oder Entwickeln kommen ohne Motivation nicht zustande. Motivation bezeichnet in der wissenschaftlichen Psychologie – im Gegensatz zum umgangssprachlichen Verständnis beispielsweise von ‚hochmotivierten Führungskräften' – nicht das zur Verfügung stehende Energieniveau oder die Leistungsbereitschaft, sondern den Prozess von der Absichtsbildung bis zur mehr oder weniger erfolgreichen Umsetzung durch konkretes Handeln. Um seine Ziele zu erreichen, bedarf es der Ausdauer und Anstrengung, sich auf das Ziel zu konzentrieren, sich nicht davon ablenken zu lassen und dieses bei unfreiwilligen Störungen weiter zu verfolgen.

Dieses Verständnis mag im ersten Moment banal klingen, aber allein durch die konkreten, zeitnahen Verhaltenskonsequenzen lässt es sich nicht erklären, dass Menschen Zeit, Energie oder sogar Geld für Verhaltensweisen aufbringen, die mit großer Wahrscheinlichkeit nicht zum Erfolg führen oder erst in ferner Zukunft angenehme Konsequenzen nach sich ziehen werden. Das Trainieren für den Marathon im nächsten Sommer, das Lottospielen, das Erlernen einer neuen Sprache oder der Abschluss eines Bausparvertrags können allein durch zeitnahe, äußere Anreize und Belohnungen nicht hervorgerufen werden. Es muss einen inneren Antrieb und Motor dafür geben. Sie gelingen nur, wenn man sich ein bestimmtes Ziel gesetzt hat und es konsequent verfolgt, selbst wenn ungeahnte Probleme auftauchen oder Alternativen locken. Dies gelingt durch Motivation.

Motivationspsychologie beschäftigt sich sowohl allgemein mit der Motivation des Menschen als auch mit der Frage, warum sich Menschen in bestimmten Situationen so verhalten, wie sie sich verhalten.

> ▶ Motivation entsteht im Zusammenspiel von Eigenschaften der Person (Motive, Interessen, Werte, Bedürfnisse) und Eigenschaften der Umwelt (Anreize, Gelegenheiten, Normen).

Die Motivation wird durch situative Anreize ebenso beeinflusst wie das ‚Grundniveau' dieses Motivs bei einer Person. Die wechselnde Motivationslage in spezifischen Situationen (‚states') wird von dem zeitlich relativ stabilen ‚Grundniveau' einer Person (‚trait') unterschieden. Motive lassen sich also auch als Persönlichkeitsmerkmale eines Menschen verstehen, wenn sie in verschiedenen Situationen und im Laufe ihrer Entwicklung in einem Aspekt – wie zum Beispiel Leistungs- oder Machtstreben – vergleichsweise konsistent bleiben.

Motive sind nicht immer aktiv. Denn zum einen können sie gerade befriedigt worden sein. Wenn Sie satt sind, werden Sie andere Ziele verfolgen als den Weg zum Kühlschrank. Zum anderen spielt neben der inneren Motivationslage auch die Umwelt eine Rolle. Sie kann bestimmte Anreize bieten, um bestimmte Motive anzuregen. Wenn Sie sich in einer Umgebung aufhalten, welche viele leckere Süßigkeiten als Anreize bietet, werden Sie schneller Lust auf Süßes bekommen, als wenn Sie sich in einer Umgebung aufhalten, die frei von diesen Anreizen ist. Welches Motiv ein Mensch hat, zeigt sich wiederum daran, was in einer bestimmten Situation als Anreiz wirksam wird. Ein Mensch mit einem starken Machtmotiv wird Begegnungen mit Menschen häufiger als Anreiz dafür wahrnehmen, sich mit anderen zu messen oder um Status zu ringen als ein Mensch mit einem geringen Machtmotiv. Motive können also sowohl die **individuelle Motivationslage** zu einem bestimmten Zeitpunkt bezeichnen als auch die **grundsätzliche Tendenz** eines Menschen, bestimmte Ziele zu verfolgen. Die Motivationspsychologie befasst sich deswegen auch mit den individuellen Verhaltensweisen einzelner Menschen und versucht, Unterschiede zwischen den Motiven von Menschen zu beschreiben und zu erklären.

> ▶ Situative Faktoren regen durch Anreize bestimmte Motive an. Was für einen Menschen in einer Situation als Anreiz wirkt, verdeutlicht, welches Motiv jemand hat.

Psychologen gehen dabei davon aus, dass nicht die objektive Realität der äußeren Welt die Motivation bestimmt, sondern es viel wichtiger ist, wie man diese Realität interpretiert. Ein Objekt wird erst dann zum Anreiz für das eigene Hungermotiv, wenn man es als etwas

Essbares erkennt. Ein Lob macht nur dann stolz und zufrieden sind, wenn man es als Reaktion auf sein Verhalten wahrnehmen und es annehmen kann.

Im Folgenden lernen Sie die Grundeigenschaften von Motivation kennen und erfahren anhand von einigen Beispielen, welche Konsequenzen dies für Wirtschaft und Management haben kann.

2.2.1 Annäherung und Meiden

Wie alle Lebewesen nähern sich Menschen bestimmten Reizen, Gegenständen oder Personen an und wenden sich von anderen ab oder vermeiden sie aktiv. Die Unterscheidung von Annäherung und Meiden bringt bereits etwas Licht in das Dunkel der Frage, wie sich Menschen in bestimmten Situationen verhalten. Der Motivations- und Sozialpsychologe Kurt Lewin nutzte bereits 1930 diese Unterscheidung, um menschliche Entscheidungen und auch die dabei möglichen Entscheidungskonflikte systematisch zu untersuchen (Lewin 1931). Im Gegensatz zu den Versuchstieren der Behavioristen, die sich lediglich zwischen einem Verhalten, für das sie kein belohnendes Leckerli erhielten, und einem Verhalten, für das es eine Belohnung gab, entscheiden mussten, müssen Menschen häufig zwischen mehreren, komplexen und vielschichtigen Verhaltensalternativen wählen. Das Abwägen der Vor- und Nachteile aller möglichen Alternativen führt dabei nicht immer auf einfachem Weg zu einer klaren und eindeutigen Entscheidung, sondern kann unterschiedliche innerpsychische Konflikten hervorrufen.

2.2.1.1 Wer die Wahl hat, hat die Qual

Kurt Lewin unterscheidet in seiner ‚Handlungs- und Affektpsychologie' zwei Wirkrichtungen von Motivation: die Annäherungsbereitschaft (Appetenz) und die Vermeidungstendenz (Aversion). Wenn sich Menschen zwischen Alternativen entscheiden müssen, können folgende **innere Konflikte** entstehen und ihnen die Entscheidung erschweren:

- **Annäherungs-Annäherungs-Konflikt:** Es liegt eine Entscheidung zwischen zwei positiven Alternativen vor, die sich vermeintlich oder tatsächlich gegenseitig ausschließen. Ängste, sich nicht für die richtige Chance zu entscheiden oder den versteckten ‚Haken' einer Alternative nicht zu erkennen, erschweren die Entscheidung (Appetenzkonflikt).
- **Meiden-Meiden-Konflikt:** Es muss eine Entscheidung zwischen zwei negativen Alternativen gefällt werden, wobei ungewiss ist, was ‚das kleinere Übel' der beiden Alternativen ist (Aversionskonflikt).
- **Annäherungs-Meiden-Konflikt:** Die positiven und negativen Handlungsfolgen einer Alternative halten sich die Waage. Diese Situation kann die Entscheidungs- und Handlungsfähigkeit beeinträchtigen oder ganz ausbremsen (Ambivalenzkonflikt).

- **Doppelter Annäherungs-Meiden-Konflikt:** Es liegt eine Entscheidung zwischen mehreren Alternativen vor, von der jede positive und negative Handlungsfolgen nach sich ziehen wird (doppelter Ambivalenzkonflikt).

Beim doppelten Ambivalenzkonflikt gibt es mehrere Alternativen, die miteinander unvereinbar sind und zugleich alle einen interessanten, wertvollen oder angenehmen Nutzen mit sich bringen. Sollte man zuerst diese spannende Anfrage eines vielversprechenden Neukunden beantworten oder sich lieber ausschließlich auf das Projekt mit seinem Lieblingskunden konzentrieren? An welchen der Kollegen soll man die Aufgabe abgeben: den schnellen und effizienten Herrn Schmidt oder die gründliche und gewissenhafte Frau Fröhlich? Entscheidungen dieser Art mögen im ersten Moment wie ‚Luxusprobleme' wirken, vergleicht man sie mit Situationen, in denen keine Anfragen, Projekte oder Kollegen zur Verfügung stehen. Und dennoch können sie zu einer emotionalen Anspannung führen, die belastend wirkt. Selbst wenn eine Entscheidung gefällt wurde, kann man sich unsicher fühlen, über die verschenkten Chancen der nicht gewählten Alternative grübeln oder von der Sorge gefangen sein, sich für die falsche Alternative entschieden zu haben. Bevor man tatkräftig anpacken und loslegen kann, ist dann zunächst eine Klärung dieses inneren Konflikts notwendig.

In anderen Fällen stehen Menschen vor der Herausforderung, sich zwischen verschiedenen Alternativen entscheiden zu müssen, die alle (auch) eine schwierige oder unangenehme Seite haben. Entweder gilt es, das für sich geringere Übel auszuwählen (Aversionskonflikt) oder diese negativen Seiten mit auch vorhandenen angenehmen Konsequenzen abzugleichen (Ambivalenzkonflikt). Wäre es besser, zuerst das Konfliktgespräch mit dem Auszubildenden zu führen und dann dem Vorgesetzten den unerwartet negativ ausfallenden Finanzbericht vorzulegen oder umgekehrt? Ist der leistungsstarke Laptop mit den neusten technischen Leistungsmerkmalen der richtige, obwohl er schwer und unhandlich ist? Oder wäre die leichte und komfortabel zu bedienende Alternative die bessere Wahl, auch wenn Grafik- und Soundkarte schlecht sind und der Arbeitsspeicher eher mäßig?

Gerade doppelte Ambivalenzkonflikte sind nicht einfach aufzulösen, gibt es doch bei jeder Alternative eine Kröte zu schlucken. Wie groß diese Kröte ist und wie bitter sie schmeckt, ist oftmals schwer abzusehen. Oft müssen wirtschaftliche Entscheidungen getroffen werden, auch wenn nicht alle wichtigen Informationen zur Verfügung stehen. Wie gut es gelingt, eine klare Entscheidung für eine Alternative und gegen eine andere Alternative zu treffen, bestimmt auch die Höhe der Motivation. Geht es also nur darum, den nötigen ‚Drive' für die eigenen Ziele zu bekommen, ist es meist sogar besser, sich nicht (mehr) im Detail alle Argumente für und gegen diese Zielsetzung zu vergegenwärtigen. Damit aber die Ziele und Absichten auf guten Entscheidungen gründen, ist es in vielen Situationen sehr wichtig, sich gründlich mit dem Pro und Kontra der verschiedenen Alternativen auseinanderzusetzen.

Psychologische Ansätze der kognitiven Psychologie geben Hilfestellungen dabei, wie man zu guten Entscheidungen kommt (siehe Kap. 3). Prozesstheorien der Motivation (siehe Kap. 2.3.2) erläutern die unterschiedlichen Phasen, in denen Menschen zuerst Absichten bilden und ihren Zielen dann mit Hilfe ihres Drives Schritt für Schritt näherkommen.

2.2.1.2 Erfolgssucher und Misserfolgsmeider

Ein wichtiges Motiv im Zusammenhang mit Arbeit und Beruf ist das Leistungsmotiv. Dieses Motiv ist bei verschiedenen Menschen unterschiedlich stark ausgeprägt und beeinflusst die Absicht, sich anspruchsvolle Ziele zu setzen und die eigenen Leistungen als gut oder schlecht zu bewerten.

Annäherung und Meiden spielen beim Leistungsmotiv auch eine Rolle. Menschen unterscheiden sich darin, inwieweit sie durch Hoffnung auf Erfolg oder Angst vor Misserfolg angetrieben werden. Erfolgssucher und Misserfolgsmeider setzen sich unterschiedliche Ziele und zeigen ein unterschiedliches Maß an Durchhaltevermögen. Sie gehen auch anders mit Erfolgen und Niederlagen um, indem sie unterschiedliche Ursachen für ihr Erreichen oder Verfehlen des Ziels verantwortlich machen. Diese Ursachenzuschreibung wird **Attribution** genannt. Erfolgssucher haben einen **optimistischen Attributionsstil** und erklären sich ihre Erfolge mittels innerer, kontrollierbarer Ursachen: Sie haben eine Aufgabe deshalb erfolgreich gemeistert, weil sie besonders kompetent sind oder viel Engagement und Anstrengung bei der Lösung an den Tag gelegt haben. Misserfolgsmeider hingegen haben einen **pessimistischen Attributionsstil** und betrachten die Ursachen für ihre Erfolge außerhalb ihrer selbst und damit als wenig kontrollierbar: Bei einem Erfolg haben sie eben ‚einfach mal Glück gehabt' oder es glücklicherweise mit einer einfachen Aufgabe zu tun gehabt.

Beim Misserfolg sieht das Erklärungsmuster der beiden Typen ebenfalls anders aus. Erfolgssucher machen variable Ursachen für schlechte Ergebnisse verantwortlich: Sie haben sich nicht genügend angestrengt oder hatten einfach Pech. Beim nächsten Mal kann das wieder ganz anders aussehen. Dieses Attributionsmuster bestärkt sie darin, sich hohe Leistungsstandards zu setzen und das Beste aus sich herauszuholen. Die Misserfolgsmeider hingegen machen stabile Faktoren dafür verantwortlich, dass sie eine schlechte Leistung erzielt haben: Ihre Fähigkeiten reichen eben nicht aus, die Aufgaben sind zu anspruchsvoll und schwierig für sie. Dieses Attributionsmuster bestärkt sie darin, sich weniger zuzutrauen als die Erfolgssucher und nicht an ihre Leistungsgrenzen zu gehen. Aus Angst vor Misserfolg bleiben sie lieber innerhalb ‚ihrer Komfortzone'.

Bei vielen wirtschaftlichen Entscheidungen ist es hilfreich zu klären, ob man sich für eine bestimmte Alternative oder gegen eine andere entscheidet und welche ‚Glaubenssätze' und Annahmen hinter diesen Entscheidungen stehen, um zu möglichst guten Ergebnissen zu kommen. Macht beispielsweise ein Finanzberater häufig äußere und unveränderbare Faktoren für seine Misserfolge verantwortlich, ist dies zwar gut für sein Selbstwertgefühl, aber schlecht für seine Kunden. Denn es hindert ihn daran, mehr Engagement zu zeigen, um sich vorab gründlich über die von ihm empfohlenen Finanzprodukte zu informieren oder seine Expertise realistisch einzuschätzen. Als Marketing Manager wiederum ist es für die Weiterentwicklung des Produktangebots hilfreich zu wissen, aus welchen Gründen sich die Käufer für sein Angebot entscheiden und wieso andere Käuferschichten sich für den Kauf von Produkten der Wettbewerber entschließen. Auch in der Mitarbeitermotivation können Sie Ihre Kenntnis der Motivationsdynamik von Annäherung und Meiden nutzen, um ihre Mitarbeiter durch die richtigen Maßnahmen zu motivieren.

2.2.2 Intrinsische und extrinsische Motivation

Motive können durch äußere Anreize angeregt werden. Dies wird als **extrinsische Motivation** bezeichnet. Motive können aber auch ohne äußere Anreize ‚aus einem selbst heraus' wirken, was **intrinsische Motivation** genannt wird.

▶ Extrinsische Motivation wird durch äußere Anreize angeregt. Das Verhalten wird aufgrund von Belohnungen, Kontrollen, Normen oder Bestrafungen ausgeführt. Sobald diese äußeren Faktoren wegfallen, bleibt das Verhalten meist aus.
Intrinsische Motivation bezeichnet die Motivation, die durch innere Anreize einer Person angeregt wird. Das Verhalten wird durch Interessen, Neigungen, Werte oder Neugier stimuliert und um seiner selbst willen ausgeführt.

Die intrinsische Motivation wird durch die Persönlichkeit, die eigene Lerngeschichte und Wertestruktur beeinflusst. So blühen manche Menschen auf, wenn sie sich für andere Menschen einsetzen und sie unterstützen, während andere dabei das Gefühl haben, andere zu bevormunden oder sich ‚zu sehr einzumischen'. Talente und Stärken stehen in Wechselwirkung mit der intrinsischen Motivation: Je mehr jemandem eine Tätigkeit Freude bereitet, desto stärker wird die intrinsische Motivation. Und je stärker intrinsisch motiviert jemand ist, desto häufiger übt er die entsprechende Tätigkeit aus und entwickelt dadurch dieses Talent weiter.

Herr Kühne und sein Team

Herr Kühne hat sich entschieden, Vier-Augen-Gespräche mit seinen Mitarbeitern zu führen. In den Gesprächen wird deutlich, dass die Mitglieder seines Teams ganz unterschiedliche Wünsche an ihn als Führungskraft stellen. Herr Schmidt ist mit seiner technischen Ausstattung sehr unzufrieden. Statt des von ihm vorgeschlagenen Laptops musste er ein drei Jahre altes Gerät eines Kollegen übernehmen. Auch das Mobiltelefon ist nicht das gewünschte Modell, mit dem Herr Schmidt gerechnet hat. Da er ein ‚Technikfreak' ist, ärgert er sich fast jeden Tag darüber, dass seine Wünsche nicht berücksichtigt wurden. Frau Kluge hingegen würde gerne an einem Tag in der Woche von zu Hause aus arbeiten, um flexibler arbeiten und sich besser als im Trubel des Großraumbüros auf schwierige Aufgaben konzentrieren zu können. Dass ihr Vorschlag eines Home Office-Tags bei Herrn Kühne auf Ablehnung stieß, empfindet sie als Mangel an Vertrauen in ihre Zuverlässigkeit und ihr Engagement für die Abteilung: *„Ich will ja zu Hause nicht auf der faulen Haut liegen!"* Herr Lehmann hat den Eindruck, dass er für seine Leistungen nicht genügend Anerkennung erhält: *„Ich habe schon oft eine Sonderschicht eingelegt, damit alles funktioniert, und habe dafür noch kein einziges Mal ‚Danke' gehört."*

Damit hatte Herr Kühne nicht gerechnet. Die Aussagen seiner Mitarbeiter sind für ihn ‚eye opener', die in ihm gemischte Gefühle auslösen. Einerseits ist er erleichtert, da er die Mitarbeiter seines Teams nun besser versteht. Andererseits ist er unsicher, inwieweit er seinen Mitarbeitern alle Wünsche erfüllen kann, und weiß nicht, wie er damit umgehen soll, wenn ein Wunsch erst einmal unerfüllt bleiben muss. Seine Ausbildung als Controller hat ihn auf diese Herausforderungen nicht vorbereitet und ein Training in Sachen Mitarbeiterführung hat er im Rahmen seiner Beförderung zur Führungskraft bislang nicht erhalten. Er nimmt sich vor, dies im noch ausstehenden Jahresgespräch mit seinem Vorgesetzten zur Sprache zu bringen.

Durch geeignete Anreize können Sie die in Ihren Mitarbeitern schlummernde Motivation wecken. Externe Verstärker sind die Basis betrieblicher Anreizsysteme wie zum Beispiel Bonuszahlungen, Prämien, Gewinnbeteiligung oder Incentives. Sie steigern aber nur bedingt und kurzfristig die Mitarbeitermotivation. Denn die extrinsische Motivation hat ihre natürlichen Grenzen:

- **Habituation**: Zum einen gewöhnen sich Menschen an äußere Anreize. Der Motivationsschub einer Gehaltserhöhung währt in den seltensten Fällen bis zur nächsten Gehaltserhöhung. In der Zwischenzeit wird die höhere Summe auf dem monatlichen Gehaltscheck einfach zur Normalität. Diesen Gewöhnungseffekt nennt man Habituation.
- **Korrumpierung**: Zum anderen besteht bei finanziellen Anreizen das Risiko, dass Menschen nur noch dann aktiv werden, wenn sie dafür äußere Anreize erhalten. Psychologische Studien weisen nach, dass die Entlohnung ehrenamtlicher Tätigkeiten, die Menschen aus altruistischen Motiven unternehmen, dazu führt, dass sie bei finanzieller Belohnung weniger engagiert und motiviert zur Tat schritten, weil der ‚Lohn' im Vergleich zu anderen bezahlten Tätigkeiten sehr gering ausfiel (Deci et al. 1999, S. 627–668). Finanzielle Anreize können eine intrinsische Motivation zu einer extrinsischen Motivation umkehren und aus einer ‚Herzenssache' einen bezahlten ‚Job' machen. Es kann also kontraproduktiv sein, Menschen für Tätigkeiten zu bezahlen, die sie in erster Linie aus Freude, Hingabe, Fürsorglichkeit oder anderen intrinsischen Motiven getan haben (Mösken et al. 2009). Als motivierender ‚Return on Engagement' sind die erlebte Verantwortung für die Gemeinschaft, gefühlter Zusammenhalt und die Mitgestaltung des eigenen Lebensumfeldes wesentlich nachhaltigere Motivationsfaktoren (betterplace.org 2011).

Im Management ist es deswegen sehr wichtig, motivierende Arbeitsbedingungen zu schaffen und auch die intrinsische Motivation der Mitarbeiter anzuregen und zu bestärken. Anerkennendes und wertschätzendes Feedback ist ein essentielles Instrument der Mitarbeiterführung.

▶ **Tipps: Wie Sie Ihre Mitarbeiter motivieren**
- **Beobachten** Sie das Verhalten Ihrer Mitarbeiter und setzen Sie Verstärker gezielt ein, um in der entsprechenden Situation Anreize für das von Ihnen gewünschte Verhalten zu setzen. So stellen Sie sicher, dass Sie keine unrealistischen Erwartungen hegen, und das gewünschte Verhalten die Fähigkei-

ten Ihrer Mitarbeiter nicht deutlich überschreitet. Denn dann wären gerade Mitarbeiter mit Angst vor Misserfolg frustriert statt motiviert. Erfolgreiche Manager beobachten aufmerksam, wie sich ihre Mitarbeiter verhalten, und geben durch wertschätzende und lobende Kommentare zu verstehen, was sie gut finden (Komaki et al. 1996, S. 34–52).

- Nehmen Sie **Unterschiede** wahr und berücksichtigen Sie diese in Ihrer Gestaltung der Anreize. Es ist psychologisch wenig sinnvoll, wenn alle Mitarbeiter die gleiche Belohnung erhalten, unabhängig von ihrer Leistung oder Anstrengung. Berücksichtigen Sie bei der Leistungsbewertung aber nicht nur die absolute Leistung, sondern honorieren Sie auch, inwieweit sich die Leistungen eines Mitarbeiters im Vergleich zu früheren Leistungen verbessert haben.
- Beziehen Sie sich bei der **Kommunikation** der Anreize und in Ihrem Feedback auf **Verhaltensweisen** Ihrer Mitarbeiter und nicht auf Persönlichkeitseigenschaften. Feedback wirkt nur dann motivierend, wenn es sich auf beeinflussbare Dinge bezieht. Loben Sie Ihre Mitarbeiter beispielsweise dafür, in einem schwierigen Projekt für unerwartete Herausforderungen gute Lösungen gefunden zu haben, anstelle des allgemeinen ‚guten Engagements'.
- **Vergewissern** Sie sich, dass die Anreize auch tatsächlich die gewünschten Motive wecken. Nicht jeder Mitarbeiter empfindet das Übertragen einer verantwortungsvollen Aufgabe als Lob und Anerkennung für seine Leistungen. Gerade Misserfolgsmeider fühlen sich dadurch schnell überfordert oder sogar bestraft. Klären Sie in den Gesprächen mit Ihren Mitarbeitern, welche Werte und Wünsche sie haben, um individuell die richtigen Anreize zu wählen. So wirkt auf den einen Mitarbeiter eine mitfinanzierte Auszeit motivierend, auf den anderen ein neues Arbeitsgebiet mit abwechslungsreichen Aufgaben und wieder ein anderer wird durch eine neue Position mit verheißungsvollem Titel motiviert.

Da die finanziellen Ressourcen für äußere Anreize der Mitarbeitermotivation meist begrenzt sind, sollten sie vor allem für Tätigkeitsbereiche eingesetzt werden, welche besonders schwierig zu bewältigen sind und über die normalen Anforderungen des Jobprofils deutlich hinausgehen. Es ist ebenfalls eine wichtige Führungsaufgabe, die Strukturen, Aufgaben und Ressourcen des Unternehmens möglichst gut auf die Stärken, Talente, Erfahrungen und Motive der Mitarbeiter abzustimmen und so die Kraft der intrinsischen Motivation zu nutzen. Erfolgreiches Human Ressource Management bedeutet, dass Positionen und Teams so besetzt werden, dass nicht nur die fachlichen Kompetenzen, sondern auch die intrinsische Motivation der Mitarbeiter passt. Mitarbeiter, die Aufgaben bewältigen, die ihnen Spaß machen, auf die sie neugierig sind, durch die sie weder über- noch unterfordert werden und die sie als sinnvollen Beitrag zu einem Gesamtresultat erleben, sind motivierte Mitarbeiter und eine essentielle Ressource Ihres Unternehmens. Die **Pas-**

sung von den Persönlichkeitseigenschaften und Motiven der Mitarbeiter sowie der Kultur und den Zielen des Unternehmens (person-organisation fit) spielt deswegen in der Arbeits- und Organisationspsychologie eine große Rolle (Van Vianen 2000, S. 113–149).

Das klingt im ersten Moment vielleicht banal, ist im schnelllebigen Alltag aber schwierig umzusetzen. Menschen neigen dazu, unhinterfragt von sich auf andere zu schließen. Bei Personalentscheidungen haben Bewerber bessere Chancen, die dem Entscheider ähnlich sind, unabhängig von der tatsächlichen Qualifikation für die Stelle (Kay 2007). Vorgesetzte gehen häufig davon aus, dass ihre Mitarbeiter durch dasselbe motiviert oder demotiviert werden wie sie selbst. Sie setzen sich möglicherweise für größere Entscheidungsspielräume ihrer Mitarbeiter ein und sind enttäuscht, wenn diese sich dadurch unter Druck gesetzt fühlen. Je früher und besser Sie – wie Herr Kühne – verstehen, welche Bedürfnisse, Werte, Interessen und äußeren Anreize Ihre Mitarbeiter tatsächlich motivieren, desto besser wird es Ihnen gelingen, auch bei begrenzten Ressourcen und in Zeiten hoher Belastung ein motiviertes Team zu führen.

2.3 Motivationstheorien

Ganz grundlegend befassen sich die Theorien der Motivationspsychologie mit der Frage, warum Menschen sich so verhalten, wie sie sich verhalten. Einige Erklärungsansätze beschäftigen sich stärker damit, *welche* Motive das Verhalten von Menschen antreiben. Sie werden **Inhaltstheorien** genannt. Die sogenannten **Prozesstheorien** hingegen gehen der Frage nach, *wie* Motivation Handlungen steuert und Aktionen so reguliert, dass Menschen ihre Ziele erreichen.

2.3.1 Inhaltstheorien – was Menschen motiviert

Inhaltstheorien geben einen allgemeinen Überblick darüber, welche Themen und Bedürfnisse das Leben leiten.

2.3.1.1 Maslows Bedürfnishierarchie
Der amerikanische Psychologe Abraham Maslow entwickelte ein Konzept der grundlegenden menschlichen Bedürfnisse, welches als **Maslows Bedürfnishierarchie** bzw. in seiner grafischen Darstellung als **Bedürfnispyramide**[1] hohe Bekanntheit erlangte.

---

[1] Die Darstellung in Form einer Pyramide stammt ursprünglich nicht von Maslow, sondern späteren Interpretationen seiner Arbeit durch Werner Correll. Sie verleitet gemäß der Anhänger dieser Theorie zu einer zu statischen Sichtweise des an sich dynamischen Modells und unbegründeter Kritik. Siehe auch: Heckhausen und Heckhausen 2010.

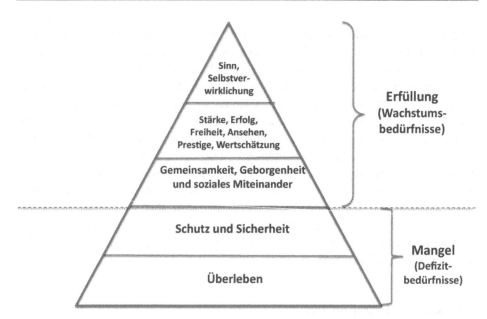

Abb. 2.1 Die Bedürfnispyramide nach Maslow

▶ Maslow geht in seiner Bedürfnishierarchie davon aus, dass menschliche Motive hierarchisch angeordnet sind und Bedürfnisse höherer Ordnung erst dann das Handeln leiten, wenn die Bedürfnisse niedrigerer Ordnung überwiegend befriedigt sind. Die Bedürfnisse reichen von physiologischen Grundbedürfnissen bis zum spirituellen Bedürfnis nach Transzendenz (Abb. 2.1).

Einige experimentelle und auch neurowissenschaftliche Studien erbrachten Ergebnisse, die den Annahmen der Bedürfnishierarchie entsprechen (Starker und Dörner 1997, S. 233–253). Jedoch widerlegten empirische Studien die grundlegende Annahme der Konzeption, dass Bedürfnisse höherer Ordnungen (wie zum Beispiel Wissensdurst und das Bedürfnis nach Selbstverwirklichung) erst dann wirksam werden, wenn alle Bedürfnisse niedrigerer Ordnung (wie die biologischen Bedürfnisse nach Nahrung, Sauerstoff oder körperlichem Schutz) völlig oder überwiegend befriedigt worden sind. In manchen Momenten blenden Menschen biologische Bedürfnisse wie Hunger oder Durst völlig aus, wenn sie einer inspirierenden Aufgabe oder einem anregenden Spiel nachgehen. Zum Anderen bringen Menschen in ihrem Handeln auch das Bedürfnis nach Macht, Dominanz oder gar Aggression an den Tag. Solche eher anti-sozialen Motive sind in dem optimistischen Ansatz von Maslow nicht enthalten.

Trotz der Hinweise der psychologischen Studien, dass die Bedürfnishierarchie ein Modell mit Schwächen für die Vorhersage menschlicher Motivation ist, bringt diese Theorie eine gewisse Ordnung in die unterschiedlichen Motive und ihr Zusammenspiel. Sie wird deswegen nach wie vor in vielen wirtschaftlichen und unternehmerischen Bereichen als Klassifikationsansatz von Motiven eingesetzt.

Nutzen Sie die Bedürfnishierarchie bei Fragestellungen, bei denen Sie erfassen wollen, welche unterschiedlichen Motive das Verhalten von Mitarbeitern, Käufern, Verkäufern, Bewerbern oder anderen Gruppen verursacht haben könnten, aber seien Sie zurückhaltend, wenn es darum geht, mithilfe der Bedürfnishierarchie Prognosen über zukünftiges wirtschaftliches Verhalten abzugeben.

2.3.1.2 Die Theorie der Person-Umwelt-Bezüge

Auch Henry Alexander Murray war ein amerikanischer Psychologe, der zu einer ähnlichen Zeit (1930erJahre) wie Abraham Maslow die Motive des Menschen erforschte. Seine analytischen Methoden beeinflussen die Motivationspsychologie bis zum heutigen Zeitpunkt. Er lehrte lange Zeit an der renommierten Harvard Universität und untersuchte im Rahmen eines Forschungsprojektes die Entwicklung einer Gruppe von 50 Studierenden mit verschiedenen Methoden über mehrere Jahre hinweg. Speziell geschulte Forscher nutzten biografische Interviews, Laborexperimente, Intelligenztests und viele andere Verfahren, um aus diesen Daten und Analysen Aussagen über die zentralen Bestrebungen der Menschen abzuleiten.

Murray nimmt an, dass grundlegende Bedürfnisse (needs) und die Handlungsgelegenheiten der Umwelt (press) das zielgerichtete Handeln bestimmen. Wegen des Zusammenspiels von Person und Umwelt wird sein Ansatz auch als **Theorie der Person-Umwelt-Bezüge** bezeichnet: Im Laufe des Lebens verdichten sich bestimmte Handlungssequenzen zu wiederkehrenden Mustern und Lebensthemen. Die Auswertung des umfangreichen Datenmaterials erbrachte eine Liste von 13 biologischen Grundbedürfnissen wie Nahrung, Sauerstoff oder Sex und 20 psychologischen Motiven:

- Unterwürfigkeit (abasement)
- Leistung (achievement)
- Sozialer Anschluss (affiliation)
- Aggression (aggression)
- Unabhängigkeit (autonomy)
- Widerständigkeit (counteraction)
- Ehrerbietung (deference)
- Selbstschutz (defendance)
- Macht und Einfluss (dominance)
- Selbstdarstellung (exhibition)
- Leid- und Schmerzvermeidung (harmavoidance)
- Selbstwertschutz (infavoidance)
- Geben von Fürsorglichkeit (nurturance)
- Ordnung (order)
- Spiel (play)
- Zurückweisung (rejection)
- Empfindungsfähigkeit (sentience)
- Sexualität (sex)

- Erfahren von Fürsorglichkeit und Hilfe (succorance)
- Verstehen und Einsicht (understanding)

Insbesondere die Bedürfnisse nach Leistung, Macht und sozialem Anschluss haben sich als wichtige Motive im Zusammenhang mit beruflichen Leistungen und Karriere erwiesen und wurden in vielen Studien gut untersucht. Bekannt wurde von den Messverfahren von Murrays Forschungsteam vor allem der **Thematische Apperzeptionstest** (TAT), der mithilfe von mehrdeutigem Bildmaterial die Stärke des Leistungsmotivs des Betrachters misst. Nach einer Phase der kritischen Bewertung erlebt er seit einiger Zeit in der Diagnostik, auch für das Human Resources Management, eine Renaissance als Messverfahren für implizite Motive. Das **Leistungsmotiv** ist dabei das am besten untersuchte Motiv menschlichen Verhaltens.

2.3.1.3 McClellands Leistungsmotivforschung

Das Fundament von Murray hat vor allem David McClelland in seinen Schriften und empirischen Studien als Pionier der Leistungsmotivforschung weiterentwickelt. Neben der Bedeutung von leistungsmotiviertem Verhalten in westlichen Kulturen und Wirtschaftsräumen waren es auch ganz pragmatische Gründe, welche die Forscher zur Untersuchung dieses Motivs bewegten: Es ist durch Aufgaben und Instruktionen leicht zu erzeugen und – im Gegensatz zu Macht, Selbstdarstellung, Anschluss, Sex und anderen sozialen Motiven – ein „Ein-Personen-Spiel" (McClelland 1978).

▶ Das Leistungsmotiv ist das menschliche Bedürfnis, Ziele mit einem bestimmten Gütestandard zu erreichen. Menschen streben danach, sich Herausforderungen zu stellen, Aufgaben zu meistern, Tätigkeiten besonders gut zu machen und die Leistungen anderer zu übertreffen.

Wichtig ist dabei, dass Leistungen aus Freude an den aufgabenbezogenen Tätigkeiten selbst erfolgen und nicht, um in den Genuss von äußeren Belohnungen zu kommen. Leistungsmotivierte Menschen sind also intrinsisch motiviert (siehe Kap. 2.2.2), gute Leistungen zu erbringen und sich Anforderungen zu stellen. Der Kern dieser Motivation besteht im Stolz, der Zufriedenheit und Freude der erbrachten Leistung und nicht in den Folgen, wie zum Beispiel einem finanziellen Gewinn.

Menschen unterscheiden sich in der Stärke ihrer Leistungsmotivation. Hoch Leistungsmotivierte haben bessere Chancen, die Karriereleiter nach oben zu steigen, einen höheren Status und mehr Gehalt zu erzielen als Menschen mit gering ausgeprägtem Leistungsmotiv. McClelland hat dabei auch den Zusammenhang von Erziehungsstil und der Entwicklung des Leistungsmotivs untersucht und konnte belegen, dass ein strenger, auf Disziplin und Reinlichkeit ausgerichteter Erziehungsstil zu einem stärker ausgeprägten Leistungsmotiv im Erwachsenenalter führt (McClelland und Franz 1992, S. 679–707).

Die Wechselwirkung von Person und Umwelt zeigt sich also beim Leistungsmotiv deutlich. Situationen und (Arbeits-)Umwelten lassen sich danach unterscheiden, inwieweit sie Anreize für Leistungsmotivation bieten. Eine Firmenkultur, die Beförderungen vor allem entsprechend der Firmenzugehörigkeit und Seniorität vornimmt, bewirkt weniger leistungsmotivierte Mitarbeiter als Firmen mit einem stärkeren Leistungsethos (Andrews 1967, S. 163–168). Dies ließ McClelland und seine Forschungskollegen auch über die Bedeutung des Leistungsmotivs für unterschiedliche Kulturen und ökonomische Systeme nachdenken. Die protestantische Arbeitsethik sah McClelland, inspiriert vom deutschen Soziologen Max Weber, als Basis der Förderung von Eigenverantwortung und Disziplin, welche wiederum eine stärkere Ausprägung des Leistungsmotiv nach sich zieht. Unternehmerisches Engagement und wirtschaftliche Prosperität werden auf makroökonomischer Ebene nach seiner Ansicht ohne die Leistungsmotivation auf individueller Ebene nicht möglich (McClelland 1961). Er ermittelte für verschiedene Kulturen ein „nationales Leistungsmotiv", indem er Romane, Märchen, Zeitungsartikel, Schulbücher und andere Texte mittels des üblichen Auswertungsschemas seines TAT auswertete. Damit nutze McClelland quasi die Methoden, die heutige Trendforscher zur Prognose gesellschaftlicher und konsumorientierter Trends verwenden, wobei er allerdings einen Blick in die Vergangenheit warf und die Kulturen des antiken Griechenlands, des mittelalterlichen Spaniens oder der USA zwischen 1800 und 1950 miteinander verglich. Phasen des wirtschaftlichen Aufschwungs werden seinen Analysen gemäß von einem Anstieg des nationalen Leistungsmotivs ‚angekündigt', während ein Sinken des Leistungsmotivs einer negativen wirtschaftlichen Entwicklung vorausgeht. Mit aktuellen statistischen Methoden überprüfte eine aktuellere Studie die Annahme von McClelland, indem sie den Zusammenhang zwischen dem Gehalt an leistungsthematischen Inhalten in Schulbüchern und makro-ökonomischen Daten analysierte. Lehrbücher für die Fächer Deutsch und Mathematik enthielten im wirtschaftlich erfolgreicheren Baden-Württemberg tatsächlich häufiger leistungsbezogene Themen als die Lehrbücher im wirtschaftlich weniger erfolgreichen Bremen, während sie sich hinsichtlich des Macht- und Anschlussmotivs nicht unterschieden (Engeser et al. 2009, S. 110–113).

2.3.1.4 Atkinsons Risikowahl-Modell

Was genau machen Menschen mit hohem Leistungsmotiv anders als Menschen mit niedrigem Leistungsmotiv? Was ist das Geheimnis ihres Erfolgs? Einen wichtigen Schlüssel zum Erfolg entdeckte der amerikanische Motivationsforscher John Atkinson. Als ehemaliger Air Force-Pilot widmete sich Atkinson schon in frühen Studienzeiten damit, was Menschen zu Höchstleistungen und zum Übernehmen riskanter Aufgaben bewegt.

▶ Das Leistungsmotiv beeinflusst, welchen Schwierigkeitsgrad man beim Ausführen von Aufgaben auswählt. Ein angemessener Schwierigkeitsgrad führt zu einem positiven Lerneffekt und dem Gefühl von Selbstwirksamkeit.

Sein **Risikowahl-Modell** ist eine mathematisch formalisierte Theorie der Leistungsmotivation. Es besagt, dass die subjektive Erfolgswahrscheinlichkeit bestimmt, für welche Aufgabe man sich entscheidet, wenn man zwischen Alternativen mit unterschiedlichem

Schwierigkeitsgrad entscheiden kann. Zu leichte Aufgaben führen zur geringer Zufriedenheit, zu schwierige Aufgaben zu geringer Enttäuschung. In beiden Fällen geht man nur ein moderates Risiko ein, geht nicht an die Grenzen und lotet somit auch nicht die ganze Bandbreite seines Könnens aus.

Am spannendsten und riskantesten sind demnach Aufgaben mit einem mittleren subjektiven Schwierigkeitsgrad. Hier halten sich die subjektive Erfolgswahrscheinlichkeit und die subjektive Misserfolgswahrscheinlichkeit die Waage. Dies wird als angemessener Schwierigkeitsgrad bzw. angemessenes Anspruchsniveau bezeichnet. Menschen mit starkem Leistungsmotiv wählen eher Aufgaben nach diesem Prinzip. Sie wählen ein Anspruchsniveau, das sie noch bewältigen können, bei dem sie aber auch nichts geschenkt bekommen. Menschen mit geringem Leistungsmotiv hingegen wählen eher Aufgaben, die zu einfach oder zu schwierig für sie sind. Überraschen mag, dass von ihnen auch zu schwierige Aufgaben gewählt werden, doch dies ist tatsächlich oft so, um den Misserfolg dann auf externe Ursachen wie die Aufgabenschwierigkeit attribuieren zu können. Diese überfordernden und unterfordernden Aufgaben verhindern, dass man mithilfe eigener Anstrengung Erfolg erzielt und Vertrauen in die eigenen Fähigkeiten entwickelt. So traut man sich dauerhaft weniger zu und ist wenig motiviert, seine Fähigkeiten weiterzuentwickeln.

Aber nicht allein die Schwierigkeit einer Aufgabe entscheidet über die Chancen von Erfolg und Misserfolg. Auch veränderbare Faktoren wie die persönliche Tagesform, Konzentrationsfähigkeit, die eigene Anstrengung und letztlich das Quäntchen Glück oder Unglück machen das Erreichen des Ziels wahrscheinlicher oder unwahrscheinlicher. Menschen unterscheiden sich darin, ob sie einen **optimistischen oder pessimistischen Attributionsstil** (siehe Kap. 2.2.1) haben und kontrollierbare oder unkontrollierbare Ursachen für ihre Erfolge und Misserfolge verantwortlich machen. Die gute Nachricht ist, dass man die erlernte Art und Weise, ein angemessenes oder unangemessenes Anspruchsniveau zu wählen und sich Erfolge oder Misserfolge auf die eigenen Fahnen zu schreiben, durch Trainings aktiv verändern kann. Motivationsförderliche Trainings mit Schülern (Dresel 2004) und Kleinunternehmern haben zu stärkerem Engagement und Interesse, aber auch bedeutsam besseren Leistungen geführt.

Kann man Leistungsmotivation trainieren?

In einem Trainingsprogramm (McClelland und Winter 1969) haben McClelland und sein Kollege Winter in einer klassischen Studie Ende der 60er Jahre 52 Kleinunternehmer im damaligen Entwicklungsland Indien in zwölf Trainingseinheiten in verschiedenen Facetten trainiert, die positiv zur Entwicklung des Leistungsmotivs beitragen. Sie lernten die Grunddimensionen des Motivs kennen, übten sich darin, Ziele mit angemessenem Schwierigkeitsgrad zu setzen, und erlernten, wie sich den Erfolg positiv selbst zuschrieben statt glückliche Umstände dafür verantwortlich zu machen.

Ihre Geschäftsergebnisse wurden zwei Jahre nach dem Training mit den Ergebnissen von Kleinunternehmern verglichen, die in Städten lebten, die hinsichtlich geographischer Lage, Größe und wirtschaftlicher Struktur vergleichbar waren, sodass andere Faktoren für wirtschaftlichen Erfolg möglichst ähnlich waren.

Die Unternehmer, die das Leistungsmotivationstraining durchlaufen hatten, hatten in den zwei Jahren bessere Geschäftserfolge erzielt und mehr Arbeitsplätze geschaffen, wovon die gesamte Region wirtschaftlich profitierte. Der return on investment wurde damals vom Motivationsexperten Heinz Heckhausen als Erfolg dieses Forschungsprogramms gewertet: *„From a cost-benefit standpoint, the training courses were more helpful than many projects of aid to developing countries."* (Heckhausen et al. 1985, S. 54).

Auch neuere Studien zeigen, dass das Leistungsmotiv für den Erfolg von Existenzgründungen eine wichtige Rolle spielt und in Trainingsprogrammen systematisch gestärkt werden kann (Hansemark 1998, S. 28–50).

Atkinson führte auch die bereits beschriebene Unterscheidung von Hoffnung auf Erfolg und Furcht vor Misserfolg (siehe Kap. 2.2.1) in die Konzeption der Leistungsmotivation ein. Diese beiden Grundrichtungen von Annäherung und Meiden finden sich in neueren Ansätzen auch in den anderen beiden zentralen Motiven, dem Macht- und dem Anschlussmotiv. Sie sehen jeweils einen positiven Pol der Hoffnung auf Kontrolle oder der Hoffnung auf Anschluss vor sowie einen negativen Pol der Furcht vor Kontrollverlust und Zurückweisung (Brandstätter et al. 2013). Negative Vermeidungsziele können zwar auch erfolgreich das Verhalten steuern, sind aber auf Dauer schlechter für die psychische Gesundheit. Der negative Fokus beeinträchtigt das subjektive Wohlbefinden und die Zufriedenheit und fördert negative Emotionen und sogar körperliche Krankheitssymptome (Elliot und Thrash 2010, S. 865–906).

Interessanterweise wurde das **Anschlussmotiv** anfänglich negativ als Furchtmotiv verstanden, das durch die Angst vor sozialer Ausgrenzung und Zurückweisung angeregt wird. Schon bald konzipierten Motivationspsychologen es jedoch positiv als ‚Gesellungsmotiv' (need for affiliation). Die Nähe zu anderen Menschen und harmonische und tragfähige Beziehungen sind eine wichtige Kraftquelle. Sie spenden Glück, Sicherheit, emotionale Stabilität, Wohlbefinden und wirken sich sogar nachweislich auf die körperliche Gesundheit und Langlebigkeit aus. Selbst die Gesundheit von Unternehmen im Sinne ihrer Produktivität wird positiv von guten zwischenmenschlichen Beziehungen am Arbeitsplatz beeinflusst, weswegen soziale Beziehungen auch als ‚Sozialkapital' verstanden werden (Badura et al. 2008).

▶ Das Anschlussmotiv ist das Bedürfnis, soziale Kontakte zu anderen Menschen aufzunehmen, von ihnen akzeptiert zu werden und harmonische Beziehungen zu pflegen, um sich aufgehoben und geborgen zu fühlen.

2.3.1.5 Die Bedeutung sozialer Beziehungen

Ein Forscherteam der Brigham Young University in Utah wertete 148 Studien mit Daten von insgesamt 308.000 Teilnehmenden aus, in denen der Zusammenhang von sozialen Beziehungen und der Lebenslänge bzw. dem Sterberisiko gemessen wurde. Ihre Metaanalysen kamen zu dem Schluss, dass Einsamkeit und fehlende sozialen Beziehungen für die Gesundheit ebenso schädlich sind wie beispielsweise das Rauchen von ca. 15 Zigaretten täglich und doppelt so schädlich wie Fettleibigkeit. Sind Menschen sozial eingebunden, sinkt ihr Sterberisiko um 50 % im Vergleich zu einsamen Menschen mit wenigen oder keinen sozialen Kontakten. Alter, Geschlecht, beruflicher und sozialer Status machten dabei keinen Unterschied. In den Studien wurde das soziale Netz lediglich mittels seiner Dichte gemessen. Hätte man nicht nur ermittelt, wie viele soziale Kontakte Menschen haben, sondern zusätzlich, wie unterstützend und harmonisch sie diese Beziehungen erleben, wären die positiven Effekte sehr wahrscheinlich noch höher (Holt-Lunstad et al. 2010).

Die Schlüssel zu Glück und Erfolg

George Vaillant ist Psychiater und Professor an der amerikanischen Harvard Universität in Cambridge. Er studierte Medizin an der Harvard Medical School und absolvierte sein Studium als Psychiater. Zur Vertiefung machte er eine psychoanalytische Ausbildung am Psychoanalytischen Institut in Boston. Im Alter von 33 Jahren wurde ihm eine verantwortungsvolle Aufgabe angeboten: Er sollte die Leitung einer Langzeitstudie übernehmen, welche damals bereits seit fast 30 Jahren aufmerksam die Entwicklung und die Lebensverläufe zweier völlig unterschiedlicher Personengruppen verfolgte (Saur 2013). Eine Gruppe bestand aus 237 Harvard-Absolventen der Jahrgänge 1939–1940, die andere Gruppe aus 332 jungen Männern aus einfachen Verhältnissen und benachteiligten Bostoner Familien. Studentinnen waren beim Start der Studie an der Harvard-Universität noch nicht zugelassen, weswegen alle Studienteilnehmer männlich waren. Doch auch manchen männlichen Studenten wurde die Teilnahme an der Studie verwehrt, so angeblich dem späteren Stardirigenten Leonard Bernstein. Der berühmteste Teilnehmer ist sicherlich der spätere amerikanische Präsident John F. Kennedy, dessen Daten allerdings noch bis zum Jahre 2040 unter Verschluss stehen.

Die Studie wurde anfänglich vom Kaufhausmillionär W. T. Grant finanziell gefördert und ist deswegen nach ihm benannt. Sie soll mit wissenschaftlichen Methoden das Geheimnis eines glücklichen Lebens entschlüsseln und die Quellen von zufriedenem und gesundem Altern entdecken. Diese Chance ließ sich George Vaillant nicht entgehen. Er zögerte nicht lange und übernahm die Leitung der heute weltweit umfangreichsten und längsten Langzeitstudie zu Glück und Zufriedenheit.

Inzwischen begleiten Forscher das Leben der Männer der sogenannten ‚innercity group' seit 70 Jahren und das Leben der Harvard-Gruppe sogar seit 80 Jahren. Der mittlerweile selbst in die Jahre gekommene Professor trifft sich mit den Teilnehmern der Studie seit mehr als 40 Jahren. Sie sehen sich ein bis zwei Mal im Jahr persönlich oder telefonieren miteinander. Neben diesen Gesprächen werden auch die Ergebnisse von Fragebögen und Selbsteinschätzungen sowie medizinische Daten in die Analyse aufgenommen. Die Mehrheit der Teilnehmer ist inzwischen verstorben und die Untersuchung kommt nach etwa 75 Jahren zu ihrem natürlichen Ende. Zu welchen Schlussfolgerungen kommt nun dieses aufwendige Projekt?

Einige der Hauptergebnisse beziehen sich auf die Faktoren für beruflichen Erfolg. Was entscheidet darüber, ob ein Mensch im Laufe seines Lebens Karriere macht und eine hochdotierte Position in einem Unternehmen oder einer Institution erhält? Wodurch unterscheiden sich ‚Gewinner' von den ‚Verlierern'? Beruflichen Erfolg messen die Forscher der Grant-Studie mit einem einfachen Indikator: der Höhe des Jahresgehalts (im Alter von 55 bis 60 Jahren). Dabei zeigt sich, dass harmonische und warmherzige Beziehungen für beruflichen Erfolg wesentlich wichtiger sind als Intelligenz. Das Jahresgehalt der Männer mit den höchsten Werten in der Dimension „warmherzige Beziehungen" lag im Schnitt um $ 141.000 höher als der Mittelwert des Einkommens der Harvard-Absolventen. Keine bedeutsamen Unterschiede finden sich hingegen, wenn man das Einkommen von Männern mit einem für diese Gruppe unbeeindruckenden IQ (zwischen 110–115 Punkten) mit dem Einkommen hochintelligenter Harvard-Absolventen (mit einem IQ-Wert größer als 150 Punkte) vergleicht. Diese Daten geben die statistischen Zusammenhänge wider. Sie besagen ‚nur', dass beruflich erfolgreiche Menschen ein starkes soziales Netzwerk und nährende Beziehungen haben. Ob ihr sozialer Reichtum eine Ursache für ihre Karriere ist, lässt sich daraus nicht schließen.

In einem Interview (Köllen 2014) hebt Professor Vaillant die Bedeutung sozialer Beziehungen nicht nur für den beruflichen Erfolg, sondern auch für ein glückliches Leben hervor: *„Der wichtigste Faktor für Zufriedenheit in meiner Studie waren tiefe Beziehungen zu Kindern, Freunden und vor allem zum Partner. Das Leben wird erst mit anderen wirklich schön."* (Köllen 2014).

Welche Bedeutung hat das Bedürfnis nach Nähe zu anderen Menschen im Arbeits- und Wirtschaftsleben? Die Qualität der Arbeitsleistung wird nicht nur vom Leistungsmotiv, sondern auch vom Bedürfnis nach sozialer Nähe beeinflusst. Menschen mit einem hohen Anschlussmotiv bringen bessere Leistungen in Teamarbeit. Sympathie ist ihnen wichtiger als Kompetenz. Wenn sie die Wahl haben, arbeiten sie lieber mit Menschen zusammen, die ihnen sympathisch sind, aber weniger kompetent, als mit Menschen, die Meister ihres Fachs, aber unsympathisch sind.

Wollen Sie Mitarbeiter mit hohem Anschlussmotiv zu Bestleistungen bringen, müssen Sie also für ein gutes Klima und harmonische Beziehungen der Kollegen untereinander sorgen. Haben Sie es hingegen mit Mitarbeitern zu tun, deren Motiv nach sozialem Anschluss geringer ausgeprägt ist, sollte fachliche Kompetenz bei der Entwicklung der Mitarbeiter und der Zusammenstellung leistungsfähiger Projektteams im Vordergrund stehen.

Personen mit einem hohen Anschlussmotiv sind bessere Teamplayer und erbringen in Teamwork bedeutsam bessere Leistungen als in Wettbewerbssituationen. Dennoch muss dieses Motiv kein ‚Karrierekiller' sein. Zwar zeigen Studien, dass Personen mit starker Ausprägung des Anschlussmotivs in den höheren Führungsriegen selten zu finden sind.

Dies gilt aber nur in Unternehmen mit hierarchischen Strukturen. In Organisationen mit flachen Hierarchien haben viele Manager, auch auf höherer Ebene, ein vergleichsweise starkes Bedürfnis nach harmonischem Miteinander (Felfe und Gatzka 2012). Auch hier macht die individuelle Unternehmenskultur den Unterschied.

2.3.1.6 Das Machtmotiv

Ein anderes Motiv ist dafür verantwortlich, dass Menschen in hierarchischen Organisationen die Karriereleiter hinaufsteigen: das **Machtmotiv**. Es ist der Motor für das Streben nach Ruhm, Ehre, Prestige und sozialem Status. Machtmotivierte Menschen genießen das Gefühl, über ihre Umwelt und andere Menschen Kontrolle ausüben zu können. Dieses Gefühl gibt ihnen Selbstvertrauen, Stärke und Selbstwirksamkeit. Damit meinen Psychologen das Erleben davon, mit seinen Handlungen gezielt etwas bewirken zu können und nicht von Glück oder Zufall abhängig zu sein.

▶ Das Machtmotiv meint das Bedürfnis, auf andere Menschen körperlichen, mentalen oder emotionalen Einfluss auszuüben.

Auf andere Menschen können wir durch unterschiedliche Mechanismen und Legitimationsquellen Einfluss ausüben. Meist werden wir nicht laut oder gar handgreiflich, sondern nutzen unser Wissen, schlagkräftige Argumente oder unsere soziale Rolle als Vorgesetzter oder Entscheider.

Die Sozialpsychologen French und Raven haben in einer heute als Klassiker geltenden Studie (French und Raven 1959, S. 150–167) sechs unterschiedliche **Quellen von Macht** ermittelt:

1. **Belohnungsmacht:** Wir können Macht ausüben, indem wir Belohnungen verteilen (z. B. Gehaltserhöhung, Beförderung, Gewinnausschüttung). Neben materiellen Belohnungen können dabei auch Aufmerksamkeit, Lob und Zuwendung als Machtquelle genutzt werden.
2. **Bestrafungsmacht:** Die Fähigkeit, anderen für ihr Verhalten erwartete oder angekündigte Belohnungen vorzuenthalten (z. B. die Nullrunde von Herrn Kühnes Team, Aktien, die keine Dividende ausschütten) oder Sanktionen vornehmen (z. B. Abmahnung, Kündigung, höhere Versicherungsrate nach Schadensfall), ist eine weitere Möglichkeit, Einfluss auf das Verhalten anderer Menschen auszuüben.
3. **Legitimierte Macht:** Wir können aufgrund von gesellschaftlichen Regeln, Normen und Titeln offiziell und legitim Macht über andere Menschen ausüben. So sind Menschen mit Personalverantwortung weisungsbefugt und dürfen von ihren Untergebenen bestimmte Verhaltensweisen und Handlungen verlangen. Steuerprüfer haben mittels ihres Prüfungsauftrags Zugang zu den wirtschaftlichen Ergebnissen eines Unternehmens. Zugschaffner dürfen einen Fahrgast des Erste-Klasse-Abteils verweisen, wenn er kein gültiges Ticket besitzt. Die Legitimation zur Ausübung der Macht kann durch Wahl, Rechtsprechung oder andere Verfahren geschaffen werden.

4. **Vorbildmacht:** Diese Form der Macht wird auch als ‚Macht durch Identifikation' bezeichnet. Sie ist dann möglich, wenn Machtausübende bei anderen Menschen ein Gefühl der Verbundenheit auslösen. Durch ihr Charisma können sie die Einstellungen, Ziele und Absichten sowie Emotionen der Bezugsperson beeinflussen. Diese identifizieren sich mit den persönlichen Eigenschaften des Machtinhabers und haben Freude daran, Nachfolger oder Fan der machtausübenden Person zu sein und sein oder ihr Verhalten zu imitieren. Die neuen Medien und insbesondere soziale Netzwerke bekommen in diesem Zusammenhang eine besondere Rolle, da der soziale Einfluss von Menschen mit vielen ‚Followern' bedeutenden Einfluss auch auf wirtschaftliche Prozesse nehmen kann. Negative Nachrichten über Personen, Unternehmen und Organisationen können so zu ‚shit storms' ausufern und sogar nachhaltig imageschädigende Wirkung haben (Bächle und Thimm 2014).
5. **Expertenmacht:** Expertise im Sinne von Wissen oder Fähigkeiten sind eine weitere Quelle der Macht. Anders als bei den anderen Machtquellen bezieht sich die Expertenmacht spezifisch auf einen Kompetenzbereich. Der Einfluss auf anderen Menschen in anderen Situationen oder Gebieten bleibt dadurch unberührt. Empfehlungen eines als kompetent erachteten Vermögensberaters werden beispielsweise eher dazu animieren, einen bestimmten Fonds zu kaufen als der Tipp des Gemüsehändlers. In der Werbung werden deswegen echte oder vermeintliche Experten wie der Zahnarzt im weißen Kittel oder der Goldmedaillengewinner eingesetzt, um uns von der Leistungsfähigkeit bestimmter Produkte zu überzeugen (‚endorsement').
6. **Informationsmacht:** Die Kenntnis bestimmter Informationen über eine Person, Institution oder Unternehmung kann ebenfalls eine Machtquelle darstellen. Der Zugang zu Informationen oder die Kontrolle über die Kommunikationskanäle erlaubt es, gezielt Informationen zu verbreiten und dadurch Einfluss auf das Verhalten anderer Menschen auszuüben. Die Verwendung von Insiderinformationen bei Börsengeschäfte kann beispielsweise gezielt eingesetzt werden, um zu bestimmten Aktienkäufen oder -verkäufen zu animieren.

Wie das Leistungs- und Anschlussmotiv ist auch das Machtmotiv ein intrinsisches Motiv. Hochmachtmotivierte Menschen genießen das Erleben von Einflussnahme aufgrund der damit verbundenen Gefühle von Stärke und Kontrolle und nicht, um mit der Macht etwas Bestimmtes zu erreichen. Die Stärke des Machtmotivs wird sowohl durch machtbezogene Anreize der Situation als auch durch das grundsätzliche Machtmotiv einer Person bestimmt.

Wie äußert sich das Machtmotiv in wirtschaftlichen Kontexten? Motivationspsychologen haben in vielen Studien untersucht, wie sich das Machtmotiv auf die private und berufliche Entwicklung auswirkt. Menschen mit einem hohen Machtmotiv haben eher Ämter inne und wählen häufiger statusorientierte Berufe wie Arzt, Pfarrer oder Therapeut als Menschen mit einem geringen Machtmotiv. Durch diese Entscheidungen in ihrer Biografie eröffnen sie sich den Zugang zu Quellen von Legitimationsmacht. Sie besitzen auch häufiger Prestigegüter wie teure Uhren oder Sportwagen als Menschen mit geringem Machtmotiv, wodurch sich ihr Streben nach sozialer Macht äußert. Machtmotivierte Menschen genießen Situationen, die mit Wettkampf und Kontrolle anderer Menschen verbunden sind. In ihren sportlichen Aktivitäten bevorzugen sie Wettkampfsportarten. Auch im Beruf blühen sie in kompetitiven Umfeldern auf und machen häufig eine steile professionelle oder politische Karriere (Winter 1973, S. 25–47), vor allem in hierarchisch organisierten Unternehmen. Sie überzeugen in Debatten und Diskussionen durch starke Argumente und ihre eindringliche Mimik und Gestik (Schultheiss und Brunstein 2002, S. 553–582). Sie kontrollieren die Themen und den Verlauf von Gesprächen stärker und setzen sich sprachlich besser durch als Menschen mit einem geringen Machtmotiv (Thimm et al. 1995, S. 382–407). In Entscheidungssituationen wie dem Gefangenendilemma (siehe Kap. 1.3.3) verhalten sich machtmotivierte Menschen eher kompetitiv, während leistungsmotivierte Menschen eine kooperative Strategie wählen (Terhune 1968, S. 1–24). Haben Sie also schwierige Verhandlungen vor sich, ist es hilfreich zu wissen, welche Motive Ihre Verhandlungspartner bewegen, um sich in Ihrem Auftreten, Ihrer Argumentation und Ihren Angeboten entsprechend darauf einzustellen.

Die **Führungsstilforschung** untersucht, ob Menschen mit einem stark ausgeprägten Machtmotiv gute oder schlechte Manager sind. McClelland hat schon in seinen frühen Arbeiten ein bestimmtes Motivmuster als wegweisend für die Führungslaufbahn erachtet. Er vermutete, dass ein hohes Machtmotiv, das aber nur indirekt oder sozial verträglich ausgelebt wird (,Inhibitionstendenz'), und ein gleichzeitig geringes Anschlussmotiv die Erfolgskonstellation für Manager ist. Tatsächlich konnte er den Einfluss dieses **Führungsmotivmusters** empirisch bestätigen (McClelland und Boyatzis 1982, S. 737–743): Menschen, deren Motivstruktur diesem Muster entsprach, hatten nach einiger Zeit in einem großen Unternehmen höhere Führungspositionen inne als Menschen in demselben Unternehmen, die diese motivationale Grundausstattung für Führungsverhalten nicht mitbrachten.

Man könnte nun meinen, dass ein hohes Machtmotiv ganz grundsätzlich für wirtschaftlichen Erfolg sorgt. Dies gilt aber nur unter bestimmten Bedingungen. Das Führungsmotivmuster steigert in stark hierarchisch organisierten Unternehmen die Karrierechancen. In Unternehmen mit flachen Hierarchien zeichnen sich erfolgreiche Manager stattdessen durch ein hohes Bedürfnis nach harmonischen und kooperativen Beziehungen aus. Forschungsergebnisse weisen ebenfalls darauf hin, dass ein starkes Machtmotiv für eine erfolgreiche Unternehmensgründung nicht erforderlich ist. Erfolgreiche Geschäftsgründer sind eher motiviert, ein hohes, aber erreichbares Leistungsniveau anzustreben und sind bereit, dafür soziale Kontakte zurückzustellen. Sie zeichnen sich in ihrer Motivstruktur durch die Kombination eines starken Leistungsmotivs und eines geringen Anschlussmotivs aus (Wainer und Rubin 1971, S. 131–139). Neuere Studien haben dieses Muster genauer untersucht und herausgefunden, dass Gründungsinteressierte zwar den Austausch mit anderen Menschen genießen, aber emotional unabhängiger von der Meinung und dem Verhalten anderer Menschen sind (Decker et al. 2012, S. 302–320). Das Machtmotiv hat auch seine Schattenseiten. So neigen Menschen mit einer hohen Ausprägung zu Alkoholkonsum und sind abhängiger von der Bestätigung ihres Umfelds. Dadurch sind sie auch empfänglicher für Schmeicheleien ihrer Untergebenen, was langfristig ebenfalls zu karriereschädlichem Verhalten und Fehlentscheidungen führen kann.

2.3.2 Prozesstheorien – wie Menschen sich und andere motivieren

Äußere Anreize wirken meist nur kurzfristig. So wirkt eine Gehaltserhöhung z. B. nur am Anfang motivierend, selbst wenn sie langfristig bezahlt wird. Die nachhaltigste Motivation erbringen hingegen Tätigkeiten, die Ihre Mitarbeiter um ihrer selbst willen ausüben und Handlungen, welche ihren Werten und Idealen entsprechen (Deci und Ryan 1985). Aber auch einer nachhaltigen Motivation kann der Atem ausgehen, wenn die Rahmenbedingungen abträglich sind, die Ziele unrealistisch oder zu starke Störungen im Prozess der Zielverfolgung auftreten. Deswegen beschäftigen sich Prozesstheorien damit, wie der Weg von einer Absicht bis zum erreichten Ziel verläuft.

▶ Je mehr sich Ihre Mitarbeiter mit den Zielen Ihres Unternehmens identifizieren, desto motivierter sind sie.

So können Sie die intrinsische Motivation Ihrer Mitarbeiter aktivieren und stärken:

- Sie können erkennen, was Ihre Mitarbeiter motiviert, und die Motive für Ihre unternehmerischen Ziele einsetzen.
- Sie können durch geeignete Ziele die Motivation Ihrer Mitarbeiter anregen.
- Sie können motivierende Rahmenbedingungen schaffen, damit die Motivation auf dem Weg zum Ziel nicht verloren geht.

2.3.2.1 Motive erkennen und nutzen

Sie haben in diesem Kapitel bereits die zentralen Eigenschaften von Motivation und die drei zentralen Motive – Leistung, soziale Nähe und Macht – kennengelernt. Im Wesen dieser drei Motive steckt der Schlüssel zur inneren Motivationslandkarte Ihrer Mitmenschen.

▶ Menschen reagieren auf Anreize in ihrer Umwelt unterschiedlich. Welche Anreize in einer Situation Wirkung zeigen, lässt erkennen, welche Ausprägung der Motive (wie z. B. Leistung, sozialer Anschluss und Macht) eine Person hat. Je schwächer der Reiz ist, auf den jemand reagiert, desto stärker ist die Motivation.

Sie können auch ohne den thematischen Apperzeptionstest oder ähnliche Analyseverfahren die Motive anderer Menschen erkennen, indem Sie ihr **Verhalten beobachten**. Worauf ‚springen sie an'? Was sind beispielsweise die **ersten Reaktionen**, wenn Sie jemanden mit einer Aufgabe konfrontieren. Macht Ihr Gegenüber spontan Vorschläge, mit welchen

Partnern zusammen er eine ‚Task Force' bilden kann, haben Sie es sehr wahrscheinlich mit einem Menschen mit hohem Anschlussmotiv zu tun. Äußert er hingegen Anregungen, wie man die Aufgabe besonders effizient oder mit herausragenden Ergebnissen abschließen kann, weist dies auf ein hohes Leistungsmotiv hin. Fragt ihr Gesprächspartner danach, ob es für die Lösung der Aufgabe eine Auszeichnung oder zumindest die lobende Erwähnung beim nächsten großen Meeting geben wird, lässt sich ein starkes Machtmotiv vermuten.

Achten Sie auch darauf, welche Aktivitäten nach der ersten spontanen Reaktion erfolgen. Diese sogenannten **Anschlusshandlungen** können sehr aufschlussreich sein. Machtmotivierte legen besonderen Wert darauf, dass ihre Leistungen von anderen Personen bemerkt werden. Sie suchen den Kontakt zu anderen Menschen, tun dies aber nicht, um Nähe oder Unterstützung zu bekommen, sondern Bewunderung. Am liebsten stünden sie im Scheinwerferlicht auf der Bühne bei tosendem Applaus. Menschen mit dem Bedürfnis nach sozialer Nähe hingegen versuchen, einen besonders sympathischen und liebenswerten Eindruck auf Andere zu machen. Auch am non-verbalen Verhalten (häufiges Lächeln, angenehmes Maß an Blickkontakt, zugewandte Sitzposition, Spiegeln der Körperhaltung) lässt sich das Bedürfnis, mit anderen Menschen eine angenehme Beziehung aufzubauen, gut ablesen.

Pacing – Ich bin dein Spiegel

Sympathie und Nähe zeigen sich deutlich daran, dass Gesprächspartner eine ähnliche Körperhaltung zueinander einnehmen. Diese natürliche Angleichung passiert meist unbewusst. Man kann sie auch bewusst einsetzen, um eine gute Gesprächsatmosphäre und eine soziale Annäherung zu bewirken. Diese **Pacing** genannte Technik ist eine Methode in der therapeutischen Gesprächsführung, insbesondere der Kurzzeittherapieform des Neurolinguistischen Programmierens (NLP).

Wollen Sie ‚pacen', müssen Sie sich auf allen Ebenen des non-verbalen Verhaltens an Ihren Gesprächspartner anpassen:
- Körpersprache: Sitzposition, Gestik, Handhaltung, Atemfrequenz
- Mimik: häufiges Lächeln oder ernster Gesichtsausdruck
- Stimme: Stimmhöhe, Sprechmelodie und -rhythmus, Sprechgeschwindigkeit
- Sprache: lockere Sprache oder formelle Sprache, Anredeform, (Fach-)Begriffe etc.

Von außen betrachtet, würde es im Extremfall so aussehen, als säße Ihr Gesprächspartner vor einem Spiegel, weswegen diese Technik auch als ‚**spiegeln**' bezeichnet wird. Durch Pacing können sie bewusst fördern, was die natürliche Ursache der körpersprachlichen Angleichung ist: Vertrauen, Sympathie und soziale Nähe.

Leistungsmotivierte Menschen wiederum sind weniger an den Reaktionen ihrer Mitmenschen interessiert als an der Einordnung ihres Leistungsniveaus. Sie wollen wissen, wie gut oder schlecht sie ihren Job gemacht haben, und das nicht, um anderen zu imponieren, sondern aus Eigeninteresse.

2.3 Motivationstheorien

Schließlich geben auch die **Ergebnisse** der Verhaltensweisen Hinweis auf die zugrunde liegende Motivation. In Unternehmen und Arbeitsteams sind dies häufig die unterschiedlichen Rollen, die sich im beruflichen Miteinander im Laufe der Zeit entwickeln. Ist jemand in einem kleineren Unternehmen ‚der heimliche Chef', ohne dessen Zustimmung keine Entscheidung getroffen wird und ohne dessen Beisein kein wichtiges Meeting terminiert wird, auch wenn offiziell jemand anderes die Geschäftsleitung innehat (Machtmotiv)? Gibt es in der Abteilung ‚das Sonnenscheinchen', das immer für gute Stimmung sorgt und für den Wohlfühlfaktor verantwortlich ist, wenn eine Feier oder der Besuch von internationalen Gästen vor der Tür steht (Anschlussmotiv)? Wer ist offiziell oder inoffiziell für die Qualitätssicherung zuständig und sorgt unaufgefordert dafür, dass Aufgaben fachlich kompetent und effizient ausgeführt werden (Leistungsmotiv)?

> **Frage**
>
> Was motiviert mein Unternehmen? Erstellen Sie auf den Fragebögen am Ende des Kapitels doch einmal ein ‚motivationales Organigramm' Ihres Unternehmens oder Ihrer Abteilung, indem Sie für jeden Ihrer Mitarbeiter die Rolle im Unternehmen und die Beziehungen zu den Kollegen definieren und dies nicht anhand der formellen Rolle und Position, sondern anhand ihres Leistungs-, Anschluss- und Machtmotivs. Ein Beispiel dafür finden Sie im Anhang (siehe Anhang 2.4.1).

Um die **eigenen Motive** besser kennenzulernen, schlagen die Arbeits- und Organisationspsychologen Comelli und von Rosenstiel vor, **Tagträume und Phantasien** zu beobachten (Comelli und Rosenstiel 2011). Diese Selbstreflexion fällt in entspannten Momenten leichter als sich selbst zu beobachten, wenn Sie mitten im Arbeitseinsatz sind. Was geht Ihnen durch den Kopf, wenn Ihre Gedanken in einem langwierigen Meeting abschweifen? Worum kreisen Ihre Phantasien, wenn Sie bei einer langen Bahnfahrt ins Tagträumen kommen? Denken Sie eher an Erfolge und Meilensteine, die Sie erreichen wollen? Kreisen Ihre Gedanken um Familie, Freunde und Geborgenheit? Kommen Lust und Leidenschaft in ihnen vor oder Komfort und Entspannung?

Haben Sie die Themen erkannt, die sich immer wieder in Ihre Gedanken einschleichen, können Sie dies bewusst einsetzen, um sich zu motivieren. Im Positiven können Sie sich motivierende Aspekte gezielt vor Augen rufen und damit Durststrecken besser überstehen. Wenn Sie beispielsweise leistungsmotiviert sind, können Sie Ihre Kraftreserven in einem schwierigen Projekt oder einer zähen Verhandlung aktivieren, indem Sie daran denken, welches Leistungsniveau Sie am Ende des Tages damit erreichen können. Sind Sie hingegen mit einem hohen Anschlussmotiv ausgestattet, wird Ihre Tätigkeit interessanter, wenn Sie sich vergegenwärtigen, mit welchen netten Kollegen und interessanten Menschen Sie durch Ihren Beruf in Kontakt kommen. Oder Sie belohnen sich bei einer unangenehmen Aufgabe mit einem besonders schönen Abend oder Wochenende mit Ihrer Familie oder Ihren Freunden.

Im Negativen können Sie Themen, welche Sie von Ihren beruflichen Zielen und Aufgaben ablenken, durch den bewussten und systematischen **Gedankenstopp** die Ablenkungskraft nehmen. Wenn Sie sich über Ihre inneren Antreiber bewusst geworden sind, können Sie gezielt immer wieder ‚Stop' denken und die automatisch ablaufenden Gedankengänge abbrechen, die nicht förderlich für das Erreichen Ihrer Ziele und Aufgaben sind. So können Sie z. B. weniger leistungsorientierte Gedanken reduzieren und Leistungsphantasien systematisch fördern.

▶ Im Folgenden erhalten Sie einige Tipps, wie Sie Ihre Tagträume gezielt nutzen können:
- **Achten Sie auf Balance.** Träumen Sie von Erfolgen und guten Leistungen ebenso wie von Anstrengungen und Mühen. Achten Sie darauf, dass Ihre Phantasien nicht ausschließlich um große Erfolge kreisen, sondern beziehen Sie mit Achtung und Wertschätzung die dafür erforderlichen Anstrengungen mit ein. Sorgen Sie aber auch dafür, dass Sie in Ihren Tagträumen nicht nur Ihre innere To Do-Liste und die vielen Mühen durchgehen, die noch vor Ihnen liegen, sondern feiern Sie gedanklich auch Ihre Ziele und Erfolge.
- **Träumen Sie von Ihrer bestmöglichen Welt.** Malen Sie sich die ideale Entwicklung Ihres persönlichen, privaten und beruflichen Wegs aus. Lassen Sie Ihre Phantasien nicht in exotische und fremde Welten abdriften, sondern sorgen Sie als Regisseur dafür, dass Ihr Film auch in Ihrer Welt spielt.
- **Träumen Sie mit allen Sinnen.** Malen Sie sich Ihre Ziele möglichst bildlich und konkret aus. Gehen Sie in Ihren Phantasien alle Sinne durch und stellen Sie sich vor, wie sich das Erreichen eines Ziels anfühlt, was Sie dabei denken, wie Sie sich körperlich fühlen, was Sie in dem Moment sehen, hören, spüren, schmecken.
- **Machen Sie Ihre Träume zu Ihren Ratgebern.** Leiten Sie aus Ihren Träumen ab, mit welchen Schritten Sie nach und nach das für Sie so attraktive Ziel erreichen können. Welche Etappen müssen Sie auf dem Weg ins Ziel erreichen? Welche Zwischenziele sind nötig? Welche Fähigkeiten, Erfahrungen, Talente und Stärken bringen Sie für die Zielerreichung bereits mit? Was ist der nächste konkrete Schritt, der Sie dem ersten Zwischenziel näherbringt? Wann werden Sie ihn gehen? Hier kann es hilfreich sein, auf einer Zeitlinie wichtige Etappen einzutragen und somit einen ‚Fahrplan zum Erfolg' an der Hand zu haben.
- **Machen Sie sich ein Versprechen.** Damit Ihre Träume wahr werden, müssen Sie für Verbindlichkeit Ihres ‚Fahrplans zum Erfolg' sorgen. Geben Sie sich selbst das Versprechen, dass Sie alles Ihnen Mögliche tun werden, um das Ziel zu erreichen. Halten Sie Ihr Ziel und die erforderlichen Zwischenziele schriftlich fest und legen Sie sie auf Wiedervorlage. Sie können eine Erinnerung in Ihrem Kalender eintragen, den Fahrplan ins Portemonnaie stecken

oder jemanden darum bitten, Sie regelmäßig an Ihr Projekt zu erinnern. Verwenden Sie ein kraftvolles Bild oder ein prägnantes Symbol für Ihr Ziel, wenn Sie auf Diskretion Wert legen. Oder weihen Sie einen guten Freund oder Ihre beste Freundin in Ihre Pläne ein und bitten Sie ihn oder sie darum, in regelmäßigen Abständen nach Ihren Fortschritten zu fragen. Öffentlichkeit steigert die Selbstverpflichtung.
- **Belohnen Sie sich für das Erreichen der Zwischenziele.** Belohnen Sie sich, wenn Sie ein Zwischenziel erreicht haben. Wählen Sie dafür etwas aus, was Ihnen große Freude bereitet oder etwas Besonderes. Verkneifen Sie sich eine kleine Anschaffung oder die Städtereise, die Sie sich ansonsten gegönnt hätten, und machen Sie dies nur, wenn Sie ein vorher festgesetztes Zwischenziel erreicht haben. Sehen Sie aber von Bestrafungen ab. Es ist demotivierend genug, die Etappe nicht bewältigt zu haben. Seien Sie verständnisvoll mit sich und ermuntern Sie sich, die Etappe im zweiten Anlauf zu nehmen. Seien Sie stolz, dass Sie dieses Durchhaltevermögen an den Tag legen und nicht gleich die Flinte ins Korn werfen! Sollten Sie die Zwischenziele Ihres Fahrplans immer wieder verfehlen, haben Sie sich zu hohe Ziele gesetzt und sollten Ihre Erwartungen noch einmal überdenken.

2.3.2.2 Motivierende Ziele formulieren

Anregende und gleichzeitig erreichbare Ziele sind das A und O für die Motivation. Wie sieht es mit Ihren Zielen aus? Nehmen Sie sich eine Minute Zeit und machen Sie die Selbstreflexionsübung ‚Meine Ziele' (siehe Anhang 2.4.2).

Setzen Sie sich verbindliche und motivierende Ziele und sorgen Sie für die nötigen Rahmenbedingungen, damit Sie die Ziele erreichen können. Neben der technischen Ausstattung und erforderlichen Arbeitsmaterialien (wie z. B. Arbeitsgeräte, Lizenzen, Informationen) sind auch die psychologischen Rahmenbedingungen (z. B. Arbeitsatmosphäre, kooperatives Klima, Beziehungen zu Kollegen im Team) zu beachten.

▶ Die richtige Zielsetzung hat einen leistungssteigernden Effekt, weil Ziele unser Verhalten in eine Richtung lenken und unsere Gedanken, Aufmerksamkeit, Entscheidungen und Handlungen in die gewünschte Richtung steuern.

Durch geeignete Ziele bündeln Sie förmlich Kompetenzen und Energien und können dadurch bessere Leistungen erzielen als ohne geeignete Zielformulierung, weil Sie ohne ‚Streuverluste' vorankommen. Erfolgreiche Zielsetzungen für Ihre Mitarbeiter zeichnen sich durch folgende Eigenschaften aus (Puca und Langens 2002).

- **Gute Ziele sind konkret und spezifisch formuliert.** Anstelle eines vagen „Wir müssen mehr Umsatz machen" wäre „Wir werden mit Kunde … im Laufe der nächsten sechs Monate zwei Projekte mit mindestens … Euro Volumen durchführen" klarer. Die Chancen steigen, dieses Ziel zu erreichen, weil Ihre Mitarbeiter wissen, wo sie anfangen sollen. Aufgaben mit unspezifischen Zielen führen zu schlechteren Leistungen als Aufgaben, die hinsichtlich der Menge des Ergebnisses (z. B. Projekt mit … Euro Umsatz), der Qualität (z. B. Projekte, welche den Kunden begeistern) oder hinsichtlich beider Aspekte klar definiert sind.

- **Gute Ziele sind herausfordernd und gleichzeitig erreichbar.** Die Ziele müssen im Bereich des Möglichen liegen. Ihre Mitarbeiter sollten die erforderlichen Kompetenzen mitbringen und die Ziele mit der erforderlichen Anstrengung erreichen können. Es ist in Ordnung, wenn die Ziele sie ab und zu an die Grenzen der Komfortzone führen, jedoch nicht dauerhaft. Ansonsten erzeugen Sie nicht Motivation, sondern Stress. Überprüfen Sie die gegebenen Rahmenbedingungen kritisch, denn nicht selten entpuppen sich Ziele, die anfänglich unproblematisch erschienen, im Laufe der Anstrengungen als unrealistisch.
- **Gute Ziele sind bedeutsam.** Das Erreichen der Ziele muss für Ihre Mitarbeiter wirklich Bedeutung haben, und dies nicht, weil damit ein Bonus verbunden ist. Dies gelingt Ihnen umso besser, je eher die Ziele den Motiven (nach guten Leistungen, sozialer Nähe und Zugehörigkeit sowie Macht und Einfluss) und Werten (z. B. Gerechtigkeit, Harmonie, Nachhaltigkeit, Ordnung, Schönheit) Ihrer Mitarbeiter entsprechen.
- **Gute Ziele sind verbindlich.** Ziele sind bindender, wenn ihr Erreichen zu höheren Zielen führt. Soll ein Mitarbeiter in einem Training eine neue Fertigkeit erlernen, wird ihm dies schneller und besser gelingen, wenn ihm dadurch etwas ermöglicht wird, das er an sich mag und genießt. Wer seinen Führerschein macht, weil ‚man' das eben in dem Alter so tut, geht weniger motiviert zum Fahrunterricht als jemand, der anschließend mit seinem bereits gekauften Wagen zum ersten Mal alleine in den Urlaub fahren kann. Berufliche Ziele sollten auch nicht mit privaten Zielen in Konflikt geraten. Erfolgt das Training regelmäßig in einer anderen Stadt, kann dies für einen jungen Vater einen Zielkonflikt darstellen, da er möglichst viel Zeit mit seinem Neugeborenen verbringen und seine Frau unterstützen möchte. Es ist hilfreich, die Verpflichtung schriftlich festzulegen und nach außen zu kommunizieren, damit sie mehr als eine gute Absicht wird.
- **Gute Ziele sind durch klare Zwischenziele Schritt für Schritt zu erreichen.** Definieren Sie zusammen mit Ihren Mitarbeitern, welche Meilensteine den Weg zum Ziel säumen. Legen Sie auch einen realistischen Zeitrahmen fest, innerhalb dessen die Zwischenziele erreicht werden sollen. Geben Sie Ihren Mitarbeitern Rückmeldungen, inwieweit sie die festgelegten Zwischenziele erreicht haben oder nicht. Machen Sie deutlich, in welchem Maß ein jeweiliges Ziel erreicht wurde und wie Sie den Verlauf des Arbeitsprozesses bewerten, damit Ihre Rückmeldung leistungsfördernd wirkt (Pritchard und Ashwood 2008).

Was können Sie aber tun, wenn Sie als Vorgesetzter etwas von Ihren Mitarbeitern verlangen sollen, zu dem diese nicht motiviert sind? Wie gelingt es Ihnen, Vorgaben umzusetzen, von denen Sie selbst nicht überzeugt sind? Solche Situationen sind nicht einfach, lassen sich im Alltag von Führungskräften allerdings nicht immer vermeiden. Das Erledigen unangenehmer Aufgaben fällt Menschen leichter, wenn diese als ‚Mittel zum Zweck' zu einem positiv bewerteten Ziel führen. Ebenso können Sie die Attraktivität einer Vorgabe beeinflussen, indem Sie ihre Bedeutung für ein höheres Ziel darlegen. Durststrecken und stressige Phasen mit Überstunden werden eher von der Belegschaft mitgetragen, wenn sich dadurch negative Alternativen (wie z. B. Kündigungen) vermeiden lassen. Der Umzug an einen anderen Standort wird ansprechender, wenn damit bessere Räumlichkeiten und ruhigere Arbeitsbedingungen verbunden sind. Nutzen Sie positive Nebeneffekte der unattraktiven Ziele und neue Möglichkeiten, die sich in Folge für Ihr Team ergeben können. Binden Sie Ihre Mitarbeiter in die Planung der Umsetzung mit ein, damit sie aktiv Verantwortung übernehmen. Wenn sie schon nichts daran ändern können, dass sie diese Ziele erreichen müssen, so können sie zumindest mitbestimmen, wie sie diese erreichen.

2.3.2.3 Für motivierende Rahmenbedingungen sorgen

Schwierige Rahmenbedingungen können ein wahrer Motivationskiller sein. Auf dem manchmal weiten, manchmal kürzeren Weg von der Absicht zum Ziel lauern unterschiedliche Störenfriede und Versuchungen. Das Verständnis der unterschiedlichen **Handlungsphasen** wappnet Sie mit Strategien und Techniken der Gegenwehr.

Die Psychologen Heinz Heckhausen und Peter Gollwitzer sind ausgewiesene Experten in Sachen Motivation. Sie leiteten am Max-Planck-Institut für psychologische Forschung in München eine Forschergruppe, die sich ausschließlich mit der Frage beschäftigte, wie Menschen Absichten bilden und wann sie entsprechend ihrer Intention handeln und wann nicht. Ihre zahlreichen Studien mündeten unter anderem in der Unterscheidung zwischen Zielintentionen (Absichten) und Durchführungsintentionen (Vorsätzen).

Bekannt geworden ist vor allem das sogenannte **Rubikon-Modell**, das Phasen des Planens und Abwägens von der Umsetzung und Zielrealisierung sowie der anschließenden Bewertung der Zielerreichung unterscheidet. Beim Benennen ihres Modells wurden sie von einem Ereignis im alten Rom inspiriert. Im Jahr 49 v. Chr. standen sich Julius Caesar und Pompeius als zwei hochmotivierte Politiker gegenüber und kamen sich mehr und mehr ins politische Gehege. Die Situation spitzte sich dramatisch zu, als der römische Senat Caesar aufforderte, sein militärisches Kommando niederzulegen und als Privatier nach Rom zurückzukehren. Caesar aber setzte sich stattdessen mit seinen Truppen in Richtung des Grenzflusses Rubikon in Bewegung, der das Stadtgebiet Roms von den Nordprovinzen trennte. Der Senat beauftragte Pompeius, die römische Republik gegen den militanten Caesar zu verteidigen. Am 10. Januar überschritt Caesar den Grenzfluss Rubikon. Ein Zurück an den Verhandlungstisch wurde unmöglich. Der Bürgerkrieg zwischen Caesar und Pompeius begann (Abb. 2.2).

Im Motivationsmodell von Heckhausen und Gollwitzer fällt mit dem „Schritt über den Rubikon" (Heckhausen et al. 1987) die Entscheidung für eine der gegebenen Handlungsmöglichkeiten. Das Abwägen hat ein Ende gefunden, jetzt geht es an die Umsetzung.

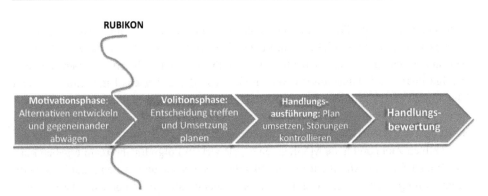

Abb. 2.2 Das Rubikonmodell der Handlungsphasen nach Heckhausen & Gollwitzer

▶ Der „Schritt über den Rubikon" bildet den entscheidenden Schritt jeder Willensbildung, durch welchen wir uns auf ein bestimmtes Ziel festlegen und uns innerlich zum Erreichen verpflichten.

- In der ersten **Phase des Abwägens** vergleichen Menschen verschiedene Wünsche, die aus Motiven resultieren. Dabei sind zwei Eigenschaften besonders wichtig: der ‚Wert' eines Wunsches (d. h. die Tendenz von Annäherung oder Meiden, siehe 2.2.1) und die Erwartung (d. h. die subjektive Wahrscheinlichkeit, dass der Wunsch eintritt bzw. erreicht wird). Am Ende dieser Phase wird ein Wunsch ausgewählt, der umgesetzt werden soll (Intentionsbildung). Mit dieser Absicht im Gepäck nähert man sich quasi dem Rubikon.
- **Die Planungsphase:** Menschen werden nicht sofort aktiv, sondern bedenken zunächst, wie sie ihren Entschluss am besten realisieren können und bilden ganz konkrete, von ihrer Zielintention abgeleitete Absichten. Diese sind häufig in Form von sogenannten Wenn-Dann-Plänen organisiert (z. B. Wenn ich im Unternehmen X keinen Entscheider für meine Produktidee begeistern kann, gehe ich als nächstes die Branche Y in meiner Akquise an.) Die Wahrnehmung richtet sich in dieser Phase weniger auf die Realität, sondern vielmehr auf die Realisierung. Man nimmt beispielsweise Hinweise eher wahr und bewertet sie als wichtiger, wenn sie das Ziel attraktiv und erreichbar erscheinen lassen und blendet andere Hinweise aus. Dies ist ein hilfreicher Schutzmechanismus, um sich gegen Störungen zu wappnen und vor dem Verzetteln zu bewahren.
- In der **Phase der Handlungsaufführung** werden Menschen tätig. Sie haben sich entschlossen, mit der Handlung beginnen zu wollen (Volition), und schreiten nun zur Tat. Je stärker man sich der Umsetzung verpflichtet fühlt, desto mehr Anstrengungen nimmt man auch bei der Umsetzung in Kauf. Deswegen ist es für die eigene Motivation oder die Motivation der Mitarbeiter so wichtig, Verbindlichkeiten zu schaffen. Sie konzentrieren sich ganz auf die Handlung und gehen im Idealfall selbstvergessen ganz in ihr auf („Flow-Erleben"). In dieser Phase strengen sie sich bei Problemen mehr an und machen nach Störungen unbeirrt weiter.

- Bei der anschließenden **Handlungsbewertung** hingegen bewerten Menschen wie erfolgreich ihre Bemühungen waren und ziehen ein Resümee. Haben sie das Ziel (weit) verfehlt, ändern sie wahrscheinlich sie Absichten oder sogar ihre ursprünglichen Intentionen und Ziele.

Wie können Sie nun in diesen Handlungsphasen für förderliche Rahmenbedingungen sorgen? Ungünstige Bedingungen können das Abwägen verschiedener Verhaltensalternativen erschweren und so schon in einem frühen Stadium der Umsetzung dafür sorgen, dass die Motivation ins Leere läuft. Solche aussichtslosen Vorhaben entstehen vor allem dann, wenn unterschiedliche Motive und Ziele vorliegen, die schwer miteinander zu vereinen sind. Dann gilt es in der Phase des Abwägens, die vorhandenen **Motivkonflikte** zu erkennen, zu benennen und eine Lösung für sie zu entwickeln. Grundsätzlich ist es ratsam, sich diesen Konflikten zu stellen anstelle sie ‚unter den Teppich zu kehren', da sie sich als latenter Konflikt ansonsten wie ein Schwelbrand ausbreiten können. Raum und Zeit für die (gemeinsame) Auseinandersetzung mit den Alternativen, ihren Vor- und Nachteilen sowie möglichen Konsequenzen sollte nicht als Zeitverschwendung, sondern notwendiger Prozess betrachtet werden. Studien weisen darauf hin, dass vorschnelle Entscheidungen eine häufige Ursache für Konflikteskalation sind (Steiger und Lippmann 2013).Gewähren Sie sich und anderen Zeit, Raum, Aufmerksamkeit und Wertschätzung für die Auseinandersetzung mit diesen Konflikten und sorgen Sie gleichzeitig dafür, eine Entscheidung zu treffen, wenn Sie merken, dass sich die Argumentation ‚im Kreis dreht'. Die Kenntnis der unterschiedlichen Formen von Entscheidungskonflikten (siehe Kap. 2.2.1) und die Technik des Gedankenstopps können bereits hilfreich sein. Falls die Entscheidungen sehr komplex oder langwierig verlaufen, können Entscheidungstechniken (siehe Kap. 3) oder in schwierigen Fällen und bei Entscheidungen mit gravierenden Konsequenzen auch Coaching unterstützend eingesetzt werden.

Ebenfalls von großer Bedeutung ist, dass Sie bei der Kalkulation von Wert und Erwartung **gründlich und ehrlich** vorgehen. Haben Sie den Rubikon nämlich überschritten, verrechnen Sie sich beim Vergleich der möglichen Alternativen schnell zugunsten der Alternative, für die Sie sich entschieden haben. Die realistische Einschätzung, wie schwer oder leicht eine Aufgabe ist bzw. wie wahrscheinlich oder unwahrscheinlich es ist, dass Sie ein bestimmtes Ziel erreichen, ist ein entscheidender Faktor. Nicht umsonst sind professionelle Zielvereinbarungen ein zentrales Element der Personalentwicklung.

In der Planungsphase ist **Transparenz** gefragt. Um zielführende Wenn-Dann-Pläne entwickeln zu können, müssen entsprechende Informationen und Erfahrungen zugänglich sein. Was muss ich für die Umsetzung wissen und können? Welche Störungen können sich von außen ergeben? Wie wahrscheinlich ist es, die nötige Unterstützung und erforderlichen Ressourcen zu erhalten? Je eher Sie, vielleicht bei schwierigen oder unattraktiven Aufgaben, kritische Aspekte verschweigen oder bagatellisieren, desto wahrscheinlicher werden sie als Bumerang zurückkehren und die Umsetzung zum Scheitern verurteilen. Halten Sie mit schwierigen Aspekten nicht hinterm Berg und versuchen Sie stattdessen, ihre Wahrscheinlichkeit und ihr Störpotenzial realistisch zu bewerten und konstruktive Lösungen dafür zu entwickeln.

Bei der eigentlichen Umsetzung ist **Störungsfreiheit** geboten. Sind Sie selbst oder Ihre Mitarbeiter ganz in ihre Tätigkeit versunken und vergeht die Zeit wie im Flug, ist dies der Idealfall sowohl für die Qualität der erbrachten Leistung als auch für das angenehme Erleben von „Flow".

▶ Flow-Erleben: „You are so involved in what you're doing you aren't thinking about yourself as separate from the immediate activity.(…) You are moving in harmony with something else you're part of." (Mihály Csíkszentmihályi)

„Flow" erleben wir bei Aufgaben, die optimal unseren Fähigkeiten entsprechen, ein klares Ziel haben und bei denen wir wissen, ob wir sie richtig machen oder nicht (Czíksentmihályi 2008). Das geschieht ohne Rückmeldung anderer Menschen durch die Tätigkeit selbst. Sie werden direkt hören, ob Sie beim Spielen eines Instruments die richtigen Töne treffen, und beim Golfspielen direkt sehen, wie gut ihre Abschlagtechnik ist. „Flow-Erleben" steigert das Gefühl von Glück und Zufriedenheit.

Fördern Sie in der Umsetzungsphase die Chancen des Flow-Erlebens, indem Sie sicherstellen, dass das Arbeiten weder durch Medien (z. B. keine eingehenden E-Mails, SMS) noch durch Kollegen (nach dem Motto „*Nur ganz kurz…*") gestört werden kann. Solche Unterbrechungen sind neben unguter Arbeitsatmosphäre und Zeitdruck die gravierendsten „Flowkiller".

Neben diesen äußeren Bedingungen können auch die inneren Voraussetzungen für „Flow" geschaffen werden. Immer mehr Unternehmen bieten neben klassischen Themen wie Zeit- und Selbstmanagement Trainings in Achtsamkeit an. Unternehmen, die Ihre Mitarbeiter in einem achtsamen Umgang mit Medien und Kommunikation schulen, berichten von positiven Effekten. So auch in den folgenden Beispielen:

Training in Achtsamkeit

„Der Faktor Mensch ist unser wichtigstes Kapital."

So begründet Jochen Tscheulin, Geschäftsführer der marktführenden Kommunikations- und Strategieberatung zum Thema Beteiligung IFOK, eine ungewöhnliche Maßnahme: Zusammen mit seinem Team sitzt er in der wohligen Atmosphäre von Schloss Heinsheim auf einem Meditationskissen und übt sich in Stille und Achtsamkeit.

Der Achtsamkeitskurs soll die Selbstreflexionskräfte seiner Führungsmannschaft stärken und dadurch Raum für Kreativität schaffen. Ein besserer Umgang miteinander, das Vermeiden unnötiger Meetings, konzentrierteres Arbeiten, die Eindämmung täglicher E-Mail-Fluten. Das alles sind Effekte im Arbeitsalltag, die sich aus einem achtsameren Arbeits- und Kommunikationsstil ergeben sollen.

Davon ist auch Google überzeugt, die seit sechs Jahren ein firmeninternes Meditationsprogramm durchführen. Ingenieure bei Google dürfen 20 % ihrer Arbeitszeit an etwas arbeiten, das nicht mit ihren eigentlichen Projekten zu tun hat. Das Unternehmen erhofft sich davon nicht nur zufriedenere Mitarbeiter, sondern auch Impulse für Innovationen. Der Google-Mitarbeiter Chade-Meng Tan nutzte seine freigestellte Zeit für die Entwicklung eines Coaching-Programms. „*Search inside yourself*" wurde 2012 bei

2.3 Motivationstheorien

Google eingeführt und erfreut sich großer Beliebtheit. Über 1.000 Mitarbeiter sind zu Meditierenden geworden und die Warteliste für das jedes Quartal stattfindende Trainingsprogramm ist immer gut gefüllt. Die Übungen sind seit Oktober 2012 auch in Form eines Buches verfügbar.

In der Phase Handlungsbewertung ist eine **konstruktive Feedback- und Fehlerkultur** vonnöten, um Anerkennung für eigene oder fremde Handlungen zu entwickeln und Verbesserungsmöglichkeiten für die Zukunft zu erkennen. Damit dies eine motivierende Wirkung hat, können Sie einiges tun:

- Weisen Sie in Ihrer Selbstreflexion und bei den Rückmeldungen an Ihre Mitarbeiter sowohl darauf hin, was gelungen und gut gelaufen ist als auch auf Aspekte, die unter Ihren Erwartungen geblieben sind. **Lob und Kritik** sollten idealerweise ein Verhältnis von mindestens 3:1 ausmachen.
- Beschreiben Sie, was Sie konkret **beobachtet** haben (Verhalten), getrennt von dem, wie Sie dieses Verhalten **bewerten**.
- **Vermeiden** Sie Vorwürfe und ‚Du/Sie-Aussagen'. Drücken Sie stattdessen Wünsche und Erwartungen aus und formulieren Sie Ihre Aussagen in der Ich-Form („*Ich wünsche mir von Ihnen mehr Genauigkeit bei der Terminabstimmung*" statt „*Die Termine haben Sie ja völlig verschludert*").
- Versuchen Sie **Fehler als Quelle für Lernen** und Verbesserungen zu verstehen und machen Sie dies explizit klar. Machen Sie auch deutlich, dass und was Sie konkret an Änderungen und Entwicklung erwarten.
- Fragen Sie nach Ideen und Vorschlägen für **Verbesserungen** und geben Sie selbst Ratschläge, wenn Ihr Gegenüber bereit dafür ist. Sind Sie sich unsicher, ob der richtige Moment dafür gegeben ist oder die Kritik vielleicht erst einmal verdaut werden muss, fragen Sie nach („*Darf ich dazu einen Vorschlag machen?*"). So zeigen Sie Respekt und vermeiden Sie, dass sich Fronten und Widerstand aufbauen. Vereinbaren Sie gegebenenfalls einen separaten Gesprächstermin, wenn umfangreichere oder grundsätzliche Kritik erforderlich ist.

Checkliste: Guter Nährboden für Motivation Die folgenden Fragen helfen Ihnen, in Ihrem privaten und beruflichen Umfeld für gute Rahmenbedingungen für Motivation zu sorgen. Die Fragen sind für das Nachdenken über Ihre Mitarbeiter formuliert, Sie können sie aber selbstverständlich auch für Ihre eigene Motivation anwenden. Wenn Sie möchten, können Sie die Fragen abhaken, wenn Sie eine Antwort darauf kennen.

> ❑ Was zeichnet die Persönlichkeit der Person aus? Welche Werte, Sehnsüchte und Ziele hat sie? Inwieweit decken sich ihre aktuelle Tätigkeit und vereinbarte Ziele damit?
> ❑ Welche Anreize in der (Arbeits-)Umgebung wirken anregend auf die Person? Wie kann ich dafür sorgen, dass diese Anreize noch häufiger auftreten?

- ❑ Wie häufig sucht die Person spontan die Nähe zu anderen Menschen? Entspricht ihre berufliche Rolle dem Bedürfnis nach Nähe oder Distanz? Wie kann ich für das richtige Maß an Eigenständigkeit oder Gemeinsamkeit sorgen?
- ❑ Wie häufig sucht die Person nach Herausforderungen und bewältigbaren Zielen auf hohem Niveau? Bietet die aktuelle Position und Tätigkeit genug davon? Wie kann ich für die Delegation von Aufgaben mit dem richtigen Schwierigkeitsgrad sorgen?
- ❑ Wie häufig bemüht sich die Person von sich aus um Macht und Einfluss? Ist das aktuelle Maß an Verantwortung, offiziellen Rollen und Titeln stimmig?
- ❑ Was macht der Person Spaß und lässt sie alles um sich herum vergessen? Wie kann ich in den Berufsalltag mehr dieser oder ähnlicher Aktivitäten integrieren?
- ❑ Gibt es unter der Oberfläche Konflikte zwischen unterschiedlichen Motiven? Worin genau besteht der Konflikt? Welche Lösung wäre möglich?
- ❑ Wie gut gelingt der Person die Planung und Umsetzung ihrer Ziele? Welche Störfaktoren sind am Werk? Welche Maßnahmen erleichtern es, das Momentum der Motivation zu nutzen und zügig zur Tat zu schreiten?
- ❑ Wie gebe ich als Führungskraft meinen Mitarbeitern Rückmeldung über ihre Leistungen und Verhaltensweisen? Wie könnte ich diese noch motivierender gestalten?

2.4 Selbsttests und Arbeitsmaterialien

2.4.1 Beispiel für ein motivationales Organigramm (Abb. 2.3)

Abb. 2.3 Motivationales Organigramm

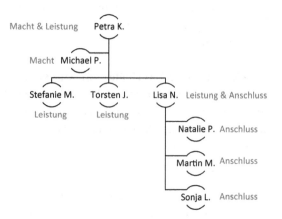

2.4.2 Reflexion: Meine Ziele

Nehmen Sie sich ein Blatt Papier und notieren Sie in beliebiger Reihenfolge die Ziele, die Sie zurzeit verfolgen. Wenn die Liste vollständig ist, gehen Sie diese durch und beantworten Sie dabei folgende Fragen:

- Wie konkret oder abstrakt sind meine Ziele?
- Wie leicht oder schwer sind meine Ziele zu erreichen?
- Handelt es sich bei meinen Zielen um etwas, das ich erreichen will oder eher um etwas, das ich vermeiden möchte?
- Inwieweit ist mir klar, auf welchem Weg ich meine Ziele erreichen kann?
- Wie leidenschaftlich verfolge ich diese Ziele?
- Wer unterstützt mich darin, meine Ziele zu erreichen?
- Wie können mir andere Menschen dabei helfen, dass ich meinen Zielen ein großes Stück näherkomme?

Literatur

Andrews, J. O. W. (1967). The achievement motive and advancement in two types of organization. *Journal of Personality and Social Psychology, 6,* 163–168.

Bächle, Th., & Thimm, C. (2014/ i.Dr.). *Mobile Medien-Mobiles Leben. Neue Technologien, Mobilität und die mediatisierte Gesellschaft.* Münster: Lit Verlag.

Badura, B., Greiner, W., Rixgens, P., Ueberle, M., & Behr, M. (2008). *Sozialkapital. Grundlagen von Gesundheit und Unternehmenserfolg.* Heidelberg: Springer.

Betterplace.org. (2011). „Das hat richtig Spaß gemacht! Freiwilliges Engagement in Deutschland". Eine Studie von betterplace.org im Auftrag der Ing-Diba. http://www.betterplace-lab.org/media/bp_lab_FAK_webversion.pdf. Zugegriffen: 11. Aug. 2014.

Brandstätter, V., Schüler, J., Puca, R. M., & Lozo, L. (2013). *Motivation und Emotion.* Heidelberg: Springer.

Comelli, G., & Rosenstiel, L. (2011). *Führung durch Motivation. Mitarbeiter für Organisationsziele gewinnen* (4. erweiterte Aufl.). München: Vahlen.

Czíksentmihályi, M. (2008). *Flow: The psychology of optimal experience.* New York: Harper & Row.

Deci, E.L., & Ryan, R.M. (1985). *Intrinsic motivation and self-determination in human behaviour.* New York: Plenum.

Deci, E. L., Koestner, R., & Ryan, R. M. (1999). A meta-analytic review of experiments examining the effects of extrinsic rewards on intrinsic motivation. *Psychological Bulletin, 125,* 627–668.

Decker, W.H., Calo, T.J., & Weer, C.H. (2012). Affiliation motivation and interest in entrepreneurial careers. *Journal of Managerial Psychology, 27*(3), 302–320.

Dresel, M. (2004). *Motivationsförderung im schulischen Kontext.* Göttingen: Hogrefe.

Elliot, A. J., & Thrash, T. M. (2010). Approach and avoidance temperaments as basic dimensions of personality. *Journal of Personality, 78*(3), 865–906.

Engeser, S., Rheinberg, F., & Möller, M. (2009). Achievement motive imagery in German schoolbook: A pilot study testing McClelland's hypothesis. *Journal of Research in Personality, 43*, 110–113.

Felfe, J., & Gatzka, M. (2012). Fuĺhrungsmotivation. In: W. Sarges (Hrsg.), *Managementdiagnostik*. Goĺttingen: Hogrefe.

French, J. R. P., & Raven, B. H. (1959). The basis of social power. In D. Carwright (Hrsg.), *Studies in social power* (S. 150–167). Ann Arbor: The University of Michigan.

Hansemark, O. C. (1998). The effects of an entrepreneurship programme on Need for Achievement and Locus of Control of reinforcement. *International Journal of Entrepreneurial Behaviour and Research, 4*(1), 28–50.

Heckhausen, J., & Heckhausen, H. (2010). *Motivation und Handeln*. Berlin Heidelberg: Springer.

Heckhausen, H., Schmal, H.-D., & Schneider, K. (1985). *Achievement motivation in perspective*. New York: Academic.

Heckhausen, H., Gollwitzer, P. M., & Weinert, F. E. (Hrsg.). (1987). *Jenseits des Rubikon. Der Wille in den Humanwissenschaften*. Heidelberg: Springer.

Holt-Lunstad, J., Smith, T. B., & Layton, J. B. (2010). *Social relationships and mortality risk: A meta-analytic review*. PLOS Medicine Journal, 7(7). doi: 10.1371/journal.pmed.1000316.

Kay, R. (2007). *Auf dem Weg in die Chefetage. Betriebliche Entscheidungsprozesse bei der Besetzung von Führungspositionen*. Bonn: Institut für Mittelstandsforschung.

Köllen, J. (Januar 2014). Grant-Studie zum Glück: Das macht zufrieden! Interview mit *George* E. *Vaillant. emotion*. https://www.emotion.de/de/persoenlichkeit/das-macht-zufrieden-6032. Zugegriffen: 11. Aug. 2014.

Komaki, J. L., Coombs, T., & Schepman, S. (1996). Motivational implications of reinforcement theory. In R. M. Steers, L.W. Porter, & G. A. Bigley (Hrsg.), *Motivation and leadership at work* (S. 34–52). New York: McGraw-Hill.

Lau, C., & Kramer, L. (2005). *Die Relativitätstheorie des Glücks. Über das Leben von Lottomillionären*. Herbolzheim: Centaurus.

Lewin, K. (1931). Die psychologische Situation bei Lohn und Strafe. In: C. F. Graumann (Hrsg.), (1982), *Kurt-Lewin-Werkausgabe, Bd. 6, Psychologie der Entwicklung und Erziehung*. Bern: Huber.

McClelland, D. C. (1961). *The achieving society*. New Jersey: Princeton.

McClelland, D. C. (1978). *Macht als Motiv*. Stuttgart: Klett-Cotta.

McClelland, D. C., & Boyatzis, R. E. (1982). Leadership motive pattern and long-term success in management. *Journal of Applied Psychology, 67*, 737–743.

McClelland, D. C., & Franz, C. E. (1992). Motivational and other sources of work accomplishment in mid-life. A longitudinal study. *Journal of Personality, 60*, 679–707.

McClelland, D. C., & Winter, D. G. (1969). *Motivating economic achievement*. New York: The Free Press.

Mösken, G., Dick, M., & Wehner, Th. (2009). *Den Arbeitsbegriff weiter denken*. Empirische Arbeitsforschung – Empirische Beiträge aus der Psychologie, Soziologie und Pädagogik der Arbeit, Nr. 04.

Pritchard, R. D., & Ashwood, E. L. (2008). *Managing motivation: A manager's guide to diagnosing and improving motivation*. New York: Routledge.

Puca, R. M., & Langens, T. A. (2002). Motivation, volition und emotion. In J. Müsseler & W. Prinz (Hrsg.), *Lehrbuch Allgemeine Psychologie* (S. 225–260). Heidelberg: Spektrum.

Saur, M. (März 2013). Die Glücksformel – der Leiter der Grant-Studie im Interview. *Magazin der Süddeutschen Zeitung*. http://sz-magazin.sueddeutsche.de/texte/anzeigen/39739/Der-weite-Weg-zum-Glueck. Zugegriffen: 11. Aug. 2014.

Schultheiss, O. C., & Brunstein, J. C. (2002). Inhibited power motivation and persuasive communication: A lens model analysis. *Journal of Personality, 70,* 553–582.

Starker, U., & Dörner, D. (1997). Kognitive, emotionale und motivationale Determinanten des Handelns und die Prognose ihrer Wirksamkeit. In: KLUWE & H. Rainer (Hrsg.), *Strukturen und Prozesse intelligenter Systeme* (S. 233–253). Wiesbaden: Deutscher Universitätsverlag.

Steiger, Th., & Lippmann, E. (2013). *Handbuch Angewandte Psychologie für Führungskräfte.* Heidelberg: Springer.

Terhune, K.W. (1968). Motives, situation, and interpersonal conflict within Prisoner's Dilemma. *Journal of Personality and Social Psychology, 8*(3), 1–24.

Thimm, C., Rademacher, U. & Kruse, L. (1995). Power-related talk. Control in verbal interaction. *Journal of Language and Social Psychology, 14,* 382–407.

Van Vianen, A. E. M. (2000). Person-organisation fit: The match between newcomers' and recruiters' preferences for organizational culture. *Personnel Psychology, 53,* 113–149.

Wainer, H.A., & Rubin, I.M. (1971). Motivation and development of entrepreneurs: Determinants of company success. In D. A. Kolb, I. M. Rubin, & J. McIntire (Hrsg.), *Organizational psychology* (S. 131–139). Englewood Cliffs: Prentice Hall.

Winter, D.G. (1973) *The power motive.* New York: Free Press und Winter, D. G. (2007). Motivation and political leadership. In L. Valenty & O. Feldman (Hrsg.), *Political leadership for the new century: Personality and behaviour among American leaders* (S. 25–47). Westport: Praeger.

Zentrum der Organisations- und Arbeitswissenschaften (ZOA). (2009). *Zur subjektiven Wahrnehmung von Arbeitstätigkeit durch freiwillig engagierte Menschen.* Zürcher Beiträge zur Psychologie der Arbeit. Schriftenreihe des Zentrums der Organisations- und Arbeitswissenschaften der ETH Zürich. Heft 1/Mai 2009.

Wie Menschen denken 3

Planen, abwägen und entscheiden sind der Beginn zielgerichteten Handelns. Dieses Kapitel gibt Ihnen einen Einblick, wie Menschen Informationen suchen, sammeln und bewerten, Alternativen gegeneinander abwägen und Entscheidungen treffen. Menschen fällen jeden Tag unzählige Entscheidungen und Urteile, setzen Prioritäten, schmieden Pläne und gleichen die Konsequenzen ihres Handelns mit ihren Absichten ab. Menschliche Entscheidungen folgen ihrer eigenen Logik, die von der rationalen Logik von Computern bedeutsam abweicht. Sie tappen regelmäßig in „Denkfallen" und entscheiden sich nicht immer für die beste aller möglichen Lösungen. Psychologen haben die Psycho-Logik von menschlichen Entscheidungen in vielen Experimenten untersucht, die, insbesondere im Zusammenhang mit wirtschaftlichen Entscheidungen, überraschende Erkenntnisse erbracht haben.

3.1 Wie Menschen Urteile bilden

Herrn Kühnes Team wächst

Die Geschäftsleitung hat Herrn Kühne eine neue Stelle bewilligt. Es sind viele Bewerbungen auf die Ausschreibung eingegangen und die Personalabteilung hat alle Hände voll zu tun, eine Vorauswahl zu treffen. Auf dem Schreibtisch von Herrn Kühne landet ein dicker Stapel mit Bewerbungsmappen, manche klassisch gehalten und andere etwas auffallender. Es fällt ihm leicht, die fachlichen Jobanforderungen anhand der Aus- und Fortbildungen, Noten und Zeugnisse zu prüfen. Mit der Bewertung der Soft Skills tut er sich jedoch etwas schwer. Wie soll er einschätzen, ob sich eine Bewerberin im Umgang mit den Kunden geschickt und überzeugend verhält? Woher weiß er, dass ein fachlicher Experte auch ein guter Teamplayer ist und ins Team passt?

Denken bedeutet Unterscheidungen treffen. Schon im Prozess der Wahrnehmung spielen einfache Kategorien, wie hell – dunkel, vorne – hinten, rund – eckig, aber auch komplexere Kategorien, wie Möbelstück – Kunstobjekt, gefährlich – ungefährlich und intelligent – wenig intelligent, eine wichtige Rolle. Menschen schreiben anderen Menschen, Erlebnissen, Gegenständen, Situationen, Räumen und inneren Zuständen bestimmte Eigenschaften zu. Diesen Prozess bezeichnen Psychologen als **Urteilsbildung**.

▶ Die Urteilsbildung ist der psychologische Prozess, bei dem Menschen einem Objekt einen Wert auf einer Dimension zuordnen. Die Entscheidenden können sich des Urteils bewusst sein (explizites Urteil) oder die Urteile automatisch bilden (implizites Urteil).

Mit einer Verurteilung im juristischen Sinn hat diese Art von Urteil wenig zu tun. Denn es geht nicht darum, eine Entscheidung über Schuld oder Unschuld zu treffen. Im psychologischen Sinn ist ein Urteil eine Bewertung, ohne die man die Welt nicht so differenziert wahrnehmen könnte. Menschen nehmen Dinge selten „an sich" wahr. Erinnerungen, Erfahrungen, Bedürfnisse und Kenntnisse aus der Vergangenheit und anderen Situationen lenken und leiten die Wahrnehmung. So erkennen beispielsweise Menschen, die hungrig durch eine Fußgängerzone laufen, als erstes und am häufigsten Restaurants, Imbissstuben und Lebensmittelmärkte. Sitzbänke, Elektromärkte oder Papierkörbe dringen erst gar nicht in die bewusste Wahrnehmung vor, sondern werden ausgeblendet. Starke Bedürfnisse sind wie ein Filter, durch den Menschen die Welt selektiv wahrnehmen und dadurch bessere Chancen haben, ihre Bedürfnis schnell zu befriedigen. Aber nicht nur Bedürfnisse verhindern, dass man die Welt „an sich" wahrnimmt. Objektive Wahrnehmung gibt es streng genommen nicht. Schon der Eindruck räumlicher Tiefe käme nicht ohne Informationen zustande, die nicht aus dem Wahrgenommenen an sich stammen, sondern aus Konzepten und Vorerfahrungen. Das Abbild eines Gegenstands auf der Netzhaut der Augen ist zweidimensional und ohne räumliche Tiefe. Der Tiefeneindruck des dreidimensionalen Raumes entwickelt sich erst im weiteren Prozess der Verarbeitung visueller Reize. So haben Menschen beispielsweise gelernt, dass Dinge, die ihnen näher sind, sich normalerweise schneller bewegen als Dinge, die sich weiter entfernt befinden. Schnellere Objekte erscheinen deswegen automatisch weiter vorne, langsamere Gegenstände weiter hinten. Auch dieser Prozess der unbewusst erfolgenden Zuordnung zu der Kategorie „vorne" oder „hinten" wird in der Wahrnehmungspsychologie als eine Form der Urteilsbildung bezeichnet.

Bei der Wahrnehmung von Menschen, seien es andere Personen oder die Selbstwahrnehmung, spielen implizite und explizite Urteile eine große Rolle. **Soziale Urteile** unterscheiden sich von Bewertungen von Gegenständen dadurch, dass die Eigenschaften von Menschen – im Gegensatz zu den physischen Eigenschaften von Gegenständen – meist nicht messbar sind, sondern aus sogenannten Hinweisreizen erschlossen werden müssen. Eine neue Kollegin erscheint bereits durch ihr sicheres Auftreten und ihre gewählte Sprache mit eingeworfenen Fachbegriffen als kompetent, lange bevor wir ihre tatsächliche Performance bei einer schwierigen Aufgabe beobachtet werden konnte. Menschen schließen unwillentlich aus äußeren Merkmalen wie Alter, Geschlecht oder Attraktivität auf innere Eigenschaften wie Kompetenz, Intelligenz oder Zuverlässigkeit. Am deutlichsten zeigt sich der Einfluss körperlicher Attraktivität, die wie ein Heiligenschein auf viele andere Eigenschaften abstrahlt, die tatsächlich in keinem Zusammenhang mit Schönheit stehen („Haloeffekt" nach dem englischen Halo = Heiligenschein, Hof des Mondes).

▶ Der Haloeffekt beschreibt die Urteilsverzerrung, von bekannten Eigenschaften einer Person auf unbekannte Eigenschaften zu schließen, auch wenn zwischen diesen Eigenschaften kein Zusammenhang besteht.

3.1.1 Die Wirkung des Haloeffekts

Gut aussehende Menschen werden als intelligenter, erfolgreicher, gebildeter, großzügiger und auch in anderen Bereichen positiver erlebt (Feingold 1992, S. 304–341). Gutes Aussehen wirkt wie ein „Booster" für gute Eigenschaften. Selbst wenn der Haloeffekt als ungerecht empfunden wird, verliert er kaum an Wirkung. Wie viele Wahrnehmungsprozesse ereignet sich diese Verzerrung zugunsten der schönen Menschen unbewusst. Nicht umsonst werden in der Werbung fast ausnahmslos besonders attraktive Menschen gezeigt, deren Anziehungskraft und positive Wirkung sich auf Produkte und Marken übertragen soll. Es wäre möglich, bewusst Gegenstrategien zu entwickeln, um den automatischen Prozess reflektierend zu korrigieren oder Rahmenbedingungen herzustellen, die ihn von Anfang an aushebeln (z. B. bei Bewerbungen keine Fotos zulassen).

Um die Wirkung des Haloeffektes einzuschränken, können Trainings für diese und andere Urteilsfehler sensibilisieren. In vielen Assessment Centern werden deswegen nur geschulte Beobachter eingesetzt. Eine weitere Gegenmaßnahme besteht darin, bei einer Person jede relevante Eigenschaft isoliert zu bewerten, damit kein Transfer von einem Merkmal auf das nächste stattfinden kann. Wollen Sie beispielsweise im Assessment Center die Leistungen einer Kandidatin einschätzen, ist es ratsam, zuerst die Präsentationen aller Teilnehmenden querzulesen und aus diesem Vergleich die Präsentationsstärke der Kandidatin zu ermitteln. Im nächsten Schritt würden Sie alle Ergebnisse, z. B. bei der Postkorbaufgabe, analysieren und dadurch die Leistung der Kandidatin bei dieser Übung ermitteln. Nach und nach ermitteln Sie auf diese Weise den Gesamteindruck. Durch diese Methode minimieren Sie die Wahrscheinlichkeit, dass Sie aufgrund Ihres positiven oder negativen Eindrucks bei einem Leistungsaspekt unberechtigterweise auf andere Leistungsaspekte schließen.

3.1.2 Faktor sozialer Austausch

Soziale Urteile unterscheiden sich auch dadurch von Urteilen über Gegenstände oder Situationen, dass sich Menschen mit ihren „Urteilsobjekten" austauschen können. Im Bewerbungsprozess werden nicht nur psychologische Tests und Aufgaben vorgelegt, sondern auch ein offenes Gespräch miteinander geführt. Mit entsprechenden Fragen lassen sich ganz gezielt Informationen zu bestimmten Aspekten einholen, der Fragende ist aber gleichzeitig selbst stärker in den Urteilsprozess verwickelt. Er wird von vielen verschiedenen Hinweisreizen der Bewerber beeinflusst, wie dem äußeren Auftreten, der Kleidung, der Stimmhöhe, der Körperhaltung und selbstverständlich von dem eigentlichen Inhalt der Antworten auf seine Fragen. Und er beeinflusst selbst, bewusst oder unbewusst, das Verhalten der Interviewpartner, über die er sich eine Meinung bilden möchte. Mal zögert er an einer Stelle, mal hebt er unwillentlich die Augenbrauen. Selbst geschulte Interviewer können es nicht ganz vermeiden, durch ihre Körpersprache und andere Signale darauf hinzuweisen, wie ihnen die Antwort eines Kandidaten gefällt.

Besonders starke Auswirkungen auf soziale Urteile haben **Gruppenprozesse**. Sind Menschen Teil einer Gruppe, so beeinflussen sie die Urteile anderer Mitglieder aus der Gruppe. Umgekehrt bewerten Menschen die eigenen Gruppenmitglieder deutlich anders als Menschen, die zu einer fremden Gruppe gehören.

Sozialpsychologen, die sich mit dem Prozess der sozialen Urteilsbildung befassen, haben in vielen Experimenten Muster der sozialen Urteilsbildung beobachten können. Einige zentrale Verhaltenstendenzen sind:

- Menschen tendieren in Gruppen dazu, schlechtere und unrealistischere Entscheidungen zu treffen, als sie es als Einzelperson tun würden, weil jedes Gruppenmitglied seine Meinung an die erwartete Gruppenmeinung anpasst (sogenanntes „group think") (Janis 1982).
- Menschen neigen dazu, die Mitglieder einer sozialen Gruppe mit bestimmten „typischen" Eigenschaften zu beschreiben und an diesem Stereotyp auch dann festzuhalten, wenn die Mitglieder sich anders verhalten (Devine und Monteith 1989, S. 339–360).
- Mitglieder einer Gruppe bevorzugen tendenziell die Mitglieder ihrer eigenen Gruppe und benachteiligen die Mitglieder anderer Gruppen („ingroup bias") (Tajfel und Turner 1986, S. 7–24).
- Menschen neigen dazu, sich in ihrer Wahrnehmung und Urteilsbildung an andere Menschen anzupassen („Konformitätsdruck") (Asch 1987).

Wie kommen diese Effekte zustande? Wie verlaufen die Denkprozesse in Gruppen und bei der individuellen Urteilsbildung? Selbstverständlich gibt es in der psychologischen Fachliteratur eine Vielzahl von Modellen und Theorien, welche diese und andere Forschungsergebnisse erklären. Eine universelle Theorie, die alle Aspekte menschlicher Bewertungen erklärt, gibt es (noch) nicht. Der aktuell am meisten verbreitete Ansatz geht davon aus, dass sich menschliche Denkprozesse als Verarbeitung von Informationen darstellen lassen. Es werden Informationen gesucht, gebündelt, gespeichert oder ignoriert. Die Verarbeitung verläuft in verschiedenen Schritten hintereinander und kann unterschiedlich tief und detailliert oder oberflächlich erfolgen. Auf jeder Stufe der Informationsverarbeitung werden, ähnlich wie beim Rechenprozess eines Computers, bestimmte Operationen durchgeführt. Bei der visuellen Wahrnehmung beispielsweise werden physische Reize miteinander oder mit früheren Erfahrungen verglichen und bewertet, sodass daraus ein bestimmtes Seherlebnis entsteht. Beim Gedächtnis werden Informationen gefiltert, gewichtet und ins bestehende Wissen integriert oder aussortiert.

3.1 Wie Menschen Urteile bilden

Abb. 3.1 Stufen der Informationsverarbeitung nach Bless et al. (2004)

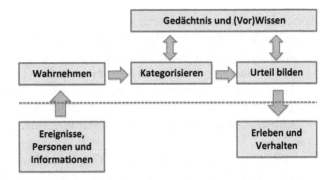

Abbildung 3.1 verdeutlicht die Stufen der Wahrnehmung (Bless et al. 2004) in der Urteilsbildung.

Im unteren Bereich unterhalb der gestrichelten Linie sind beobachtbare Dinge der äußeren Welt dargestellt. Der Bereich oberhalb der gestrichelten Linie gewährt uns einen Einblick in die verschiedenen Stufen und Prozesse der Informationsverarbeitung. Gegenstände, Menschen und Situationen werden als „Reizereignisse" verstanden. Physische Reize nehmen Menschen nur dann wahr, wenn sie entsprechende Sinnesorgane und ausreichend sensible Rezeptoren dafür haben. So können wir Strom beispielsweise nicht sehen, hören oder schmecken oder – im Gegensatz zu Bienen – kein ultraviolettes Licht wahrnehmen. Wahrnehmung führt zu einer Zuordnung zu bestimmten Kategorien, die sich einerseits aus Eigenschaften der Reize, aber auch aus unserem Wissen und im Gedächtnis gespeicherten Erfahrungen ergibt. Die verschiedenen Informationen werden dann miteinander verglichen und integrativ zu einem Urteil verdichtet. Dieses Urteil bereichert den Erfahrungs- und Wissensspeicher des Gedächtnisses und prägt die Intentionen (siehe Kap. 2.3.2.3) und das Verhalten. Im folgenden Kapitel lernen Sie das Potenzial und die Tücken der unterschiedlichen Prozesse etwas genauer kennen.

3.1.3 Informationen aufnehmen

Die menschliche **Wahrnehmung** vollzieht sich nicht objektiv und rational wie ein physikalisches Messgerät. Innere Prozesse wie Bedürfnisse und Erfahrungen, aber auch der äußere Kontext prägen in starkem Maße, ob und wie Menschen etwas sehen, riechen, hören, schmecken oder fühlen.

> **Geschmack beginnt im Kopf**
>
> Die Wirkung von Marketingmaßnahmen wird immer häufiger durch neurowissenschaftliche Methoden untersucht da man sich von dem Einblick in die Gehirnaktivitäten objektivere Aussagen über die Wirkung von Werbung, Markennamen oder Verpackungsdesigns erhofft, als es beispielsweise Befragungen oder Selbsteinschätzungen erbringen. In einer der bekanntesten Studien zum sogenannten Neuromarketing unter-

suchte McClure zusammen mit seinen Forschungskollegen die Geschmackspräferenzen von Erfrischungsgetränken (McClure et al. 2004, S. 379–387). Die Studienteilnehmenden einer Gruppe tranken jeweils ein Glas Coca-Cola und ein Glas Pepsi Cola, wussten dabei jedoch nicht, um welches Getränk und welche Marke es sich handelte („Blindtest"). Die Mehrheit schätzte den Geschmack der beiden Cola-Getränke als gleich gut ein. Auch in der neuronalen Aktivität, die mithilfe eines funktionalen Magnetresonanzthomographen gemessen wurde, zeigten sich keine bedeutsamen Unterschiede.

Die Teilnehmenden einer anderen Gruppe tranken ebenfalls ein Glas Pepsi-Cola und ein Glas Coca-Cola, wussten jedoch, was sich jeweils in ihrem Glas jeweils befand. In diesem Fall schmeckte den meisten Personen Coca-Cola besser als Pepsi-Cola und die neuronale Aktivität im Bereich des präfrontalen Cortex und des Hippocampus wurde stärker. Diese Gehirnregionen sind vor allem bei emotionalen Erlebnissen aktiv. McClure und sein Team interpretieren ihre Studienergebnisse als Beleg dafür, dass Markenimages unsere Geschmackspräferenzen direkt beeinflussen. Ein positives Markenimage weckt positive Assoziationen und Gefühle und lässt unsere Zunge anders empfinden. Uns schmecken Produkte bestimmter Marken besser, selbst wenn sich der Geschmack ohne Markenkenntnis nicht unterscheidet. So wie der Gesamteindruck einer Mahlzeit mitbestimmt, wie uns die Speisen schmecken („das Auge isst mit"), so hat auch unser Wissen davon, was wir essen und trinken, einen starken Einfluss darauf, wie es uns schmeckt.

Welche Reize beeinflussen besonders stark? Bestimmte Reizqualitäten bewirken auf Menschen eine besonders starke Aufmerksamkeit (,**Salienz**'). Alles, was sich vom Umfeld deutlich unterscheidet, fällt auf: das einzige schwarze Schaf in der weißen Herde, die Vorstandsvorsitzende in der männlich dominierten Führungsriege oder die knallgelbe Milchtüte im überwiegend blau-weiß gehaltenen Kühlregal. Saliente Informationen werden in der weiteren Informationsverarbeitung anders gewichtet, sie bekommen quasi Priorität. Dies gilt auch für neuartige und lebhafte Reize. Bewegungen ziehen naturgemäß mehr Aufmerksamkeit auf sich als statische Reize, Farbiges ist salienter als Schwarz-Weiß. Ein besonders hoher oder tiefer Ton setzt in Ihrer Rede einen prägnanten Akzent. Ein kurzer Filmausschnitt in der Powerpoint-Präsentation fesselt die Aufmerksamkeit Ihres Publikums und weckt Emotionen. Ein lebhaft und persönlich beschriebenes Kundengespräch wirkt überzeugender als eine reine Datenanalyse. Dieses Wissen nutzen erfahrene Moderatoren und Redner ebenso wie Werbefachleute. In Kap. 3.4.1 können Sie reflektieren, wie auch Sie mehr Aufmerksamkeit von Ihren Vorgesetzten im Boardmeeting erzielen, mehr Erfolg im Verkaufsgespräch oder gebannte Blicke bei Ihrer nächsten Präsentation erreichen können.

In manchen Situationen reichen bereits wenige Hinweisreize oder sogar ein einzelner Reiz aus, um zu einem Urteil zu kommen. Ob dieses Urteil dann besser oder schlechter ist, als wenn wir mehr Informationen verwertet hätten, steht auf einem anderen Blatt. Allein die Leichtigkeit, mit der wir uns an bestimmte Ereignisse erinnern, reicht als „Hinweisreiz" für die Urteilsbildung. Können wir uns an ein Ereignis gut erinnern, schätzen wir die Wahrscheinlichkeit, dass es sich im eigenen Leben oder bei anderen Personen (wieder) ereignen wird, wesentlich höher ein als bei Ereignissen, die wir uns nur theoretisch vorstellen können. Ein Gründungsberater beispielsweise, der sich aufgrund seiner Tätigkeit mühelos und lebhaft an eine geschäftliche Insolvenz erinnert, überschätzt das Risiko von Insolvenzen bei Geschäftsgründungen (gemessen am tatsächlichen Erfolg und Misserfolg aller Existenzgründer).

3.1.3.1 Einflussfaktor Heuristiken

Welche Hinweisreize zu schnellen Urteilen führen, haben die Psychologen Daniel Kahnemann und Amos Tversky, Nobelpreisträger für Ökonomie, in einem jahrzehntelangen Forschungsprogramm eingehend untersucht. Bekannt geworden sind insbesondere die sogenannten **Heuristiken**, durch die Menschen schnell und effizient zu Urteilen kommen.

▶ Eine Heuristik ist eine einfache Daumenregel zur Urteilsfindung, die vor allem in komplexen Entscheidungssituationen eingesetzt wird, deren Konsequenzen Menschen nicht sicher vorhersagen können. Heuristiken führen zu vereinfachten und effizienten Urteilen, die in vielen Situationen ausreichend genau sind. Sie führen, besonders in ungewöhnlichen und neuartigen Situationen, jedoch zu systematischen Urteilsfehlern („biases").

Heuristiken sind Fluch und Segen zugleich. Sie erlauben, in einer Vielzahl von Standardsituationen schnell und mit wenig gedanklichem Aufwand zu guten Urteilen und Entscheidungen zu kommen. Eine erfahrene Notfallmedizinerin sieht anhand sehr weniger Symptome, welche medizinischen Probleme der Schwerverletzte vor ihr hat und kann in Sekundenschnelle die entsprechenden Maßnahmen einleiten. An der Börse jedoch gibt es wenige Standardsituationen und auch erfahrene Finanzberater können nur zu richtigen Einschätzungen zukünftiger Entwicklungen am Finanzmarkt kommen, wenn sie eine Vielzahl an Informationen zur Verfügung haben und diese auf die richtige Weise miteinander „verrechnen". Die meisten Experten unterliegen nach den Studien von Kahnemann und seinen Forschungskollegen sogenannten kognitiven Täuschungen und schätzen die Güte ihrer Empfehlungen viel zu optimistisch ein.

3.1.3.2 Bestätigte Erwartungen

Die eigenen Erfahrungen machen sich aber nicht nur im Rahmen von Heuristiken bemerkbar. Auch in gut durchdachte Urteile fließen Vorwissen und Expertise ein. Menschen starten nicht bei jedem Urteil bei Null, sondern erwarten, dass die Welt in Zukunft so ähnlich sein wird, wie sie sie in der Vergangenheit erlebt haben. In den meisten Fällen liegen sie damit auch nicht ganz verkehrt. **Erwartungen** prägen aber auch aktiv, welche Informationen wahrgenommen werden und filtern, ähnlich wie die Sinnesorgane, bestimmte Informationen aus. Ganz allgemein gesprochen haben es Informationen, die den bisherigen Erwartungen widersprechen, schwerer. Solche Hinweisreize nehmen Menschen, ganz unwillentlich und ohne böse Absichten, meist weniger wahr, gewichten sie als weniger bedeutsam und erinnern sich rückwirkend sogar schlechter an sie. Sie wählen also unbewusst diejenigen Informationen aus der Vielzahl an Merkmalen aus, die ihren bisherigen Erfahrungen und daraus abgeleiteten Erwartungen entsprechen.

> **Wir sehen, was wir erwarten**
>
> Sie sitzen in einer Gruppe von Zuhörern und sind gespannt auf die 20-minütige Rede, die Sie gleich hören werden. Noch neugieriger als auf das Thema selbst sind Sie aber eigentlich auf den Redner. Sie sind ihm noch nie persönlich begegnet, haben aber im Vorfeld schon viel von ihm gehört. Überwiegend nichts Gutes: Kalt und sehr kritisch soll er sein, zwar pragmatisch, aber auch recht dominant in seiner Art. Diese Eigenschaften sind Ihnen nicht gerade sympathisch. Da betritt er strammen Schrittes das Podium und schnappt sich selbstbewusst das Mikrofon. „Na, das kann ja heiter werden", denken Sie und ziehen sich innerlich schon etwas zurück. „Meine sehr geehrten Damen und Herren", eröffnet der Keynote Speaker seinen Beitrag. Sie finden eine solch förmliche Begrüßung ziemlich unpersönlich. Die weitere Rede bestätigt Ihren ersten Eindruck. Der Redner wirkt auf Sie streng, etwas unterkühlt und humorlos. Sie machen gute Miene und vertreiben sich die 20 min damit, sich die Köstlichkeiten des Buffets auszumalen, das auf die Zuhörer nach der Rede wartet.
>
> In einer klassischen Studie zur sozialen Urteilsbildung (Kelley 1950, S. 431–439) wurde ein sehr ähnliches Szenario experimentell untersucht. Die Studienteilnehmer wurden per Zufall in zwei Gruppen aufgeteilt. Beide Gruppen hörten einem Redner zu, den sie vorher nicht kannten. Eine Gruppe erhielt Vorabinformationen über den Präsentator, die ihn als betriebsam, überkritisch, praktisch, bestimmend und ziemlich kalt skizzierten. Der anderen Gruppe wurde er im Kurzprofil als betriebsam, überkritisch, praktisch, bestimmend und warm geschildert. Beide Gruppen erlebten dieselbe Rede, bewerteten sie aber völlig anders, obwohl sich die Beschreibung des Redners lediglich durch eine einzige Eigenschaft (warm – kalt) unterschied! Zuhörer der „Kalt-Gruppe" beschrieben den Präsentator als weniger rücksichtsvoll, ungeselliger, förmlicher, reizbarer und humorloser als Zuhörer der „Warm-Gruppe".

3.1.4 Nach Informationen suchen

Menschen wählen Informationen jedoch nicht nur danach aus, ob sie relevant für das eigene Urteil sind, sondern suchen auch aktiv nach weiteren Informationen. Bei einer Rede besteht beispielsweise meist die Möglichkeit, dem Redner am Ende seines Beitrags ein paar Fragen zu stellen, sei es noch auf dem Podium oder im Anschluss bei einem Glas Wein am Rande des Büffets. Gehen Menschen von einem warmherzigen Gegenüber aus, stellen sie möglicherweise Fragen nach persönlichen Erfahrungen des Vortragenden und sorgen dadurch selbst dafür, ihre Annahme eines wohlwollenden Menschen zu bestätigen. Auch bei der aktiven Suche nach Informationen legen sie in ihrer Informationsverarbeitung eine **Bestätigungstendenz** an den Tag.

▶ Menschen neigen dazu, Informationen und Informationsquellen zu bevorzugen, die ihre Vorannahmen und Erwartungen über ein Urteilsobjekt bestätigen.

Außerdem gehen Sie wahrscheinlich selbst offener und freundlicher auf den warmherzigen Redner zu, als Sie es getan hätten, wenn Sie ihn als kaltschnäuzig beurteilt hätten. Auch Ihr eigenes Verhalten unterstützt die Bestätigung Ihrer Annahmen („selbsterfüllende Prophezeiung" siehe Kap. 1.2).

3.1.4.1 Kategoriedenken

Diese Bestätigungstendenzen werden in vielen Fällen dadurch erleichtert, dass Menschen Informationen im Prozess der Urteilsbildung durch **Kategorien** strukturieren (siehe Abb. 3.1). Einige mehrdeutige Informationen und Verhaltensweisen des Redners ordnen die Zuhörer im obigen Beispiel wahrscheinlich der Kategorie warm – kalt zu. Sie werfen zum Beispiel einen Blick auf das Outfit des Redners und beurteilen es als typisch für einen warmherzigen Menschen („nette Krawatte") oder einen ziemlich kühlen Menschen („typischer Manageranzug"). Informationen wie der Kleidungsstil werden also als Hinweise für die bedeutsame Kategorie (warm – kalt) verwendet.

Diese Kategorisierung mag Sie an das unbeliebte „Schubladendenken" erinnern. Und tatsächlich belegen psychologische Studien, dass Menschen Informationen in unterschiedlichen Schubladen ablegen und unbewusst und unwillentlich dafür sorgen, dass sie auch schwer wieder aus diesen Schubladen herausfinden. Der Mechanismus der **Akzentuierung** hilft dabei, die Vielfalt der Welt in eine übersichtliche Anzahl klar getrennter Kategorien zu überführen.

Im Prozess der Informationsverarbeitung werden die Unterschiede zwischen Elementen, die Menschen ein und derselben Kategorie zuordnen, kleiner. Dinge, die sich in einer Schublade befinden, nimmt man als ähnlicher wahr, als man es tun würde, wenn man sie als Vertreter einer anderen oder gar keiner Kategorie wahrnehmen würde. So erlebt man zum Beispiel kaltherzige Redner auch als dominanter, aggressiver, langweiliger und weniger kreativ, als man es tun würde, wenn man sie individuell ohne den Stempel „kalt" beurteilen würde, und als sie es tatsächlich sind (beispielsweise gemessen mithilfe eines Kreativitäts- oder Persönlichkeitstests). Denn eine Eigenschaft wie Kreativität hat mit Warmherzigkeit oder sozialer Distanz nachweislich nichts zu tun und es finden sich unter kalten Menschen ebenso viele kreative wie unkreative Menschen wie unter warmherzigen Menschen. Diese Angleichung innerhalb einer Kategorie wird im Fachjargon als **Assimilationseffekt** bezeichnet. Der Assimilationseffekt ist auch daran beteiligt, dass Mitglieder einer sozialen Gruppe oder eines Teams ein Wir-Gefühl entwickeln und sich stärker auf ihre verbindenden Gemeinsamkeiten ausrichten.

Unterschiede zwischen den Elementen verschiedener Kategorien werden wiederum überzeichnet und grenzen die Kategorien quasi deutlicher voneinander ab. Einen warmherzigen Menschen beurteilt man beispielsweise als viel wohlwollender und außergewöhnlich sympathisch, während man einen kaltherzigen Menschen als sehr missgünstig und extrem unsympathisch wahrnimmt. Die Überbetonung der Unterschiede zwischen zwei Kategorien nennt man **Kontrasteffekt**.

▶ Unterschiede zwischen den Vertretern einer Kategorie werden überzeichnet (Akzentuierung), was dadurch geschieht, dass Merkmalsunterschiede innerhalb einer Kategorie vermindert werden (Assimilationseffekt) und Merkmalsunterschiede zwischen Kategorien vergrößert werden (Kontrasteffekt).

Assimilation und Kontrast unterstützen die Akzentuierung unserer Wahrnehmung und sorgen dafür, dass wir komplexe Situationen auf eine überschaubare Zahl klar getrennter Kategorien reduzieren und die Welt einfacher und übersichtlicher wird. Kategorisierungen sind ein grundsätzlicher Prozess unserer Wahrnehmung und lassen sich weder wegdiskutieren noch durch besondere Aufmerksamkeit oder guten Willen entkräften. Gleichwohl ist es in manch einer Situation ratsam, sich aktiv um eine individuelle Wahrnehmung zu bemühen und Akzentuierungseffekten entgegenzuwirken. Damit Herr Kühne die beste Kandidatin oder den idealen Kandidaten für die offene Stelle ermitteln kann, sollte er den Einfluss ungeprüfter Vorannahmen und sozialer Kategorien wie Alter oder Geschlecht möglichst minimieren. Dies gilt insbesondere, wenn es bei der offenen Stelle um einen neuartigen Tätigkeitsbereich geht. So herrschen beispielsweise in „Social Media" eigene Gesetze und Codes, sodass sich die Eigenschaften und Fähigkeiten guter PR-Beraterinnen und Berater, die ausschließlich in Social Media aktiv sein sollen, von den Eigenschaften und Fähigkeiten konventioneller guter PR-Berater klassischer Medien unterscheiden. Hier müssen bestehende Schubladen bewusst aufgelöst werden und das Human Ressource Management muss ausgetretene Entscheidungswege verlassen.

> **Die Etablierung neuer Produktkategorien**
>
> Viele Hersteller von Produkten der persönlichen Hygiene haben sich daran versucht, Produkte herzustellen, welche die Leistungen zweier Produkte in sich vereinen. Die Idee der „2-in-1-Produkte" war vor allem in den 1980er Jahren beliebt. Studien mit Konsumenten haben jedoch herausgefunden, dass der rationale Mehrwert, ein Produkt mit der Leistung von zwei Produkten zu kaufen, emotional wenig überzeugend war. Verwender von Shampoo konnten sich nicht vorstellen, dass ein neues Produkt die Haare gleichzeitig reinigen und pflegen kann. Sie empfanden es als unglaubwürdig und wenig erstrebenswert, die Haare mit demselben Produkt zu waschen (gleichbedeutend mit Schmutz, Talg und Fett *wegnehmen*) und zu pflegen (Nährstoffe und Öle *hinzufügen*). Viele Shampoos, in denen der Conditioner bereits enthalten war, überlebten nicht lange am Markt.
>
> Heutige Versuche neuartiger Hygieneproduktkategorien zeichnen sich meist durch ungewohnte Produktleistungen aus (z. B. Anti Frizz Shampoo) oder durch die Kombination zweier Produktleistungen, die durch unterschiedliche Verwendungsweisen und

-formate (z. B. als Pflegeöl auftragen und einwirken lassen, dann zum Shampoo aufschäumen und auswaschen) erzielt werden. Wie erfolgreich diese leise Renaissance der 2-in-1-Produkte ist, wird sich zeigen.

Auch im Marketing stellt die Etablierung neuer Kategorien eine Herausforderung dar, weil die Konsumenten neue Produkte erst einmal einer bestehenden Kategorie zuordnen und dann möglicherweise falsch verwenden. Das Bilden neuer Kategorien in den Köpfen der Verbraucher ist ein aufwendiger Prozess und bedarf einer starken Unterstützung durch entsprechende „consumer education". Eine neue Kategorie ist nur dann empfehlenswert, wenn sie wirklich innovativ ist, sich tatsächlich bedeutsam von bestehenden Produktkategorien unterscheidet, und der Hersteller über die personalen und finanziellen Ressourcen verfügt, die Einführung entsprechend kommunikativ zu begleiten. Ansonsten ist die Gefahr groß, dass sie als „weder Fisch noch Fleisch" floppt.

3.1.4.2 Einflussfaktor Stimmungen

Neuere Untersuchungen bemühen sich darum, die Urteilsbildung in einem Umfeld zu untersuchen, das stärker den natürlichen Rahmenbedingungen echter Bewertungen entspricht. Statt einen Steckbrief einer fiktiven Person zu erhalten, die aus einer Liste von Persönlichkeitseigenschaften besteht, werden zum Beispiel Begegnungen echter Personen gezeigt und bewertet. Dadurch kommen neben den sachlichen Informationen auch Faktoren wie Emotionen und sinnlich-körperliche Eindrücke ins Spiel. Große Aufmerksamkeit haben Experimente auf sich gezogen, die nachweisen, dass die positive oder negative Stimmung einer Person eine zentrale Rolle bei der Urteilsbildung spielt.

▶ Stimmungen sind angenehme oder unangenehme Gefühle geringer Intensität. Im Gegensatz zu Emotionen beziehen sich gute und schlechte Stimmungen nicht auf ein konkretes Objekt, sondern bilden den gefühlsmäßigen Hintergrund des Erlebens. Stimmungen dauern länger an und ändern sich langsamer als Emotionen oder Affekte.

Studienteilnehmer wurden beispielsweise an Tagen mit besonders gutem oder besonders schlechtem Wetter danach gefragt, wie zufrieden oder unzufrieden sie mit ihrem Leben seien. Es zeigte sich, dass Menschen bei gutem Wetter nicht nur in besserer Stimmung sind, sondern auch ihre allgemeine Lebenszufriedenheit größer ist als an regnerischen Tagen. Psychologen deuten diese und ähnliche Befunde dahingehend, dass die Lebenszufriedenheit nicht feststeht, sodass man sie nur „abrufen" müsse, sondern dass man aus bestimmten Hinweisreizen schlussfolgert, wie zufrieden oder unzufrieden man eigentlich mit seinem Leben ist, wenn man danach gefragt wird. Die Stimmung ist dabei ein höchst informativer Hinweisreiz. Sie wirkt sich auf viele Bereiche des Lebens aus. Bei guter Stimmung verhalten sich Menschen höflicher und unterstützen andere Personen mehr, als wenn sie schlecht gelaunt sind (Forgas 1999, S. 850–863). Bei guter Stimmung neigen Menschen eher zur heuristischen und damit eher oberflächlichen Verarbeitung von Informationen (Bless et al. 1990, S. 331–345). Werbekampagnen und Sonderangebote sind also erfolgreicher, wenn die Zielgruppe durch freundliches Personal und eine angenehme Ausstattung in gute Stimmung gebracht wurde.

▶ Menschen drücken ihre Gedanken und Emotionen nonverbal durch Gestik, Mimik und Körperhaltung aus. Umgekehrt werden Gedanken und Emotionen von physischen Zuständen wie der Körperhaltung, Bewegungen oder Sinnesempfindungen beeinflusst.

3.1.4.3 Einflussfaktor „Priming"

In kreativen Versuchsanordnungen untersucht der amerikanische Sozialpsychologe John Bargh, wie eine Information bestimmte Gedächtnisinhalte aktiviert und dadurch Wahrnehmung und Urteilsbildung beeinflusst. Die Anbahnung bestimmter Vorstellungen, Konzepte und Ideen wird **Priming** genannt. Priming geschieht überwiegend unbewusst und kann durch Reize unterschiedlicher Sinnesmodalitäten erfolgen: Wörter, Bilder, Gerüche, Gesten und andere Körperempfindungen. John Bargh und sein Team zeigten beispielsweise, dass Menschen, die sich einige Minuten lang langsam bewegt haben, altersrelevante Begriffe schneller erkannten als Menschen, die sich in ihrem gewohnten Tempo bewegten. Umgekehrt bewegten sich Menschen langsamer, die durch bestimmte Hinweisreize auf „Alter" geprimt worden waren (Bargh et al. 1996, S. 230–244). Wie sich Menschen bewegen, beeinflusst also, was sie denken, und ihre Gedanken beeinflussen ganz unbewusst, wie sie sich bewegen.

Gewichtige Urteile

Ein niederländisches Forschungsteam um den Psychologen Nils Jostmann von der Universität Amsterdam legte den Teilnehmenden einer Studie (Jostmann et al. 2009, S. 1169–1174) ein Thema aus ihrer Lebenswelt vor. Es ging um die strittige Frage, ob die universitäre Kommission bei der Stipendienvergabe die Einschätzung der Studierenden berücksichtigen oder die Entscheidung alleine treffen sollte. Die Studienteilnehmer gaben ihr Urteil anhand eines Fragebogens ab, das auf einem Papierklemmbrett fixiert war. Die eine Hälfte der Urteilenden erhielt ein leichtes Klemmbrett (657 Gramm), die andere Hälfte ein schweres Klemmbrett, das mehr als 1.000 Gramm wog.

Diejenigen Personen, die ein schweres Klemmbrett in Händen hielten, beurteilten es als wichtiger, dass die Universitätskommission die Meinung der Studierenden berücksichtigen sollte, als Personen mit einem leichten Klemmbrett. Die Psychologen erklärten den Effekt vom Gewicht auf die Gewichtigkeit dadurch, dass Menschen gelernt haben, dass körperliche Anstrengung und die Bedeutung einer Aufgabe miteinander zusammenhängen. Nur in Aufgaben hoher Bedeutung wird viel Körperkraft investiert. So schlossen die Personen mit dem schweren Klemmbrett im Experiment umgekehrt aus der (durch die Versuchsanordnung künstlich hergestellten) körperlichen Anstrengung des Klemmbretthaltens, dass es sich um eine wichtige Fragestellung handelte und schätzten entsprechend die Notwendigkeit ihrer Beteiligung höher ein als die Personen mit dem leichten Klemmbrett.

Der enge Zusammenhang von Körper und Geist wird aktuell von Experten des Denkens und der Informationsverarbeitung erforscht. Es wird spannend sein, mitzuverfolgen, wie diese unterschiedlichen Perspektiven zukünftig in ein einheitliches Bild des Denkens integriert werden.

3.1.5 Informationen integrieren

Die Suche nach Informationen mündet darin, sie in ein übergreifendes Urteil zu integrieren. Wie kommen Menschen aus einer Vielzahl unterschiedlicher Hinweise zu einer Bewertung?

Wie obige Beispiele bereits gezeigt haben, gehen Menschen bei ihren Urteilen nicht immer so gründlich vor wie ein Computer. Einfache Hinweisreize führen mittels einfacher Daumenregeln zu schnellen, manchmal vorschnellen Urteilen. Kategorien vereinfachen die Welt und machen Grauzonen mal etwas schwärzer und mal etwas weißer, um Komplexität zu reduzieren und den Weg für ein Urteil zu bahnen.

Psychologen unterscheiden zwei Arten, zu einem Urteil zu kommen:

- Bei der **systematischen Informationsverarbeitung** werden alle Informationen, die zur Verfügung stehen und für die Urteilsbildung relevant sind, mittels komplexer Entscheidungsregeln zu einem Urteil „verrechnet". Da diese Art der Informationsverarbeitung aufwendig und zeitintensiv ist, charakterisiert sie Daniel Kahnemann als „langsames Denken" (Kahnemann 2011). Es verläuft bewusst und kontrolliert und kommt ohne entsprechende Motivation nicht zustande.
- Bei der **heuristischen Informationsverarbeitung** werden nur wenige Informationen mithilfe einfacher Entscheidungs- oder Daumenregeln in ein Ergebnis überführt. Diesen effizienten und zeitsparenden Weg der Informationsverarbeitung nennt Kahnemann „schnelles Denken" (Kahnemann 2011). Es erfolgt automatisch und unbewusst.

3.1.5.1 Die systematische Informationsverarbeitung

Bei der systematischen Informationsverarbeitung werden alle vorhandenen Informationen zunächst daraufhin geprüft, ob sie für das Urteil relevant sind und entsprechend berücksichtigt werden müssen oder nicht. Anschließend werden sie genauer geprüft, gewichtet und auf Basis einer komplexen Regel miteinander verrechnet. Würden die Zuhörer im Beispiel des Redners danach gefragt, wie warmherzig oder kalt er ihnen erscheine, würden sie zunächst jede Eigenschaft, die sie vorab erhalten haben (kalt, kritisch, pragmatisch und dominant) sowie alle Eigenschaften (z. B. sein vermutliches Alter, Geschlecht, Sprechweise, Tiefe seiner Stimme, verwendete Gesten, Mimik, Anzahl der Pausen und Unterbrechungen, verwendete Begriffe und Beispiele, der Einsatz von Humor und Ironie,

Komplexität seiner Sätze und vieles mehr), die sie in seinem Verhalten und im Gespräch erkennen, gewissenhaft prüfen. Zunächst würden sie diejenigen Informationen auswählen, die ihrem Wissen nach mit der Eigenschaft „kalt – warmherzig" zusammenhängen. Intensiver Blickkontakt, häufiges Lächeln, eine offene Körperhaltung, persönliche Beispiele und die Verwendung einer Wir-Perspektive könnten beispielsweise als Indikatoren für Warmherzigkeit ermittelt werden. Anschließend würde die Ausprägung jeder dieser Dimensionen in der Begegnung mit dem Redner (vom ersten Schritt auf die Bühne bis zum lockeren Ausklang am Büffet) eingeschätzt und gemäß ihrer Bedeutung gewichtet. Denn häufiges Lächeln kann ein deutlicherer Indikator für Warmherzigkeit sein als die Art der Beispiele in der Rede. Die gewichtete Summe der Ausprägungen aller relevanten Indikatoren schließlich wäre das Gesamtergebnis des Denkprozesses und das Urteil, für wie warmherzig oder kalt die Zuhörer den Redner halten. Sie können sich nun vielleicht vorstellen, warum diese zeit- und ressourcenintensive Art der Urteilsbildung im Alltag kaum vorkommt.

3.1.5.2 Die heuristische Informationsverarbeitung

Viel häufiger resultieren menschliche Urteile aus der heuristischen Informationsverarbeitung. Es gibt **drei zentrale Heuristiken**, auf denen sehr viele alltägliche Entscheidungen beruhen:

- Die Verfügbarkeitsheuristik
- Die Repräsentativitätsheuristik
- Die Anker- und Anpassungsheuristik

▶ Die Verfügbarkeitsheuristik verwendet die Leichtigkeit und Schnelligkeit, mit der sich Menschen an Ereignisse, Situationen und Gegenstände erinnern können, als Grundlage für das Urteil. Je nachdem wie leicht oder schwer sich jemand an „passende Beispiele" erinnern kann, desto wahrscheinlicher oder unwahrscheinlicher erscheint ihm das Auftreten dieses Ereignisses oder dieser Eigenschaft.

In vielen Zusammenhängen kommt diese Heuristik zu richtigen Urteilen. Die Tatsache, dass sich die meisten Menschen an keine Begegnung mit einem Marsmenschen erinnern können, lässt es zu recht sehr unwahrscheinlich erscheinen, dass sie in Zukunft Marsbewohnern begegnen werden. Der Rückgriff auf die Verfügbarkeit („availability") ist jedoch irreführend, wenn bestimmte Informationen systematisch häufiger in den Wissensschatz und das Gedächtnis aufgenommen werden als es den Gegebenheiten entspricht. Ärzte können sich zum Beispiel eher an kranke als an gesunde Menschen erinnern, da ihnen tagtäglich in ihrer Praxis kranke Menschen begegnen. Vergegenwärtigt sich ein Arzt nicht bewusst die tatsächliche Inzidenzrate einer Krankheit (z. B. auf Basis medizinischer Fachliteratur), so überschätzt er die Verbreitung dieser Krankheit, wenn dies eine Krankheit ist, die bei seinen Patienten häufiger vorkommt. Ähnliche Verzerrungen ließen sich in vielen anderen Berufen und Branchen finden. Marketingmanager von Luxusgütern unterschätzen die Umsatzzahlen von „No-Name-Produkten" aus Discountern, da sie sich überwiegend in der Welt der Luxusartikel bewegen und sich nur mit Mühe an konkrete Produktbeispiele erinnern können. Verkäufer von Automobilen unterschätzen die Bedeutung öffentlicher Verkehrsmittel für die urbane Mobilität, da sie sich tagtäglich mit Fragen rund um das Auto und überwiegend mit Autofahrern beschäftigt. Erzieher in Kitas überschätzen die Zahl von Haushalten mit Kindern in der Gesamtbevölkerung, da sie von ihren Beispielen der Familien auf die Gesamtbevölkerung schließen.

Die Verfügbarkeitsheuristik führt nicht nur durch einen berufsbedingt eingeschränkten Blick zu Verzerrungen. Studien haben gezeigt, dass Menschen unterschiedlicher Professionen Gefahren und Risiken zu hoch einschätzen, sei es das Risiko, an der Vogelgrippe zu erkranken, Opfer eines Gewaltverbrechens zu werden oder mit einem Flugzeug abzustürzen (Pohl 2004). Psychologen erklären diese Befunde durch die leichtere Verfügbarkeit negativer Beispiele, da positive Informationen wie die Quote der sicher gelandeten Flugzeuge keinen Nachrichtencharakter besitzen. Andererseits werden in Wirtschaftsmagazinen eher Erfolgsgeschichten imposanter Unternehmensgründungen berichtet. So finden sich in den Medien bedeutend mehr Darstellungen der spektakulären Unternehmensentwicklung von Facebook, während von dem lange Zeit solide funktionierenden sozialen Netzwerk „StudiVZ" wesentlich seltener die Rede war. Wie sich die Risikoüberschätzung auf wirtschaftliche Verhaltensmuster, wie beispielsweise die Unternehmensgründung, auswirkt, ist noch nicht erschöpfend untersucht worden.

▶ Die Repräsentativitätsheuristik bewertet die Wahrscheinlichkeit von Ereignissen danach, wie deutlich sie bestimmte Klassen von Ereignissen verkörpern, unabhängig davon, wie wahrscheinlich die Klasse von Ereignissen ist.

Soziale Urteile mittels der Repräsentativitätsheuristik erfolgen auf der Einschätzung, inwiefern ein Mensch typisch für eine bestimmte Personengruppe erscheint. Beispielsweise hält der Autoverkäufer eine Kundin mit asymmetrischem Haarschnitt und auffälligen Ohrringen für eine typische Schmuckdesignerin und stellt ihr unhinterfragt einen stylischen Kleinwagen mit wenig Transportkapazität vor, obwohl die Wahrscheinlichkeit, im Autohaus einer mitteldeutschen Kleinstadt auf eine Schmuckdesignerin zu treffen, recht gering ist.

Die Repräsentativitätsheuristik führt überall da zu gravierenden Fehlern, wo die Grundwahrscheinlichkeit eines Ereignisse im Licht überzeugender Details vergessen wird. Wenn Menschen es mit eher unwahrscheinlichen Ereignissen zu tun haben, sollten sie ihr Bauchgefühl kritisch hinterfragen, wenn sie den Eindruck haben, einem typischen Vertreter gegenüberzustehen. So wird beispielsweise die Wahrscheinlichkeit unterschätzt, dass im Lotto die Zahlenreihe 1, 2, 3, 4, 5 und 6 gezogen wird, da sie als typisch für eine sinnvolle Zahlenreihe erscheint. Tatsächlich ist die Wahrscheinlichkeit, dass diese Lottozahlen gezogen werden, aber genauso groß, beziehungsweise ebenso verschwindend gering wie jede andere Zahlenkombination auch.

▶ Menschen neigen dazu, von einem vorgegebenen oder selbst gesetzten Ausgangswert (Anker) ihr Urteil nach oben oder unten anzupassen („Anker- und Anpassungsheuristik").

Man schätzt bei dieser Heuristik die Wahrscheinlichkeit eines Ereignisses ab, indem man sich an einem Anker orientiert und von dort aus nach oben oder unten „hochrechnet". Dabei ist das Schätzurteil zu stark am Anker ausgerichtet. Im TV-Verkaufssender wird beispielsweise der Preis eines Sonderangebotes folgendermaßen beschrieben: „Dieses fantastische Produkt kostet keine 50 €, keine 20 €, keine 10 €, sondern nur 9 € 99". Der am Anfang genannte Ausgangswert von 50 € dient als mentaler Anker und lässt den tatsächlichen Preis von 9,99 € gering erscheinen. Das Verwenden eines Ankers als Bezugspunkt der Entscheidungen ist ein grundsätzlicher Mechanismus, der quasi den „psychologischen Wert" wirtschaftlicher Informationen bestimmt. Menschen freuen sich umso mehr über eine Gehaltserhöhung, je mehr sich ihr Gehalt dadurch von dem Bezugspunkt des aktuellen Gehalts unterscheidet. Selbstständigkeit und Unternehmensgründungen sind im Vergleich zum Bezugspunkt der Arbeitslosigkeit wesentlich attraktiver als aus der Perspektive eines sicheren Jobs. Menschen, die sich „in Lohn und Brot" befinden, schätzen die Chancen einer gelingenden Gründung geringer ein, selbst wenn sie objektiv betrachtet bessere Voraussetzungen haben, ein erfolgreiches Unternehmen zu gründen (Minniti 2007).

3.1.5.3 Weitere Gedankenfehler

Neben diesen drei zentralen Heuristiken gibt es eine Vielzahl von **Gedankenfehlern**, die Menschen auch bei wirtschaftlichen Urteilen und Entscheidungen immer wieder machen zumal sie auch häufig in Werbung und Marketing eingesetzt werden. Hier nur ein Auszug aus dem Buch der 21 kognitiven Täuschungen (Pohl 2004):

- **Overconfidence:** Menschen neigen grundsätzlich dazu, die Güte ihrer Urteile zu überschätzen und die Möglichkeit, dass sie sich irren, zu unterschätzen. Besonders gut untersucht wird diese trügerische Selbstsicherheit interessanterweise bei der Vorhersage von Fußballergebnissen. Aber auch die Wahrscheinlichkeit, die Börsenentwicklung zu prognostizieren, wird meist überschätzt, und das selbst von Finanzexperten!
- **Hindsight Bias:** Der „Rückschaufehler" beschreibt die Tendenz, nach einem eingetroffenen Ereignis die Erinnerung so auszuwählen, dass das Ereignis zwangsläufig eintreffen musste.
- **Mere Exposure Effect:** Das wiederholte Zeigen von unbekannten Gegenständen führt bereits dazu, dass sie positiver bewertet werden. Allein durch die häufige Wiederholung von Werbeclips werden die darin gezeigten Produkte und Dienstleistungen vertrauenswürdiger und attraktiver.
- **Kontrollillusion:** Menschen überschätzen systematisch ihre Möglichkeit, bestimmte Konsequenzen beeinflussen zu können, selbst wenn sie wissen, dass diese der Zufall entscheidet.

- **Outcome-Bias:** Entscheidungen werden vor allem anhand ihrer Ergebnisse, nicht aber ihrer Ursachen und Wahrscheinlichkeiten bewertet. Ein Manager wird zum Beispiel wegen seiner Risikofreude befördert. Er hat es allerdings vor allem dem Glück zu verdanken, dass seine riskanten Entscheidungen zu guten Ergebnissen führten. Wären die Ergebnisse negativ ausgefallen, wäre seine Risikofreude genauso groß gewesen, er aber deswegen nicht befördert worden.

3.2 Wie Menschen entscheiden

Entscheidungen sind das Bindeglied zwischen den Urteilen, die Menschen über sich und andere(s) fällen, und ihrem Handeln. Denn das Ergebnis eines Entscheidungsprozesses ist nicht nur das Wissen darum, was sie tun wollen, sondern auch die Intention, dies umzusetzen. Entscheidungen werden durch Ziele und Motive beeinflusst und führen durch den Dschungel an Möglichkeiten auf den Weg der Zielerreichung. Ob Menschen ihre Intentionen tatsächlich umsetzen und dadurch ihre Ziele erreichen, ist von vielen anderen Prozessen abhängig. Wenn sie sich aber nur überlegen, was theoretisch besser wäre, ohne zumindest einen Funken von Umsetzungswillen zu entzünden, ist dies streng genommen keine Entscheidung im psychologischen Sinn.

▶ Der Begriff „Entscheiden" umfasst alle Prozesse, die daran beteiligt sind, aus mindestens zwei Alternativen eine Option auszuwählen, um ein bestimmtes Ziel oder erwünschte Konsequenzen zu erreichen, und den Entschluss zu bilden, zielführend zu handeln.

3.2.1 Entscheidungsarten

Entscheidungen sind mehr oder weniger schwierig. Die Anzahl und Art der Optionen sowie die Absehbarkeit ihrer Konsequenzen charakterisieren unterschiedliche **Entscheidungsarten**:

- **Entscheidungen unter Sicherheit:** Entscheidungen, bei denen die Konsequenzen der Option(en) sicher eintreten werden
- **Entscheidungen unter Unsicherheit:** Entscheidungen, bei denen die Konsequenzen der Option(en) mit einer unbestimmbaren Wahrscheinlichkeit eintreten werden
- **Entscheidungen unter Risiko:** Entscheidungen, bei denen die Konsequenzen der Option(en) mit einer bestimmbaren Wahrscheinlichkeit eintreten werden
- **Komplizierte Entscheidungen:** Entscheidungen zwischen einer überschaubaren Anzahl an Optionen, die sich nicht selbst verändern und nicht gegenseitig beeinflussen
- **Komplexe Entscheidungen**: Entscheidungen zwischen einer großen Anzahl an Optionen, die sich selbst verändern und/oder nicht gegenseitig beeinflussen

Grundsätzlich ist es bei einer Entscheidung zwischen verschiedenen Alternativen am einfachsten, die Option mit dem größten Gewinn beziehungsweise dem geringsten Verlust auszuwählen. Doch es ist nicht einfach abzuschätzen, welche Alternative den größten Gewinn erbringen wird, wenn die Wahrscheinlichkeit der Konsequenzen unbestimmt ist. Entscheidungen unter Unsicherheit sind deswegen schwieriger zu bewältigen als Entscheidungen unter Risiko oder Unsicherheit. Doch selbst bei Entscheidungen unter Sicherheit, ist der Maßstab, anhand dessen Menschen die vorhandenen Informationen bewerten, nicht immer offensichtlich. Frühe Ansätze der Entscheidungsforschung nahmen an, dass die Wahrscheinlichkeit für die Entscheidung für eine Option als Produkt aus dem objektiv bestimmbaren Wert der Konsequenzen ihrer Eintretenswahrscheinlichkeit resultiert. Das Produkt dieser beiden Komponenten wird „erwarteter Wert" genannt. Die sogenannte **Wert-Erwartungs-Theorie** der Entscheidungen besagt, dass Menschen sich für die Option mit dem höchsten erwarteten Wert entscheiden. Wenn jemand zwei Lotterielose kaufen kann, von denen das erste Los mit 50 prozentiger Wahrscheinlichkeit einen Gewinn von einem Euro und das zweite mit nur 10 prozentiger Wahrscheinlichkeit einen Gewinn von 100 € einbringt, müsste er sich rein rechnerisch für das zweite Los entscheiden. Das tun die meisten Menschen aber nicht. Können Menschen nicht richtig rechnen oder denken sie einfach anders als die statistische Logik?

Spätere Ansätze berücksichtigen anstelle des erwarteten Wertes den subjektiven Nutzen als Entscheidungsmaßstab. Der Nutzen steht dabei nicht objektiv fest, sondern hängt vom Entscheider und dem Entscheidungskontext ab. So ist der Nutzen eines finanziellen Gewinns davon abhängig, wie viel Geld der Gewinner bereits besitzt oder – wie im Fall von Herr Kühne und seinem Team – davon, wie hoch der Gewinn anderer Gewinner ausfällt.

Der Nutzen steigt nicht linear mit der objektiven Höhe des gewonnenen Geldbetrags, sondern nähert sich logarithmisch einem maximalen Nutzen an. Dies wird in den Wirtschaftswissenschaften auch als Phänomen des **abnehmenden Grenznutzens** beschrieben.

Komplexe Entscheidungen unter Unsicherheit stellen eine besondere Herausforderung dar und sind gleichzeitig eine typische Form von Entscheidungen, die im Management getroffen werden müssen.

Den Nutzen einer Alternative zu ermitteln, ist bei Entscheidungen unter Risiko und Unsicherheit besonders schwierig. Informationen über die Chancen und Risiken aller Varianten stehen entweder nicht oder nur unter großem Aufwand zur Verfügung, die Entscheidung muss aber zeitnah gefällt werden. Was tun? Psychologische Untersuchungen zeigen, dass bei diesen, für Managemententscheidungen charakteristischen Rahmenbedingungen die heuristische Informationsverarbeitung (siehe Kap. 3.1.3) dominiert. Mit den gegebenen Ressourcen (Zeit, Arbeitskraft, Wissensmanagement) werden so viele entscheidungsrelevante Informationen wie möglich beschafft. Diese werden dann anhand relativ einfacher Entscheidungsregeln (siehe Kap. 3.2.3) in einen Entschluss überführt. In vielen Situationen erbringen die Heuristiken ausreichend gute Entscheidungen. Allerdings bergen sie auch die Gefahr systematischer Verzerrungen, die bei ungünstigen Rahmenbedingungen zu manchmal fatalen Fehlern führen können.

3.2.2 Rahmung von Entscheidungen

Die menschliche Wahrnehmung von Gewinnen und Verlusten ist relativ. Urteile und Entscheidungen hängen auch davon ab, wie die Entscheidungssituation beschrieben ist und welche Anker und Vergleichsmaßstäbe Menschen sich selbst setzen oder ihnen gesetzt werden. Dies bezeichnet man als **Rahmung**.

▶ Die Perspektive, aus der eine Entscheidung und die zur Auswahl stehenden Optionen beschrieben werden, beeinflusst den Entscheidungsprozess und die Auswahl.

Wenn Sie einer Entscheidung einen positiven Rahmen geben, richten Entscheider ihr Augenmerk stärker auf die Gewinnchancen und positiven Aspekte der Optionen. Bei einem negativen Rahmen beachten Entscheider stärker Informationen über negative Aspekte der Optionen und damit verbundene Risiken. Bei wirtschaftlichen Entscheidungen macht es einen gravierenden Unterschied, ob Sie eine Situation als Chance für Gewinn oder als Risiko von Verlust darstellen. Aber auch andere Eigenschaften wie Wissen und Unwissen, Schuld und Unschuld können eine verschiedene Rahmung einer Entscheidungssituation bewirken.

> **Unlauteres Geschäftsgebaren?**
>
> In einer klassischen Studie (Dunegan 1996, S. 58–67) sollten die Teilnehmenden über das Geschäftsgebaren einer Firma urteilen und über das Strafmaß entscheiden, das eine Disziplinarkommission verhängt. Das Verhalten der Firma wurde in der schriftlichen Darstellung der Vorfälle variiert: Eine Gruppe der Studienteilnehmer erhielten eine Charakterisierung mit einem positiven Rahmen („Die Wahrscheinlichkeit, dass das Unternehmen nicht wusste, dass seine Werbung irreführend war, lag bei 20 Prozent."), die andere Gruppe erhielt eine negativ gerahmte Darstellung („Mit einer Wahrscheinlichkeit von 80 % wusste das Unternehmen, dass seine Werbung irreführend war.").
>
> Obwohl beide Darstellungen exakt dieselbe Wahrscheinlichkeit beschrieben, dass das Unternehmen wissentlich unlauter handelte, unterschied sich das Strafmaß zwischen den beiden Entscheider-Gruppen dramatisch. Die Personen mit der positiv gerahmten Beschreibung verurteilten das Unternehmen zu einer Disziplinarstrafe von durchschnittlich 40.153 $. Das durchschnittliche Strafmaß betrug in der Gruppe mit negativ gerahmter Beschreibung 78.968 $.

Auch die Chancen von Gewinnen und Verlieren werden anders erlebt, je nachdem wie eine Entscheidungssituation „gerahmt" wird. Werden die zur Wahl stehenden Alternativen dahingehend dargestellt, dass sie mit einer gewissen Wahrscheinlichkeit Gewinne erbringen (z. B. finanziellen Gewinn, bessere Produktleistung, längere Lebensdauer oder Anzahl geretteter Menschenleben), entscheiden sich Menschen eher für die sichere Option und vermeiden das Risiko. Werden die Alternative hingegen dadurch charakterisiert, dass sie mit einer gewissen Wahrscheinlichkeit Verluste einbringen, entscheiden sich Menschen häufiger für die riskante Option.

▶ Menschen sind bestrebt, Verluste zu vermeiden („Verlustaversion"). Sie entscheiden sich anders, je nachdem, ob eine Option (sprachlich) als Chance eines Gewinns oder Risiko eines Verlusts dargestellt wird, selbst wenn die objektive Wahrscheinlichkeit von Gewinn und Verlust identisch ist. Menschen gewichten in ihren Entscheidungen Verluste höher als Gewinne.

Gewinne und Verluste berühren Menschen nicht gleichermaßen, selbst wenn die objektive Summe identisch ist. Ein Verlust von 50 € ärgert in der Regel mehr als ein Gewinn von 50 € freut. Die grundsätzliche Verlustaversion gehört zu den wichtigsten Verhaltensmustern von Finanzanlegern. Eine ähnliche Verhaltenstendenz sagt auch der sogenannte „Certainty-Effekt" voraus (Oehler und Reisch 2008).

▶ Menschen bevorzugen einen niedrigen, sicheren Gewinn gegenüber einem hohen, unsicheren Gewinn.

Menschen vermeiden nicht nur Verluste, sondern auch Risiken. Bietet man Personen die Möglichkeit, sich zwischen einem geringeren, dafür wahrscheinlicheren Gewinn und einem höheren, dafür unsicheren Gewinn zu entscheiden, so wählt die Mehrheit den sicheren Gewinn: Lieber den Spatz in der Hand als die Taube auf dem Dach. Diese Tendenz zeigen Menschen sogar dann, wenn die risikoreiche Option rechnerisch einen höheren erwarteten Wert (Wahrscheinlichkeit x Nutzen) hat.

3.2.3 Entscheidungsregeln

Menschen wenden unterschiedliche **Strategien** an, um die möglichen Alternativen miteinander zu vergleichen. Diese können aufwendig und analytisch sein oder pragmatisch und effizient. In vielen Fällen greifen sie auf eigene Erfahrungen oder vorhandene Routinen zurück. Routinen ergeben sich aus Optionen, für die man sich früher schon einmal entschieden hat oder zu denen man eine positive Einstellung hat. Viele Kaufentscheidungen sind „habitualisiert" und neue Produkte müssen großen Aufwand betreiben, um überhaupt für einen Kauf in Erwägung gezogen zu werden und im „relevant set" zu landen. Auch dieses Verhalten kann man mit dem Vermeiden von Risiken erklären, da jede Innovation auch das Risiko eines Fehlkaufs bedeutet. Man kann sich auch auf die Expertise von anderen Personen, Konventionen („Das machen wir immer so!") oder soziale Normen verlassen.

Der Psychologe Gerd Gigerenzer arbeitet am Max-Planck-Institut für Bildungsforschung in Berlin und untersucht seit vielen Jahren menschliche Entscheidungen. Die Erkenntnisse seiner Studien fasst er in Form einer „Werkzeugkiste" mit einfachen Entscheidungsstrategien zusammen. Hier einige Beispiele einfacher Entscheidungsregeln:

- **Wiedererkennung**: Wenn von zwei Alternativen eine vertraut ist und wiedererkannt wird, wählen Sie die bekannte Alternative. Beispiel: Wenn Sie mit einer Fluglinie fliegen können, die neu und unbekannt ist, oder mit einer bekannten Fluglinie, sind Sie mit der Wahl der vertrauten Fluglinie besser bedient.
- **Weniger-ist-mehr**: Bieten Sie so viele Alternativen wie nötig an, aber nicht mehr als nötig. Beispiel: Bei Kaufentscheidungen regen ungefähr bis zu sieben Merkmale dazu an, Vergleiche anzustellen. Alle umfassenderen Angebote an Varianten stiften eher Verwirrung als Interesse (Dijksterhuis 2006, S. 1005–1007).
- **Take-the-best:** Wenn ein guter Grund für eine Alternative vorhanden ist, wählen Sie diese Alternative. Beispiel: Wenn Sie die Wahl zwischen verschiedenen Kundenbetreuern haben, vergleichen Sie beide so lange hinsichtlich relevanter Eigenschaften (z. B. gut erreichbar, freundlich, kennt sich mit den Produkte aus, kann meine Fragen gut beantworten …), bis sich ein Unterschied bei einem wichtigen Kriterium ergibt. Mit diesem Unterschied endet der Vergleichsprozess.
- **Mehrheitsregel**: Tun Sie, was die Mehrheit der Personen in Ihrer Lage tut. Beispiel: Wenn Sie sich mit Geschäftskollegen in einem fremden Land zum Essen treffen, verhalten Sie sich so, wie es Ihre Gastgebern tun (z. B. die Speisekarte erst zur Hand nehmen, wenn alle anderen es auch getan haben; Wein bestellen, aber nur an ihm nippen).
- **Folge-dem-ersten-Impuls**: Entscheiden Sie sich für die Alternative, für die Sie einen spontanen Impuls verspüren, ohne länger darüber nachzudenken. Beispiel: Wählen Sie das Gericht auf der Speisekarte, bei dem Sie spontan ein gutes Gefühl bekommen.

Sehr häufig treffen Menschen Entscheidungen „aus dem Bauch heraus" und verlassen sich auf ihre **Intuition**. Intuitive Entscheidungen wurden von der wissenschaftlichen Psychologie lange Jahre lang als irrationales Verhalten stiefkindlich behandelt. Neueren Studien und auch neurowissenschaftlichen Methoden ist es zu verdanken, dass die Kraft von Intuition eine forscherische Renaissance erlebt. Allerdings wird Intuition durch psychologische Studien auch etwas entzaubert, denn Intuition kommt nachweislich nur mit einem großen Maß an Vorerfahrungen, Neugier, Lernfähigkeit, Reflexionen und Empathie zustande (Gigerenzer 2007). Intuitive Entscheidungen sind sehr schnelle und unbewusste Entscheidungen, die auch emotional beeinflusst sind. Sie mögen sich zwar weniger wie eine (vernünftige) Entscheidung, sondern vielmehr wie eine plötzliche Eingebung anfühlen. Ohne einen großen Fundus an nüchternen Erfahrungen können Menschen aber entweder keine intuitiven Entscheidungen treffen oder kommen mit ihnen zu schlechteren Ergebnissen als es das Abwägen der Vor- und Nachteile erbracht hätte. Neurowissenschaftliche Studien belegen, dass die Kombination von sachlich-analytischem Kalkül und intuitiven Impulsen in vielen Entscheidungssituationen eine ratsame Strategie ist (Storch 2005).

Analytische Strategien sind wesentlich aufwendiger als intuitive und heuristische Entscheidungen, da in mehreren Schritten die Konsequenzen aller möglichen Optionen ermittelt, gewichtet und gegeneinander abgeglichen werden. Dabei zeigt sich, dass aufwendige Entscheidungen nicht immer die besseren sind. Wird die Anzahl der Alternativen zu groß, sind intuitive Entscheidungen und einfache Heuristiken unter gewissen Bedingungen sogar die besseren Entscheidungen. Überraschende Studienergebnisse der niederländischen Forscher Dijksterhuis und Nordgren belegen, dass die Entscheidungen auf der Basis unbewussten Denkens auch bei komplexen Vergleichen von Alternativen zu guten Entscheidungen kommt, während das bewusste Denken an seine Kapazitätsgrenzen stößt. In ihrer „Theorie der unbewussten Gedanken" gehen sie davon aus, dass es neben der aufmerksamen Verarbeitung von Informationen („bewusstes Denken") auch eine Form des unbewussten Denkens gibt (Dijksterhuis und Nordgren 2006, S. 95–109). Diese zeichnet sich durch schnelle Verarbeitung und eine wesentlich größere Kapazität aus. Die Forscher empfehlen für das Fällen guter Entscheidungen, möglichst viele Informationen zu sammeln und sich mit diesen zu beschäftigen, dann jedoch das Nachdenken zu beenden und sich auf sein Bauchgefühl zu verlassen.

3.2.4 Entscheidungstechniken

Drei sehr unterschiedliche **Entscheidungstechniken** können den Vergleich von Optionen erleichtern, ohne dass Sie schwierige Wahrscheinlichkeitsanalysen anstellen müssen:

1. **Mindmapping**: Mindmapping wird von seinem Erfinder Tony Buzan als „Brainstorming mit Bildern" bezeichnet. Es ist eine visuelle Methode, um Problem- und Entscheidungsaspekte in voller Gänze zu erkennen, und besonders für Personen geeignet, die Struktur und Ordnung benötigen und gleichzeitig offen für neue Wege sind. Mindmapping bietet eine anschauliche Gliederung und regt durch den visuellen Charakter und die räumliche Darstellungsweise die kreative, „nicht-lineare" Art des Denkens an (Buzan 2013). Es wird in vielen Unternehmen nicht nur als Unterstützung von Brainstormings, sondern auch anstelle von Sitzungsprotokollen oder Ergebnisberichten verwendet. So funktioniert es: Schreiben Sie das zentrale Thema oder Problem in die Mitte eines Flip Charts und zeichnen Sie davon wegführende Hauptäste. Sammeln Sie Schlüsselbegriffe oder -aspekte des Themas und benennen Sie jeweils einen Hauptast mit diesem Aspekt. Lassen Sie nun von jedem Hauptast einige Seitenäste abgehen. Sammeln Sie Ihre Impulse und Anregungen, indem Sie gedanklich zwischen den Haupt- und Nebenästen wechseln und vervollständigen Sie auf diese Weise das Mindmap. Auf jedem Ast soll dabei nur jeweils ein Aspekt oder Gedanke stehen. Nutzen Sie Farben und Symbole, um die Äste optisch voneinander zu unterscheiden und die Inhalte zu illustrieren. Fühlen Sie sich zeichnerisch nicht wohl, nutzen Sie eines der viele Softwareprogramme, die benutzerfreundliche Lösungen für das Erstellen von Mindmaps anbieten (Abb. 3.2).
2. **Die Paarvergleich-Methode**: Diese Methode bietet einen guten Weg, um eine Rangreihe zu bilden oder sich über Prioritäten klar zu werden. Es ist eine systematische und gleichzeitig pragmatische Methode, um größere Sicherheit bei der Gewichtung

3.2 Wie Menschen entscheiden

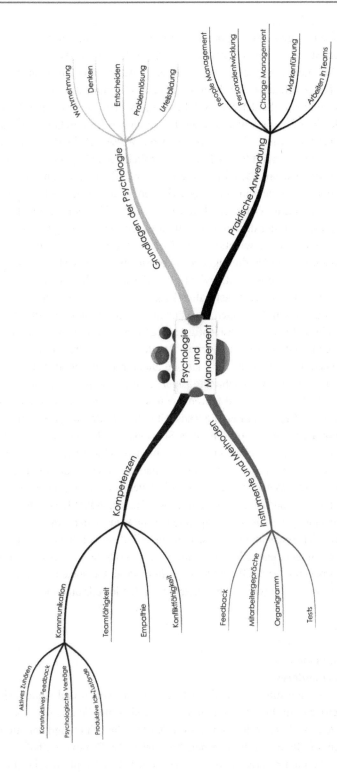

Abb. 3.2 Mindmap

von Alternativen zu gewinnen. Wollen Sie beispielsweise entscheiden, was Ihnen bei Ihrer nächsten Stelle am wichtigsten ist, schreiben Sie alle relevanten Eigenschaften (z. B. nette Kollegen, ein gutes Gehalt, ein kurzer Anreiseweg etc.) untereinander auf ein Blatt Papier. Vergleichen Sie dann die erste Eigenschaft mit dem zweiten Begriff auf Ihrer Liste und entscheiden Sie, welche dieser beiden Eigenschaften Ihnen wichtiger ist. Vergleichen Sie die wichtigere der beiden ersten Eigenschaften mit der dritten Eigenschaft auf Ihrer Liste. Gehen Sie auf diese Weise Schritt für Schritt alle Paarkombinationen durch. Damit Sie nicht den Überblick verlieren, empfiehlt es sich, dass Sie jeweils die Eigenschaft „behalten", die Ihnen wichtiger ist, und nach und nach von oben nach unten mit allen anderen Eigenschaften vergleichen. Ist beispielsweise die vierte Eigenschaft wichtiger als die dritte, vergleichen Sie als nächstes die vierte mit der ersten, der zweiten, der dritten, der fünften Eigenschaft, solange bis entweder eine andere Eigenschaft sich als wichtiger erweist (und Sie mit dieser erneut die Paarvergleiche von oben nach unten durchgehen) oder Sie am Ende der Liste ankommen und damit feststellen, dass die vierte die wichtigste aller Eigenschaften ist.

Wollen Sie nicht nur die wichtigste aller Eigenschaften identifizieren, um z. B. ein Stellenangebot bewerten zu können, so können Sie eine Rangreihe bilden, indem Sie dasselbe Verfahren für die zweitwichtigste Eigenschaft erstellen. Klammern Sie die wichtigste Eigenschaft in dieser zweiten Runde der Paarvergleiche aus und gehen Sie mit derselben Methode Paar für Paar alle anderen Eigenschaften durch. Auf diese Weise ermitteln Sie die zweitwichtigste Eigenschaft. Klammern Sie diese wieder von den weiteren Vergleichen aus und fahren Sie in weiteren Runden mit derselben Logik fort, bis Sie für alle Eigenschaften die Rangreihe ihrer Bedeutung ermittelt haben.

3. **Das Tetralemma** ist eine Adaptation eines Schemas aus der indischen Logik, welches im systemischen Coaching eingesetzt wird, um den subjektiven Entscheidungs- und Handlungsraum beim Vorliegen von zwei Alternativen zu erweitern (Sparrer und Varga von Kibéd 2014). Die Methode erleben vor allem Personen als hilfreich, die einen guten Zugang zu ihren spontanen Impulsen und ihrem „Bauchgefühl" haben. Es ist vor allem dann als Entscheidungsverfahren zu empfehlen, wenn keine andere Alternative als „entweder – oder" möglich erscheint und Sie sich in einem Dilemma fühlen. Sehen Sie sich beispielsweise gezwungen, entweder weiter mit einem verlässlichen, aber teuren Zulieferer zusammenzuarbeiten oder die Produktqualität Ihrer Produkte zu senken, wäre die Arbeit mit dem Tetralemma erfolgversprechend. Schreiben Sie jeweils auf eine große Karte:
   a. **Das Eine**
   b. **Das Andere**
   c. **Beides**
   d. **Keins von beiden**
   e. **Etwas ganz anderes**

   Legen Sie die Karten mit genügend Abstand auf den Boden und stellen Sie sich gedanklich Regionen um die Karten herum vor, die sich möglichst nicht überschneiden. Stellen Sie sich in die erste Region um die Karte „Das Eine" und sammeln Sie alle Assoziationen, die Ihnen zu dieser einen Alternative (z. B. unvorteilhafter Zulieferer) einfallen. Das können positive und negative Seiten dieser Option sein, ihr Bauchgefühl, körperliche Empfindungen und sachliche Argumente. Notieren Sie diese Aspekte kurz und knapp und legen Sie Ihre Beschreibung zu der Karte „Das Eine". Treten Sie anschließend aus dieser Region heraus und in die Region „Das Andere" (z. B. Qualitätsminderung) hinein. Sammeln Sie erneut Ihre Assoziationen zu dieser Alternative und halten Sie diese schriftlich fest. Anschließend betreten Sie die Region „Beides". Lassen Sie diese vielleicht überraschende neue Möglichkeit auf sich wirken und notieren Sie wieder Ihre unzensierten Gedanken, Ideen und Gefühle dazu. Denken Sie nicht über die Machbarkeit dieser Möglichkeit nach, sondern gewinnen Sie lediglich einen Eindruck, wie es für Sie wäre, wenn diese Alternative einträfe. Vielleicht fühlen Sie sich beispielsweise erleichtert, dass der finanzielle Druck durch die Qualitätssenkung schwächer wird, sind aber gleichzeitig sauer auf Ihren Zulieferer, dass nur er davon profitiert. Haben Sie Ihre spontanen Reaktionen umfassend festgehalten, verlassen Sie diese Region und betreten Sie die Region um die Karte „Keins von beiden". Spüren Sie in sich hinein und halten Sie Ihre Eindrücke fest, ohne sie zu zensieren oder zu hinterfragen. Sie könnten möglicherweise überraschend feststellen, dass Sie durch Ihre Lagerhaltung für eine gewisse Zeit auf Ihren teuren Zulieferer verzichten könnten, ohne deswegen sofort mit niedrigerer Qualität produzieren zu müssen und das eine sich gut anfühlende Zwischenlösung sein könnte. Zum Schluss verlassen Sie die Region und stellen sich in dem gedachten Kreis um die Karte „Etwas ganz anderes". Erkunden Sie erneut Ihre inneren Reaktionen, Gefühle und Befindlichkeit ebenso wie Gedanken und Ideen, die Ihnen in den Kopf kommen. Hören Sie auf Ihre inneren Impulse, was dieses ganz andere sein könnte und wie es sich anfühlt. Machen Sie wieder Notizen und legen Sie diese zur Karte. Nachdem Sie alle fünf Positionen des Tetralemmas erkundet haben, sehen Sie am besten mit etwas räumlichem Abstand auf den durchschrittenen Prozess und seine Ergebnisse. Dieser Prozess kann darin münden, dass Sie sich klar für eine der beiden Alternativen, einen Kompromiss, eine Verbindung oder eine völlig neuartige Lösung entscheiden. Selbst wenn dieser eigentliche Entschluss (noch) nicht fällt, hat sich das Dilemma zumindest in einen vielfältigen Möglichkeitsraum gewandelt, der zu einem späteren Zeitpunkt zu einer klaren Intention führen wird (Abb. 3.3).

Abb. 3.3 Tetralemma

Zusammenfassend kann im Hinblick auf wirtschaftliche Entscheidungen festgestellt werden, dass weder der objektive Wert einer Alternative noch der subjektive Nutzen gute Vorhersagen darüber erlauben, für welche Alternative sich Menschen entscheiden. Dadurch unterscheiden sich menschliche Entscheidungen gravierend von den Entscheidungen, zu denen Computer auf Basis der Wahrscheinlichkeitsrechnungen gelangen, selbst wenn sich der Eindruck gewinnen lässt, genauso objektiv zu handeln. In vielen Situationen entscheiden Menschen eher wie ein Homo Heuristicus als ein Homo Oeconomicus (siehe Kap. 1.3). Sie haben eine grundsätzliche Abneigung gegenüber Verlusten und entscheiden sich eher für die sichere Alternative, selbst wenn das Risiko wahrscheinlich von größerem Nutzen wäre. Sie verhalten sich riskanter, wenn sie Verluste vermeiden wollen und dies ganz besonders dann, wenn es nicht um einen finanziellen Verlust geht, sondern um den Verlust von Menschenleben oder negative Konsequenzen für andere Personen. Wenn keine Möglichkeit für das Erreichen eines Ziels vorhanden scheint, entwickeln Menschen eine solche. Diese menschliche Fähigkeit bezeichnet man als Problemlösungsfähigkeit.

3.3 Wie Menschen Probleme lösen

Das Lohhausen-Experiment

Stellen Sie sich vor, Sie wären Bürgermeister der Stadt Lohhausen geworden. Die Kleinstadt am idyllischen Flüsschen Lohe besteht aus einem alten Stadtkern und angrenzenden Neubaugebieten. In ihrem Zentrum befindet sich die alte Uhrenfabrik, die industriell zwar eine relativ geringe Rolle spielt, aber den ganzen Stolz eingefleischter Lohhausener ausmacht. In den letzten Jahren hat sie spürbar unter der wirtschaftlichen Krise gelitten, was sich auch auf die Arbeitslosenzahl in Lohhausen ausgewirkt hat. Auch das Haushaltsbudget der Kommune hat sich rückläufig entwickelt und in den nächsten Wochen müssen Sie wichtige Entscheidungen treffen und Pläne verabschieden, um den Anstieg der Erwerbslosigkeit zu stoppen, die Infrastruktur intakt zu halten und den Haushalt zu managen. Und Sie sollten auch für gute Stimmung in der Kommune sorgen. Kein einfacher Auftrag!

Lohhausen existiert nur in der Phantasie, beziehungsweise in der Simulation des Psychologieprofessors Dietrich Dörner. Er ist Experte im Bereich der künstlichen Intelligenz und modelliert die Prozesse der menschlichen Absichts- und Handlungsorganisation. Das sogenannte „**Lohhausenexperiment**" aus den 1970er Jahren war eines der ersten Simulationen komplexer Entscheidungen und gilt bis heute als eines der aufwendigsten Experimente der Psychologiegeschichte. 48 studentische Studienteilnehmer nahmen in mehreren Sitzungen von jeweils zwei Stunden Dauer die Rolle des Bürgermeisters ein und lenkten die Geschicke der Stadt. Da die Rechenleistung damaliger Computer noch wesentlich geringer war als heute, konnten sie nicht direkt mit dem System interagieren. Stattdessen musste der Studienleiter ihre Entscheidungen in aufwendigen Sitzungen in Rechnerbefehle umwandeln und so die Konsequenzen berechnen. In der nächsten Sitzung wurden die studentischen Bürgermeister mit den

Konsequenzen ihrer Entscheidungen konfrontiert und konnten weitere Maßnahmen ergreifen.

Im Gegensatz zu einfachen Denksportaufgaben hatten die Studienteilnehmer in einem höchst komplexen System (2.000 Variablen, die sich gegenseitig beeinflussen und zum Teil selbst verändern) viele Entscheidungen unter hoher Unsicherheit (die Konsequenzen waren meist unbekannt) zu treffen. Klare Ziele waren nicht vorgegeben, sondern es musste selbst bestimmt werden, was unter einer positiven Stadtentwicklung zu verstehen ist.

Wie gut haben die unerfahrenen Bürgermeister ihren Job gemacht? Es zeichneten sich deutliche Unterschiede der Entwicklung von guten und schlechten Problemlösern (gemessen mittels Selbst- und Fremdeinschätzung) ab. Die wirtschaftliche Lage von Lohhausen verbesserte sich bei guten Entscheidern, was aber meist zu Lasten der Lebensqualität und Zufriedenheit der Lohhausener Bürger ging. Die Stadt wurde produktiver und hatte mehr Einwohner, jedoch stiegen die Arbeitslosenrate und die Zahl der Wohnungssuchenden dennoch. Schlechte Problemlöser hinterließen Stadt und Fabrik in hoher Verschuldung. Welche Eigenschaften und Fähigkeiten unterscheiden gute von schlechten Problemlösern?

Ein zentrales Ergebnis der dreijährigen (!) Analyse bestand darin, dass sich gute und schlechte Bürgermeister nicht hinsichtlich ihrer Intelligenz (gemessen mit einem konventionellen IQ-Test) unterschieden. Auch Aspekte wie Alter, Geschlecht, Studienfach, Bildungsniveau, Kreativität oder die Motivation machten keinen systematischen Unterschied. Die wichtigsten Erfolgsprädiktoren waren hingegen das Streben nach sinnvoller Informationssuche, die Steuerungsfähigkeit der gedanklichen Aktivitäten, die Konsistenz der eigenen Entscheidungen, Selbstreflexion, Extraversion und Selbstsicherheit.

3.3.1 Gute Problemlöser

Das berühmte Lohhausenexperiment hat eindrucksvoll einen Einblick in die gedanklichen Prozesse beim Lösen komplexer Probleme erbracht. Gute Problemlöser...

- ... erkennen schneller, welche Bereiche problematisch sind.
- ... versuchen, sich ein „inneres Bild" des komplexen Systems zu machen und leiten daraus einen Plan für ihre Handlungen ab.
- ... treffen mehr Entscheidungen.
- ... gehen mehreren Absichten nach statt sich nur auf eine Absicht zu fokussieren.
- ... verfolgen eine längerfristige Strategie, agieren nicht nur kurzfristig und taktisch.
- ... treffen konsistentere Entscheidungen.
- ... handeln weniger sprunghaft und sind weniger auf den Augenblick bezogen.
- ... überprüfen und hinterfragen ihre Annahmen.
- ... gehen häufiger den Ursachen auf den Grund.
- ... üben mehr Selbstreflexion.
- ... nutzen den Rückblick auf Schwierigkeiten und Misserfolge für Verbesserungsmöglichkeiten.

Auf den Punkt gebracht bedeutet dies, dass gute Problemlöser die besseren Strategen sind.

> Eine Strategie ist das längerfristig ausgerichtete Anstreben eines übergeordneten Ziels unter Berücksichtigung der verfügbaren Mittel und Ressourcen. Taktik bezeichnet die konkrete Umsetzung strategischer Ziel durch operative Handlungen.

Auf der **kognitiven** Ebene sind gute Problemlöser reflektierter und flexibler zugleich. Sie wechseln gezielt zwischen der Suche nach Informationen („fluktuierendes Denken") und der Ausrichtung auf einen Bereich und die Integration von Informationen („fokussierendes Denken"). Auf der **emotionalen** Ebene reagieren gute Problemlöser ruhiger und selbstsicherer auf auftretende Schwierigkeiten.

Verhelfen diese Kompetenzen und Persönlichkeitsmerkmale auch bei einfachen Problemen zu guten Lösungen? Um diese Frage beantworten zu können, befassen sich die folgenden Seiten mit verschiedenen Arten von Problemen.

3.3.1.1 Zwei Arten von Problemen

> Ein Problem ist ein Ziel, für das aktuell kein zielführender Handlungsplan („plan of action") vorhanden ist. Die Problemlösung besteht im Beseitigen eines Hindernisses oder dem Schließen einer Lücke im Handlungsplan.

Dieses Verständnis von einem Problem unterscheidet sich vom Alltagsverständnis eines Problems. Wer ein Ziel und einen Plan hat, wie er sein Ziel erreichen kann, hat demnach kein Problem, sondern eine Aufgabe. Nur wer zwar motiviert ist, sein Ziel zu erreichen, dafür aber keine Mittel kennt, hat ein Problem. Um das Problem zu bewältigen, reicht es deswegen nicht, sich einfach mehr anzustrengen, sondern zuerst muss eine Lösung für den bislang erfolglosen Handlungsplan entwickelt werden. Probleme entstehen dann, wenn gewohnte Handlungen nicht zum Ziel führen. Kreative Lösungen sind gefragt, die neue und zielführende Handlungspläne ermöglichen.

> Creativity is the process of having original ideas that have value. (Sir Ken Robinson)

Auch bei Problemen lassen sich zwei Arten unterscheiden. So gibt es Probleme, zu deren Beseitigung eine hohes Maß an Motivation erforderlich ist („high-stake problems"). Sie erfordern, dass man sämtliche Ressourcen aktiviert und involvieren auch emotional stärker als Probleme, die sich auch mit wenig Motivation lösen lassen („low-stake problems"). Während es bei low-stake Problemen möglicherweise genügt, die Zielsetzung zu verändern, wenn ein Hindernis auftaucht, ist bei high-stake Problemen voller Einsatz nötig. Bei Letzteren freuen sich Menschen mehr, wenn sie sie lösen und ihr Ziel erreichen bzw. sind frustrierter, wenn sie scheitern.

3.3.2 Der Prozess der Problemlösung

Der **Prozess der Problemlösung** unterscheidet sich bei einfachen Problemen nicht grundsätzlich von dem komplexer Probleme. Folgende Phasen führen vom Erkennen des Problems zur seiner Lösung:

- **Problemidentifikation:** Zunächst gilt es zu erkennen, dass ein Hindernis den Weg zum Ziel versperrt oder/und der Handlungsplan an einer oder mehreren Stellen Lücken aufweist. Das Problem liegt nicht erst vor, wenn sich gravierende negative Konsequenzen zeigen.
- **Zielanalyse:** Eigenschaften und Grenzen des angestrebten Soll-Zustands werden geklärt: Was genau möchten Sie erreichen? Woran würden Sie erkennen, dass Sie Ihr Ziel erreicht haben?
- **Situationsanalyse:** Charakteristika der Ist-Situation werden bestimmt: Welche Ressourcen stehen Ihnen zur Verfügung? Was können Sie für die Problemlösung einsetzen? Was kann so bleiben, wie es ist und muss nicht geändert werden? Welche Rahmenbedingungen herrschen?
- **Erstellen eines Lösungsplans**: Ein Konzept wird entwickelt, wie der Soll-Zustand erreicht werden kann. Dazu müssen aufeinanderfolgende Handlungsschritte festgelegt werden, wobei die Rahmenbedingungen berücksichtigt werden sollten. Das Definieren von Zwischenzielen („milestones") ermöglicht die Erfolgskontrolle und gibt wichtige und frühzeitige Hinweise, wenn der Handlungsplan angepasst werden muss. Außerdem sollte auch im Auge behalten werden, ob Alternativen zur Verfügung stehen. Die Planung vorab erlaubt es, bei der Umsetzung des Lösungsplans schnell und flexibel reagieren zu können, wenn der Plan nicht die gewünschte Wirkung zeigt.
- **Umsetzen des Lösungsplans:** Der Plan wird realisiert und anhand der definierten Zwischenziele kontrolliert. Treten unerwartete oder ungewünschte Folgen auf, helfen die eingeplanten Alternativen, das Ziel auch auf Umwegen zu erreichen.
- **Bewertung des Ergebnisses:** Nachdem der Plan ausgeführt wurde, wird Bilanz gezogen: Wie nah/fern sind Sie vom Ziel? Was war hilfreich, was weniger hilfreich bei der Zielerreichung?

Auch bei einfachen Problemen findet der Prozess des Problemlösens in diesen Phasen statt, auch wenn einige Aspekte dann gedanklich weniger intensiv und tiefgehend bearbeitet werden. Gerade bei kreativen Lösungen fühlt es sich jedoch oft nicht so an, als wenn die Lösung das Ergebnis eines längeren Prozesses ist. Stattdessen ergibt sich der Eindruck, dass die neuartige Lösung plötzlich da war. Der Gestaltpsychologe Karl Bühler hat dies schon sehr früh als „**Aha-Erlebnis**" beschrieben (Bühler 1907, S. 297–365).

> Ein eigenartiges im Denkverlauf auftretendes lustbetontes Erlebnis, das sich bei plötzlicher Einsicht in einen zuerst undurchsichtigen Zusammenhang einstellt. (Karl Bühler)

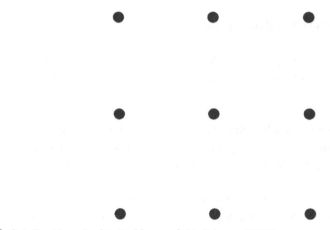

Abb. 3.4 Das Neun-Punkte-Problem nach M. Scheerer (1963)

Die Plötzlichkeit der Einsicht und das angenehme Erleben, wenn undurchsichtige Dinge zur Einsicht führen, sind typisch für Aha-Erlebnisse. Bühler geht davon aus, dass Probleme als eine umfassende Einheit wahrgenommen werden („Das Ganze ist mehr als die Summe seiner Teile.") und Aha-Erlebnisse durch eine Veränderung der Problemwahrnehmung entstehen. Es geht bei Problemlösung seiner Ansicht nach nicht darum, durch Versuch und Irrtum Lösungen für einzelne Elemente zu gewinnen, sondern das gesamte Problem „in einem anderen Lichte zu sehen" und dadurch den Schlüssel für die Lösung zu finden. Neurowissenschaftliche Studien unterstützen zum Teil diese Annahmen (Lehrer und Heinemann 2014) (Abb. 3.4).

Das Neun-Punkte-Problem

Wie lassen sich diese neun Punkte mit maximal vier Linien miteinander verbinden, ohne dabei den Stift abzusetzen? Eine Lösung finden Sie übrigens in Kap. 3.4.2.

3.3.3 Nutzung von Metaphern und Analogien

Vorhandenes Wissen kann hilfreich sein, um Hindernisse zu umschiffen und Lücken im Handlungsplan zu schließen. Auch wenn bestehende Routinen („so wie wir's immer machen") bei echten Problemen nicht greifen, können die eigenen Erfahrungen mithilfe von **Analogien** wertvolles Wissen und Prinzipien bereitstellen, die zur Lösung des Problems führen.

▶ Das Übertragen eines Prinzips oder einer Regel aus einem Bereich (Quelldomäne) auf einen anderen Bereich (Zieldomäne) nennt man Analogie. Analoges Denken ermöglicht das Erkennen von Ähnlichkeiten und das Schließen von Bekanntem auf Unbekanntes.

3.3 Wie Menschen Probleme lösen

Folgende Rahmenbedingungen müssen vorliegen, um Probleme mit Analogien lösen zu können (Holyoak und Thargard 1989, S. 295–335):

- Die Ähnlichkeit von Quell- und Zieldomäne muss ausreichend groß und erkennbar sein.
- Die Struktur des Problems muss transparent sein.
- Die Problemlösenden müssen motiviert sein, Analogien zu entwickeln.

Die Visualisierung der Quelldomäne, zum Beispiel in Form eines Mindmaps (siehe Kap. 3.2.4), kann kreative Impulse geben und damit das analoge Problemlösen unterstützen.

Eine weitere Methode, neuartige Lösungen anzuregen, sind Metaphern. Sie werden gebildet durch

- Körperliche oder sensorische Ähnlichkeiten (z. B. der „Abend des Lebens" für „Alter"),
- Personifizierung von Dingen (z. B. „der Frühling kommt."),
- Verharmlosung von tabuisierten oder negativen Dingen (z. B. „Ableben" für „Sterben"),
- Verdinglichung von Verhalten (z. B. der „Fels in der Brandung").

▶ Eine Metapher ist ein bildhafter Ausdruck, der mittels sprachlicher Assoziationen Bedeutungen von einem Bereich auf einen anderen überträgt.

Metaphern übertragen implizite Bedeutungsinhalte von der Quelldomäne auf die Zieldomäne und eröffnen dadurch einen neuartigen Zugang zum bestehenden Problem. Sie werden vielfach im Business Coaching und Consulting eingesetzt (Fuchs und Huber 2002). Auch im Marketing werden Metaphern zunehmend für die Entwicklung von Markenidentitäten genutzt.

Brand Metaphors

Die Marke Coca-Cola verwendete viele Jahre lang einen Olivenzweig als Metapher für ihre Markenwerte. Der Olivenzweig symbolisiert die Landschaft Griechenlands, das antike Athen und gilt weltweit als ein Symbol für Frieden und Freiheit. Coca-Cola hat diese Metapher in ihre Markenstrategie aufgenommen, um sich als Marke zu präsentieren, die Menschen aller Farben und Kulturen friedlich zusammenbringt. Für die Olympiade 2004 in Athen sponserte Coca-Cola die Suche nach einem Fackelläufer, der am Lauf mit der olympischen Fackel beteiligt ist, da der olympische Gedanke und Coca-Colas Mission Statement sich stimmig verbinden.

Der ehemalige Harvardprofessor für Marketing Gerald Zaltman untersucht seit vielen Jahren, welche Wirkung Marken auf Konsumenten und ihr Verhalten haben (Zaltman und Zaltman 2008). Er entwickelte ein visuelles Tool, um mithilfe von Metaphern den Markenkern zu erkunden und Empfehlungen für Marketing Mix-Entscheidungen abzuleiten (Zaltman Metaphor Elicitation Technique, kurz ZMET). Sein Ansatz geht davon aus, dass sieben Hauptmetaphern maßgeblich daran beteiligt sind, wie Konsumenten über Marken denken:

- Gleichgewicht: die Marke als Mittel zur Balance von verschiedenen Werten, Elementen oder Eigenschaften
- Verbindung: die Kombination von bislang unverbundenen Werten oder Eigenschaften
- Behältnis: die Marke als Ort von Werten, Eigenschaften, Emotionen oder Erinnerungen
- Kontrolle: die Marke als Instrument der Kontrolle von Prozessen, Ereignissen oder Gefühlen
- Reise: die Marke als Vehikel, um verschiedene Passagen im Leben zu bewältigen
- Ressource: die Marke als Quelle von Kraft, Energien oder Kompetenzen
- Transformation: die Marke als Mittel zur Verwandlung

Analogien und Metaphern stellen neue Verbindungen zwischen bekanntem Wissen und unbekannten Problemen her. Sie regen die internen Suchprozesse an und unterstützen kreative Lösungen. Ihre Stärke als Technik der Problemlösung besteht darin, ungewöhnliche Eigenschaften und Zusammenhänge aufzudecken und dadurch den Rahmen möglicher Lösungen zu erweitern („thinking out of the box"). Kreativitätstechniken und Visualisierungen können aber nur dann zu erfolgreichen Lösungen von Problemen führen, wenn vorab eine klare Problemanalyse erfolgte. Aha-Erlebnisse lassen sich also erarbeiten.

3.4 Selbsttests und Arbeitsmaterialien

3.4.1 Reflexion: Mehr Aufmerksamkeit gewinnen

Notieren Sie Ihre Antworten bitte auf den jeweiligen Linien.

1. In welchen Situationen wünsche ich mir mehr Aufmerksamkeit meines Gegenübers?

_____

_____

2. Mit welchen Mitteln und Medien lenke ich die Aufmerksamkeit auf mich?

_____

_____

3.4 Selbsttests und Arbeitsmaterialien

3. Wie könnte ich für stärkere Kontraste sorgen?

___

___

4. Wie kann ich meine Darstellung neuartiger machen? Auf welches Gewohnte kann ich verzichten? Welches ungewöhnliche Element könnte ich einsetzen?

___

___

5. Wie kann ich mich und meine Inhalte lebendiger präsentieren? Mit welchen Geschichten, Bildern oder Erlebnissen kann ich meine Zuschauer und Zuhörer berühren?

___

___

3.4.2 Auflösung des Neun-Punkte-Problems (Abb. 3.5)

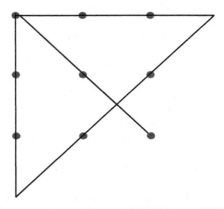

Abb. 3.5 Auflösung des Neun-Punkte-Problems nach M. Scheerer (1963)

Literatur

Asch, S. E. (1987). *Social psychology*. New York: Oxford University Press.
Bargh, J. A., Chen, M., & Burrows, L. (1996). Automaticity of social behavior: Direct effects of trait construct and stereotype priming on action. *Journal of Personality and Social Psychology, 71*, 230–244.
Bless, H., Bohner, G., Schwarz, N., & Strack, F. (1990). Mood and persuasion: A cognitive response analysis. *Personality and Social Psychology Bulletin, 16*, 331–345.
Bless, H., Fiedler, K., & Strack, F. (2004). *Social cognition – How individuals construct social reality*. Hove: Psychology Press.
Bühler, K. (1907). Tatsachen und Probleme zu einer Psychologie der Denkvorgänge. *Archiv für Psychologie, 9*, 297–365.
Buzan, T., & Buzan, B. (2013). *Das Mind-Map-Buch. Die beste Methode zur Steigerung Ihres geistigen Potenzials*. München: MVG.
Devine, P. G., & Monteith, M. G. (1989). Automaticity and control in stereotyping. In S. Chaiken & Y. Trope (Eds.), *Dual process theories in social psychology* (S. 339–360). New York: Guildford Press.
Dijksterhuis, A. (2006). On making the right choice: The deliberation-without-attention effect. *Science, 311*, 1005–1007.
Dijksterhuis, A., & Nordgren, L. F. (2006). A theory of unconscious thought. *Perspectives on Psychological Science, 1*, 95–109.
Dunegan, K. J. (1996). Fines, frames and images: Examining formulation effects on punishment decisions. *Organizational Behavior and Human Decision Processes, 68*, 58–67.
Feingold, A. (1992). Good-looking people are not what we think. *Psychological Bulletin, 111*, 304–341.
Forgas, J. P. (1999). Feeling and speaking: Mood effects in verbal communication strategies. *Personality and Social Psychology Bulletin, 25*, 850–863.
Fuchs, H., & Huber, A. (2002). Metaphoring. *Komplexität erfolgreich managen*. Offenbach: Gabal.
Gigerenzer, G. (2007). Bauchentscheidungen. *Die Intelligenz des Unbewussten und die Macht der Intuition*. München: Bertelsmann.
Holyoak, K. J., & Thargard, P. R. (1989). Analogical mapping by constaint satisfaction. *Cognitive Science, 13*, 295–335.
Janis, I. L. (1982). *Groupthink: Psychological studies of policy decisions and fiascoes*. Boston: Houghton Mifflin.
Jostmann, N. B., Lakens, D., & Schubert, T. W. (2009). Weight as an embodiment of importance. *Psychological Science, 20*, 1169–1174.
Kahnemann, D. (2011). *Schnelles Denken, langsames Denken*. München: Siedler.
Kelley, H. H. (1950). The warm-cold variable in first impressions of persons. *Journal of Personality, 18*, 431–439.
Lehrer, J., & Heinemann, E. (2014). *Imagine! Wie das kreative Gehirn funktioniert*. München: C.H. Beck.
McClure, S. M., Li, J., Tomlin, D., Cypert, K. S., Montague, L. M., & Montague, P. R. (2004). Neural correlates of behavioral preference for culturally familiar drinks. *Neuron, 44*, 379–387.
Minniti, M. (2007). Entrepreneurship. *The Engine of Growth*. Westport: Prager Perspectives.
Oehler A., & Reisch, L. (2008). *Behavioral Oeconomics – eine neue Grundlage für Verbraucherpolitik?* Berlin: Bundesverband der Verbraucherzentralen.
Pohl, R. F. (2004). *Cognitive illusions – A handbook of fallacies and biases in thinking, judgement and memory*. Hove: Psychology Press.

Scheerer, M. (1963). http://de.wikipedia.org/wiki/Neun-Punkte-Problem. Zugegriffen am 21. Oktober 2014.
Sparrer, I., & Varga von Kibéd, M. (2014). *Ganz im Gegenteil, Tetralemmaarbeit und andere Grundformen Systemischer Strukturaufstellungen – für Querdenker und solche, die es werden wollen* (Aufl. 8). Heidelberg: Carl Auer.
Storch, M. (2005). *Das Geheimnis kluger Entscheidungen: Von somatischen Markern, Bauchgefühl und Überzeugungskraft*. München: Goldmann
Tajfel, H., & Turner, J. C. (1986). The social identity theory of intergroup behavior. In S. Worchel & W. G. Austin (Eds.), *Psychology of intergroup relations* (S. 7–24). Chicago: Nelson Hall.
Zaltman, G., & Zaltman, L. (2008). *Marketing Metaphoria: What deep metaphors reveal about consumers*. Boston: Harvard Business Review Press.

Wie Menschen lernen 4

Die Fähigkeit zu lernen ist eine der größten Gaben. Sie lässt Menschen über sich hinauswachsen und erlaubt ihnen, ihre Möglichkeiten zu erweitern und Neues zu erreichen. Sie ermöglicht, etwas zu ändern, wenn sich Barrieren in den Weg stellen, und Ziele auf unterschiedlichen Wegen zu erreichen. Auch das berufliche Leben ist meist ein Prozess des lebenslangen Lernens, denn das Startpaket an fachlichen Kenntnissen und Kompetenzen beim Berufsstart ist in vielen Bereichen schnell überholt oder nicht mehr ausreichend. Als Führungskraft müssen Sie Ihre Mitarbeiter nicht nur motivieren, sondern auch aktiv ihre Lernentwicklung unterstützen. In diesem Kapitel lernen Sie dafür die wichtigsten Konzepte der Psychologie des Lernens kennen und erhalten konkrete und individuelle Hilfen für das eigene Lernen und die Wissensvermittlung an andere.

4.1 Lernen als Verhaltensänderung

Learning by doing
Herr Kühne wurde auf seinen Wechsel von der Fach- zur Führungskraft nicht durch ein Training vorbereitet. Wie viele Führungskräfte wächst er in seine neue Rolle organisch hinein. Herr Kühne erinnert sich in vielen Situationen daran, wie seine Vorgesetzten Gespräche mit ihm geführt haben, Meetings gestaltet und Memos verfasst haben. Im Großen und Ganzen gelingt ihm die Führung seines Teams gut, aber bei neuen Situationen wie der Budgetierung von Gehaltserhöhungen oder der Kommunikation der Entscheidungen hat er wenig Erfahrung. Er versucht, sich bei erfahrenen Kollegen abzuschauen, wie diese in herausfordernden Situationen agieren und Entscheidungen der Geschäftsführung an ihre Teams ‚verkaufen'. Er probiert verschiedene Methoden und Möglichkeiten aus und beobachtet, wie seine Mitarbeiter darauf reagieren. Ab und an nimmt er aus der Bahnhofsbuchhandlung auch ein Sachbuch mit Managementthemen mit.

Dass man etwas gelernt hat, erkennen andere Menschen daran, dass man sich anders verhält: sei es die Begrüßung der chinesischen Geschäftspartner mit einem wohlklingenden „nǐ hǎo", die sachgemäße Verwendung eines neuen Werkzeugs bei der Montage oder der Neustart des Computers als erstes Mittel der Fehlerbehebung. Lernen hat dann stattgefunden, wenn man sich nachhaltig anders verhält als vor dem Lernprozess. In der Psychologie wird zwischen dem nicht direkt zu beobachtenden Lernen und der beobachtbaren Leistung unterschieden. Lernen umfasst genau genommen geändertes Verhalten oder Verhaltenspotenzial, während die Leistung das tatsächlich von außen beobachtbare Verhalten meint. Man kann eine Fremdsprache, ein neues Computerprogramm oder eine Kampfsportart erlernen, selbst wenn man von diesen Fähigkeiten aktiv keinen Gebrauch macht, also keine Leistung zeigt.

▶ Lernen ist ein auf Erfahrung aufbauender Prozess, der zu einer relativ stabilen Verhaltensänderung oder Erweiterung des Verhaltenspotenzials führt.

Wer etwas gelernt hat, ist befähigt, andere und neue Verhaltensweisen an den Tag zu legen und das nicht, weil er sich mehr anstrengt oder einfach mal Glück hat. Die Verhaltensänderung muss relativ konsistent sein, damit von Lernen gesprochen werden kann. Natürlich können eine Sprache, intellektuelle Fähigkeiten oder Bewegungen auch wieder verlernt werden, besonders wenn sie nicht oder nur sehr selten eingesetzt werden. Dennoch war das Lernen nicht ganz umsonst, denn es fällt normalerweise leichter, diese Fähigkeiten wieder zu erlernen als beim ersten Mal.

4.1.1 Lernen durch Zusammenhänge und Unterscheidungen

Ganz grundsätzlich sind zwei Funktionen essenziell für das Lernen:

- das Herstellen und Erleben von Zusammenhängen (Kontingenz)
- und das Unterscheiden (Diskrimination).

Wenn jemand beispielsweise wiederholt die Erfahrung macht, dass seine Kunden auf bestimmte Formulierungen in seinem Angebot oder Gutachten verschnupft reagieren, wird er auf diese Formulierungen im Dialog mit seinen Kunden zunehmend verzichten. Er erlernt eine andere Sprache im Umgang mit den Kunden. Das muss allerdings nicht heißen, dass er die entsprechenden Worte völlig aus seinem Vokabular streicht. Denn im Unterschied zur Kommunikation mit den Kunden können die relevanten Begriffe im Gespräch mit dem Lebenspartner oder den Kollegen völlig unproblematisch sein. Man lernt also durch den regelmäßigen Zusammenhang der Rückmeldungen, sein Verhalten zu ändern und, wann diese Verhaltensänderung erforderlich ist und wann nicht.

Ohne Erfahrungen kein Lernen
Lernen basiert auf Erfahrungen. Durch intellektuelle Einsicht allein hat noch niemand gelernt, Klavier zu spielen, Fremdsprachen zu sprechen oder zu schreinern. Lehrende und Experten vergessen dies häufig und gehen davon aus, dass ihre Schüler oder Trainees etwas können, wenn es gut erklärt wurde und sie es verstanden haben. Aber Verstehen ist nicht gleichbedeutend mit Können und ohne praktische Anwendung findet kein Lernen statt.

Erfahrungen können im Einüben ungewohnter Bewegungen und motorischer Handlungen (wie das Formulieren ungewohnter Laute einer neuen Sprache) bestehen. Erfahrungen können sich aber auch auf intellektuelle Tätigkeiten wie Vergleichen, Abstrahieren, Zusammenfassen, Übertragen, Beschreiben oder Schlussfolgern beziehen (wie das Deklinieren von chinesischen Verben). Meist spielen beim Lernen verschiedene Arten von Erfahrung und unterschiedliche Sinne zusammen. Im Lernprozess nimmt man Informationen auf, verarbeitet und integriert sie in sein bestehendes Wissen und Können und reagiert auf sie. Lernen ohne Anwenden und Ausprobieren funktioniert nicht, denn nur durch den Wechsel aus Verstehen und Anwenden formt sich das neue Verhaltenspotenzial heraus.

4.1.2 Lernen durch die Konsequenzen des Verhaltens

Die Veränderung des Verhaltens durch die Folgen, die sich daraus ergeben, beschreibt die Lerntheorie des **operanten Konditionierens**.

▶ **Operantes Konditionieren** ist eine Form des Lernens, bei der sich die Wahrscheinlichkeit einer Verhaltensweise durch die Reaktionen auf diese Verhaltensweise ändert:
- Wer auf ein Verhalten angenehme oder erwünschte Reaktionen (Belohnung) erfährt, wird sich mit größerer Wahrscheinlichkeit in Zukunft wieder so verhalten.
- Folgen auf ein Verhalten unangenehme oder unerwünschte Reaktionen (Bestrafung), wird man sich in Zukunft weniger wahrscheinlich wieder so verhalten.

Als angenehm erlebte Reaktionen wirken wie ein Verstärker auf das Verhalten. Je häufiger und regelmäßiger jemand angenehme Reaktionen erhält, desto wahrscheinlicher ist es, dass er dieses Verhalten immer häufiger zeigt. Auch das Ausbleiben einer negativen Konsequenz kann bereits als Verstärker wirken. Stellen Sie sich vor, auf die Präsentation des Statusberichts der aktuellen Projekte in der Vorstandsitzung folge üblicherweise ein dickes Donnerwetter. Sie sehen sich kritischen Rückfragen und langen Gesichtern ausgesetzt. Es wirkt bereits verstärkend, dass die erwartete Kritik ausbleibt, wenn Sie Ihren Bericht anders gestaltet oder vorgetragen haben. Allerdings sind Lerneffekte nach dem Motto „Nicht geschimpft ist bereits genug gelobt" wesentlich schwächer als die Verstärkung durch explizites Lob und Anerkennung.

Psychologische Studien aus dem Bereich der Neurowissenschaften belegen, dass positive Emotionen im Gehirn wie ein Katalysator wirken und den Aufbau neuer synaptischer Verbindungen zwischen den Nervenzellen nähren. Für den renommierten Hirnforscher Gerald Hüther ist Begeisterung „Doping für das Gehirn" (Hüther 2014). Deswegen schneiden Lerneffekte durch Bestrafungen schlechter ab als Lerneffekte, die auf positiv wirkenden Belohnungen beruhen. Belohnungen und angenehme Konsequenzen sind nicht nur angenehmer, sondern effektiver und dies lässt sich bis auf der neuronalen Ebene des Lernens nachweisen.

4.1.3 Lernen im Berufsalltag

Die Gesetze des operanten Lernens klingen grundsätzlich ganz einfach. Im Alltag gestaltet sich das Lernen aus verschiedenen Gründen meist etwas schwieriger als in den Laboren der Verhaltensforscher und Lernpsychologen:

- **Die Reaktionen anderer auf ein Verhalten sind nicht immer einheitlich.** Eine Präsentation mag einem Teil der Zuhörer ausnehmend gut gefallen, während andere bereits durch ihr Gähnen beim Zuhören vermitteln, dass sie die Darbietung langweilig finden. Menschen haben sehr unterschiedliche Ziele, Vorlieben, Werte und Einstellungen, die sich noch dazu gegenseitig beeinflussen und verändern. Deswegen sind die Reaktionen auf das Verhalten nicht immer eindeutig positiv oder negativ, was den Lernprozess erschwert oder sogar gänzlich verhindern kann.
- **Die Reaktionen auf ein Verhalten sind nicht immer konsistent.** An einem Tag herrscht eher ausgelassene und lockere Stimmung im Präsentationsraum und kleine Anekdoten finden Anklang, während an einem anderen Tag angespannte Stimmung herrscht und das bestätigende Lachen ausbleibt. Denn Menschen nehmen andere und ihre Leistungen nicht unbeeinflusst von vielen anderen Faktoren, wie der Stimmungslage oder vorangegangenen Erlebnissen wahr. Sie unterscheiden ganz automatisch und meist unbewusst, ob und welche Reaktionen sie auf sich und ihre Leistungen und Verhaltensweisen beziehen und welche auf andere Faktoren (siehe Kap. 2.2.1).
- **Die Reaktionen auf ein Verhalten sind nicht immer eindeutig.** Es ist nicht immer einfach zu erschließen, wie ein Verhalten bei anderen Menschen ankommt. Offene und „unzensierte" Rückmeldungen sind nicht in allen beruflichen Situationen möglich oder üblich, sodass die Orientierung für das Lernen oft fehlt. Denn nur eine zuverlässige Beziehung zwischen dem Verhalten und den Konsequenzen ermöglicht einen Lernprozess.

Wenn Sie das Verhalten Ihrer Mitarbeiter, Geschäftspartner, Zulieferer oder Kunden ändern möchten, sollten Sie eindeutige und konsistente Rückmeldungen geben. Da dies im hektischen Tagesgeschehen nicht immer möglich ist, haben sich gezielte Feedback- und Mitarbeitergespräche als wichtige Grundlage des gegenseitigen Lernens und als wertvolle Instrumente der Mitarbeiterführung etabliert.

▶ **Durch Rückmeldungen lernen** Um den Lernprozess zu fördern, haben sich einige Regeln bewährt:
- Geben Sie **möglichst zeitnah** Rückmeldungen zu dem Verhalten und den Leistungen Ihrer Mitarbeiter. Dies verstärkt die Wirkung Ihrer Rückmeldungen.
- **Beschreiben** Sie möglichst **genau**, welche Aspekte des Verhaltens Sie gut, angemessen, hilfreich oder überzeugend finden. Beziehen Sie sich auf konkrete Aspekte, die leicht von außen zu beobachten sind und vermeiden Sie es, über Absichten, Gedanken und innere Prozesse zu spekulieren.
- Es ist hilfreich, auch die positive Wirkung der zu verstärkenden Verhaltensweisen **präzise** zu **beschreiben**. „Der Aufbau Ihrer Rede war logisch, gut strukturiert und umfasste alle wichtigen Bereiche" ermöglicht einen besseren Lerneffekt als „Der Aufbau Ihrer Rede hat mir gut gefallen".
- Machen Sie auf die **positiven Folgen,** Wirkung und Bedeutung der Verhaltensweisen aufmerksam, die Sie häufiger von Ihren Mitarbeitern sehen wollen. Dies steigert den Lerneffekt, motiviert und schafft ein Gefühl von Sinn und Bedeutung des Handelns für das Gesamtunternehmen: „Durch diesen Aufbau ist es mir als Zuhörer sehr leicht gefallen, Ihrer Argumentation zu folgen und sich auf Ihre Thesen einzulassen. Ich haben den Eindruck, zum ersten Mal richtig verstanden zu haben, warum wir diese Maßnahme bei uns im Unternehmen einsetzen sollten und kann mich gut auch an höherer Stelle für Ihre Vorschläge stark machen."
- Seien Sie in Ihren Rückmeldungen **konsistent**. Sie müssen Ihre Mitarbeiter nicht immer loben, wenn sie etwas gut gemacht haben, sollten aber vermeiden, ein- und dieselbe Verhaltensweise mal zu loben und mal zu kritisieren, außer wenn es dafür gute Gründe gibt.
- Formulierung Sie Ihre Beobachtungen als **Ich-Aussagen**. Wenn Sie sich hinter unpersönlichen Man-Formulierungen verstecken, sind Sie zwar unangreifbar, aber auch unnahbar.
- Verwenden Sie **positive Begriffe** von dem Verhalten, das Ihnen zusagt und das Sie als hilfreich für die Zielerreichung bewerten. Ersetzen Sie Aussagen darüber, was Ihre Mitarbeiter nicht mehr machen sollen durch Vorschläge, wie sie sich verhalten, was sie tun oder sagen sollten.

4.1.3.1 Lernen für eine höhere Handlungskompetenz

Lernen in Organisationen kann unterschiedliche Zielsetzungen haben. Lernprozesse können die Entwicklung der Mitarbeiter unterstützen und das Potenzial, das sie durch ihre Persönlichkeit, Stärken und Talente mitbringen, zur Entfaltung zu bringen. Neben dieser mitarbeiterorientierten Perspektive haben Führungskräfte ein Auge auf die Unternehmensziele. Ihre Aufgabe ist es, die Entwicklung der Mitarbeiter in solche Bahnen zu lenken, dass ihre Handlungen und Entscheidungen die Entwicklung des Unternehmens in die gewünschte Richtung vorantreiben. Viele Lernprozesse in Organisationen dienen dazu, die Handlungskompetenz der Mitarbeiter zu erhöhen.

▶ Handlungskompetenz ist die Fähigkeit, zielgerichtet, aufgabengemäß, der Situation angemessen und verantwortungsbewusst betriebliche Aufgaben zu erfüllen und Probleme zu lösen.

Um in einer Organisation eine bestimmte Aufgabe kompetent erfüllen zu können, bedarf es einer bestimmten Fachkompetenz, Methodenkompetenz und Sozialkompetenz. Erfolgreiche Kundenberater müssen beispielsweise die Struktur des Marktes und die Eigenschaften der Kundenprofile kennen (Fachkompetenz), mit Gesprächstechniken und Instrumenten der Kundenbindung vertraut sein (Methodenkompetenz) und ein gutes Einfühlungsvermögen (soziale Kompetenz) besitzen. Im Rahmen der Personalauswahl werden solche Kompetenzen meist schon in der Stellenbeschreibung hervorgehoben und im Prozess der Bewertung geeigneter Kandidaten als Leitlinie und Entscheidungsmaßstab genutzt. Wie „sozial kompetent" jemand ist, ist nur schwer in einem lockeren Gespräch herauszufinden, auch wenn Entscheider das Gefühl haben, gut fundierte Empfehlungen auszusprechen. Psychologische Instrumente wie Persönlichkeitsfragebögen, strukturierte Interviews oder Verhaltensbeobachtungen im Assessment Center sind deswegen aus der professionellen Personalauswahl nicht mehr wegzudenken.

4.1.3.2 Soziale Kompetenz erlernen

Die genannten Methoden sind aber nur so gut, wie das Konzept, das sie bewerten sollen. Nur mit einem klaren Konzept von sozialer Kompetenz und einem Verständnis davon, wie sich diese Kompetenz in konkretem Verhalten äußert, wird es beispielsweise gelingen, Kandidaten mit Talent für gute Kundenberatung zu entdecken. Soziale Kompetenz ist in Organisationen von zunehmender Bedeutung, da in einer Vielzahl von Unternehmen Teamarbeit weit verbreitet ist. Die Fähigkeit, gemeinsam mit anderen kooperativ zusammenzuarbeiten, konstruktiv miteinander zu kommunizieren und sich kreativ miteinander auseinanderzusetzen, wird immer wichtiger. Das differenzierte Konzept von Klaus Scala (2010) unterscheidet sieben Ebenen der sozialen Kompetenz und gibt Anregungen dafür, in welchen konkreten Verhaltensweisen sich die jeweiligen Ebenen äußern (Abb. 4.1).

Unabdingbar für soziale Kompetenz ist demnach unter anderem eine gute **Wahrnehmung und Reflexionsfähigkeit**. (Dies ist ein gutes Argument dafür, die Übungen in der Selbstreflexion am Ende jedes Kapitels in diesem Buch für Ihren Lernprozess zu nutzen.) Menschen mit einem hohen Maß an Selbstreflexion können aktiv handeln und sich dabei zugleich beobachten. Sie nehmen die eigenen Emotionen wahr, erkennen und unterscheiden sie in ihrer jeweiligen Qualität. Sie berücksichtigen ihre Emotionen bei ihren Entscheidungen und Verhaltensweisen, sind ihnen aber nicht passiv ausgeliefert, sondern können sich von ihnen distanzieren. Sie kennen ihre Vorlieben und wissen, in welchen Situationen sie auf Barrieren treffen werden.

Diese Reflexionsfähigkeit beschränkt sich nicht auf das eigene Verhalten, sondern bezieht sich auch auf das soziale Geschehen in Team- und Gruppensituationen. Menschen mit einem hohen Maß an sozialer Diagnosefähigkeit können soziale Situationen differenziert wahrnehmen. Sie haben besonders feine Antennen dafür, was gerade passiert, wie

4.1 Lernen als Verhaltensänderung

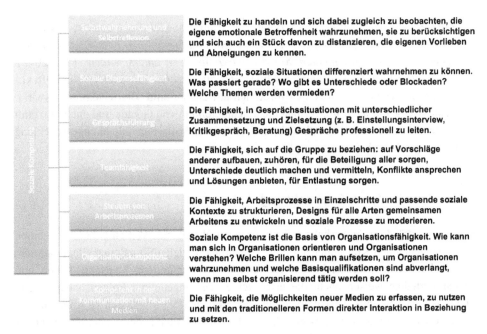

Abb. 4.1 Soziale Kompetenz nach Scala (2010)

die Mitglieder eines Teams miteinander klarkommen oder sich gegenseitig blockieren. Sie achten auf das beobachtbare Verhalten und auch darauf, welche Themen nicht angesprochen und vermieden werden. Mit dem Verständnis davon, was soziale Kompetenz ausmacht und in welchen Verhaltensweisen sie sich äußert, gelingt es bei der Personalauswahl besser, Menschen mit hoher sozialer Kompetenz ausfindig zu machen. Auch für die erfolgreiche Personalentwicklung ist dieses Konzept ein guter Ansatz, da sich Trainingskonzepte gezielt auf das Erlernen und Üben der unterschiedlichen Kompetenzaspekte ausrichten können.

> **Persönlichkeitscoaching bei Google**
>
> Google gesteht seinen führenden Mitarbeitern ein Kontingent von 20 % ihrer Arbeitszeit zu, um sich mit Themen zu beschäftigen, die nichts mit ihrem eigentlichen Aufgabengebiet zu tun haben. Der Google-Ingenieur Chade-Meng Tan machte sich in diesem Rahmen mit Psychologie, Philosophie und Meditation vertraut. Er entwickelte das Trainingsprogramm „**Search Inside Yourself**": Sein Zugang zu Selbstwahrnehmung, Achtsamkeit, Selbstregulation, Selbstvertrauen und Empathie fand darin Eingang. Das resultierende Training ist bei Mitarbeitern von Google sehr beliebt und die Wartelisten sind gut gefüllt.
>
> Die positiven Rückmeldungen der Teilnehmenden machen Hoffnung darauf, dass Unternehmen zukünftig nicht nur fachliche und methodische Kompetenzen fördern, sondern auch Schlüsselfähigkeiten der sozialen Kompetenz. Teilnehmende Führungs-

kräfte erlebten nachhaltige Lerneffekte des Trainings: *„Ich habe gelernt, besser zuzuhören, mein hitziges Temperament zu zügeln und Situationen besser zu verstehen, indem ich lernte, Geschichten von der Wirklichkeit zu unterscheiden"* (Tan 2012). Durch diese Entwicklung werden Mitarbeiter zu besseren Entscheidern und effektiveren Führungskräften, was sich förderlich auf das gesamte Betriebsklima auswirkt. Chade-Meng Tan leitet inzwischen die Talentabteilung von Google und unterstützt mit seinen Talenten weiterhin tatkräftig und einfallsreich die Persönlichkeitsentwicklung der Google-Mitarbeiter.

4.1.4 Lernen durch Beobachtung

Menschen verändern ihr Verhalten nicht nur, wenn ihr eigenes Verhalten zu angenehmen oder unangenehmen Konsequenzen führt. Sie lernen in vielen Situationen allein dadurch, dass sie beobachten, welche Folgen die Verhaltensweisen anderer Menschen haben, und ahmen Verhaltensweisen nach, die erwünschte oder angenehme Folgen haben. Wenn Menschen erleben, dass die Unterstützung der Kollegen bei Engpässen zu Anerkennung von den Kollegen und Vorgesetzten führt, verhalten sich auch andere Teammitglieder zunehmend kooperativ und entwickeln Teamgeist. Beobachten sie hingegen, dass diejenigen Kollegen am meisten Aufmerksamkeit und Beachtung gewinnen, die sich mit harten Ellenbogen ihren Weg bahnen, lernen sie, sich ebenfalls kompetitiv zu verhalten und zum Einzelkämpfer zu werden.

Die menschliche Fähigkeit, andere Menschen nachzuahmen und durch Beobachten zu lernen, ist in der biologischen Grundausstattung des Menschen verankert. Psychologen gehen davon aus, dass Nachahmung eine wichtige Grundlage dafür ist, die Absichten und das Handeln anderer Menschen zu verstehen. Aus der Beobachtung des Verhaltens schließen sie auf die Motive, Absichten und Ziele anderer Personen. Neurowissenschaftliche Studien halten die sogenannten Spiegelneuronen für die neuronale Grundlage von Nachahmung, Beobachtungslernen und Empathie. In Experimenten mit Affen wurde entdeckt, dass dieselben Neuronen aktiv werden, wenn die Handlung eines anderen Affen beobachtet wird, die auch feuern, wenn eine ähnliche Handlung ausgeführt wird. Und beobachtet ein Affe, wie sich ein anderer Affe verletzt, sind auch in seinem Gehirn Areale aktiv, die für das Schmerzempfinden zuständig sind. Da sich das Verhalten von anderen in unserem Umfeld quasi in den eigenen Neuronen spiegelt, wird dieser Funktionskreis Spiegelneuronen genannt. Spiegelneuronen sind dabei keine speziellen Nervenzellen, die ausschließlich für Mitgefühl zuständig sind, denn viele unterschiedliche Areale im Gehirn können als Spiegelneuronen reagieren und Schmerz, Trauer, Enttäuschung und Freude im wahrsten Sinne des Wortes mitempfinden.

Beobachtungslernen bietet den großen Vorteil, dass Menschen nicht alle möglichen Fehler selbst machen müssen. Sie können sich von anderen Menschen einiges abgucken, im positiven wie im negativen Sinn. Diese Art des Lernens wird in der Psychologie **Beobachtungslernen, soziales Lernen** oder auch **Lernen am Modell** genannt.

4.1 Lernen als Verhaltensänderung

▶ Beobachtungslernen bezeichnet den Prozess, neue Verhaltensweisen allein durch Beobachtung des Verhaltens anderer Menschen zu lernen.

Diese Art des Lernens wurde vor allem von dem Entwicklungspsychologen Albert Bandura untersucht. Die Untersuchung des Entwicklungsprozesses von Kindern und Jugendlichen brachte ihn zu der Schlussfolgerung, dass die rasante Entwicklung geistiger, körperlicher, sprachlicher und sozialer Verhaltensweisen nicht allein durch eigene Erfahrungen zustande kommen kann. Würden Heranwachsende ihre Kompetenzen ausschließlich durch mühsame Versuche und Irrtümer erlernen, bräuchten sie wesentlich länger für die Entwicklung ihrer Fertigkeiten. Beobachtungslernen ist eine zusätzliche Quelle für Lernerfahrungen, durch die sie neue Reaktionen entwickeln und gleichzeitig das Risiko negativer Folgen minimieren.

Auch in der Arbeitswelt spielt Lernen durch Beobachtung eine große Rolle. Da in Organisationen zunehmend in Teams und Projektgruppen gearbeitet wird, haben Menschen tagtäglich die Möglichkeit, ihre Kollegen und Vorgesetzten zu beobachten und daraus zu lernen. Beobachtung und Nachahmung sind zur wichtigen Quelle des Lernens geworden. Lernprozesse können dabei ‚on-the-job' erfolgen oder durch Trainings bewusst angeregt werden. Die Trainingsmethode des „Behaviour Modeling" hat sich als eine der wirksamsten Formen arbeitsorientierten Lernens erwiesen.

Behaviour Modeling-Training

Diese Art des arbeitsbezogenen Lernens (Sonntag und Stegmaier 2007) stellt die Beobachtung von Modellen in das Zentrum des Trainingsprozesses Es besteht üblicherweise aus mehreren **Phasen**:

- **Einführung in den Themen- und Lernbereich:** Der Trainer stellt den Hintergrund, den Ablauf und die Ziele des Trainings vor.
- **Entwicklung von Lernpunkten:** Die Lernziele werden meist in Form von konkreten Verhaltensweisen definiert.
- **Präsentation eines Verhaltensmodells:** Den Trainees wird ein Modell gezeigt, welches die Verhaltensweisen ausführt. Dies kann eine erfahrene Person live übernehmen oder auch als Video erfolgen.
- **Reflexion:** Im gemeinsamen Austausch erarbeiten die Trainees einzelne Punkte, Vor- und Nachteile des Verhaltens und Ablaufs.
- **Üben mittels Rollenspiel:** Die Trainees erproben die Verhaltensweisen im Rollenspiel mit und vor den anderen Trainees.
- **Feedback:** Die beobachtenden Trainees beschreiben, was sie genau beobachtet haben und welche Tipps und Empfehlungen sie für die Optimierung geben.

Evaluationen von Trainings haben gezeigt, dass Lernziele, die von Trainees selbst (mit) bestimmt werden, eher erreicht werden als vorgefertigte Lernziele. Auch das Aufzeigen von Fehlern oder der schlechteren Ausführung des zu lernenden Verhaltens durch ‚Negativbeispiele' erhöht den Lerneffekt. Diese Form des arbeitsorientierten Lernens gilt als eine der effektivsten Trainingsmethoden und das nicht nur bei Messung mittels "weicher Faktoren" wie Zufriedenheit der Trainees und Selbsteinschätzung, sondern auch bei „harten Fakten" wie erhöhter Verkaufsleistung, Produktivität und Fluktuation (Burke und Day 1986, S. 232–245).

4.1.4.1 Voraussetzungen für Beobachtungslernen

Nicht immer und automatisch ahmen Menschen das Verhalten von anderen nach. In einer Vielzahl an Laborexperimenten entdeckten Bandura und seine Forschungskollegen die Bedingungen, unter denen Menschen sich das Verhalten anderer Menschen zum Vorbild („Modell") machen. Auch wenn die Studien überwiegend mit Heranwachsenden erfolgten, lassen sich viele dieser Faktoren auf die Lernprozesse von Erwachsenen übertragen. Folgende psychologische Faktoren entscheiden darüber, ob Menschen das Verhalten einer anderen Person nachahmen und so ihr Verhaltenspotenzial ändern:

1. Aufmerksamkeit
2. Gedächtnis
3. Motorische Reproduktionsfähigkeit
4. Motivation

Aufmerksamkeit

Beobachtungslernen erfordert bestimmte Rahmenbedingungen. Nur Verhaltensweisen, die Menschen bewusst und mit ausreichender Aufmerksamkeit beobachten, verankern sich im Gedächtnis und werden bei einer entsprechenden Gelegenheit nachgeahmt. Höhere Aufmerksamkeit stellt sich bei auffälligen und neuartigen Verhaltensweisen ein. Ein Mensch, der sich in einer Gruppe anders verhält als alle anderen, sticht automatisch heraus (Salienz). Verhaltensweisen, die von den Erwartungen abweichen, werden ebenfalls aufmerksamer wahrgenommen und besser erinnert. Bandura stellte fest, dass Menschen ihre Aufmerksamkeit stärker auf Verhalten lenken, das von Verbalisierung begleitet wird. Kommentieren Menschen ihre Aktionen, wie es beispielsweise Verkäufer bei Produktpräsentationen einsetzen, gewinnen sie stärkere Aufmerksamkeit und dadurch mehr Nachahmer.

Wollen Führungskräfte Lernprozesse anregen, müssen sie für die „ungeteilte Aufmerksamkeit" der Beobachter sorgen. Zwar muss das zu erlernende Verhalten nicht explizit als „Best Practices" präsentiert werden. Zumindest aber muss es gut sichtbar und ohne Ablenkungen aufgenommen werden, damit Lernende es in ihr Verhaltenspotenzial aufnehmen. Eine unterstützende Beschreibung der einzelnen Handlungsschritte unterstützt den Lernprozess. „En passant" oder beim „Multitasking" gelingt Beobachtungslernen nicht.

Gedächtnis

Damit Menschen Verhalten nachahmen können, muss es ins Gedächtnis aufgenommen werden, um daraus später beim Nachahmen abgerufen werden zu können und als Verhaltenspotenzial zur Verfügung zu stehen. Prozesse, welche die Gedächtnisleistung erhöhen, steigern somit auch die Lernkurve des Beobachtungslernens. Hier sind wiederum das aufmerksame Beobachten, das Fehlen von Ablenkung und störenden Reizen von zentraler Bedeutung. Haben Mitarbeiter bereits „den Kopf voll" von anstehenden Terminen und vielen „To Dos", werden wenige bis keine Lerngewinne durch Beobachtung erzielt.

Motorische Reproduktionsfähigkeit
Nicht alle Verhaltensweisen sind für Beobachtungslernen geeignet. Menschen können lernen, einen Papierstau am Drucker zu beheben, indem sie eine erfahrene Kollegin dabei beobachten, in welchen Schritten sie das Problem löst. Der weltbesten Tennisspielerin bei einem Match zuzusehen, macht einen hingegen noch nicht zum Tenniscrack. Natürlich kann das Beobachten von Strategien Tennisspieler zu neuen Spielzügen inspirieren. Die grundsätzlichen motorischen Fertigkeiten müssen jedoch bereits vorhanden und durch eigene Erfahrungen eingeübt worden sein. Beobachtung allein reicht nicht, sondern spielerische Raffinessen müssen im Schweiß des Angesichts auf dem Tennisplatz erarbeitet werden.

Die Grenzen des Beobachtungslernens bedeuten für Führungskräfte, dass sie die individuellen Möglichkeiten und Grenzen ihrer Mitarbeiter kennen müssen. Besitzen diese die grundlegenden Kompetenzen, um eine komplexe Tätigkeit auszuführen, so ist das Erlernen komplexer Abläufe oder Verhaltensketten durch Beobachtungslernen gut möglich. Dies kann beispielsweise beim Einsatz neuer Medien oder Instrumente der Fall sein, welche die Ausführung bekannter Tätigkeiten auf eine ungewohnte Weise oder in einem anderen Ablaufschema erfordern. Stoßen Mitarbeiter jedoch an ihre Grenzen, weil für bestimmte Tätigkeiten grundlegende Kenntnisse oder (psycho)motorische Fertigkeiten fehlen, hilft Lernen durch Beobachtung nicht weiter. In diesen Fällen sind gezielte Trainings und Schulungen vonnöten, um die notwendigen Fertigkeiten zu erlernen und ihre Anwendung praktisch zu üben.

Motivation
Nicht immer ahmen Menschen nach, was sie beobachten. Beobachtungslernen bedarf der Motivation, das beobachtete Verhalten selbst ausüben zu wollen. Unterschiedliche Rahmenbedingungen wirken motivierend für Beobachtungslernen. Zum einen wird Verhalten dann nachgeahmt, wenn die beobachtete Person im Sinne des operanten Konditionierens (siehe Kap. 4.1.1) verstärkt wird. Beobachten Mitarbeiter ihre Kollegen und entdecken sie, dass diese dafür gelobt werden, Aufmerksamkeit oder gar Privilegien erhalten, steigt die Motivation zur Nachahmung dieses Verhaltens. Zum anderen kann das Beobachten und Nachahmen an sich belohnt werden. Nimmt die Führungskraft wertschätzend wahr, dass Mitarbeiter versuchen, sich bewusst etwas „von ihren Kollegen abzugucken", unterstützt dies ihre Lernmotivation. Und letztlich können die Verhaltenskonsequenzen selbst auch eine belohnende Wirkung haben. Gelingt es erfolgreich, den lästigen Papierstau im Drucker effizient mit wenigen Handgriffen zu beheben, verstärken der Stolz und das Erfolgserlebnis das Beobachtungslernen.

4.1.4.2 Eigenschaften von Vorbildern

▶ Menschen sind als ‚Modelle' für Lernen besonders wirksam, wenn sie sympathisch, beliebt, respektiert oder den Lernenden hinsichtlich wichtiger Merkmale ähnlich sind.

Wir lernen vor allem von Menschen, mit denen wir eine gute soziale Beziehung haben. Respekts- und Autoritätspersonen dienen als Vorbilder, wenn ihre Autorität nicht allein in Form einer Position oder eines Titels auf dem Papier existiert, sondern sie als Respektspersonen anerkannt werden. Menschen können durch ihr Verhalten den Respekt anderer Personen gewinnen. Dies steigert dann die Wahrscheinlichkeit, dass Beobachter in ihrem Umfeld sich an das beobachtete Verhalten der Respektsperson anpassen. Aber nicht nur Autorität, sondern vor allem Sympathie und Ähnlichkeit machen Menschen zu starken Vorbildern. Menschen, die man mag oder denen man sich ähnlich fühlt, ahmt man häufiger nach als Menschen, zu denen man ein distanziertes emotionales Verhältnis hat.

4.1.4.3 Die Führungskraft als Vorbild

▶ Führungskräfte können bei ihren Mitarbeitern Lernprozesse anregen, indem sie durch ihr eigenes Verhalten das Leitbild des Unternehmens, seine Werte und Ziele vorleben. Diese Kompetenzen sind ein grundlegender Baustein des transformationalen Führungskonzepts.

Beobachtungslernen und die Rolle der Führungskraft als Vorbild spielen vor allem im Konzept der **transformationalen Führung** eine wichtige Rolle. Dieses Führungsmodell geht davon aus, dass Mitarbeiter für ihre Vorgesetzten Vertrauen, Respekt, Loyalität oder gar Bewunderung empfinden und dadurch motiviert sind, gute Leistungen zu erzielen. Führung wird als Prozess des gegenseitigen Gebens und Nehmens verstanden. Führungskräfte erkennen die Bedürfnisse und Motive der Mitarbeiter an, inspirieren sie zu neuen Ideen und Tätigkeiten und sorgen für motivierende Bedingungen und Belohnungen, wenn gemeinsame Ziele erreicht werden. Im Austausch dafür bringen Mitarbeiter ihre Kompetenzen und Kenntnisse ein, übernehmen Verantwortung und streben nach überdurchschnittlichen Leistungen. Diese Gegenseitigkeit verpflichtet Führungskräfte besonders dazu, die Werte und Mission des Unternehmens durch das eigene Verhalten vorzuleben und von Mitarbeitern nur Verhalten zu erwarten, das sie selbst vorleben. Durch ihr Verhalten erarbeiten sich Führungskräfte das Vertrauen, den Respekt und die Loyalität ihrer Mitarbeiter und fungieren als Vorbilder. Dies spiegelt sich unter anderem in stark ausgeprägtem Beobachtungslernen wider.

Transformationales Führungsverhalten stellt den Sinn des Verhaltens und seine Bedeutung für die gemeinsamen Ziele und Ideale in den Vordergrund. Führungskräfte und Mitarbeiter sind gleichermaßen daran beteiligt, einen Beitrag zur gemeinsamen Mission und zum Unternehmenserfolg zu leisten. Führungskräfte fungieren als Vorbilder und schaffen es, andere Menschen zu motivieren und zu inspirieren. Folgende **Verhaltensweisen** machen die transformationale Führung aus:

- Die Erwartungen an die Mitarbeiter werden klar kommuniziert.
- Führungskräfte geben bei guten Leistungen und korrekter Erledigung der Aufgaben Lob und Anerkennung.
- Führungskräfte sorgen für die richtigen oder korrigierenden Maßnahmen, bis die gemeinsamen Ziele erreicht wurden.
- Führungskräfte sorgen für die erforderlichen Ressourcen und unterstützen Mitarbeiter, wenn sie sich anstrengen.
- Die Zuständigkeiten und Verantwortung der unterschiedlichen Mitarbeiter sind klar voneinander abgegrenzt.

Transformationale Führungskräfte müssen mehr tun, als Ziele zu vereinbaren und für Austausch mit und unter den Mitarbeitern zu sorgen. Ihre Kompetenzen sind vielfältig:

- Führungskräfte **motivieren und inspirieren** ihre Mitarbeiter durch anspruchsvolle, außergewöhnliche und mitreißende Ziele. Steve Jobs, der Gründer von Apple, warb viele talentierte Mitarbeiter den Konkurrenzunternehmen ab, indem er sie davon überzeugte, mit ihm zusammen die Welt zu verändern und Geschichte zu schreiben („making a dent in the universe").
- Die Führungskräfte werden als **Vorbilder** wahrgenommen. Die Mitarbeiter respektieren und bewundern sie und schenken ihnen ihr volles Vertrauen. Sie verhalten sich verlässlich und werden hohen moralischen und ethischen Ansprüchen gerecht. Sie verkörpern die Werte des Unternehmens und verhalten sich im wahrsten Sinne des Wortes vorbildlich (Idealized Influence).
- Transformationale Manager vermitteln Sinn, Begeisterung und Teamgeist (Inspirational Motivation).
- Führungskräfte stimulieren die **Kreativität** ihrer Mitarbeiter, ermuntern sie zu kritischem Denken und eigenständigem Problemlösen (Intellectual Stimulation).
- Transformationale Führungskräfte fungieren als **interner Berater, Mentor oder Coach**. Sie gehen auf die individuellen Bedürfnisse, Fähigkeiten, Motive und Werte ihrer Mitarbeiter ein. Sie hören aktiv zu und fördern gezielt die Talente und Kompetenzen ihrer Mitarbeiter (Individual Consideration).

4.2 Lernen als Wissenserwerb

Lernen bedeutet in der Umgangssprache nicht nur geändertes Verhalten. Menschen lernen Vokabeln, Gedichte oder Witze. Sie erlernen die Regeln der Straßenverkehrsordnung, um die Theorieprüfung des Führerscheins zu absolvieren. Im Job erlernen sie den Umgang mit einem neuen Computerprogramm oder dem Intranet des Unternehmens, um zu wichtigen Informationen zu gelangen und mit ihnen zu arbeiten. Lernen in diesem Sinn wird in der kognitiven Psychologie, die sich mit den Prozessen der menschlichen Informationsverarbeitung beschäftigt, als **Wissenserwerb** bezeichnet.

▶ In der kognitiven Psychologie wird Lernen als Wissenserwerb verstanden, womit die Speicherung und Integration neuer Informationen in bestehendes Wissen bezeichnet wird. Dabei werden prozedurales Wissen (das Know-how) und deklaratives Wissen (Kenntnisse einzelner Sachverhalte) unterschieden.

Sich weiterzubilden und sich Wissen anzueignen, ist ein lebenslanger Prozess. Gerade in Gesellschaften mit demografischem Wandel ist davon auszugehen, dass mit der eigentlichen Berufsausbildung bei Weitem nicht alle Fertigkeiten und Kenntnisse erlernt wurden, die für den beruflichen Weg erforderlich sind. Deswegen wird es immer wichtiger, sich aktiv weiterzuentwickeln und neues Wissen zu erwerben. Aus Sicht von Führungskräften und Teamleitern sind Kenntnisse der Lernpsychologie hilfreich, um Wissen und Erfahrungen weiterzugeben und die erforderlichen Ressourcen und Strukturen für erfolgreiches Wissensmanagement im Unternehmen bereitzustellen.

4.2.1 Wissen aufnehmen

Beim Wissenserwerb nehmen Menschen Informationen wahr (siehe Kap. 3.1.1) und integrieren sie in das bestehende Wissen. Die Struktur des menschlichen Gedächtnisses gleicht in vielerlei Hinsicht einem Computer (Abb. 4.2).

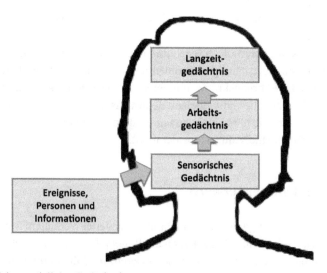

Abb. 4.2 Speichermodell des Gedächtnisses

4.2 Lernen als Wissenserwerb

▶ Das menschliche Gedächtnis umfasst das sensorische Gedächtnis, das Arbeitsgedächtnis (inklusive Kurzzeitgedächtnis) und das Langzeitgedächtnis. Wissen ist darin wie in einem hierarchischen Netzwerk aufgebaut. Lernen erfolgt durch neue Verknüpfungen.

Allerdings hat das Gehirn zusätzlich zum Arbeitsspeicher und der Festplatte des Langzeitgedächtnisses eine weitere Speicherart zur Verfügung: das sensorische Gedächtnis.

Das **sensorische Gedächtnis** erhält Informationen aus den Sinneskanälen und hält diese für Millisekunden bis Sekunden fest. Es wird deswegen ab und an auch als Ultrakurzzeitgedächtnis bezeichnet. Es ist für jede Sinnesmodalität spezifisch: Das ikonografische Gedächtnis speichert, was Menschen sehen. Im echoischen Gedächtnis ist für kurze Zeit präsent, was gehört wurde. Ohne das sensorische Gedächtnis hätten Menschen keinen zusammenhängenden Eindruck der Umgebung. Eine Melodie wäre nichts anderes als die Abfolge einzelner Töne. Die Fähigkeit, etwas zuvor Gesagtes wiederholen zu können, obwohl man es nicht aufmerksam wahrgenommen hat oder sogar nicht verstanden hat, ist ein Beispiel für das echoische Gedächtnis. Da Computer selten aktiv mit ihrer Umwelt über verschiedene Sinneskanäle in Kontakt treten, sondern Informationen meist ausschließlich durch den Input von Maus oder Tastatur erhalten, benötigen sie kein sensorisches Gedächtnis.

Informationen werden im **Kurzzeitgedächtnis** zu Bedeutungseinheiten (Chunks) zusammengefasst. Die Merkzeit beträgt ca. 30 s. Die Verarbeitungskapazität des Arbeitsgedächtnisses beträgt sieben Chunks.

▶ Die Einheit für ein Element der hierarchisch geordneten Wissensrepräsentation ist das Chunk. Werden im Laufe des Wissenserwerbs mehrere Einheiten zu Mustern oder Einheiten höherer Ordnung zusammengefasst, bezeichnet man dies als Chunking.

Die Lern- und Gedächtnisleistung kann dadurch ausgeweitet werden, dass aus Einzelinformationen umfassende Chunks gebildet werden (Chunking). Will man sich beispielsweise eine achtstellige Telefonnummer behalten, gelingt dies besser, wenn man sich die Zahlenfolge in vier Einheiten mit zweistelligen Zahlen einprägt (z. B. 17 83 65 21).

In einigen Gedächtnistheorien wird das Kurzzeitgedächtnis mit dem Arbeitsgedächtnis gleichgesetzt, neuere Theorien betrachten das Kurzzeitgedächtnis als Teil des sogenannten **Arbeitsgedächtnisses.** Das Arbeitsgedächtnis ermöglicht Menschen das Schlussfolgern und Sprachverstehen. Man sollte es sich weniger wie einen besonderen Ort oder eine Hirnregion vorstellen, in der Wissen passiv abgelegt wird, sondern vielmehr als dynamische Funktionen ähnlich wie die Apps eines Smartphones:

- Das Arbeitsgedächtnis speichert sprachliche Informationen, weswegen Menschen sich etwas besser einprägen können, wenn sie es laut oder im Stillen vor sich hinsagen und wiederholen (**Rehearsal**).

- Die App des **räumlich-visuellen Notizblocks** wiederum unterstützt die Enkodierung und Speicherung von räumlichen Informationen. Um zu schätzen, wie viele Mitarbeiter in einem Unternehmensgebäude arbeiten, könnten Sie beispielsweise gedanklich das Bürogebäude durchgehen und dann die Anzahl der Mitarbeiter anhand dieser mentalen Vorstellung schätzen.

> **Test: Welche Spannbreite hat Ihr Arbeitsgedächtnis?**
>
> Lesen Sie die folgenden Sätze laut und versuchen Sie anschließend, das jeweils letzte Wort eines jeden Satzes wiederzugeben.
> - Er nahm das neue Hemd aus dem Kleiderschrank, denn die Farbe gefiel ihm ausnehmend gut.
> - Sie staunte nicht schlecht, wie hatte sie das nur gemacht?
> - Vielleicht gab es beim Laden um die Ecke noch etwas Tolles.
> - Nüsse schmecken lecker, sind gesund und gut fürs Gedächtnis.
> - Mit ihrem geschmeidigen Gang und funkelnden Augen ging sie einfach weiter.
> - Warum schaukelte das Boot nur so?
>
> Auf welche Weise haben Sie versucht, sich die Worte zu merken?
>
> Mit welcher der genannten Techniken könnten Sie Ihre Gedächtnisleistung vielleicht verbessern?

Informationen werden im Prozess des Wissenserwerbs weiterverarbeitet und mit bestehendem Wissen verknüpft. Nur Informationen, die gründlich, selbstständig und umfassend verarbeitet wurden, gelangen in den **Langzeitspeicher** und können von dort wieder abgerufen werden. Das Langzeitgedächtnis ist quasi die menschliche Festplatte. Ihr stehen allerdings – im Unterschied zum Computer – verschiedene Subsysteme zur Verfügung: ein visuell-räumliches Subsystem und ein akustisch-sprachliches Subsystem. Lernen ist besonders effektiv, wenn beide Systeme mit einbezogen werden. Die Funktionsweise der beiden Subsysteme spiegeln sich auch in Techniken zur Steigerung der Gedächtnisleistung wider (siehe Kap. 4.2.2).

4.2.1.1 Prozedurales Wissen

Prozedurales Wissen ist das Wissen darüber, **wie** man etwas erreicht, ausführt oder umsetzt. Dies können intellektuelle Fertigkeiten wie Lesen, Schreiben und Rechnen sein oder (psycho)motorische Fertigkeiten wie Schwimmen, Kitesurfen oder Jonglieren. Umgangssprachlich wird dies häufig als „Können" bezeichnet. Prozedurales Wissen wird in Form von Wenn-Dann-Beziehungen gelernt, gespeichert und erinnert: Wenn die rote Kontrolllampe am Drucker blinkt, muss Klappe A geöffnet und die Walzen nach feststeckendem Papier untersucht werden.

> **Mit einem guten Plan ans Ziel**
>
> Um Ziele zu erreichen, genügen nicht allein Können und Motivation. Pläne sind essentiell, wenn die Kraft der Motivation in zielführende Taten münden soll. Die Sozial-

psychologin Dr. Heidi Halvorson vom Motivation Science Center an der Columbia Business School kennzeichnet einen guten Plan dadurch, dass er sehr präzise vorgibt, wann und wo der nächste Schritte auf dem Weg ins Ziel erfolgt. Nur wenn gute Absichten und realistische Ziele Schritt für Schritt angegangen werden, kann man sein Ziel erreichen. Der Weg zum Ziel wird im Gedächtnis als prozedurales Wissen in Form von Wenn-Dann-Verknüpfungen abgespeichert. Bei dem Ziel „Ich will regelmäßig Akquise betreiben" lauten die Verknüpfungen zum Beispiel: „Jeden Tag kontaktiere ich einen potenziellen Kunden telefonisch, wenn ich aus der Mittagspause zurückkomme" oder „Ich mache mich erst an meine To Dos, wenn ich eine halbe Stunde lang Telefonakquise betrieben habe". Hat man sein Ziel in realistische Schritte, konkrete Verhaltensweisen und zeitliche Bezüge eingeordnet, erreicht man es erfolgreicher als ohne konkreten Plan.

4.2.1.2 Deklaratives Wissen
Deklaratives Wissen hingegen ist das Wissen, **dass** etwas Bestimmtes existiert, Zusammenhänge und Gesetzmäßigkeiten bestehen. Es wird auch als Faktenwissen bezeichnet. Es umfasst Fakten des eigenen Lebens (episodisches Wissen) und Wissen über die Welt (semantisches Wissen).

Für den effizienten Wissenserwerb und die erfolgreiche Wissensvermittlung ist es hilfreich, etwas über Wissen und Lernen zu wissen. Diese Art des Wissens wird als **metakognitives Wissen** bezeichnet.

▶ Das Wissen über das Wissen und damit verbundene Prozesse (wie z. B. Lernstile und Lernstrategien) werden als metakognitives Wissen bezeichnet.

Die Unterscheidung dieser Wissensarten kann hilfreich sein, weil Menschen nicht jede Art von Wissen auf die gleiche Weise und gleich gut lernen. Menschen nehmen verschiedene Arten des Wissens unterschiedlich auf, verarbeiten und speichern sie im Gedächtnis oder eben nicht. Zum Teil unterscheidet sich auch das Erinnern und Abrufen zwischen den unterschiedlichen Wissensarten. Die Stärken und Schwächen des Lernstils zu kennen, ist deswegen sehr hilfreich, um die geeignete Lernstrategie für sich oder andere Menschen zu entwickeln.

Dass ein Touchscreen ein Bildschirm ist, der durch Berührung bestimmter Teile den Programmablauf eines Computers oder Smartphones direkt steuert, gehört zum Netzwerk des deklarativen, semantischen Wissens. Sich an den Tag oder das technische Gerät erinnern zu können, das die erste Begegnung mit einem Touchscreen ermöglichte, ist Teil des deklarativen, episodischen Wissens. Den Touchscreen bedienen zu können, indem man gezielte und kontrollierte Streich- und Wischbewegungen ausführt, wird dem prozeduralen Wissen zugeordnet. Und schließlich ist es ein Fundus des metakognitiven Wissens, einen Plan zu haben, wie man die ungewohnten Bewegungen ohne großen Aufwand und schnell trainieren kann, um das Smartphone jederzeit schnell und einfach nutzen zu können.

4.2.2 Wissen integrieren

Das Ziel von Lernen als Wissenserwerb besteht darin, Informationen wahrzunehmen, relevante Inhalte herauszufiltern, im Arbeitsspeicher zu Chunks zu komprimieren und möglichst viele der gebildeten Wissenseinheiten im Langzeitgedächtnis abzuspeichern. Dazu müssen die neuen Informationen mit dem bereits bestehenden Wissen im Langzeitgedächtnis verknüpft werden. Das Gedächtnis ist (in allen Speichern) wie ein Netzwerk aufgebaut. Der Wissenserwerb besteht darin, Inhalte einzuflechten, neue Knotenpunkte zu bilden oder bestehende Verknüpfungen zu verstärken.

▶ Je mehr Verknüpfungen Lernende herstellen, desto schneller gelingt später das Erinnern der Wissensinhalte.

Menschen fangen dabei in den seltensten Fällen bei Null an, sondern bringen Vorwissen mit. Schon Neugeborene bringen Erinnerungen an ihre Empfindungen und Erlebnisse im Mutterleib mit auf die Welt und können zum Beispiel die Stimme ihrer Mutter von den Stimmen anderer Frauen unterscheiden. Diese Kenntnisse der Entwicklungspsychologie hat ein finnisches Forscherteam mit Hilfe neurowissenschaftlicher Methoden bestätigt (Partanen et al. 2013, S. 37).

4.2.2.1 Die Rolle von bestehendem (Vor)Wissen

In vielen Fällen sind neue Informationen ohne Vorwissen schlichtweg unverständlich. Um den Umgang mit dem Touchscreen eines Smartphones zu erlernen, müssen dessen Funktionsweisen und bestimmte Grundfunktionen bekannt sein. So muss man beispielsweise wissen, dass es ein Gerät ist, mit dem man telefonieren, aber auch Fotos machen und Kontakte speichern kann. Ohne dieses Vorwissen würde man die entsprechenden Icons auf dem Display nicht berühren oder nicht auf die Idee kommen, nach dem „Drücken" der Telefontasten das Gerät ans Ohr zu legen. Das bestehende Vorwissen verleiht außerdem neuen Informationen Sinn und führt zu einem besseren Verständnis. Das neue Wissen würde ohne diese Verknüpfungen auch sehr schnell wieder vergessen werden. Das Zusammenspiel von neuem und bestehendem Wissen beim Wissenserwerb nennt man in der Lernpsychologie **Elaboration**.

▶ Elaboration bezeichnet die Aktivierung von Vorwissen und die Verbindung von bestehendem Wissen mit neuen Informationen.

Nur wenn sich neue Informationen in das Wissensnetz des Langzeitgedächtnisses integrieren, erwerben Lernende das Wissen nachhaltig. Dann können sie die Lerninhalte verstehen, bewerten, vergleichen, erinnern und anwenden.

4.2.2.2 Effektiver Wissenserwerb

Die Integration von neuem Wissen in das bestehende Wissensnetzwerk gelingt besonders effektiv und nachhaltig, wenn eine der folgenden Funktionen die Verarbeitung der Informationen im Arbeitsspeicher unterstützt:

- **Interpretieren:** Neue Informationen werden auf Basis des Vorwissens gedeutet. Vorwissen wird nicht in allen Fällen automatisch aktiviert. Der Wissenserwerb kann von Trainern und Ausbildenden bewusst dadurch angeregt werden, dass Vorkenntnisse und bisherige Erfahrungen zu einem neuen Bereich oder Thema „abgefragt" werden.
- **Selegieren:** Nicht alle auf unsere Sinne einströmenden Informationen sind für die Lernziele relevant. Deswegen ist es von Vorteil, Informationen bewusst auszuwählen. So kann beim Lesen eines Fachtexts beispielsweise die Aufgabe gestellt werden, nur diejenigen Aspekte zu beachten, die für ein vorab konkret definiertes Lernziel bedeutsam sind. Bei den Rückmeldungen in einem Präsentationstraining kann der Trainer einer Gruppe von Beobachtern die Aufgabe geben, auf bestimmte Verhaltensaspekte der Trainees (z. B. das non-verbale Verhalten, die Verwendung von „Ähs" im Gesprächsfluss, den Einsatz des Flip Charts) zu achten und dadurch die Lerneffekte bei den Trainees intensivieren.
- **Organisieren:** Das Gedächtnis ist in einer hierarchischen Struktur aufgebaut. Neue Informationen können besser integrieren werden, wenn die Lernenden eine Struktur von Ober- und Unterordnung verwenden. Dies kann bei der Wissensvermittlung in Form von Übersichten und Gliederungen oder grafischen Hervorhebungen besonders wichtiger Aspekte geschehen. Noch effektiver ist es jedoch, wenn Lernende diese Zusammenhänge selbst erarbeiten, weil sie die Informationen dann bereits auf einer tieferen Ebene verarbeiten.
- **Elaborieren**: Das Verknüpfen von neuem und bestehendem Wissen ist das A und O des Wissenserwerbs. Es kann ebenfalls bewusst angeregt werden, zum Beispiel durch das Entwickeln eigener Beispiele, Vergleiche und Analogien oder durch die kritische Bewertung neuer Inhalte auf Basis des Vorwissens.
- **Wiederholen:** Lernen vertieft sich durch Wiederholung. Dies kann das Wiederholen des eigentlichen Lernens sein, wie beispielsweise beim Vokabellernen, oder das Wiederholen durch die Einbettung der Inhalte in größere Zusammenhänge. Wiederholen kann auch prozedurales Wissen vertiefen, indem bestimmte Bewegungsabläufe mehrfach wiederholt und dadurch automatisiert werden.
- **Generieren:** Der Wissenserwerb ist ein aktiver Prozess. Durch die Verknüpfung von neuen Wissensinhalten miteinander und mit dem Vorwissen werden auch neue Bedeutungen geschaffen. Diese Funktion steht beim sogenannten entdeckenden Lernen im Vordergrund, bei dem Lernende eigene Schlussfolgerungen ziehen und neue Zusammenhänge herstellen.
- **Überwachen und Regulieren:** Das metakognitive Wissen kann bewusst genutzt werden, um den Lernprozess zu gestalten. In der Selbstreflexion können Lernende prüfen, ob sie das neue Wissen tatsächlich verstanden haben, mit welchen Medien sie am besten zurechtkommen oder welche Art der Wiederholung für sie am wirksamsten ist.

Der Wissenserwerb erfordert die aktive Verarbeitung von Informationen. Günstige Rahmenbedingungen für konzentriertes Lernen, geeignete Medien und die richtigen Lernstrategien bewirken spürbare Verbesserungen des Lernens und Erinnerns.

4.2.3 Wissen speichern und abrufen

Wissen wird im Langzeitgedächtnis gespeichert und steht dort theoretisch bin zum Ende des Lebens zur Verfügung. Der aktuelle Forschungsstand besagt, dass Wissen niemals „verschwindet", sondern Vergessen ein Problem ist, an vorhandenes Wissen heranzukommen. Das Gedächtnis leistet jeden Tag und in jedem Moment unschätzbare Dienste, da wir ohne Erinnerungen jeden Tag viele Fertigkeiten neu erlernen und ohne Identität und Ich-Gefühl durchs Leben gehen müssten.

Unabhängig von den vorgestellten Speicherarten und den Wissensarten sind drei Prozesse erforderlich, um Wissen zu erwerben und später nutzen zu können.

Zunächst werden die Reize der äußeren Welt im Geiste abgebildet. Die visuellen Informationen, die Sie beim Lesen dieser Zeilen aufnehmen, bilden Sie im Arbeitsspeicher als Buchstaben ab. Diese erste Stufe der Informationsverarbeitung nennt man das **Enkodieren** von Informationen.

Werden die Informationen tiefer zu Sätzen, Thesen und Wissen verarbeitet, werden die mentalen Repräsentationen im Langzeitgedächtnis abgespeichert. Das Gedächtnis sorgt dafür, dass diese mentalen Repräsentationen für eine gewisse Zeit aufrechterhalten werden. Im Arbeitsgedächtnis ist diese Zeitspanne wesentlich kürzer als im Langzeitgedächtnis (siehe Kap. 4.2.1). Diese zweite Stufe des Wissenserwerbs wird **Speicherung** genannt.

Das Erinnern ist der Prozess, gespeicherte Informationen bewusst oder unbewusst aus dem Gedächtnis wiederzugewinnen und als Wissen zur Verfügung zu haben. Diese Stufe wird **Abruf** von Informationen genannt. Die drei Prozesse sind recht komplex und beeinflussen sich gegenseitig. Wissenserwerb ist kein mechanischer Vorgang, bei dem Informationen nach und nach wie auf einem Fließband in den Gedächtnisspeicher transportiert werden. So erinnern Menschen sich beispielsweise rückwirkend an andere Inhalte und Facetten eines Gesprächs, je nachdem, in welcher Stimmung sie sich beim Erinnern befinden oder welche neuen Informationen sie über das Gespräch erhalten. Die Vergangenheit wird nicht passiv aus unseren Erinnerungen abgelesen, sondern vielmehr aktiv rekonstruiert (Snyder und Uranowitz 1978, S. 941–950).

4.2.3.1 Impliziter und expliziter Gedächtnisgebrauch
Manche Wissensinhalte fallen Menschen von alleine ein oder sind als Vorwissen im Hintergrund der Wahrnehmung automatisch vorhanden. An andere Inhalte erinnern sich Menschen bewusst, indem sie Informationen gezielt wiederherstellen.

▶ Der implizite Gedächtnisgebrauch stellt Gedächtnisinhalte ohne bewusste Anstrengung zur Verfügung. Der explizite Gedächtnisgebrauch stellt Wissen durch bewusste Anstrengung wieder her.

In den meisten Fällen vermischen sich beide Arten des Gedächtnisgebrauchs.

4.2.3.2 Hinweisreize

Bestimmte Hinweise helfen dabei, Informationen aus dem Langzeitgedächtnis abzurufen. Wenn Sie sich an die Inhalte des letzten Kapitels erinnern wollen, gelingt Ihnen dies wahrscheinlich besser, wenn Sie sich die Überschriften der Unterkapitel ansehen. Hinweisreize können von außen kommen, wie die Strukturen in diesem Text, oder sie können selbst gebildet werden. Sie könnten sich beispielsweise Stichworte an den Rand schreiben oder sich zu bestimmten Inhalten eigene Erlebnisse einfallen lassen. Psychologische Studien zeigen, dass es Menschen besser gelingt, sich an etwas zu erinnern, wenn die Hinweisreize beim Abrufen mit denen beim Enkodieren übereinstimmen.

▶ Der spätere Abruf von Informationen wird verbessert, wenn die Hinweisreize beim Enkodieren mit den Hinweisreizen beim Abruf der Informationen übereinstimmen. Dieses Prinzip wird Enkodierspezifität genannt.

Sie würden sich an die Inhalte dieses Kapitels in einem Quiz oder Test besser erinnern, wenn die Fragen dieselben Hinweisreize enthielten wie die Überschriften im Text oder Ihre eigenen Stichworte. Dieses Prinzip gilt nicht nur für die eigentlichen Hinweisreize, sondern auch den Kontext, in dem Wissenserwerb und -abruf stattfinden. In einem Experiment wiesen Gedächtnisforscher zum Beispiel nach, dass sich Taucher an Wortpaare, die sie unter Wasser gelernt hatten, auch unter Wasser besser erinnern konnten, als wenn sie gemütlich am Strand lagen (Gooden und Baddeley 1975, S. 325–331).

Dieses Prinzip kann ebenfalls bewusst eingesetzt werden, um die Gedächtnisleistung zu verbessern. Wenn Sie sich Fachwissen für eine wichtige Präsentation aneignen wollen, versuchen Sie, die Vorbereitung möglichst ähnlich der Präsentationssituation zu gestalten. Wenn Sie beispielsweise die Inhalte stehend und vor allem verbal präsentieren, ist es ratsam, sich die Inhalte auch im Stehen anzueignen und möglichst häufig durch lautes Aussprechen zu wiederholen.

4.2.3.3 Mnemotechniken

Auch andere mentale Strategien können die Gedächtnisleistung spürbar steigern.

▶ Mnemotechniken sind Techniken, mit deren Hilfe Informationen so verarbeitet und organisiert werden, dass sie später leichter abrufbar sind.

Alle Mnemotechniken sind Hilfestellungen dabei, bekanntes Wissen mit den zu lernenden Informationen so zu verknüpfen, dass sie besser erinnert werden können, wenn sie gebraucht werden.

- Die **Methode der Orte** ist durch Gedächtniskünstler recht bekannt geworden. Bei dieser Technik erstellt man einen Merkzettel mit den Informationen, die man sich merken will. Man legt die Informationen an verschiedenen Orten ab, mit denen man gut vertraut ist. Namen, Fachbegriffe oder Formeln beispielsweise könnten gedanklich in den verschiedenen Räumen der Wohnung abgelegt werden. Zur Unterstützung können die jeweiligen Ablageorte auf dem Merkzettel mit den Lerninhalten notiert werden. Um sich an die Inhalte zu erinnern, schreitet man gedanklich oder tatsächlich die verschiedenen Räume ab und sammelt das Wissen quasi wieder ein. Durch die Verknüpfung mit den vertrauten Orten kann man die Inhalte besser erinnern als ohne diese Verankerung. Diese Methode kann auch dahingehend variiert werden, dass die Lerninhalte gedanklich an den Orten eines **Spaziergangs** abgelegt werden, wenn die Route gut vertraut und immer dieselbe ist. Um die Informationen abzurufen, geht man gedanklich spazieren und kann die Informationen an den einzelnen Stationen „abholen". Als angenehmen Nebeneffekt steigert die Entspannung und körperliche Bewegung die geistige Aufnahmekapazität. Gerade in intensiven Lernphasen kommen Pausen und Regeneration häufig zu kurz, was sich negativ auf die Erinnerungsleistung auswirkt (Abb. 4.3).

Eine weitere Abwandlung dieser Technik bildet die **Körperliste**. Die Verknüpfung der Lerninhalte mit verschiedenen Körperregionen hilft Menschen, die einen guten Zugang zu ihrem Körper haben, beim Wissenserwerb. Sportlich aktiven Menschen oder Personen, die durch Meditation, Yoga oder Chi Gong ihren Körper besonders bewusst wahrnehmen, fällt die Assoziation von Lerninhalten mit verschiedenen Stellen ihres Körpers häufig leichter als weniger körperbezogene Mnemotechniken.

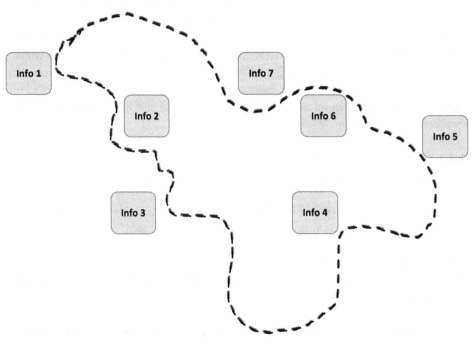

Abb. 4.3 Die Methode der Orte

- Die **Wäscheleinemethode** arbeitet mit Reimen, die Zahlen und Wörter miteinander verbinden. „Eins ist meins, zwei ist ein Ei, drei ist Brei, vier ist ein Bier…". Je besser diese Liste bereits im Langzeitgedächtnis verankert ist, desto besser wird es gelingen, neue Inhalte an diese Liste zu hängen wie Wäschestücke an eine Leine. Zum Enkodieren werden die Informationen nacheinander mit den Elementen auf der Liste verknüpft. Also zum Beispiel: „Das Auto ist meins, ein Huhn legt das Ei, Brei kocht man im Topf und im Sommer trinkt man Bier". Diese Assoziationskette würde helfen, um sich die Begriffe Auto, Huhn, Topf und Sommer einzuprägen. Der Kniff besteht bei dieser Methode darin, sinnvolle Verknüpfungen zwischen der ursprünglichen Liste und den zu lernenden Informationen zu entwickeln.
- Bei der **bildhaften Speicherung** werden die Inhalte in eine bildhafte Form gebracht, da Bilder leichter aus dem Gedächtnis abgerufen werden können. Sowohl innere Bilder (z. B. eine Erinnerung, eine vertraute Person, eine Metapher) als auch Visualisierungen und grafische Darstellungen von Wissen (z. B. in Form von Mindmaps) können die Speicherung von Wissen fördern (siehe Kap. 4.3).
- Das **Zahl-Form-System** ordnet jeder Ziffer von 0 bis 9 ein Symbol zu, das vom Erscheinungsbild her ähnlich aussieht oder eine Assoziation zur Ziffer anregt. Die Ziffer 0 kann beispielsweise einer Kugel zugeordnet werden, die Ziffer 1 einer Kerze, die Ziffer 2 einem Schwan, die Ziffer drei einem Dreizack, die Ziffer 4 einem Kleeblatt und so weiter. Hat man sein persönliches Zahl-Form-System für alle zehn Ziffern entwickelt, kann man es zum Einprägen von Zahlenreihen wie beispielsweise Geheimzahlen nutzen. Dazu entwickelt man aus den Symbolen eine kleine Geschichte. Lautet die Geheimzahl der EC-Karte 1102, dann würden zwei Kerzen einen Schwan auf einer Kugel illuminieren. Idealerweise würde diese Geschichte mit der EC-Karte verknüpft. Dies könnte geschehen, indem dieses Bild als Wappen oder Logo auf der EC-Karte vorgestellt würde oder der Schwan eine EC-Karte im Schnabel hielte. Das wäre ein seltsames Bild, und gerade weil es außergewöhnlich und merkwürdig ist, ließe es sich gut erinnern.
- Bei **Reimen** unterstützen der sprachliche Rhythmus und der Reim das Erinnern von Gelerntem. Nicht umsonst waren Jingles in der Werbung der 50er und 60er Jahre häufig in Reimform verfasst, um die Markenversprechen mit den damals noch unbeschriebenen Blättern des Markenimages zu verknüpfen. Eselsbrücken wie „7, 5, 3, Rom schlüpft aus dem Ei" als Erinnerungshilfe für das Gründungsjahr von Rom sind klassische Beispiele dieser Mnemotechnik.
- Die **Schlüssel- oder Ersatzwortmethode** unterstützt speziell das Lernen von Vokabeln. Ein Wort der Muttersprache, das phonologisch so ähnlich klingt wie die Vokabel, fungiert als Schlüsselwort. Beispielsweise kann Mais das Schlüsselwort für mice (Mäuse) bilden. Das Schlüsselwort und die Bedeutung der Vokabel werden nun in einer Geschichte oder einem inneren Bild miteinander verknüpft. So könnten die Mäuse zum Beispiel an einem Maiskolben knabbern.

> **Englisch lernen in einer Woche**
> Der Gedächtnisgroßmeister Dr. Yip Swe Choi lernte mithilfe der Schlüsselwortmethode in Kombination mit der Methode der Orte ein Wörterbuch Mandarin-Englisch mit über 58.000 Einträgen auf mehr als 1700 Seiten auswendig. Er kannte zu jeder Vokabel aus einer der beiden Sprachen die entsprechende Übersetzung, die exakte Definition in der Landessprache und sogar die Seitenzahl und Stelle auf der Seite, wo das Wort in dem Wörterbuch stand. Neben den Schlüsselworten setzte er für diese Extremleistung eine mentale Route mit über 58.000 Punkten ein, an denen er die einzelnen Vokabeln ablegte.

4.3 Wissen an andere weitergeben

Die Kenntnis der Prozesse des Wissenserwerbs ermöglicht es, die Bedingungen und Strategien für das Lernen zu verbessern. Dies gilt nicht nur dann, wenn Menschen etwas lernen wollen, sondern auch, wenn sie anderen Menschen etwas beibringen möchten. Die Wissensvermittlung ist der Gegenstandsbereich der sogenannten Pädagogischen Psychologie. Ihre Modelle und Studien beschränken sich nicht auf das Lehrer-Schüler-Verhältnis, sondern beziehen sich auch auf den Berufsalltag von Ausbildern im Unternehmen, Trainern und Coaches. In diesem Kapitel werden Sie mit den wichtigsten Ansätzen und Techniken vertraut gemacht.

Wissen erwerben Menschen in Unternehmen nicht nur in Trainings und Schulungen, sondern jeden Tag. Zumindest haben sie die Chance dazu. Die heutige Arbeitswelt ist von einer immens angestiegenen Arbeitsdichte und immer schnelleren Veränderungen des Wissens, der Inhalte und Arbeitsprozesse gekennzeichnet. Lebenslanges Lernen ist für die Unternehmen, die sich als lernende Organisation den Herausforderungen aktueller Change-Prozesse stellen, und für die Mitarbeiter gleichermaßen relevant. Auf die Darstellung der Veränderung von Organisationsstrukturen (z. B. job enlargement und job enrichment) (Sonntag und Stegmaier 2007), um Lernprozesse in Unternehmen durch lernfreundlichere Rahmenbedingungen zu fördern, wird an dieser Stelle jedoch verzichtet. Diese Maßnahmen entfalten nur im Rahmen umfassender Change Management-Prozesse ihre Wirksamkeit und stellen keine einfachen Strategien dar, wie Führungskräfte den Wissenserwerb im Unternehmen besser gestalten können.

4.3.1 Zum Lernen motivieren

Ohne Motivation keine Aktion. Nur wenn Mitarbeiter motiviert sind, ihre Kenntnisse zu erweitern und sich neue Verhaltensweisen anzueignen, greifen Trainingsmaßnahmen und führen zum gelungenen Transfer in den Arbeitsalltag. Viele Studien belegen, dass teilweise schon kleine Maßnahmen (wie z. B. die Definition der konkreten Lernziele durch die

Trainees beim Behaviour Modelling-Training, siehe Kap. 4.1.2) die Lernmotivation und die Wirksamkeit von Lernaktivitäten bedeutsam erhöhen.

4.3.1.1 Intrinsische Lernmotivation

Auch bei der Lernmotivation macht es einen großen Unterschied, ob Mitarbeitern und Trainees die zu erlernende Tätigkeit von sich aus Spaß macht und sie **intrinsisch** motiviert sind (siehe Kap. 2.2.2) oder nicht. Machen das Lernen an sich oder die zu erlernenden Tätigkeiten Spaß, so setzen sich Mitarbeiter spontan mit den Inhalten und Materialien auseinander. Diese Form der Motivation ist ideal, denn Lernende erleben von ganz alleine Freude am und beim Lernen. Sie sind häufiger im Flowzustand, welcher wiederum Glück und Zufriedenheit fördert (siehe Kap. 2.3.2). Die positiven Emotionen im Laufe des Lernprozesses halten die Lernenden am Ball, wenn einmal schwierige Aufgaben zu meistern oder Misserfolge zu überwinden sind (Csikszentmihalyi 2010). Positive Gefühle fördern die Lernleistung und intrinsisch motivierte Menschen verwenden beim Lernen bessere und tiefgreifendere Lernstrategien als Menschen ohne diesen Spaß am Lernen selbst. Die Eigeninitiative intrinsisch Motivierter ist ausreichend für den Lernprozess. Es muss bei der Konzeption des Trainings oder des Lernens „on-the-job" jedoch darauf geachtet werden, dass realistische Lernziele gesteckt werden und notwendige Ressourcen – wie ruhige Arbeitsatmosphäre, ausreichend Zeit, Lehrmaterialien – zur Verfügung gestellt werden. Schließlich sind positive Rückmeldungen und Anerkennung von außen notwendig, um die Freude am Lernen aufrechtzuerhalten und die intrinsische Motivation nicht als Selbstverständlichkeit zu werten.

4.3.1.2 Extrinsische Lernmotivation

Nicht immer sind diese idealen Voraussetzungen gegeben, und Lernende sind **extrinsisch** motiviert. Der Motor für das Lernen sind Hoffnung auf positive Folgen wie z. B. ein finanzieller Anreiz, Lob, Qualifizierung oder ein Zertifikat. Am ungünstigsten ist es, wenn Lernende aus Furcht vor negativen Konsequenzen (z. B. drohender Jobverlust, Statusminderung) neues Wissen und Fertigkeiten erwerben wollen. Ermöglicht der Wissenserwerb Zugang zu neuen beruflichen Möglichkeiten und ist „Mittel zum Zweck", sollte der Lernprozess so gestaltet werden, dass Lernende einen möglichst großen Einfluss auf das Lernergebnis haben. Fehlen ihnen beispielsweise wichtige Grundkenntnisse oder sind die Aufgaben zu schwierig, höhlt die geringe Erfolgswahrscheinlichkeit ihrer Lernbemühungen die vorhandene Motivation nach und nach aus. Die Lernenden werden frustriert und demotiviert. Schließlich ist auch bedeutsam, wie angenehm oder unangenehm die erforderlichen Lernprozesse für die Lernenden sind. Ist das Erlernen einer neuen Software für die Weiterqualifizierung unabdingbar, sind Mitarbeiter, denen der Umgang mit Informationstechnologien leicht fällt, stärker befähigt und auch motiviert, das Training durchzuziehen, als Mitarbeiter, die mit dem Computer auf Kriegsfuß stehen. Auf unterschiedliches Vorwissen und individuelle Stärken und Schwächen der Lernenden muss deswegen bei der Definition der Lernziele, den Materialien und Lehrmethoden eingegangen werden.

4.3.1.3 Selbstregulation

Ab und an gelingt es auch motivierten Menschen nicht, sich wichtiges und hilfreiches Wissen anzueignen. Dies kann daran liegen, dass ihnen wichtige kognitive Kompetenzen oder nötiges Vorwissen fehlen. Manchmal ist aber einfach der ‚innere Schweinhund' zu stark und ein Mangel an Selbstregulation gegeben. In diesem Fall sind Hilfestellungen und Strategien erforderlich, dieses sogenannte **Volitionsdefizit** zu überwinden. Hier fehlen Strategien für ein besseres Selbstmanagement, um die grundsätzlich vorhandene Motivation auch in Taten umzusetzen (siehe auch Kap. 2.3.2). In vielen Unternehmen sind Selbstmanagement-Trainings deswegen ein Element der Mitarbeiterentwicklung und Führungskräfteschulung, da ohne gute Selbstregulation Lernen an sich nur begrenzt erfolgt und spezielle Schulungsmaßnahmen nicht greifen können.

4.3.1.4 Die Förderung des Leistungsmotivs

Eine wichtige Voraussetzung, um das Leistungsmotiv zu stärken, sind realistische Erwartungen an die Lernenden. Werden die Lerneffekte eines Trainings oder die Leistungen von Mitarbeitern vor allem an allgemeinen Bezugsnormen – wie z. B. der durchschnittlichen Leistung der Belegschaft oder einer Benchmark als Ziellinie – gemessen, wirkt sich dies auf die Leistungsmotivation einiger Mitarbeiter negativ aus. Ein negatives Selbstbild oder pessimistische Attributionsstrategien können verhindern, dass Mitarbeiter ihre Lernerfolge erkennen und wertschätzen, da sie im Vergleich zu den Kollegen oder den Erwartungen vergleichsweise schlecht abschneiden (siehe auch Kap. 2.3.1). Individuelle Bezugsnormen schaffen Abhilfe und fördern nachweislich die Motivation (Tücke 2005).

Aber auch durch ein größeres Interesse an den Lern- und Trainingsinhalten sowie am Prozess des Lernens steigt die Leistungsmotivation. Neben der abwechslungsreichen, ansprechenden und unterhaltsamen Präsentation der Inhalte ist positives Erleben während des Lernens der Schlüssel zum Lehr- oder Trainingserfolg. Die Bedürfnisse nach Kompetenz, Selbstbestimmung und sozialer Einbindung unterstützen die Entwicklung eines stärkeren Interesses am Lernen und können gezielt gefördert werden:

- Die **Kompetenzwahrnehmung** kann durch positive und bekräftigende Rückmeldungen gefördert werden. Insbesondere Menschen mit einem pessimistischen Attributionsmuster und negativen Selbstbild fällt es schwer, gute Leistungen als solche wahrzunehmen und sich als Ursache von Erfolgen zu erleben. Die Führungskraft oder der Trainer sollte auch kleine Lernerfolge und das Bewältigen vergleichsweise einfacher Aufgaben positiv kommentieren und so den Mut zum nächsten Lernschritt stärken. Auch in schwierigen Situationen ist eine positive Grundhaltung wichtig. Kippt die anfängliche Ermunterung bei Misserfolgen schnell in Tadel oder kritische Kommentare, wird die Kompetenzentwicklung der Lernenden unterbunden. Lebensnahe Beispiele und der Rückgriff auf eigene Erlebnisse fördern die aktive Beteiligung am Lernprozess. Auch dies macht es den Lernenden leichter, sich als kompetent zu erleben und ihre Erfahrungen als wertvoll.
- Ein Mindestmaß an **Selbstbestimmung** muss gegeben sein, damit Mitarbeiter nicht nur ‚Training nach Vorschrift' machen, sondern innerlich an dem Training beteiligt

sind und Interesse entwickeln. Mitbestimmung bei der konkreten Beschreibung der Lernziele und die interne Abstimmung von Fallbeispielen oder Übungen stärken die Motivation und Zufriedenheit mit dem Lernprozess. Der Einsatz von Projekten, die Arbeit in Kleingruppen und andere Formen kooperativen Lernens vergrößern den Handlungsspielraum der Mitarbeiter und stärken ihre Motivation. Auch die Ankopplung an übergeordnete Ziele, indem erläutert wird, warum bestimmte Themen und Aufgaben behandelt werden, fördert das selbstbestimmte Lernen und das Involvement.

- **Teamwork** und Übungen in **Kleingruppen** unterstützen den sozialen Zusammenhalt und können die Motivation, sich mit den Lerninhalten auseinanderzusetzen, steigern. Dies gilt aber nur unter gewissen Bedingungen. Der soziale Druck fördert die aktive Beteiligung, schafft aber auch Angst vor der Bewertung der anderen Teammitglieder. Gute (Lern)Leistungen entstehen, nur wenn die Leistungen der einzelnen Teammitglieder messbar sind und es sich um gut zu bewältigende Aufgaben handelt. Bei komplexen und schwierigen Aufgaben ist Teamarbeit nur ratsam, wenn die Leistungen der einzelnen Teammitglieder nicht messbar sind. Ansonsten verhindert die Bewertungsangst, dass Menschen ihre bestmöglichen Leistungen erbringen.

▶ Die individuelle Leistungsfähigkeit steigert sich durch die Anwesenheit von anderen Menschen bei einfachen Aufgaben, deren Ergebnis messbar ist. Dieser Effekt wird soziale Erleichterung (social facilitation) genannt.
Ist die Einzelleistung nicht messbar, erbringen Menschen in der Gegenwart anderer bei einfachen Aufgaben schlechtere Leistungen. Dies wird als soziales Faulenzen (social loafing) bezeichnet (Abb. 4.4).

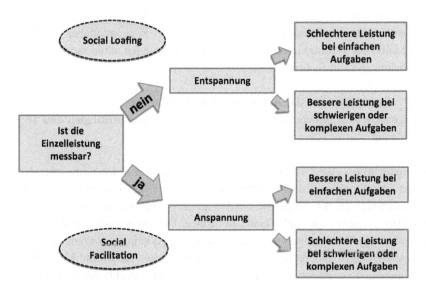

Abb. 4.4 Prozess ‚Social Loafing und Social Facilitation'

Neben leistungsfördernden und -hemmenden Einflüssen fördert Teamarbeit aber auch den Zusammenhalt der Mitarbeiter und eröffnet Chancen, sich gegenseitig zu unterstützen und zu ermuntern (siehe Kap. 4.3.4). Bei einem kooperativen Lernklima ist dies insbesondere für Menschen mit niedriger Leistungsmotivation und negativem Selbstbild hilfreich.
- **Persönliche Bedeutsamkeit** der Lerninhalte und Trainingsthemen steigert ebenfalls die Motivation, sich mit den Inhalten intensiv zu beschäftigen. Folgende Fragen helfen bei der Vorbereitung: Welche Bedeutung hat der Inhalt für das (berufliche) Leben der Mitarbeiter heute? Welche Bedeutung hat es möglicherweise für ihre Zukunft? Welche konkreten Beispiele oder Fälle aus dem Berufsalltag machen den Inhalt anschaulich, interessant und begreifbar?

4.3.2 Vorhandenes Wissen nutzen

Der Erwerb neuen Wissens ist immer dann effektiv, wenn neue Informationen mit bestehendem Wissen verknüpft werden. Wie die Mnemotechniken anschaulich verdeutlichen, kann bereits die Struktur von recht einfachem Wissen, wie die Kenntnis der Räume einer Wohnung, das Alphabet oder das eigene Körperschema (siehe Kap. 4.2.3), das Einprägen neuer Informationen wirksam fördern. Aber auch komplexeres und stärker auf die neuen Lerninhalte bezogenes Wissen fördert selbstverständlich das Lernen.

4.3.2.1 Gute Rahmenbedingungen
Unabhängig von den Techniken, mit denen vorhandenes Vorwissen aufbereitet wird, gelingt Lernen nur unter günstigen Rahmenbedingungen. Ein gewisses Maß an Lernmotivation, ausreichend Zeit auch für das Wiederholen und die selbstständige Vertiefung der Inhalte sowie eine ablenkungsfreie Lernumgebung (d. h. kein simultanes Checken eingehender Mails oder Postings) sind essentielle Voraussetzungen, ohne welche die raffiniertesten Techniken nicht funktionieren.

4.3.2.2 Strategien für die Aktivierung von Vorwissen
Für die gezielte Nutzung von Vorwissen stehen verschiedene **Strategien und Techniken** zur Verfügung:

- **Brainstorming:** Diese Technik eignet sich gut, um ein neues Lern- oder Trainingsthema einzuführen und dabei bestehende Kenntnisse, Erfahrungen und Vermutungen der Lernenden zu aktivieren. Sie werden aufgefordert, spontan und ohne Bewertung alle Ideen zu dem jeweiligen Thema zu nennen. Die Trainer oder die den Lernprozess moderierende Führungskraft muss darauf achten, dass keine bewertenden Kommentare und Abwertungen anderer Teilnehmer geäußert werden. Außerdem ist es seine Rolle, für ausbalancierte Redebeiträge aller zu sorgen und zurückhaltende Teammitglieder mehr oder weniger explizit einzuladen, sich aktiv am Brainstorming zu beteiligen. Alle

Ideen werden zunächst unkommentiert gesammelt und am Flip Chart festgehalten. Erst im Anschluss an das Brainstorming können die Beiträge weiter verarbeitet werden, zum Beispiel indem Gruppen ähnlicher Themen gebildet werden oder bestimmte Aspekte als besonders wichtig für die Lernziele hervorgehoben werden. Die Teilnehmenden aktivieren durch das Brainstorming ihr Vorwissen und können die folgenden Inhalte dadurch besser ‚andocken' und verankern. Der Moderator oder Trainer wiederum erhält wichtige Hinweise darauf, welche Themen und Bereiche der Lerninhalte für die Mitarbeiter persönlich wichtig und bedeutsam sind und kann den folgenden Trainingsablauf entsprechend strukturieren und besondere Schwerpunkte setzen.

- **Mindmapping:** Diese Technik stellt das vorhandene Wissen grafisch in Form von Begriffsnetzen dar. Im Gegensatz zum Brainstorming wird hier also das von den Mitarbeitern genannte Vorwissen geordnet, indem hierarchische Strukturen gebildet werden. Diese müssen sich nicht immer nach logischen und rationalen Kriterien ausrichten. So können Erzählungen und Erfahrungen beispielsweise auch hinsichtlich ihrer persönlichen Bedeutung gruppiert werden.
Inzwischen stehen viele Softwarelösungen zur Visualisierung von Mindmaps zur Verfügung. Die visuelle Strukturierung von Wissen und die aktive Verarbeitung der Informationen unterstützt das Bilden von Verknüpfungen zwischen dem Vorwissen und den neuen Lerninhalten.
- **Das Gruppenpuzzle:** Ähnlich wie beim Brainstorming soll das Vorwissen in einer Lerngruppe aktiviert werden. Beim Gruppenpuzzle werden jedoch Untergruppen gebildet, die das bestehende Vorwissen auf unterschiedliche Weise sammeln sollen. Ein Team beispielsweise schreibt in Form von Stichworten oder Kurzzusammenfassungen alle Kenntnisse, Ideen und Vorerfahrungen auf. Ein anderes Team zeichnet und skizziert die Vorerfahrungen oder visualisiert Strukturen in Form eines Modells. Ein anderes Team wiederum diskutiert ihre Vorerfahrungen, gewichtet, wägt ab und stellt sich gegenseitig vertiefende Fragen. Um den Prozess zu intensivieren, kann die Zusammensetzung der Teams gewechselt werden, damit Mitarbeiter mit verschiedenen Kollegen zusammenarbeiten und sich nicht nur im gewohnten oder bevorzugten Medium ausdrücken.
- **Mentoring:** Die Expertise erfahrener Mitarbeiter kann als Vorwissen die Entwicklung unerfahrener Kollegen unterstützen. Mentoring bezeichnet die Beziehung zwischen einem erfahrenen Mitarbeiter als Protegé eines Junior-Kollegen mit dem Ziel, die Entwicklung in der Organisation zu fördern. Der Mentor gibt Orientierung, unterstützt den Mentee und dient auch als Rollenmodell für die berufliche Entwicklung (siehe auch Kap. 4.1.2). Der Mentor erhöht die Sichtbarkeit seines Schützlings im Unternehmen und macht auf interessante Projekte und Arbeitskreise aufmerksam. Dadurch erhält der Mentee die Gelegenheit, sein Wissen zu erweitern und wertvolle Erfahrungen zu machen. Auch in beruflichen Übergangsphasen wie Auslandseinsätzen oder Restrukturierungsmaßnahmen werden Mentorenprogramme zur Unterstützung der betroffenen Mitarbeiter eingesetzt.

Mentoring hat viele positive Effekte. Mentees erleben deutlich weniger Rollenkonflikte und Rollenstress als Kollegen, die keine Orientierung und Förderung durch Mentoren erhalten (Wilson und Elman 1990, S. 88–93) und sind zufriedener mit ihrer Arbeit und beruflichen Entwicklung (Chao 1997, S. 15–28). Sie erreichen schneller gehobene Positionen und ein höheres Einkommen (Dreher und Ash 1990, S. 539–546).

Es gibt Hinweise dafür, dass Mentoring bei organisch gewachsenen Beziehungen erfolgreicher ist als Mentoring, das vom Unternehmen institutionalisiert wurde. Die Analyse von Mentoring-Programmen zeigt jedoch, dass dies an der schweren Erreichbarkeit der institutionellen Mentoren und ihrem geringen Involvement liegt. Zudem werden Frauen noch zu selten als Mentees unterstützt. Werden engagierte Mentoren durch entsprechende Trainings in ihrer Rolle als Förderer geschult und im Unternehmen für ihre Leistungen honoriert, liefern sie sehr wertvolle Beiträge für den Wissenstransfer von einer Mitarbeitergeneration zur nächsten (Blickle 2000, S. 168–178).

4.3.3 Wissen strukturieren

Strukturiertes Wissen erleichtert es Lernenden, sich auf den Lernprozess einzulassen und einen Überblick über das neue Wissen zu gewinnen. Andererseits unterstützt es die Aufnahme neuer Informationen immens, wenn Lernende sich selbst mit den Inhalten beschäftigen, sie strukturieren, bearbeiten, gliedern und zusammenfassen. Entsprechend ist im Prozess der Wissensvermittlung auf eine Balance zwischen Vorstrukturierung und Angeboten für die individuelle Strukturierung der Lerninhalte zu achten. Meist gelingt dies in einem Wechsel aus Struktur und Überblick als Einstieg und einer steigenden Anzahl an Übungen und strukturgebenden Aufgaben im Laufe des weiteren Prozesses.

4.3.3.1 Bei der Wissensvermittlung

Folgende Techniken geben Ihnen ein kleines Repertoire an strukturgebenden Werkzeugen an die Hand:

- **Advanced Organizer:** Auf einem Flip Chart wird eine grafische Übersicht der Lerninhalte und ihrer Zusammenhänge erstellt. Pfeile, Farbcodes, Formen und Symbole verdeutlichen, in welchen Schritten der Lernprozess erfolgt, und wie die unterschiedlichen Inhalte miteinander zusammenhängen. Die grafische Veranschaulichung macht es Lernenden leichter, das neue Wissen zu strukturieren und zu organisieren, denn Bilder und Symbole sind bedeutungsvoller und anschaulicher als Text. Und die farbige und lebendige Darstellung macht Lernenden meist mehr Spaß als ein trockenes Inhaltsverzeichnis. Der Advanced Organizer zwingt die Wissensvermittler außerdem dazu, zentrale Fragen und Aussagen herauszuarbeiten, die Lerninhalte zusammenzufassen und dadurch einprägsamer zu präsentieren. Der Zusammenhang zum übergeordneten Lernziel und die Verknüpfungen der verschiedene Inhalte untereinander entsprechen der Netzwerkstruktur des menschlichen Gedächtnisses (siehe Kap. 4.2.2) (Abb. 4.5).

4.3 Wissen an andere weitergeben

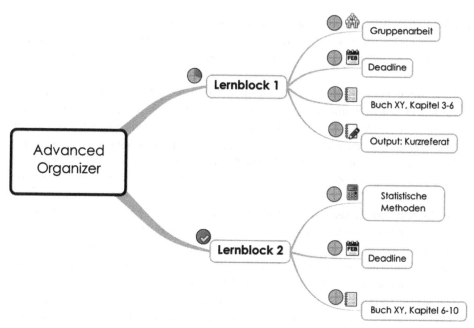

Abb. 4.5 Beispiel Advanced Organizer

- **Themenlandkarte:** Die Idee der Themenlandkarte besteht darin, die Gesamtheit des neuen Wissens auf einer höheren Abstraktionsebene zu präsentieren. Diese Anordnung gibt Orientierung und Struktur. Im Prozess der Wissensvermittlung kann immer wieder vom Allgemeinen (höhere Abstraktionsebene) zum Besonderen (geringere Abstraktionsebene) gewechselt werden. Dies erinnert bei der Wissensvermittlung daran, nicht nur die allgemeinen Konzepte und Inhalte zu thematisieren, sondern konkrete Fälle und Beispiele zu benennen oder suchen zu lassen. Die Deutung, Einordnung und Bewertung des Fallbeispiels gibt die Sicherheit, mit dem Wissen umgehen zu können und es verstanden zu haben. Tauchen Schwierigkeiten auf, vermitteln wichtige Hinweise, welche Aspekte oder Zusammenhänge noch vertiefend erklärt und erläutert werden müssen.
- **Bilder nutzen:** Bilder sind besonders gut geeignet, um komplexe Sachverhalte auf komprimierte Art und Weise zusammenzufassen. Mit dem Vergleich des menschlichen Gedächtnisses mit einem Computer werden gleich mehrere Aspekte greifbar: die verschiedenen Speicherarten, ihre unterschiedliche Verarbeitungskapazität und der Prozess von Enkodierung, Speicherung und Abruf. Bei der Aufnahme von neuen Informationen ist es oft sehr effizient, eine Analogie oder eine Metapher zu verwenden und dadurch bestimmte Eigenschaften oder Abläufe zu verankern. Bilder haben gleich mehrere Vorteile: Sie wecken Interesse, vereinfachen komplexe Zusammenhänge, machen sie dadurch verständlicher und erhöhen die Gedächtnisleistung.

4.3.3.2 Beim Wiederholen und Lernen der Inhalte

Einige Methoden haben sich bewährt, um neues Wissen nachhaltiger mit Vorwissen zu verknüpfen und die beim Wissenserwerb gebahnten Verknüpfungen zu vertiefen:

- **Zusammenfassen:** Die Lernmaterialien selbst zusammenzufassen, kann unter den richtigen Umständen hilfreich sein, Informationen zu verarbeiten und sich dadurch besser zu merken. Oft funktionieren Zusammenfassungen aber nicht so gut wie gedacht. Gerade bei völlig neuen Themen fehlt wichtiges Hintergrundwissen, um entscheiden zu können, welche Informationen wichtig und welche weniger wichtig sind. Entsprechend lückenhaft fallen die Zusammenfassungen aus, wenn es sich um gänzlich neue Lerngebiete handelt.
- **Grafisch strukturieren:** Das Markieren von Texten und Materialien mit Textmarkern hilft nur bedingt dabei, die Inhalte von Texten zu lernen. Denn häufig streichen sich Menschen zu viele Passagen an und gewinnen wenig an der gewünschten Struktur. Als Leitregel gilt: Beschränken Sie sich auf einen Satz pro Absatz oder Seite, um eine wirkliche Reduktion der Inhalte und hilfreiche Gliederung zu gewinnen.
- Die **SQ3R-Methode:** Diese Methode ergänzt Zusammenfassungen mit anderen Techniken und erzielt deswegen auch bei Novizen gute Ergebnisse. Mit Hilfe dieser Technik fasst man die Inhalte von Texten und Präsentationen in fünf Schritten zusammen: 1) Überblick verschaffen (**S**urvey) durch das Durchblättern der Materialien und auf gliedernde Elemente, Grafiken und den Bezug zu eigenem Vorwissen achten, 2) Fragen stellen (**Q**uestions) vor dem Lesen einzelner Passagen und Kapitel, um die Informationen danach zu sortieren, was wichtig und relevant für das Lernziel ist, 3) Lesen und Notizen machen (**R**ead) am besten in Form handschriftlicher Notizen auf einem leeren Blatt Papier, 4) Zusammenfassen (**R**ecite) der Notizen und Wiederholen durch lautes Vorlesen und 5) Wiederholen (**R**eview) der Inhalte, damit sich die Informationen fest im Wissensnetzwerk verankern.

> **Die Turbo-Studenten**
>
> Robert Grünwald, Marcel Kopper und Marcel Pohl absolvierten in nur zwei Semestern ihr Bachelor-Studium an der Fachhochschule für Ökonomie und Management (FOM) in Dortmund. In einer Mischung aus kooperativem Lernen, Schnelllesetechnik und Fokussierung nach dem Pareto-Prinzip ist den ‚Turbo-Studenten' diese Leistung gelungen. Die geschäftstüchtigen Betriebswissenschaftler haben ihre Erfahrungen mit dem Wissenserwerb im Schnelldurchlauf in einem Buch festgehalten (Grünwald et al. 2013).
>
> Hier ihre wichtigsten Tricks und Strategien auf einen Blick:
> 1. **Lernen in der Gruppe** mit festen Spielregeln und einem Gruppen-Codex: Die drei Studenten teilten sich die Vorlesungen untereinander auf und brachten sich gegenseitig in komprimierter Form die Inhalte bei. Die gegenseitige Abhängigkeit und ihre bereits vor dem Studium bestehende Freundschaft sowie ein festgelegter Codex sorgten dafür, dass es keinen Trittbrettfahrer gab.

2. **Der Einsatz von Lerntechniken** wie der SQ3R-Methode: Sie nutzten die oben beschriebene Lese- und Merktechnik intensiv, um schnell und gezielt Wissen im Langzeitgedächtnis zu verankern.
3. **Konzentration** auf die wichtigsten Inhalte nach dem **Pareto-Prinzip**: Dieses Prinzip besagt, dass man mit 20 % des Aufwands 80 % des Ergebnisses erzielt. Die Studierenden entwickelten dadurch den ‚Mut zur Lücke', zügelten ihren Perfektionismus und suchten sich aus den Pflichtveranstaltungen die wichtigsten Vorlesungen heraus. Wie erfolgreich die jungen Betriebswissenschaftler sich im Wirtschaftsleben werden behaupten können, wird die Zukunft zeigen.

4.3.4 Kooperatives Lernen

Das gemeinsame Lernen in einem Team kann den Wissenserwerb sehr fördern. Auch hier gilt dies aber nicht für alle Formen von Lerngruppen und alle Inhalte. Wie in 4.3.1. bereits beschrieben, hat Lernen im Team eine Licht- und eine Schattenseite und es kommt auf die richtigen Rahmenbedingungen für gute Lernerfolge im Team an.

4.3.4.1 Positive und negative Effekte

Der gemeinsame Austausch spornt Menschen mit geringer Leistungsmotivation an, sich anzustrengen und ihr Bestes zu geben. Um den inneren Schweinehund zu überwinden, kann der Gedanke, auf andere einen schlechten Eindruck zu machen, eine sehr motivierende Wirkung haben. Dies gilt allerdings nur für vergleichsweise einfache Lerninhalte und Aufgaben, die individuell bewertet werden. Wird die Einzelleistung im Gesamtergebnis der Gruppe nicht sichtbar, so ruhen sich Menschen auf den Leistungen und Beiträgen anderer aus und erzielen in der Gruppe schlechtere Leistungen als ohne die Anwesenheit anderer.

Wenn Menschen eine deutliche positive Diskrepanz zwischen ihren Leistungen und Fähigkeiten und denen der anderen Mitglieder der Gruppe erleben, verringern sie aus Selbstschutz ihr Leistungsniveau, um von den anderen nicht ausgenutzt zu werden.

4.3.4.2 Das richtige Lernteam

Forschungsarbeiten belegen, dass kooperatives Lernen großes Potenzial hat und unter den richtigen Bedingungen das alleinige Lernen übertrumpfen kann (Mandl und Friedrich 2005). Auch beim „Blended Learning", welches das Lernen in Gruppen, Präsenztrainings und die Unterstützung durch neue Medien miteinander kombiniert, erzielen gute Lernteams immense Vorteile (Mandl und Kopp 2006). Folgende Eigenschaften kennzeichnen **erfolgreiche Lernteams:**

- Lerngruppen sollten idealerweise zwischen drei und fünf Personen umfassen. Diese **Gruppengröße** ermöglicht intensiven Austausch und eine gute Rollenverteilung. Bei größeren Gruppen fühlen sich die Teammitglieder weniger verantwortlich und verhalten sich weniger engagiert.

- Alle Mitglieder des Teams haben ein gleich starkes **Interesse** daran, gute Lernleistungen zu erzielen. Ist es für eine Person extrem wichtig, sich die neuen Kenntnisse anzueignen, während eine andere Person das Training mehr oder weniger „just for fun" mitmacht, wird die Zusammenarbeit schwierig und der innere Zusammenhalt brüchig. Idealerweise möchte die Lerngruppe ein anspruchsvolles Ziel erreichen, das für alle attraktiv und gleichzeitig realistisch ist.
- Die Teammitglieder sollten unterschiedliche und sich gegenseitig ausgleichende **Stärken und Schwächen** haben. Sind alle Experten auf einem Gebiet und Neulinge in einem anderen Lernbereiche, sind keine Synergien möglich.
- Die **Verantwortlichkeiten** sollten möglichst gleichmäßig auf die verschiedenen Köpfe des Teams verteilt werden. Im Lernprozess sollte darauf geachtet werden, dass niemand die Hauptverantwortung übernimmt und sich andere ausklinken. Ein Kooperationsskript kann die Ausgewogenheit unterstützen.
- Die Mitglieder im Team müssen **gegenseitig voneinander abhängig** sein und dies auch so wahrnehmen. Alle können nur ein gutes Ergebnis erzielen, wenn jeder einen guten Job macht und seinen Teil dazu beiträgt. Hat jemand den Eindruck, alleine besser zurechtzukommen, wird er mit großer Wahrscheinlichkeit aus dem Team aussteigen.
- Die **Rollen** als Lernender und Vermittler von Wissen sollten sich regelmäßig abwechseln. Nur dann können sich die Mitglieder der Lerngruppe auf Augenhöhe begegnen und wechselseitig voneinander profitieren.

4.3.4.3 Kooperationsskripts

Kooperatives Lernen gelingt am besten, wenn die Rollen und Verantwortlichkeiten innerhalb der Gruppe klar festgelegt werden. Durch Kooperationsskripts werden soziale Trittbrettfahrer ausgebremst und perfektionistische Mitarbeiter davor bewahrt, in der Trainingsgruppe die ganze Verantwortung für die Gruppenleistung zu übernehmen und Schwächen anderer zu kompensieren.

Das Skript muss regeln, …

- … in welchen Lernschritten Wissen gelernt, wiederholt oder die praktische Anwendung trainiert wird (Sequenzierung).
- … welche Rollen die einzelnen Teammitglieder in den einzelnen Sequenzen haben: Wann vermittelt wer welche Inhalte? Wann prüft wer das Wissen von welchem Kollegen? Wann und wie geben und nehmen die einzelnen Mitglieder Feedback? (Rollenzuweisung)
- … welche Lern-, Lese- oder Gedächtnisstrategien in der Zusammenarbeit zum Einsatz kommen sollen (kooperative Strategieanwendung).

Kooperative Strategien, die Lerngruppen häufig und mit Erfolg einsetzen, sind:

- **Der Einsatz von Fragen:** Sich gegenseitig Fragen zu stellen, kann sowohl Vorwissen aktivieren als auch die Verarbeitung folgender Informationen erleichtern. In der Gruppe kann regt der Dialog mittels Fragen wichtige Aha-Erlebnisse an, bahnt ein tieferes Verständnis und intensiviert die Auseinandersetzung mit den Lerninhalten. Fragen sollten nicht nur zum gegenseitigen „Abfragen" eingesetzt werden, sondern auch als Anregungen zum tieferen Verständnis: Warum lesen wir diesen Text? Was soll die Präsentation über das spezielle Lernthema vermitteln? Wo gibt es Neues oder Widersprüchliches?
- **Zusammenfassungen:** Zusammenfassungen mit eigenen Worten unterstützen den Wissenserwerb, wenn die richtigen Elemente als wichtige Kernaussagen erfasst werden. Gerade das Lernen in der Gruppe ermöglicht die gegenseitige Kontrolle und den Abgleich der Zusammenfassungen und sichert so, dass die richtigen Elemente ins Langzeitgedächtnis gelangen.
- **Klären von Verständnisfragen:** Die Mitglieder des Lernteams stellen bei dieser Strategie durch selbst entwickelte Verständnisfragen fest, wie gut sie die Inhalte verstanden haben und wo genau Unklarheiten bestehen.

4.4 Selbsttests und Arbeitsmaterialien

4.4.1 Selbsttest: Entdecken Sie Ihren eigenen Lernstil (Nach dem Modell der Lernstile von Kolb 1985)

Bitte bewerten Sie, inwieweit die folgenden Aussagen auf Sie zutreffen. Entscheiden Sie sich für eine der fünf Ausprägungen zwischen (Tab. 4.1)

1. 0 (trifft nicht zu, trifft meist nicht zu)
2. 1 (trifft etwas zu)
3. 2 (weder zutreffend noch unzutreffend),
4. 3 (trifft eher zu)
5. 4 (trifft meist oder immer zu).

4.4.2 Auswertung: Welcher Lerntyp sind Sie?

Notieren Sie die Punktzahl für jeden der vier Typen entsprechend des nachfolgenden Auswertungsschemas. Achtung: Die Punkte mancher Fragen werden mehreren Typen zugeordnet! Ihr Lernstil entspricht dem Typ, der die meisten Punkte auf sich vereint (Tab. 4.2).

Tab. 4.1 Selbsttest: Der eigene Lernstil

		0	1	2	3	4
1.	Ich lerne aus meinen eigenen Erfahrungen mehr als aus abstrakten Beschreibungen					
2.	Ich lerne am besten, indem ich Abläufe und Prozesse oder andere Menschen beobachte					
3.	Ich lerne am besten, indem ich mich mit übergreifenden Konzepten und Theorien beschäftige					
4.	Um zu lernen, probiere ich am liebsten etwas aus und komme durch Versuch-und-Irrtum weiter					
5.	Ich lerne am besten, indem ich etwas praktisch angehe und selbst herausfinde, wie es funktioniert					
6.	Ich kann mir abstrakte Ideen und Konzepte gut vorstellen					
7.	Ich beobachte gerne und bilde daraus Zusammenhänge, Ideen und neue Konzepte					
8.	Ich beschäftige mich lieber mit Menschen als mit Theorien					
9.	Ich beschäftige mich lieber mit Theorien als mit Menschen					
10.	Ich setze Dinge gerne in die Tat um und bekomme dadurch heraus, was funktioniert und was nicht					
11.	Ich betrachte Situationen gerne aus verschiedenen Perspektiven					
12.	Ich schließe meist vom Besonderen auf das Allgemeine					
13.	Ich schließe meist vom Allgemeinen auf das Besondere und den Einzelfall					

Tab. 4.2 Auswertung: Welcher Lerntyp sind Sie?

Typ E (Der Entdecker)	Typ D (Der Denker)	Typ S (Der Entscheider)	Typ P (Der Praktiker)
Frage 1:	Frage 2:	Frage 3:	Frage 1:
Frage 2:	Frage 3:	Frage 4:	Frage 4:
Frage 6:	Frage 7:	Frage 9:	Frage 5:
Frage 8:	Frage 9:	Frage 10:	Frage 8:
Frage 11:	Frage 12:	Frage 13:	Frage 12:
Summe:	Summe:	Summe:	Summe:

4.4.3 Beschreibung der vier Lerntypen

Der Entdecker (Divergierer) Sie bevorzugen konkrete Erfahrungen und reflektiertes Beobachten. Ihre Stärken liegen in der Vorstellungsfähigkeit. Sie nutzen unterschiedliche Perspektiven, um sich mit Neuem zu beschäftigen und vertraut zu machen. Verschiedene Methoden bereichern Sie und Ihren Lernprozess. Setzen Sie im Lernprozess verschiedene Materialien und Medien ein und tauschen Sie sich mit Personen aus, die aus anderen Fachbereichen oder Disziplinen kommen.

Der Denker (Assimilierer) Sie bevorzugen reflektiertes Beobachten und abstrakte Begriffsbildung. Ihre Stärken liegen in der Erzeugung von theoretischen Modellen. Nutzen Sie beim Lernen das Schlussfolgern von einzelnen Beispielen auf übergreifende Konzepte oder Erkenntnisse. In Lerngruppen haben Sie ein besonderes Talent dafür, aus unterschiedlichen einzelnen Elementen ein Modell für das große Ganze zu entwickeln. Ist diese Rolle gefragt, können Sie andere Lernende bereichern. Ansonsten fühlen Sie sich in Lerngruppen weniger wohl und können alleine zum Teil effektiver lernen.

Der Entscheider (Konvergierer) Sie bevorzugen abstrakte Begriffsbildung und aktives Experimentieren. Sie neigen zu hypothetisch-deduktiven Schlussfolgerungen und befassen sich lieber mit Gegenständen oder Theorien als mit Personen. Ihre besondere Stärke liegt darin, Ideen auszuführen und dadurch die Brauchbarkeit von Modellen und Theorien zu überprüfen. Geht es in einem Lernteam um die Überprüfung theoretischer Annahmen, sind Sie in Ihrem Element. Beim freien Experimentieren und der Suche nach kreativen Lösungen können Sie von anderen lernen. Im Lernprozess profitieren Sie von abstrakten Darstellungen und Strukturen, wenn diese Schlussfolgerungen für die praktische Umsetzung fördern.

Der Praktiker (Akkomodierer) Sie bevorzugen aktives Experimentieren und konkrete Erfahrungen. Sie verlassen sich mehr auf einzelne Fakten als auf Theorien. Sie neigen zu intuitiven Problemlösungen durch Versuch und Irrtum. Ihre Stärken liegen in der Ausgestaltung von Aktivitäten. Sie können Lernteams durch dieses Talent bereichern, indem Sie bei der Erstellung des Lernskripts aktiv werden und auf die Umsetzung der Rollenverteilung achten. Auch bei der Ausarbeitung von Aufgaben und der Ergebnisdokumentation können Sie als Initiator wirken. Von Lernteams profitieren Sie, wenn andere Ihnen dafür im Austausch den Einblick in theoretische Konzepte und abstrakte Modelle erleichtern. Nutzen Sie im Lernprozess greifbare Methoden wie z. B. die Körperliste als Mnemotechnik.

Literatur

Blickle, G. (2000). Mentor-Protegé-Beziehungen in Organisationen. *Zeitschrift für Arbeits- und Organisationspsychologie, 44,* 168–178.
Burke, M. J., & Day, R. D. (1986). A cumulative study of the effectiveness of managerial training. *Journal of Applied Psychology, 71,* 232–245.
Chao, G. T. (1997). Mentoring phases and outcomes. *Journal of Vocational Behaviour, 51,* 15–28.
Csikszentmihalyi, M. (2010). *Das Flow-Erlebnis. Jenseits von Angst und Langeweile: im Tun aufgehen* (11. Aufl.). Stuttgart: Klett-Cotta.
Dreher, G. F., & Ash, R. A. (1990). A comparative study of mentoring among men and women in managerial, professional and technical positions. *Journal of Applied Psychology, 75,* 539–546.
Gooden, D. R., & Baddeley, A. D. (1975). Context-dependent memory in two natural environments: On land and under water. *British Journal of Psychology, 66,* 325–331.
Grünwald, R., Kopper, M., & Pohl, M. (2013). *Die Turbo-Studenten.* Offenbach: Gabal.
Hüther, G. (2014). Begeisterung ist Doping für Geist und Hirn. Neue Erkenntnisse der Hirnforschung. http://www.gerald-huether.de/populaer/veroeffentlichungen-von-gerald-huether/texte/begeisterung-gerald-huether/index.php. Zugegriffen am 10. Mai 2014.

Kolb, D. A. (1985). *Learning style inventory*. Boston: McBer and Company.

Mandl, H., & Friedrich, H. F. (2005). *Handbuch Lernstrategien*. Göttingen: Hogrefe.

Mandl, H., & Kopp, B. (2006). *Blended Learning: Forschungsfragen und Perspektiven*. Forschungsbericht Nr. 182. LMU München: Lehrstuhl für Empirische Pädagogik und Pädagogische Psychologie.

Partanen, E., Kujula, T., Näätännen, R., Liitula, A., Sambeth, A., & Huotilainen, M. (2013). Learning-induced neural plasticity of speech processing before birth. *Proceedings of the National Academy of Sciences, 110,* 37.

Scala, K. (2010). *Universitäten vermitteln soziale Kompetenz*. Graz: Nausner & Nausner.

Snyder, M., & Uranowitz, S. W. (1978). Reconstructing the past: Some cognitive consequences of person perception. *Journal of Personality and Social Psychology, 36*(9), 941–950.

Sonntag, K., & Stegmaier, R. (2007). *Arbeitsorientiertes Lernen. Zur Psychologie der Integration von Lernen und Arbeit*. Stuttgart: Kohlhammer.

Tan, C. M. (2012). *Search Inside Yourself. Das etwas andere Glücks-Coaching*. München: Arkana Verlag.

Tücke, M. (2005). *Psychologie in der Schule, Psychologie für die Schule*. Verlag Münster.

Wilson, J. A., & Elman, N. S. (1990). Organizational benefits of mentoring. *Academy of Management Executive, 4,* 88–93.

Wie Menschen miteinander reden 5

Dieses Kapitel befasst sich damit, wie Menschen sich miteinander austauschen, abstimmen und verständigen. Neben den sprachlichen Botschaften entscheiden oft die meist unausgesprochenen emotionalen Botschaften über Gelingen und Misslingen von Kommunikation. Diese emotionalen Botschaften können im Gespräch Rückenwind geben oder als Schatten das Gespräch verdunkeln (Abb. 5.1).

Die Kommunikationspsychologie erläutert, wie die sprachliche und die nicht-sprachliche Ebene der Kommunikation zusammenwirken und wie Verständigung gelingt. Das Hauptaugenmerk liegt dabei auf konstruktiver Kommunikation, sei es im beiläufigen Austausch oder in gezielten Gesprächen wie dem Mitarbeiter- oder Kritikgespräch sowie in Verhandlungen. Beispiele aus Gesprächssequenzen und Studienergebnisse vertiefen das Verständnis und laden zum Nachdenken über den eigenen Kommunikationsstil ein. Die Übungen und Materialien am Ende des Kapitels geben Ihnen Leitlinien und Techniken an die Hand, durch die Sie angenehmer, effektiver und konfliktfreier mit anderen Menschen kommunizieren können.

5.1 Konstruktive Kommunikation

Mithilfe von Kommunikation tauschen sich Menschen miteinander aus. Sie stellen Fragen und geben Antworten, formulieren Vorschläge und Angebote, geben Anweisungen und Rückmeldungen, erzählen wechselseitig von ihren Erlebnissen und Erfahrungen, machen Vorwürfe und Zugeständnisse. Ein Großteil der beruflichen Tätigkeiten – insbesondere im Management – besteht darin, mit anderen Menschen zu kommunizieren. Deswegen wundert es nicht, dass sich die Anforderung „ein hohes Maß an Kommunikationsfähigkeit" in vielen Jobprofilen findet.

Abb. 5.1 Kommunikation ist weitaus mehr als verbaler Austausch

Tagtäglich führen Menschen unzählige Gespräche ohne jegliche Schwierigkeiten, Störungen oder Missverständnisse. Ab und an nehmen Gespräche jedoch eine unerwartete Wendung und die Beteiligten bleiben mit unguten Gefühlen zurück.

> **Vorsicht Sackgasse!**
> Herr Kühne ist kein Mann großer Worte: Er drückt sich am liebsten kurz und knapp aus. Das macht den Umgang mit anderen Menschen seiner Ansicht nach effektiv. Mit einigen Mitarbeitern hat er jedoch Schwierigkeiten in der Kommunikation. Insbesondere mit Frau Meier verlaufen die Gespräche nicht immer so, wie Herr Kühne sich das wünscht.
>
> Herr Kühne: Danke für Ihren Bericht.
> Frau Meier: Gern geschehen.
> Herr Kühne: Das Ergebnis Ihrer Analyse ist falsch.
> Frau Meier: Ich weiß, ich mache das anscheinend immer falsch.
> Herr Kühne: Was wollen Sie nun damit machen?
> Frau Meier: Ich soll alles nochmal machen? Das wird mir so langsam wirklich zu viel. Sagen Sie mir mal, wie ich das alles schaffen soll!
>
> Das Gespräch endet ohne Lösungsvorschlag mit einer leicht verschnupften Frau Meier und einem irritierten Herrn Kühne. Herr Kühne erwartet auf seine Feststellung der ungenügenden Leistung von Frau Meier eine sachliche Auskunft über Hintergründe und Ursachen des Fehlers in ihrer Analyse. Seine anschließende Frage fordert Frau Meier indirekt zum Entwickeln eines Lösungsvorschlags auf. Frau Meier jedoch interpretiert die Äußerung als grundlegende Kritik an ihrer Kompetenz und reagierte mit (Selbst) Vorwürfen.

Schwierige Gesprächsmomente erschweren das berufliche Miteinander und sorgen für schlechte Stimmung, vor allem, wenn sie in ähnlicher Weise immer wieder passieren. Konstruktive Gespräche – auch über Fehler und Frustrationen – sind die Grundlage guter Zusammenarbeit. Im Folgenden lernen Sie ein psychologisches Modell kennen, das Ihnen eine praktische Struktur für gelungene Kommunikation an die Hand gibt. Dabei spielen die eigentlichen sprachlichen Äußerungen nicht immer die Hauptrolle. Eine produktive und respektvolle Haltung, ein gutes Gesprächsklima und übereinstimmende Erwartungen über die Ziele des Gesprächs sind wichtige Erfolgsfaktoren. Für wichtige Gespräche wie Bewerbungsgespräche, Mitarbeiter- oder Kritikgespräche (siehe Kap. 5.2). ist zudem eine gute Vorbereitung erforderlich.

5.1.1 Psychologische Transaktionen

In der Ökonomie bezeichnen Transaktionen den Austausch von Wirtschaftsgütern oder Verfügungsrechten. Das kann als Schenkung ohne Gegenleistung erfolgen oder beim Tausch von Gütern mit Gegenleistung. Psychologische Ansätze betrachten auch menschliche Kommunikation als eine Vielzahl von Transaktionen. Der humanistische Psychologe Eric Berne beschäftigte sich in den 1970er Jahren intensiv mit menschlicher Kommunikation. Er entwickelte die sogenannte Transaktionsanalyse und betonte, wie wichtig der Austausch von Menschen miteinander für die Beziehungen im Privat- und Berufsleben sowie die eigene Persönlichkeitsentwicklung ist (Stewart et al. 2000).

▶ Der Begriff ‚Transaktion' bezeichnet in der Psychologie die kleinste vollständige Kommunikationseinheit, bestehend aus einem Reiz und der erfolgenden Reaktion.

Transaktionen umfassen dabei sprachliche und nicht-sprachliche Botschaften. So kann beispielsweise der Reiz in einer Bitte, einem Vorschlag oder einem fragenden Blick bestehen und die Reaktion in einer Einwilligung, einem Gegenvorschlag, aber auch dem Hochziehen der Schultern oder Kopfschütteln. Gespräche bestehen aus einer Reihe von Transaktionen. In der Analyse von Gesprächen ist es manchmal nicht so leicht, zwischen auslösendem Reiz und Reaktion zu unterscheiden, denn die meisten Reaktionen sind wiederum Anreize für weitere Äußerungen. Auch für die alltägliche Kommunikation ist es hilfreich sich zu vergegenwärtigen, dass man auch mit seinen Fragen und Antworten Botschaften aussendet.

5.1.1.1 Arten von Transaktionen
Eric Berne unterscheidet drei Arten von Transaktionen, die unterschiedliche Wirkungen zeigen:

- **Komplementäre Transaktionen**: Reiz und Reaktion entsprechen einander, sowohl in der Art der sprachlichen Äußerung als auch auf der emotionalen Ebene. Reize beinhalten immer auch Erwartungen, auf welche Weise reagiert werden soll. So erfordert eine Frage eine wie auch immer geartete Antwort, sei es sprachlicher oder nicht-sprachlicher Art. Und eine Aufforderung geht mit der Erwartung einer bestimmten Handlungsweise des Gesprächspartners einher. Bei komplementären Transaktionen entsprechen sich auf der emotionalen Ebene die sogenannten Ich-Zustände der Kommunikationspartner (siehe Kap. 5.1.2). Die Erwartungen der Beteiligten entsprechen sich, das Gespräch ist im natürlichen Fluss.

▶ Komplementäre Transaktionen sind Transaktionen, bei denen sich die sprachlichen, nicht-sprachlichen und emotionalen Botschaften der Beteiligten entsprechen. Die Kommunikation und die Rollen sind ausgewogen und produktiv.

- **Gekreuzte Transaktionen**: Reiz und Reaktion entsprechen einander nicht. Die Diskrepanz kann sich auf die Art der sprachlichen Äußerung, den Ton oder die emotionale Botschaft beziehen. Antwortet der Gesprächspartner beispielsweise auf eine Frage selbst mit einer Frage, kann dies unter Umständen bereits Verwirrung oder Unmut stiften. Und reagiert der aufgeforderte Gesprächspartner nicht mit der entsprechenden Handlung, besagt sein Unterlassen, dass er der Erwartung nicht entsprechen kann oder möchte. Die Erwartungen, Rollen und emotionalen Botschaften (Ich-Zustände) sind nicht stimmig und stören den Gesprächsfluss. Das Gespräch gerät bei Blockaden – wie in der kurzen Gesprächssequenz von Herrn Kühne und Frau Meier – ins Stocken oder mündet in eine kommunikative Sackgasse. So reden Herr Kühne und Frau Meier zwar sprachlich miteinander, psychologisch jedoch aneinander vorbei. Gekreuzte Transaktionen wie diese münden sehr häufig in überraschende Wendungen oder Verwirbelungen des Gesprächsverlaufs und kommunikative Konflikte.

▶ Gekreuzte Transaktionen sind Transaktionen, bei denen die sprachlichen, nicht-sprachlichen und/oder emotionalen Botschaften der Beteiligten sich nicht entsprechen. Der konstruktive Verlauf des Gesprächs wird mehr oder weniger stark beeinträchtigt.

- **Verdeckte Transaktionen**: Reiz und Reaktion erfolgen bei diesen Transaktionen auf zwei Ebenen: Es gibt Botschaften auf der offenen, beobachtbaren Ebene und auf einer verdeckten, psychologischen Ebene. Die Botschaften auf beiden Ebenen können dabei übereinstimmen (Kongruenz) oder auch nicht (Inkongruenz). Inkongruente, verdeckte Transkationen werden auch als Doppelbotschaften oder paradoxe Botschaften bezeichnet. Sie sorgen in Gesprächen für Verwirrung, Unsicherheit und Verstörung. Würde Frau Meier Herrn Kühne beispielsweise antworten, dass sie sehr gerne die Analyse noch einmal durchrechnet und dabei mit hängenden Schultern und leiser Stimme sprechen, wäre dies eine Doppelbotschaft. Das Erkennen und Vermeiden von doppelbödiger Kommunikation ist essentiell für eine konstruktive Gesprächsführung.

▶ **Verdeckte Transaktionen** finden gleichzeitig auf einer offenen und einer verdeckten Ebene statt. Botschaften, die auf der offenen und beobachtbaren Ebene etwas anderes vermitteln als auf der verdeckten, meist nonverbalen Ebene, werden als „Doppelbotschaft" oder „paradoxe Botschaft" bezeichnet.

Wie diese unterschiedlichen Arten von Transaktionen zeigen, haben die Erwartungen der Gesprächsteilnehmer einen großen Einfluss darauf, ob das Gespräch geschmeidig und leicht fließt, zäh wird und stockt oder eine überraschende Wendung nimmt. Auch in beruflichen Gesprächen erschweren unterschiedliche Vorstellungen von einem Gespräch und Erwartungen an den Gesprächspartner einen guten Verlauf (Rademacher et al. 1996).

5.1.1.2 Psychologische Verträge

Unterschiedliche Erwartungen können von Anfang an vermieden werden, wenn zu Beginn des Gesprächs vereinbart wird, worüber gesprochen wird, was gemeinsam erreicht werden soll und was die Gesprächspartner voneinander erwarten. In der Sprache der Transaktionsanalyse werden diese Absprachen „Vertrag" genannt. Ähnlich wie rechtliche Verträge müssen auch psychologische Verträge nicht schriftlich in Form von Brief und Siegel geschlossen werden, sondern können auch locker und informell vereinbart werden. Häufig bleiben sie auch unausgesprochen und unbewusst.

In den meisten Gesprächssituationen haben Menschen bereits Vorwissen und Annahmen darüber, welche Art der Kommunikation angemessen und sinnvoll ist. Dieses Vorwissen ist sehr hilfreich und die Sprecher müssen nicht viel Zeit darauf verwenden, Ziele, Rollen und Gesprächsregeln zu vereinbaren. Sie handeln nach einem erlernten Skript für diese Gesprächssituation. In einem Geschäft ist es beispielsweise üblich, dass ein Verkäufer auf die Kunden zugeht und Rat anbietet. Ungewöhnlich wäre es, wenn ein Kunde sich mit der Frage „Kann ich Ihnen helfen?" an das Verkaufspersonal wenden würde.

▶ Im Langzeitgedächtnis verankertes Wissen über Abläufe, Ereignisse und Verhaltensweisen in einer bestimmten Situation wird Skript genannt.

Vorwissen und Skripte erleichtern Kommunikation ungemein, denn ohne sie müssten viele Grundlagen der Kommunikation und Rollen in einem Gespräch neu erarbeitet werden. Allerdings bergen sie auch die Gefahr, dass Sprechende von falschen Annahmen und Erwartungen ausgehen und sich „wie im falschen Film" fühlen. Die Verhaltensregeln eines Skripts können den offenen Austausch und ehrlichen Ausdruck von Gedanken und Gefühlen auch beschneiden. Es stehen außerdem nicht für alle Gesprächssituationen Skripte und klare Regeln zur Verfügung.

Zur Vermeidung von Kommunikationsproblemen empfiehlt die Transaktionsanalyse, vor wichtigen Gesprächen gemeinsam einen klaren psychologischen Vertrag abzuschließen. So können Schattenkämpfe durch verdeckte Transaktionen verhindert werden (Abb. 5.2).

Psychologische Verträge bieten nach den Erfahrungen der Senior-Organisationsberater Manfred Gührs und Claus Nowak viele Vorteile (Gührs und Nowak 2006):

- Psychologische Verträge halten fest, dass die Gesprächsteilnehmer sich **freiwillig** für das Gespräch entscheiden oder zumindest im gegebenen Rahmen zustimmen. Die Gesprächsteilnehmer übernehmen dadurch **Verantwortung** am konstruktiven Verlauf.

Abb. 5.2 Psychologische Verträge verhindern Schattenkämpfe im Gespräch

- Verträge ermuntern die Beteiligten, ihre eigenen **Ziele und Interessen** klar zu formulieren. Dadurch regen sie die **Selbstverantwortung** der Personen an und schützen vor der einseitigen Verantwortungsübernahme des Initiators.
- Sie machen unrealistische Erwartungen **transparent** und beugen Enttäuschungen vor.
- Sie machen Unterschiede zwischen den **Rollen und Grenzen** im Gespräch klar. Es wird deutlich, worüber nicht gesprochen wird und welche Rollen die Beteiligten haben.
- Sie beugen **Manipulationen und Doppelbotschaften** vor.
- Sie fördern die effektive **Konzentration auf die Gegenwart und Zukunft**. Lösungen und Veränderungen erhalten die nötige Energie statt sich im Begleichen alter Rechnungen zu erschöpfen.
- Sie geben einen **roten Faden** an die Hand und verhindern, sich zu verzetteln.

Häufig sind Regeln in Organisationen ungeschriebene Gesetze, die nicht selten für Unklarheiten hinsichtlich Rollen und Erwartungen führen. Dann wirken sie wie ein Nährboden für Kommunikationsprobleme. Auch beim Arbeiten mit neuen Teams, bei der Übernahme von Führungsrollen und beim Einsatz von externen Beratern und Mitarbeitern sollten Ziele und Erwartungen in der Kommunikation am Anfang der Zusammenarbeit miteinander geklärt werden.

Employee Engagement lässt Change Management gelingen
Unternehmen sind stetigem Wandel ausgeliefert. Harvard-Professor Philip Kotter argumentiert im Magazin Harvard Business Manager, eine der größten Herausforderungen für das Management bestehe darin, „in Zeiten ständiger Turbulenzen und Disruption wettbewerbsfähig zu bleiben" (Kotter

2012, S. 22–36). Doch die Mehrzahl der Change Projekte scheitern. Nur ca. 30 % der Change Management-Prozesse führen gemäß einer Studie des Harvardprofessors zu den erhofften und vereinbarten Zielen (Kotter 2012, S. 22–36). Häufig ist der Widerstand der Mitarbeiter gegen die Veränderungen in der schlechten Kommunikation des Managements begründet.

Eine globale Studie von McKinsey (Keller und Aiken 2000) zeigt eine Steigerung der Erfolgsquote von Change Management Projekten auf 79 %, wenn die von den Veränderungsmaßnahmen betroffenen Mitarbeiter von der Notwendigkeit der Veränderungen überzeugt sind, sich als Teil des Prozesses verstehen und die Umsetzung aktiv mit vorantreiben. Dieses „Employee Engagement" wird unter anderem dadurch gefördert, dass Mitarbeiter in die Kommunikation über die Veränderungsprozesse stärker einbezogen werden. Nur dann können sie Selbstverantwortung übernehmen und sich aktiv an dem Etablieren neuer Strukturen beteiligen. In der Sprache der Transaktionsanalyse muss im Change Management ein für beide Seiten akzeptabler Veränderungsvertrag mit den Mitarbeitern geschlossen werden.

> **Frage**
> Erinnern Sie sich an ein schwieriges Gespräch aus Ihrem privaten oder beruflichen Leben, das Sie in den letzten vier Wochen erlebt haben? Finden Sie mithilfe der Arbeitsmaterialien am Ende des Kapitels heraus, auf Basis welchen Vertrags Sie das Gespräch führten (siehe Kap. 5.3.1).

Neben dem psychologischen Vertrag für ein schwieriges Gespräch können Führungskräfte auch andere Verträge mit Mitarbeitern und Teams schließen, um Ziele gemeinsam zu erreichen und eine bestimmte Kultur in der Organisation zu entwickeln. Schließlich können Sie auch einen Vertrag mit sich selbst schließen, um Ihr Verhalten zu ändern. Das Arbeiten mit psychologischen Verträgen mag zu Anfang ungewohnt sein und sich merkwürdig anfühlen. Die positiven Effekte für die Zusammenarbeit und den konstruktiven Umgang miteinander entschädigen aber meist für das anfängliche Unbehagen.

> **Checkliste: Die Vereinbarung funktionstüchtiger Verträge**
> Folgende Eigenschaften kennzeichnen Verträge mit großen Chancen auf Erfolg:
> ❑ Alle Vertragspartner haben **dasselbe Verständnis von Ziel und Inhalt des Gesprächs oder der Kommunikation im Rahmen der Zusammenarbeit**. Prüfen Sie, ob wirklich alle von demselben reden und räumen Sie Missverständnisse von Anfang an aus dem Weg.
> ❑ Ein guter psychologischer Vertrag ist für alle Vertragspartner realistisch, sinnvoll und erstrebenswert. Nehmen Sie Nachteile, Bedenken und Barrieren ernst und nehmen Sie, wo nötig, Nachbesserungen an den Vereinbarungen vor.
> ❑ Alle Vertragspartner müssen ein **echtes Interesse** am Erreichen des Ziels haben. Hören Sie in sich hinein, ob Sie Lust und Freude bei sich und anderen wahrnehmen. Machen Sie Vorbehalte und Motivationskiller gleich zu Beginn transparent und nehmen Sie dadurch passivem Widerstand den Wind aus den Segeln. Dies setzt natürlich voraus, dass Sie wirklich verhandlungsbereit sind. Ist dies nicht

der Fall, sondern geht es Ihnen darum, Ihren Gesprächspartnern eine Vorgabe der Geschäftsführung oder Ihre unverhandelbaren Vorstellungen als Angebot zu verkaufen, sollten Sie lieber klare Anweisungen geben.
- ❑ Definieren Sie **Anfang und Ende der Vertragslaufzeit**. Es ist unrealistisch, dass gemeinsame Vereinbarungen eine unendliche Laufzeit haben. Ein überschaubarer Zeitrahmen sorgt für Entlastung und eine höhere Glaubwürdigkeit.
- ❑ **Ziehen Sie Bilanz**. Verständigen Sie sich darauf, nach Ablauf der Vertragslaufzeit gemeinsam Bilanz zu ziehen und zu besprechen, wie gut oder schlecht allen Beteiligten die Einhaltung des Vertrags gelungen ist. Feiern Sie gemeinsame Erfolge, denn Ihr Vertrag und die Einhaltung haben dafür gesorgt, dass Sie Ihre Ziele erreicht haben. Durch Anerkennung dieses Erfolgs bahnen Sie die dauerhafte Verankerung der Regeln in der gemeinsamen Zusammenarbeit und entwickeln Motivation und Vertrauen für zukünftige psychologische Verträge. Bei Bedarf können Sie Verträge gemeinsam verlängern oder Neuauflagen mit geänderten Bedingungen formulieren.
- ❑ **Passen Sie den Vertrag unbedingt an**, wenn sich wichtige Grundlagen geändert haben. Übernehmen Sie beispielsweise die Führungsaufgabe des Teams eines Kollegen oder Vorgängers, ist es wichtig zu klären, ob diese Mitarbeiter noch mit dem bestehenden Vertrag einverstanden sind oder ihn ändern wollen. Auch wenn die Ziele der Kommunikation sich ändern, muss der Vertrag angepasst werden. Tauchen in einem Feedbackgespräch beispielsweise viele kritische Themen auf, sollten sie eine Vereinbarung für ein separates, später stattfindendes Kritikgespräch verabreden.
- ❑ **Machen Sie es zum Thema, wenn der Vertrag nicht eingehalten wird**. Sprechen Sie den Vertragsbruch direkt und möglichst zeitnah an. Ansonsten lernen Ihre Vertragspartner, dass es in Ordnung ist, sich nicht an den Vertrag zu halten. Sie müssen nicht sofort mit heftigen Sanktionen drohen, aber unkommentiert sollten Abweichungen nicht erfolgen. Bei wiederholten Verletzungen der Absprachen müssen Sie bedenken, ob die weitere Zusammenarbeit Sinn macht.

5.1.2 Ich-Zustände

In Gesprächen tauschen Menschen nicht nur Informationen aus, sondern auch Meinungen, Befindlichkeiten, Stimmungen, Ansprüche, Befürchtungen und andere Emotionen. Menschen bringen in Kommunikation immer auch ihre Persönlichkeit mit ein, wenn auch selten bewusst oder gezielt. Die Transaktionsanalyse wirft einen genauen Blick darauf, welche Facetten der Persönlichkeit den Verlauf von gelingenden Gesprächen und Kommunikationsstörungen beeinflussen. Die Basis bildet das Modell der Ich-Zustände.

▶ Einen Erlebenszustand, der sich durch ein gemeinsames Muster von Gedanken, Gefühlen und Verhaltensweisen kennzeichnen lässt, nennt man in der Transaktionsanalyse Ich-Zustand.

Das Modell erlaubt eine Momentaufnahme auf eine einzelne Transaktion und einen psychologischen Einblick in die Dynamik von umfassenden Gesprächsmustern. Es hat sich in den Bereichen der Organisationsentwicklung und -beratung sowie im Coaching als praktikables und gleichzeitig fundiertes Modell erwiesen. Die Ich-Zustände drücken sich auf natürliche Weise in der Kommunikation aus. Formulierungen, Ton und Mimik zeigen, aus welchem Ich-Zustand heraus eine Transaktion erfolgt. Ich-Zustand im Innen und Kommunikation im Außen hängen untrennbar miteinander zusammen. Um den eigenen Kommunikationsstil zu verbessern oder einen festgefahrenen Gesprächsmoment wieder in Bewegung zu bringen, kann es ein hilfreicher erster Schritt sein, die im folgenden vorgestellten Transaktionen und mögliche Formulierungen „mechanisch" als Kommunikationstechnik zu verwenden. Änderungen sollten langfristig unter die Oberfläche gehen, damit konstruktive Kommunikation intuitiv und authentisch erfolgt. Führungskräfte, die antrainierte Formulierungen und Fragen floskelhaft verwenden, verlieren ihre Glaubwürdigkeit und das Vertrauen ihrer Mitarbeiter. Nachhaltig zielführend ist es, eine respektvolle und interessierte Haltung zu entwickeln und sein natürliches Repertoire an Ich-Zuständen konstruktiv auszuschöpfen.

5.1.2.1 Innere Stimmen

Bei schwierigen Entscheidungen wird häufig empfohlen, auf die innere Stimme zu hören. Doch nicht selten ist da mehr als eine Stimme zu hören. Gerade das macht die Entscheidung so schwer (siehe Kap. 3.2). Eric Berne geht davon aus, dass alle Menschen eine vergleichbare psychologische Grundausstattung ihrer Erlebenszustände in sich tragen. Diese Ich-Zustände aktivieren Menschen – bewusst oder unbewusst – in unterschiedlichen (Gesprächs)Situationen. Eine Kollegin von Frau Meier hätte im Gespräch mit Herrn Kühne möglicherweise ohne das Gefühl, angegriffen worden zu sein, einen Vorschlag gemacht, wie die Analyse schnell und ohne großen Aufwand korrigiert werden kann.

Ein und derselbe Mensch reagiert in verschiedenen Situationen und zu verschiedenen Zeiten sehr unterschiedlich auf Reize der Umgebung und Aktionen anderer Menschen. Je nachdem, ob sich die Ich-Zustände von Gesprächspartnern entsprechen (komplementäre Transaktion siehe Kap. 5.1.1) oder voneinander abweichen (gekreuzte Transaktion siehe Kap. 5.1.1), läuft das Gespräch zäh oder flüssig ab. Ich-Zustände können bewusst oder unbewusst aktiviert werden. Die Idee der Zusammenarbeit der verschiedenen inneren Stimmen findet sich auch im Konzept des „inneren Teams" im Kommunikationsmodell von Schulz von Thun (2013).

Die menschliche Persönlichkeit lässt sich mithilfe von drei Kategorien von Ich-Zuständen beschreiben:

- Kindheits-Ich
- Eltern-Ich
- Erwachsenen-Ich

Sie bilden die Struktur der menschlichen Persönlichkeit. Ihre Aktivierung prägt das individuelle Verhalten und die Kommunikation.

5.1.2.2 Das Kindheits-Ich

Dieser Ich-Zustand ist der Freigeist in uns. In ihm aktivieren Menschen gespeichertes Erleben aus ihren frühen Erfahrungen. Menschen in diesem Ich-Zustand denken, fühlen und handeln so, wie sie es als Kind taten oder durften. Die Kraft und Energie des Kindheits-Ichs zeigt sich beispielsweise im berühmten „Kind im Mann" oder der „verwöhnten Prinzessin" in der erwachsenen Frau.

Für die Analyse von Kommunikationsmustern werden im Modell der funktionalen Ich-Zustände drei Varianten des Kindheits-Ichs unterschieden:

- Das **freie Kindheits-Ich** ist im direkten und natürlichen Kontakt mit seinen Wünschen, Bedürfnissen und Sehnsüchten. Es spürt, was es will und braucht, handelt emotional und lebt seine Bedürfnisse aus. Das freie Kind folgt spontanen Ideen und Eingebungen und lässt sich von den Regeln und Grenzen anderer Menschen nicht beeinflussen. Menschen in diesem Ich-Zustand verhalten sich lustvoll, ungehemmt, spontan, kreativ, pfiffig und verspielt. Allerdings können sie auch sprunghaft, rücksichtslos und egoistisch agieren. Das freie Kind hat ein Talent dafür, andere Menschen mitzureißen und zu begeistern. Es steckt mit seiner unbändigen Neugier an und entfacht auch bei anderen Menschen in seinem Umfeld Energien. In Gesprächen verwenden Menschen in diesem Ich-Zustand gerne das Wort „Ich" und emotional aufgeladene Worte wie „klasse", „super", „wow" oder „krass" mit entsprechend lebendiger Intonation. Sie sprechen tendenziell eher schnell, lebhaft und gefühlsbetont. Ihre oft bilderreiche Sprache wirkt wach, energisch und lebendig.
- Das **angepasste Kindheits-Ich** orientiert sich an den Regeln und Vorgaben der frühen Kindheit. Werte, Forderungen und maßregelnde Sprüche haben sich in das Gedächtnis eingebrannt und werden in diesem Ich-Zustand präsent. Eigene Bedürfnisse und Impulse werden zurückgestellt. Menschen in diesem Ich-Zustand reagieren auf die tatsächlichen oder nur vermuteten Erwartungen anderer Menschen statt zu agieren. Sie verhalten sich angepasst, gehorsam, vorsichtig bis ängstlich und schüchtern. Andererseits sind sie vermittelnd und ausgleichend und unterstützen damit den sozialen Zusammenhalt. Ihr Kommunikationsstil ist ausweichend, zögerlich, zurückhaltend und abwartend. Sie schwächen ihre Äußerungen häufiger durch sogenannte „Softener" wie „dürfte", „könnte", „vielleicht" und „ein wenig" ab. Ihre Stimme ist eher leise, sanft und monoton. Sie kann auch quengelig oder weinerlich wirken.
- Das **rebellische Kindheits-Ich** orientiert sich ebenfalls an den Regeln und Vorgaben der frühen Kindheit, allerdings immer mit negativem Vorzeichen. Menschen in diesem Ich-Zustand machen genau das Gegenteil von dem, was tatsächlich oder vermutlich

von ihnen erwartet wird. Durch den kleinen inneren Rebell reiben sie sich an Autoritätspersonen auf und sabotieren Regeln, Vorgaben und Grenzen. Sie verhalten sich aufsässig, übertrieben selbstbewusst und aufmüpfig. In ihren Sätzen finden sich häufig Formulierungen wie „Ist mir doch egal!", „Wieso ich?" oder „Ich denk' gar nicht dran!". Ihr Kommunikationsstil ist oft trotzig, abgrenzend und offensiv bis aggressiv. Auf Vorschläge und Ideen anderer Menschen reagieren sie tendenziell erst einmal mit einem Nein. Meist geschieht dies mit einer guten Portion Energie, mit der Menschen in diesem Ich-Zustand auch produktive Prozesse initiieren können. Sind Menschen dauerhaft oder ausschließlich in diesem Ich-Zustand führt dies jedoch meist zu Konflikten und Grabenkämpfen.

5.1.2.3 Das Eltern-Ich

In diesem Ich-Zustand verhalten, denken und empfinden Menschen so, wie sie es früher bei ihren Eltern oder anderen Autoritätspersonen erlebt und beobachtet haben. Diese Grundsätze, Prinzipien und Regeln wurden gespeichert und werden in bestimmten Situationen ganz automatisch und unhinterfragt reaktiviert. Viele Menschen erleben diesen automatischen Rückgriff auf elterliche Verhaltensweisen besonders deutlich, wenn sie selbst Eltern werden und sich dann „genau wie mein Vater" verhalten. Und im beruflichen Kontext greifen viele unerfahrene Führungskräfte – wie auch Herr Kühne – auf ihre Erfahrungen mit ihren früheren Vorgesetzten zurück, wenn sie selbst die Führungsrolle auszufüllen versuchen.

Es gibt zwei Varianten des Eltern-Ich-Zustands:

- Das **kritische Eltern-Ich** verteilt Maßregelungen, Drohungen, Zurechtweisungen und Kritik. Menschen in diesem Zustand gehen auf Distanz und schüchtern ihr Umfeld häufig ein. Sie verhalten sich rigide, besserwisserisch und misstrauisch. Positiv ist zu bemerken, dass sie in diesem Ich-Zustand für die Einhaltung von bewährten Traditionen und Prinzipien sorgen und sich sehr verantwortungsbewusst verhalten. In Gesprächen vermeiden sie tendenziell das Wort „Ich" und bevorzugen unpersönlichere Formulierungen wie „Man macht…", „Es muss…" oder „Das geht so nicht". Menschen im kritischen Eltern-Ich-Zustand geben gerne belehrende Sprüche, rhetorische Fragen und mahnende Worte zum Besten. Sie sprechen scharf, kurz und bündig und drücken auch durch ihre Körperhaltung und Mimik ihre kritische Haltung aus.
- Das **fürsorgliche Eltern-Ich** ist unterstützend, hilfsbereit, ermutigend, wertschätzend und besänftigend. Menschen in diesem Ich-Zustand streben nach Harmonie und Wohlbehagen für das gesamte Umfeld. Die Talente des fürsorglichen Eltern-Ichs bestehen darin, in anderen Personen Potenziale zu nähren und für ein harmonisches Miteinander zu sorgen. Auf der negativen Seite ist festzuhalten, dass ihr Verhalten auch gönnerhaft, übervorsichtig und moralisierend erscheinen kann. Im Gespräch geben sie viel Unterstützung, Lob und Anerkennung. Sie machen spontane Komplimente, beziehen andere Menschen in Gespräche ein. Durch einfühlsame Fragen ermuntern sie anderen Menschen dazu, sich zu öffnen. Ihre Stimme ist tendenziell leise und melodisch, ihre Körperhaltung meist zugewandt und unterstützend.

5.1.2.4 Das Erwachsenen-Ich

Menschen in diesem Ich-Zustand beziehen sich in erster Linie auf die Realität des Hier und Jetzt. Sie nehmen Informationen aus der aktuellen Umgebung auf, verarbeiten sie, treffen Entscheidungen, ziehen Schlüsse und verhalten sich entsprechend. Erfahrungen aus ihrer Biografie überschatten nicht die Wahrnehmung der Gegenwart und Möglichkeiten der Zukunft. Im Erwachsenen-Ich verhalten sich Menschen sachlich, aufgeschlossen und objektiv. Sie nehmen ihre Umgebung und das Gesprächsverhalten anderer Menschen genau und unvoreingenommen wahr, sind konzentriert und interessiert. Ihre Kommunikation ist zielstrebig, wahrnehmungsbezogen und ergebnisorientiert. Sie verwenden häufig offene Fragen (W-Fragen), die ihre Gesprächspartner zum Erzählen und Vertiefen anregen. Im Gespräch formulieren sie ihre Eindrücke und Positionen überwiegend sachlich (z. B. „Mir ist aufgefallen, dass…"/„Ich beobachte, dass…"/„soweit ich sehe…"). Ihre Körperhaltung ist meist aufrecht und ihr Blick klar und hält Kontakt mit anderen. Ihre Stimme klingt eher ausgeglichen und rund.

5.1.2.5 Ich-Zustände erkennen

Ich-Zustände können wie Motive aus dem eigenen und dem Verhalten anderer Menschen erschlossen werden. Je häufiger Sie sich darin üben, diese Struktur bei der Beobachtung des Geschehens um sie herum zu nutzen, desto geübter wird Ihr Blick für die verschiedenen Ich-Zustände und die daraus entstehende Dynamik. Neben den offenen, sprachlichen Botschaften sind verdeckte oder nicht-sprachliche Botschaften häufig mindestens genauso aufschlussreich, um zu erkennen, in welchem Ich-Zustand sich eine Person gerade befindet.

> **Fragen**
> Welches Gespräch oder welche Begegnung in Ihrem nahen Umfeld haben Sie in den letzten vier Wochen als unangenehm, sehr anstrengend oder unproduktiv erlebt? Wie würden Sie dies aus dem Blickwinkel der Ich-Zustände beschreiben? Nutzen Sie die Grafik am Ende des Kapitels, um die Ich-Zustände und ihre Dynamik anschaulich zu machen. (siehe Kap. 5.3.2).

Häufig reagieren Menschen mit passenden Ich-Zuständen auf die Ich-Zustände ihrer Gesprächspartner:

- Kommt wie von Zauberhand übermütige Stimmung und verspielte Leichtigkeit im Raum auf, deutet dies auf **das freie Kind** als Ich-Zustand ihrer Gesprächspartner hin. Die Stimmung ist gut für die Entwicklung neuer Ideen oder das Finden für Lösungen, die in der Zusammenarbeit aufgetaucht sind.
- Das **kritische Eltern-Ich** hingegen ruft bei anderen Menschen meist das **angepasste oder rebellische Kind** auf den Plan. Vorschläge werden nicht sachlich besprochen und diskutiert, sondern entweder gehorsam abgenickt oder aufgebracht kommentiert und zurückgewiesen.

- Das **angepasste Kind** wiederum lädt viele Menschen dazu ein, ihr fürsorgliches Eltern-Ich zu aktivieren. Das sorgt zwar für eine harmonische Stimmung, birgt aber die Gefahr, dass Menschen Verantwortung für etwas übernehmen, für das sie gar nicht zuständig sind.
- Eine klare Botschaft aus dem Ich-Zustand des **Eltern-Ichs** heraus steigert die Wahrscheinlichkeit, dass auch die Gesprächspartner diesen Ich-Zustand aktivieren. Kongruente Transaktionen aus dem Eltern-Ich heraus schaffen ein gutes „Arbeitsklima" für effektive Kommunikation.

Den ansteckenden Charakter bestimmter Ich-Zustände kann man als Gesprächstechnik auch bewusst dazu einsetzen, um in sich zuspitzenden Gesprächsmomenten noch ‚die Kurve zu bekommen' und eine Eskalation zu verhindern (siehe Kap. 5.1.3).

5.1.3 Für ein gutes Gesprächsklima sorgen

Ein gutes Organisationsklima wird letztlich auch durch die Art und Weise geprägt, wie Menschen in Organisationen miteinander umgehen und reden. Ein gutes Gesprächsklima kann aktiv gefördert werden. Vor allem zu Beginn eines Gespräches, sei es der Austausch mit den Kollegen, eine Präsentation, ein Beratungsgespräch mit einem Kunden oder eine Reklamation, lohnt es sich, Zeit und positive Energie für einen guten Start aufzubringen. Ein zu schnelles Einsteigen in die Sache, um die es eigentlich geht, rächt sich häufig dadurch, dass das Gespräch anstrengend und zäh wird. Es ist meist ein Trugschluss zu glauben, man gewinne Zeit, wenn man am Anfang schnell zum Thema kommt.

> **Frage**
> Wie stellen Sie zu Anfang eines Telefonats, in einer E-Mail oder im persönlichen Gespräch einen guten Draht zu Ihren Gesprächspartnern her? (siehe Kap. 5.3.3).

Kontakt ist die Grundvoraussetzung für gelungene Kommunikation. Wenn in einem Meeting alle Beteiligten nur ihre eigene Ansichten loswerden wollen, ohne in Kontakt mit der Sichtweise ihrer Kollegen zu kommen, findet kein wirklicher Austausch statt. Lange Monologe und Wiederholungen machen das Meeting unangenehm und unproduktiv.

Eine zugewandte Körperhaltung und Blickkontakt (ohne zum andauernden Starren zu werden) bauen auf non-verbale Weise Kontakt zwischen Menschen auf. In Meetings oder Workshops lenken erfahrene Moderatoren die Beiträge und Beteiligung der Teilnehmenden auch durch die stille Aufforderung des Blickkontakts. Und Vielredner können in ihrer Aktivität gebremst werden, wenn ihnen der Blickkontakt und damit auch die Aufmerksamkeit entzogen wird. Geht der Blickkontakt verloren, kann ein schweigendes Innehalten dafür sorgen, dass der Gesprächspartner „nachsieht", was los ist und wieder in Kontakt tritt. Alternativ kann auch explizit nachgefragt werden, was das Schweigen bedeutet. In manchen Situationen sind Gesprächspartner schlichtweg mit Nachdenken beschäftigt oder sind durch etwas abgelenkt.

Um Kontakt zum Gesprächspartner aufzunehmen, ist es hilfreich, sich zu Beginn eines Gesprächs an den Gesprächspartner anzupassen. Diese Technik wird Spiegeln oder auch „Pacing" genannt (siehe auch Kap. 2.3.2).

> Beim Pacing passt sich eine Person bewusst an die Verhaltensweisen einer anderen Person an, um Kontakt und Vertrauen aufzubauen und anschließend das Gespräch führen zu können (Leading). Das Spiegeln des Gegenübers kann sich auf die Ebene der Körpersprache (ähnliche Haltung, Gestik, Atemfrequenz), der Mimik (ähnlicher Gesichtsausdruck), der Stimme (ähnliche Modulation, Lautstärke und Sprechgeschwindigkeit) und der Sprache (Verwendung ähnlicher Begriffe, Bilder und Floskeln) beziehen.

Auch wenn sich der absichtsvolle Einsatz von Pacing zu Beginn vielleicht mechanisch oder unnatürlich anfühlen mag, hat es sich als hilfreiche Technik zum Aufbau von Kontakt und Vertrauen erwiesen. Zudem können psychologische Studien nachweisen, dass sich Menschen, die sich sympathisch oder nah sind, in Gesprächen aneinander anpassen und auf natürliche Weise spiegeln (Giles 2008, S. 161–173). Der bewusste Einsatz vom Pacing imitiert somit ein natürliches Gesprächsverhalten und unterstützt den Aufbau einer vertrauensvollen Gesprächsgrundlage.

5.1.3.1 Respekt entgegenbringen

Der wertschätzende und respektvolle Umgang im Gespräch ist weniger eine Technik der Gesprächsführung als eine innere Haltung, aus der heraus miteinander kommuniziert wird. Sie umfasst den Respekt für die eigenen Bedürfnisse und Ansichten und die der Gesprächspartner im Bewusstsein ihrer Andersartigkeit. „Respectare" bedeutet im Lateinischen, von etwas abzusehen oder zurückzusehen. Eine respektvolle Gesprächshaltung umfasst das Loslösen von den eigenen Glaubenssätzen, Werten und Interessen und die Achtung für die Perspektive, Werte und Überzeugungen des anderen, selbst wenn man sie nicht teilt.

Aus transaktionsanalytischer Sichtweise bedeutet dies das Respektieren der Ich-Zustände der Gesprächspartner, auch wenn sie unpassend, unangemessen, fremd und seltsam erscheinen mögen. Dies wird durch die Kenntnis erleichtert, dass die Präsenz von Ich-Zuständen ursprünglich immer sinnvoll und hilfreich gewesen ist. Dies ist allerdings nicht mehr erkennbar, denn das soziale Umfeld und die Notwendigkeit für das Aktivieren bestimmter Ich-Zustände haben sich verändert. Die Dominanz des rebellischen Kindheits-Ichs in dem Persönlichkeitsrepertoire von Frau Meier hat seine guten Gründen. Für den konstruktiven Umgang im Team von Herrn Kühne sind sie jedoch weder notwendig noch hilfreich. Mit diesem Wissen fällt es möglicherweise leichter, verständnisvoll und geduldig auf die Einwände und Vorwürfe einzugehen und sachlich-konstruktiv nach Lösungen zu suchen. Sollte dies nicht nach und nach zu einer Veränderung des Gesprächsverhaltens führen, sollten Maßnahmen wie ein Klärungsgespräch oder Coaching in Erwägung gezogen werden.

5.1.3.2 Ich-Aussagen verwenden

Viele Menschen beginnen ihre Aussagen häufig mit „man" oder „wir". Diese unpersönlichen Formulierungen machen unangreifbarer und erscheinen diplomatisch, da es ja nicht um die eigenen Interessen oder Positionen geht. Manchmal sind die ausweichenden Formulierungen auch Altlasten der elterlichen Erziehung, die Ich-Forderungen als egoistisch oder schlecht erzogen kritisierten. Die Verwendung von „man" sorgt jedoch dafür, dass die Kommunikation nicht greifbar wird und echter Kontakt zwischen den Sprechenden vermieden wird. Es bleibt unklar, welche Position die Sprechenden nun vertreten und welche Interessen und Bedürfnisse dahinterstehen. Man- und Wir-Aussagen ermöglichen es, Eigenverantwortung und Selbstverpflichtung auszuweichen. Wenn „man/wir mal etwas ändern müsste(n)", stehen die Chancen schlecht, dass tatsächliche Änderungen angepackt werden. Wir-Aussagen werden zudem tendenziell als manipulativ empfunden und können zu Widerstand bei den Gesprächspartnern führen, wenn nicht tatsächlich gemeinsame Positionen und Bewertungen gemeint sind.

> Ich-Aussagen lassen weniger Unklarheiten zu und machen deutlich, was die am Gespräch Beteiligten wollen, denken, empfinden und tun oder tun wollen. Sie machen zudem klar, wer Verantwortung innehat oder übernimmt und schaffen Verbindlichkeit.

Um die Verwendung von Ich-Aussagen zu fördern, ist es besser, mit gutem Beispiel voranzugehen als sie zur offiziellen Sprachregel zu erklären. Die konsequente Verwendung von Ich-Aussagen über die eigene Wahrnehmung, Betrachtungsweise, Bewertung oder Stimmungslage kann eine ansteckende Wirkung haben. Wenn nicht, fragen Sie an einigen neuralgischen Punkten im Gespräch, was ihr Gesprächspartner genau meint und was er oder sie denkt, empfindet oder machen wird.

- **Ich-Aussagen über die Wahrnehmung des anderen (Feedback)**:
  - „Ich habe beobachtet, dass Sie/du..."
  - „Mir ist aufgefallen, dass Sie/du..."
  - „Ich sehe..."
  - „Ich höre..."
  - „Ich spüre..."
- **Ich-Aussagen über die Wirkung**:
  - „Bei mir bewirkt Ihr/dein Verhalten..."
  - Wenn ich das höre/sehe/beobachte, fühle ich mich..."
  - „Das macht mich..."
- **Ich-Aussagen über Gedanken**:
  - „Wenn ich Sie/dich höre, sehe, beobachte, denke ich..."
    „Ich frage mich..."
  - „Bei Ihrer Darstellung/Beschreibung/Argumentation geht mir... durch den Kopf."

- **Ich-Aussagen über Verhalten**:
  - „Ich sehe/beobachte, dass... passiert."
  - „Ich mache als Nächstes..."
  - „Ich habe bereits...unternommen."
  - „Ich möchte... tun."

Um die Verwendung von Ich-Aussagen einzuführen, bietet das Paraphrasieren einer Man-Aussage in Form einer Ich-Aussage einen Weg der Übersetzung an, der nach und nach den Wechsel vom unkonkreten „Man" zum verbindlichen „Ich" bahnen kann.

▶ Paraphrasieren bezeichnet die Umschreibung der Bedeutung einer Aussage mittels anderer sprachlicher Ausdrücke mit dem Ziel, den Sinn der ursprünglichen Aussage unverändert, aber in eigenen Worten zu formulieren. Es wird als Technik zur Verständnissicherung und zum aktiven Zuhören eingesetzt.

Im Kontext von Feedback unterstützen Ich-Aussagen eine wertschätzende Haltung. Ich-Aussagen darüber, was die Feedbackgebenden wahrgenommen, beobachtet und gedacht haben, ziehen weniger Widerstand und Rechtfertigung nach sich als Du- oder Sie-Aussagen darüber, was nicht gut, falsch oder nur sub-optimal gelaufen ist und anders gemacht werden muss. Feedback in Trainings und Schulungen können besser angenommen werden, wenn sie sprachlich als Ich-Aussagen formuliert werden und beschreiben, was beobachtet, darüber gedacht und dadurch empfunden wurde. In Feedbackgesprächen und anderen Formen der Mitarbeitergespräche sollte besonderes Augenmerk auf die sprachlichen Formulierungen von Kritik und Rückmeldungen gelegt werden (siehe Kap. 5.1.1 zur gekreuzten Transaktion).

5.1.3.3 Aktives Zuhören

Gelungene Kommunikation erfordert nicht nur Offenheit, Respekt und gegenseitiges Interesse beim Reden, sondern auch beim Zuhören. Meist wird die Bedeutung des Aufnehmens der Aussagen des Gesprächspartners unterschätzt. Gutes Zuhören bedeutet nicht, still, geduldig und passiv zu sein, sondern innerlich aktiv beteiligt zu sein. Für konstruktive Kommunikation ist es unabdingbar, dass Aussagen auf offene Ohren treffen, die nicht mit einem inneren Monolog („Oh, wie lange redet der denn noch?"/„Das ist ja alles schön und gut, aber...") oder bereits den eigenen Formulierungen als Antwort auf das gerade Gehörte beschäftigt sind. Diese Form des aktiven Zuhörens bedeutet, sich mit ungeteilter Aufmerksamkeit und ehrlichem Interesse auf die Äußerungen des Gesprächspartners einzulassen und von Wertungen, weitreichenden Interpretationen und Schlussfolgerungen abzusehen. Ziel ist es, ein umfassendes Verständnis auf der sachlichen und emotionalen Ebene zu gewinnen.

▶ Aktives Zuhören umfasst das Verständnis der sachlichen und emotionalen Botschaft der Aussagen des Gesprächspartners mit voller Aufmerksamkeit, innerer Beteiligung und zurückhaltender Interpretation.

Auf der sprachlichen Ebene kann das aktive Zuhören durch das Umschreiben des Gehörten in eigenen Worten (Paraphrasieren) und das Verbalisieren der unausgesprochenen emotionalen Botschaft unterstützt werden. Um die Botschaften auf der emotionalen Ebene zu erkennen, sollten der Körperausdruck und non-verbale Signale wie Stimme, Atmung, körperliche Spannung (z. B. Haltung der Hände, Gesichtsröte) und Gesichtsausdruck beobachtet werden. Häufig geben Diskrepanzen zwischen den sprachlichen Aussagen und der Sprache des Körpers wichtige Hinweise darauf, was den Gesprächspartner wirklich bewegt, verunsichert oder in einen inneren Konflikt bringt. Auch das Verbalisieren sollte in Form von Ich-Aussagen geschehen und sich darauf beziehen, was gesehen, gehört und beobachtet wurde und wie dies wirkt. Psychologisierende Interpretationen („Zeigt sich da bei Ihnen ein innerer Konflikt?") sollten tunlichst vermieden werden.

Gerade an wichtigen Stellen im Gespräch können Verbalisierungen und Paraphrasierungen verhindern, auf die falsche Fährte zu geraten und einem unguten Verlauf vorbeugen. Sie können z. B. durch folgende Formulierungen eingeleitet werden:

> *„Ich habe Sie/dich jetzt so verstanden, dass ...*
> *Wenn ich einmal kurz wiederholen dürfte, wie ich dich/Sie verstanden habe ...*
> *Wie haben Sie/hast du verstanden, was ich gerade dargelegt habe ...?"*

Das „sprachliche Spiegeln" des Gesprächspartners befriedigt darüber hinaus das Bedürfnis, wahrgenommen und akzeptiert zu werden, das allen Menschen eigen ist. Paraphrasierungen verringern das Risiko von Verständnisschwierigkeiten und bilden die Basis für gegenseitigen Respekt und Vertrauen. Schließlich kommen durch aktives Zuhören und Paraphrasen wichtige Impulse für die produktive Selbstüberprüfung in das Gespräch hinein. Die Sprechenden erhalten zeitnah einen Eindruck davon, wie die am Gespräch Beteiligten sie verstehen und wie gut es ihnen gelingt, sich sprachlich zu auszudrücken.

5.1.3.4 In der Gegenwart bleiben

Die Vergangenheit prägt das Erleben der momentanen Situation und des aktuellen Gesprächs. Das Verschmelzen von Erfahrungen und Erinnerungen aus der Vergangenheit sowie Zielen und Wünschen für die Zukunft mit der aktuellen Kommunikation lässt sich nur schwer vermeiden. Gleichwohl kann die Vermischung von Vergangenheit, Zukunft und Gegenwart den konstruktiven Verlauf von Gesprächen erschweren. Wie das kurze Beispiel des Dialogs zwischen Herrn Kühne und Frau Meier ahnen lässt, wirken persönliche Erfahrungen mit anderen Menschen aus anderen Gesprächen häufig wie ein Schatten über dem Gespräch („Ich weiß, ich mache das anscheinend immer falsch.") und verdunkeln die Aussichten, sich konstruktiv über Themen des Hier und Jetzt auszutauschen.

▶ Der Fokus liegt bei konstruktiver Kommunikation auf der Gegenwart des aktuellen Gesprächs in der jeweiligen Situation mit den Beteiligten. Erinnerungen und Erlebnisse aus der Vergangenheit sollten nur berücksichtigt werden, wenn sie für das im psychologischen Vertrag vereinbarte Ziel von Bedeutung sind.

Es ist sinnvoll, Erfahrungen aus der Vergangenheit zu berücksichtigen, wenn sie relevant sind. Wenig sinnvoll ist es jedoch, in negativen Erlebnissen und Emotionen tief zu versinken. Vertiefende Fragen nach der persönlichen Biografie gehören in den Kontext von Coaching oder Therapie, nicht aber in alltägliche Gespräche am Arbeitsplatz. Auch das Aufwärmen früherer Erlebnisse in der Zusammenarbeit („Auch beim letzten Projekt war meine Analyse falsch.") sollte möglichst wenig Raum einnehmen, um den Blick auf Lösungen für die aktuelle Situation nicht zu versperren. Der Fokus sollte auf dem Hier und Jetzt liegen und kann durch folgende Formulierungen angeregt werden:

> *„Was bedeutet dies für Sie hier und heute?*
> *Was wollen Sie nun/künftig anders machen?*
> *Was ist in der aktuellen Situation anders?"*

Setzen Sie Interpretationen und Konfrontation nur in homöopathischen Dosen ein. Viele Menschen, die Kommunikation für sich entdecken, setzen ihre Kenntnisse über Kommunikation mit Begeisterung in ihren alltäglichen Begegnungen um. Dabei können sie auch über das Ziel hinausschießen und ihre Gesprächspartner ungefragt mit psychologischen Schlussfolgerungen und Interpretationen überlasten. Grundsätzlich sollten Schlussfolgerungen aus dem, was im Gespräch beobachtet wurde, nur dann zum Thema gemacht werden, wenn sie dem Gesprächsziel dienlich sind und die Person und Grenzen des Gesprächspartners respektieren. Dies kann beispielsweise beim Feedback erforderlich sein oder in schwierigen Gesprächsmomenten.

▶ Für konstruktive Kommunikation ist es grundsätzlich wichtig, die eigene Wahrnehmung und Vermutungen und Interpretationen deutlich voneinander zu trennen, auch sprachlich.

Dies kann wiederum durch Ich-Aussagen über die eigenen Beobachtungen und Ich-Aussagen über die eigenen Vermutungen geschehen. Sie sollten sehr sparsam und bewusst eingesetzt werden. Da Interpretationen und die Konfrontation mit bestimmten Verhaltensweisen immer eine gewisse Grenzüberschreitung bedeuten, sollte für sie immer eine Erlaubnis eingeholt werden („Ich habe eine Vermutung, Frau Meier, warum Ihnen die Analyse solche Schwierigkeiten macht. Wollen Sie sie hören?"). Dies gilt auch für Ratschläge, die zwar meist gut gemeint sind, aber nur dann gut ankommen, wenn die Beratenen entscheiden können, ob sie in dem Moment an einem Ratschlag interessiert sind oder nicht.

5.1.3.5 Das Prinzip der selektiven Authentizität
Um in Gesprächen konstruktiv miteinander umzugehen, sind Ehrlichkeit und Aufrichtigkeit unabdingbar. Dies bedeutet jedoch nicht, in allen Momenten ungefiltert und schonungslos zu sagen, was man denkt. Zum einen haben Gesprächspartner in beruflichen Kontexten häufig unterschiedliche Interessen und verfolgen ihre „hidden agenda" auch im Gespräch. Dies bedeutet nicht, falsche Aussagen zu machen oder etwas vorzutäuschen. Jedoch ist es häufig diplomatischer, bestimmte Informationen nicht oder nicht in diesem Moment zu offenbaren.

▶ Alles, was man äußert, sollte ehrlich sein und zutreffen, aber nicht alles, was zutrifft, sollte man in Gesprächen auch äußern. Die gezielte Auswahl ehrlicher und aufrichtiger Aussagen nennt man selektive Authentizität.

Zum anderen richten sich konstruktive Gespräche auf das im psychologischen Vertrag vereinbarte Ziel aus, für das nicht alle Wahrnehmungen, Assoziationen und spontanen Impulse bedeutsam sind. Schließlich gebietet der Respekt gegenüber dem Gesprächspartner, nicht alles ungefiltert mitzuteilen, was einem durch den Kopf geht. Den psychologischen Vertrag und die Person und Befindlichkeit des Gesprächspartners im Blick zu halten, bewahrt vor Grenzüberschreitungen und unbeabsichtigten, verletzenden Äußerungen, die nicht mehr zurückgenommen werden können.

5.1.3.6 Auf Verantwortungsbalance achten

Die Verantwortung dafür, das gemeinsame Gesprächsziel zu erreichen, sollte unter allen beteiligten Personen ungefähr gleich verteilt sein. Dies gilt auch für Gespräche von Personen auf unterschiedlichen Hierarchieebenen. Ein höherer Status bedeutet nicht, dass weniger Energie für das Erreichen des Ziels aufgebracht werden sollte, auch wenn die Art der Beiträge auch durch die berufliche Rolle geprägt werden kann. Im Gespräch zwischen Herrn Kühne und Frau Meier würden die Rollen von Vorgesetztem und Untergebenen nicht erfüllt, wenn Frau Meier Herrn Kühne danach fragen würde, wie er das Problem mit der Analyse zu lösen gedenkt. Es wäre aber auch ein starkes Ungleichgewicht, wenn Herr Kühne von Frau Meier ohne weitere Fragen, Kommentare oder Anregungen erwartet, das Problem mit der Analyse zu lösen. Wäre sie dazu in der Lage gewesen, hätte sie es bereits umgesetzt und das Gespräch zwischen ihr und Herrn Kühne wäre gar nicht erst zustande gekommen.

▶ Im Gespräch sollte mindestens 50 % der Energie für das Erreichen des Gesprächsziels durch den/die Gesprächspartner eingebracht werden.

Alle Beteiligten müssen Initiative zeigen, das im psychologischen Vertrag abgestimmte Ziel zu erreichen. Fehlen diese Impulse, können sie durch Anregungen eingefordert werden:

„Was möchten Sie tun, um ...?
Was schlagen Sie vor ...?
Welchen Beitrag können Sie leisten, um ...?
Wie gelingt es uns Ihrer Meinung nach ...?"

In diesem Kontext ist erneut auf die verantwortungsdiffundierende Wirkung von Man- und Wir-Aussagen zu achten. Sie werden häufig bewusst oder unbewusst eingesetzt, um sich der Verantwortung zu entziehen, in der Hoffnung, andere Menschen erbringen (bessere) Lösungen.

5.1.3.7 Lösungen statt Probleme

Auf dem Weg ins Ziel stößt man in vielen Fällen auf mehr oder weniger große Hindernisse. Auch in der Kommunikation führen Gespräche nicht immer völlig reibungslos zu den gewünschten Ergebnissen. Um gemeinsam zu guten Lösungen zu kommen, ist nicht nur die Art und Weise wichtig, wie miteinander gesprochen wird, sondern welche Vorschläge und Beiträge gemacht werden. Hier empfiehlt sich ein lösungsorientierter Ansatz, der das Hauptaugenmerk darauf legt, wie das Ziel erreicht werden kann und was dazu erforderlich ist. Zwar ist eine genaue Analyse der Ist-Situation gerade bei komplexen Problemen unabdingbar, um zu brauchbaren Lösungsansätzen zu gelangen. Nicht immer ist die Ausgangslage aber so komplex und vielschichtig, dass es sich lohnen würde, die Hauptenergie und Zeit des Gesprächs darauf zu verwenden, detailliert zu erörtern, was alles schwierig, anstrengend, kompliziert oder unbefriedigend ist.

Im Folgenden finden Sie einige Anregungen, wie der Weg aus der Defizitorientierung gelingen kann:

- **Fokussierung des Problems einfordern**:
  - *„Was genau von den genannten Aspekten ist das Problem?"*
  - *„Welche drei Aspekte sind die wichtigsten?"*
  - *„Welche der genannten Widrigkeiten stört Sie/dich am wenigsten/ist am einfachsten zu ändern?"*
  - *„Was ist unproblematisch an der Situation?"*
  - *„Was muss nicht geändert werden/kann so bleiben?"*
- **Zu Lösungsmöglichkeiten anregen**:
  - *„Wie würde für diesen Aspekt eine Lösung aussehen?"*
  - *„Was müsste passieren, damit die Situation sich ändert?"*
  - *„Welche Idee für eine Lösung haben Sie?"*
  - *„Was brauchen Sie, um das Problem zu lösen/das Ziel zu erreichen?"*
- **Verantwortung für Änderungen stimulieren**:
  - *„Was können Sie dafür tun, dass ...?"*
  - *„Wie wollen Sie in Zukunft ...?"*
  - *„Ich wäre dazu bereit ... Wozu wären Sie bereit?"*
- **Wie-Fragen stellen**:
  - *„Wie könnten wir gemeinsam...?"*
  - *„Wie könnten Sie...?"*
  - *„Wie sähe eine Verbesserung genau aus?"*

Offene Fragen regen die Gesprächspartner an, sich aktiv an der Lösungssuche zu beteiligen und fordern ihnen eine gewisse Eigenverantwortung ab. Wie-Fragen gelingt es häufig, den Fokus von dem verfestigten Problemzustand auf Möglichkeiten zu lenken, diesen Zustand zu verflüssigen und in Bewegung zu bringen.

Fällt es den Beteiligten sehr schwer, sich aus ihrer „Problemtrance", also dem Verharren darin, was nicht geht, funktioniert, gelingt oder Spaß macht, zu lösen, kann eine sanfte Konfrontation mit diesem Gesprächsverhalten unter Umständen dazu führen, aus dem Jammertal in eine „Can Do-Perspektive" zu gelangen. Auch der Verzicht auf das Wort „nicht" kann eine hilfreiche Intervention bedeuten. Die Verwendung dieser Begriffe setzt selbstverständlich voraus, dass bei allen Beteiligten ein ernsthaftes Interesse an Veränderung besteht, das Problem umfassend verstanden und die erforderlichen Ressourcen für die Lösung und Zielerreichung zur Verfügung gestellt werden. Probleme zu „Herausforderungen" zu machen, ohne geeignete Rahmenbedingungen und Honorierung für ihre Lösung bereitzuhalten, bewirkt auf Dauer nur Unglaubwürdigkeit des Managements und unzufriedene Mitarbeiter.

5.1.4 Konstruktive Wege aus der Sackgasse

Sprachliche Tricks und Kniffe können hilfreiche Techniken sein, um aus verfahrenen Gesprächssituationen wieder herauszukommen oder gar nicht erst in sie hineinzugeraten. Sie sollten aber keinesfalls als oberflächliche Kosmetik und als rhetorisches Mittel zur Manipulation eingesetzt werden. Positive Zuwendung und Verständnis werden ausgehöhlt und unglaubwürdig, wenn „Ich verstehe Sie" nur als leere Phrase verwendet wird und nicht echtes Verständnis für die Situation des anderen besteht. Dementsprechend erfordert konstruktive Kommunikation nicht nur bestimmte Transaktionen und eine zugewandte äußere Haltung, sondern auch eine respektvolle innere Haltung.

5.1.4.1 Produktive Ich-Zustände
Drei Ich-Zustände erleichtern es, dass Gespräche fließend und konstruktiv verlaufen:

- Der Freigeist des freien Kindheits-Ich
- Das Erwachsenen-Ich
- Das fürsorgliche Eltern-Ich

Gesprächspartner, die sich in diesen Ich-Zuständen befinden, kommunizieren kooperativ miteinander, schaffen Übereinstimmung und lösen Konflikte auf eine produktive Art und Weise. Der lockere und leichte Charme des **freien Kinds** bringt positive Energie und kreative Ideen in das Gespräch hinein. Zudem eröffnet es den Zugang zur emotionalen Ebene von Bedürfnissen und Emotionen. Im Ich-Zustand des freien Kinds können Emotionen und Bedürfnisse auf bereichernde Weise und ganz offen in das Gespräch eingebracht werden, sodass die Gefahr von verwirrenden Doppelbotschaften sinkt.

Die sachliche Orientierung des **Erwachsenen-Ichs** geht Ursachen auf den Grund und wägt Vor- und Nachteile von Optionen gegeneinander ab. Getroffenen Entscheidungen setzt es zielorientiert um und hält sich dabei an Vereinbarungen, wie sie beispielsweise im gemeinsamen psychologischen Vertrag verabredet wurden. Vorurteile und Vermutungen, die sich nicht auf die reelle Gesprächssituation beziehen, haben keine Wirkung. Die Schatten der Vergangenheit haben in diesem Ich-Zustand keinen Einfluss.

Das fürsorgliche **Eltern-Ich** unterstützt im Gespräch und darüber hinaus ein Klima, das von Sicherheit und gegenseitiger Akzeptanz geprägt ist. Transaktionen, die in diesem Ich-Zustand gemacht werden, fördern Zusammenarbeit, Hilfsbereitschaft und Teamgeist. Die Bedürfnisse der anderen Menschen werden ernst genommen und zu befriedigen versucht. Insbesondere die emotionale Ebene, der Teamzusammenhalt und das Betriebsklima profitieren besonders von diesem Ich-Zustand.

5.1.4.2 Gezielte Kreuzungsmanöver

Um nicht in kommunikative Sackgassen hineinzugeraten, können gekreuzte Transaktionen (siehe Kap. 5.1.1) bewusst eingesetzt werden. Anstatt der „Einladung" zu folgen, einen unproduktiven Ich-Zustand zu aktivieren, führen intentionale Kreuzungstransaktionen (zurück) in produktive Ich-Zustände. Analysiert man den kurzen Dialog zwischen Herrn Kühne und Frau Meier mit dem Funktionsmodell wird diese Strategie anschaulich.

Wege aus der Sackgasse

Transaktion 1

Herr Kühne: „Danke für Ihren Bericht."Frau Meier: „Gern geschehen."

Zu Anfang begegnen sich Herr Kühne und Frau Meier aus Sicht der Ich-Zustände auf Augenhöhe. Beide begegnen sich aus dem Erwachsenen-Ich heraus. Der Ton ist sachlich und freundlich, aber nicht besonders emotional.

Transaktion 2

Herr Kühne: „Das Ergebnis Ihrer Analyse ist falsch."Frau Meier: „Ich weiß, ich mache das anscheinend immer falsch."

Herr Kühne agiert weiter aus dem Erwachsenen-Ich heraus und stellt nüchtern das Ergebnis der Analyse als falsch dar. Frau Meier nimmt diese Aussage jedoch als Botschaft des kritischen Eltern-Ichs wahr, was bei ihr den Ich-Zustand des rebellischen Kinds aktiviert. Herr Kühne schlägt diese „Einladung", in den vorwurfsvollen und mahnenden Ich-Zustand des kritischen Eltern-Ichs zu wechseln, aus. Stattdessen kommuniziert er weiterhin aus dem Erwachsenen-Ich heraus. Er richtet sich produktiv auf eine Lösung für die Zukunft. Bewusst oder intuitiv hat er damit diese Transaktion gekreuzt.

Transaktion 3

Herr Kühne: „Was wollen Sie nun damit machen?"Frau Meier: „Ich soll alles nochmal machen? Das wird mir so langsam wirklich zu viel. Sagen Sie mir mal, wie ich das alles schaffen soll!"

Frau Meier lässt sich von dieser gekreuzten Transaktion jedoch nicht beeinflussen, was ein Hinweis darauf sein kann, dass kritisches Eltern-Ich und rebellisches Kind recht bedeutsame Ich-Zustände in ihrer Persönlichkeitsstruktur sind. Auf das aktuelle Gespräch bezogen macht dies Herrn Kühne das Leben nicht leicht. Er sieht sich nach den Selbstvorwürfen von Frau Meier in Transaktion 2 hier nun selbst Vorwürfen ausgesetzt. Um nicht weiter unter Beschuss zu geraten, könnte er weiterhin konsequent im

Ich-Zustand des Erwachsenen-Ichs verbleiben, klar auf eine Lösung abzielen und Frau Meier in die Verantwortung einbinden:

Transaktion 4a

Herr Kühne: *„Ich gehe nicht davon aus, dass Sie alles noch einmal berechnen müssen. Aber ich erwarte, dass wir hier gemeinsam eine Lösung für die Situation entwickeln. Was schlagen Sie vor, Frau Meier?"*

Alternativ könnte Kerr Kühne in den Ich-Zustand des fürsorglichen Eltern-Ichs wechseln, um die hinter den Vorwürfen stehenden Bedürfnisse und Sorgen von Frau Meier zu klären, bevor es an das Ergebnis der Analyse gehen kann. Dies ist besonders dann ratsam, wenn vorherige gekreuzte Transaktionen nicht die erwünschte Wendung brachten.

Transaktion 4b

Herr Kühne: *„Sie klingen ziemlich aufgebracht. Ich kann verstehen, dass Sie besorgt sind, wie Sie diese zusätzliche Aufgabe bewältigen sollen und das Gefühl haben, alles wachse Ihnen über den Kopf. Was bräuchten Sie denn jetzt, damit wir gemeinsam erarbeiten können, wie der Fehler in der Analyse mit möglichst wenig Aufwand ausgemerzt werden kann?"*

Der Wechsel von Herr Kühne aus dem sachlichen Modus in den verständnisvollen („Ich kann verstehen,..."), emotionalen („Sie haben das Gefühl, dass...") und fürsorglichen Modus („Was brauchen Sie...?") kann es Frau Meier ermöglichen, den Tunnelblick des rebellischen Kindheits-Ichs wieder zu erweitern und sich auf eine Lösung einzulassen. Herrn Kühne würde dies gelingen, indem er seine Wahrnehmung von Frau Meier („Sie klingen ziemlich aufgebracht.") klar thematisiert und sein Verständnis in Form einer Ich-Botschaft („Ich kann verstehen...") zum Ausdruck bringt. Seine Betonung der Gemeinsamkeit („... wir gemeinsam erarbeiten können, ...") verhindert es, dass sich Fronten aufbauen. Allerdings zeigt sich auch bereits das Risiko, dass er Verantwortung für etwas mit übernimmt, das eigentlich im Aufgabenbereich seiner Mitarbeiterin liegt. Durch seine Andeutung, dass das Ziel in einer möglichst unaufwendigen Lösung bestehen soll, zeigt er zudem, dass er ehrliches Verständnis für den Workload von Frau Meier hat und dies in seinen Erwartungen berücksichtigt.

Damit bewusste Weichenstellungen gelingen, muss Ihnen klar sein, in welchem Ich-Zustand Sie und Ihre Gesprächspartner sich befinden und in welchen Ich-Zustand Sie den Weg bahnen möchten. Die Fragen und Übungen in Kap. 5.3 helfen Ihnen dabei, Ihre Sensibilität für das Erkennen von Ich-Zuständen zu trainieren.

Im Folgenden finden Sie noch ein paar Gesprächstechniken und Formulierungstipps für produktive Kreuzungstransaktionen:

- **Vom Erwachsenen-Ich zum fürsorglichen Eltern-Ich**:
  Explizit nach Bedürfnissen fragen: *„Was brauchen Sie, um ...?"*
  Jemanden ermuntern, eine Erlaubnis zu erteilen: *„Wollen Sie sich denn gestatten, ...?"*
  Auf die Ressourcen und Stärken des anderen aufmerksam machen: *„Welche Ihrer Stärken könnten Sie hier einsetzen?"*

- **Vom Erwachsenen-Ich zum freien Kindheits-Ich**:
  Anerkennung und Wertschätzung geben: „*Mir gefällt es, wie Sie ...?*"/„*Ich schätze an Ihnen, dass Sie...*"
  Verständnis äußern: „*Ich kann sehr gut verstehen, dass Sie ...*"
  Erlaubnis erteilen: „*Sie brauchen nicht ...*"/„*Sie dürfen sehr gerne ...*"
- **Vom fürsorglichen Eltern-Ich zum freien Kindheits-Ich**:
  Mitgefühl und emotionale Betroffenheit zeigen: „*Sie fühlen jetzt sicher... und das stimmt mich...*"/„*Ich kann gut nachempfinden, wie es Ihnen damit geht...*"
  Positive Zuwendung: „*Ich finde es toll, wie Sie...*"

5.1.4.3 Umgang mit verdeckten Transaktionen

Listigere Kommunikationsfallen als die unproduktiven Ich-Zustände sind Transaktionen, die verdeckt auf der psychologischen Ebene stattfinden (siehe Kap. 5.1.1). Hätte Frau Meier ihre Selbstvorwürfe beispielsweise in einem lauten Ton und mit drohender Körperhaltung ausgesprochen, wäre es für Herrn Kühne noch schwieriger gewesen, zurück auf den Pfad des konstruktiven Gesprächs zu gelangen, da er nicht gewusst hätte, ob er sich auf die offene Botschaft („Mit wird alles zu viel und ich bin hilflos.") oder auf die verdeckte Botschaft („Ich bin stinksauer.") verlassen sollte.

Es erfordert einige Übung und Sensibilität, um der unguten Dynamik paradoxer Botschaften zu entkommen. Folgende Tipps erleichtern den **Umgang mit verdeckten Transaktionen**:

- **Selbst auf doppelbödige Aussagen verzichten**: Verzichten Sie im Zweifelsfall auch auf ironische und humorvolle Bemerkungen, die gerade in angespannten Gesprächssituationen oft „nach hinten losgehen".
- **Verdeckte Transaktionen ignorieren**: Nehmen Sie den Gesprächspartner beim Wort und gehen Sie nur auf die offene Transaktion ein.
- **Zu einer direkten Botschaft auffordern**: Fordern Sie durch Nachfragen oder Ermunterung zum offenen Aussprechen auf („*Was ist es, das Sie mir damit sagen wollen ...?*").
- **Sanfte Konfrontation**: Konfrontieren Sie mit dem Eindruck der doppelten Botschaft ohne Vorwürfe („*Ich nehme zwei Aussagen von Ihnen wahr. Einerseits...andersseits... Sagen Sie mir bitte, was Sie wirklich wollen.*").
- **Kontaktabbruch**: Beim hartnäckigen Fortsetzen der Doppelbotschaften sollten Sie, wenn möglich, das Gespräch beenden oder die Möglichkeit anbieten, es später auf andere Weise fortzusetzen („*So möchte ich das nicht mit Ihnen besprechen. Können wir zu einem anderen Zeitpunkt und offen miteinander weiterreden?*").

Checkliste: Konstruktive Kommunikation
Hier eine Übersicht der wichtigsten Voraussetzungen und Leitlinien für konstruktive Kommunikation:

- ❑ Schließen Sie – vor allem bei wichtigen Gesprächen – mit Ihren Gesprächspartnern einen psychologischen Vertrag: Was wollen Sie erreichen? Was wollen die anderen erreichen? Was erwarten Sie voneinander und von dem Gespräch?
- ❑ Stellen Sie durch Ihren Blick, Ihre Körperhaltung und Ihre Äußerungen Kontakt zu Ihren Gesprächspartnern her.
- ❑ Kommunizieren Sie aus einer Haltung des gegenseitigen Respekts. Seien Sie interessiert an der Perspektive und Position Ihrer Gesprächspartner, auch wenn Sie diese nicht teilen.
- ❑ Formulieren Sie Ihre Äußerungen als Ich-Aussagen und verzichten Sie auf das unpersönliche „Man" oder „Es".
- ❑ Trennen Sie Aussagen über Ihre Wahrnehmung, Ihre Gedanken und Bewertungen und die Wirkung der Äußerungen Ihrer Gesprächspartner voneinander.
- ❑ Paraphrasieren Sie die Äußerungen Ihrer Gesprächspartner, um sicherzustellen, dass Sie von denselben Inhalten sprechen. Dies gilt besonders für wichtige Passagen im Gespräch, oder wenn Sie den Eindruck haben, in Missverständnisse zu geraten.
- ❑ Beziehen Sie sich auf die Gegenwart und (bei Lösungen) die Zukunft.
- ❑ Drücken Sie offen und ehrlich aus, was Sie denken, aber bedenken Sie auch, ob Ihre Äußerungen Ihr Gegenüber verletzen könnten.
- ❑ Verzichten Sie auf doppelbödige Bemerkungen und ironische Kommentare.
- ❑ Achten Sie darauf, dass die Verantwortung für das Erreichen des Gesprächsziels auf alle Schultern gleich verteilt ist.
- ❑ Richten Sie sich gedanklich und sprachlich auf Lösungen und Möglichkeiten aus statt auf Probleme und Defizite.
- ❑ Versuchen Sie, aus dem Modus der produktiven Ich-Zustände heraus zu kommunizieren: sachliches Erwachsenen-Ich, kreatives und freies Kindheits-Ich und fürsorgliches Eltern-Ich.

5.2 Besondere Gesprächsarten

Das Mitarbeitergespräch ist ein wichtiges Führungsinstrument und spielt im Alltag von Managern eine besondere Bedeutung. Zwar werden verschiedene Formen wie das Feedback- und das Kritikgespräch voneinander unterschieden. Die genaue inhaltliche Ausgestaltung dieser Gespräche kann sich je nach Art des Unternehmens, der Gesprächspartner und konkreten Anlässe stark unterscheiden und sollte deswegen an die jeweilige Situation und den individuellen Mitarbeiter angepasst werden (Boden 2013). Die Empfehlungen für konstruktive Kommunikation in Kap. 5.1 werden in diesem Kapitel für die jeweilige Art und Zielrichtung des Gesprächs mit den Mitarbeitern verfeinert und vertieft. Ein umfassendes Kommunikationstraining für Führungskräfte können sie jedoch nicht ersetzen.

5.2.1 Grundlagen für gute Mitarbeitergespräche

Selbstverständlich unterstützen alle bislang genannten Hinweise und Techniken für gelungene Kommunikation auch den konstruktiven Verlauf von Mitarbeitergesprächen. Mitarbeitergespräche sollten aber im Gegensatz zu informellen Gesprächen gut vorbereitet werden und das von der Führungskraft ebenso wie von den Mitarbeitern.

5.2.1.1 Vorbereitung

Auf der **sachlich-pragmatischen Ebene** sollte die Vereinbarung des psychologischen Vertrags (siehe Kap. 5.1.1) vorbereitet werden. Das genaue Ziel sollte definiert und dem Mitarbeiter rechtzeitig vor dem Gespräch kommuniziert werden. Auch wenn bei einem bestimmten Format des Mitarbeitergesprächs wie dem Kritikgespräch oder der Zielvereinbarung das allgemeine Ziel bereits feststeht, sollten genauere Inhalte (z. B. Handelt es sich um Leistungs- oder Entwicklungsziele?) bestimmt werden. Die Einladung zum Gespräch sollten folgende Aspekte enthalten:

- **Genaue Zeit des Gesprächs**: Halten Sie sich 60–90 min für das Gespräch frei und planen Sie etwas Puffer vor und nach dem Gespräch ein.
- **Ort des Gesprächs**: Wählen Sie einen ruhigen Raum, in dem das Gespräch ungestört von Telefonaten oder Spontanbesuchern stattfinden kann. Im Zweifel sollte ein Meetingraum reserviert werden. Getränke sollten bereitstehen.
- **Ziele des Gesprächs**: Legen Sie die inhaltlichen Ziele fest und beschreiben Sie, was Sie gemeinsam erreichen wollen. Der Bezug zu sichtbaren und beobachtbaren Größen macht das Ziel greifbar und verhindert unterschiedliche Vorstellungen vom Ziel. Eine Begründung, warum das Ziel (für das Team/die Abteilung/das Unternehmen) wichtig ist, fördert die Motivation, sich für das Ziel zu engagieren.
- **Grober Ablauf und Inhalte**: Bieten Sie in der Einladung eine inhaltliche Struktur für das Gespräch an, die gut als Leitfaden für den Gesprächsverlauf genutzt werden kann. Wichtige Themenblöcke sollten klar voneinander abgegrenzt werden und mit ausreichend Zeit bedacht werden. Sie können im Rahmen der Vorbereitung, wenn diese Flexibilität tatsächlich möglich ist, Präferenzen des Mitarbeiters einholen und im Gesprächsleitfaden entsprechende Gewichtungen vornehmen.
- **Erforderliche Vorbereitung des Mitarbeiters**: Notieren Sie bereits in der Einladung alle Informationen, die der Mitarbeiter sonst noch benötigt, um sich auf das Gespräch optimal vorzubereiten.

Einladung und Vorbereitungsbogen für ein Mitarbeitergespräch

„Sehr geehrte/r Frau/Herr …

gerne möchte ich Sie zum (viertel-/halb-/alljährlichen) Mitarbeitergespräch einladen. Dabei werden wir gemeinsam eine Bilanz Ihrer Leistungen und beruflichen Entwicklung im Zeitraum von… bis … ziehen. Das Gespräch findet statt am … von …

bis... in Raum ... Ich freue mich, wenn Sie sich dies zeitlich entsprechend einrichten können. Sollte dieser Termin problematisch für Sie sein, lassen Sie es mich bitte schnellstmöglich wissen.

Im Gespräch wird es um die Bereiche ... gehen. Die folgenden Informationen unterstützen Ihre Vorbereitung:
- Werfen Sie einen Rückblick auf Ihre Leistungen und Ihre Entwicklung.
- Formulieren Sie Ihre Stärken und Schwächen.
- Entwickeln Sie Ansätze für Verbesserungsmöglichkeiten.

Sollte Ihnen ein spezieller Aspekt oder Bereich Ihrer Tätigkeit besonders wichtig sein, teilen Sie mir dies bitte mindestens vier Tage vor dem Termin mit, damit ich mich entsprechend vorbereiten kann. Vielen Dank!

Ich freue mich auf das Gespräch mit Ihnen.

Mit freundlichen Grüßen

...

Die in der Einladung genannten Themen sollten selbstverständlich auch von der Führungskraft gut vorbereitet werden, damit die Leistungen und die berufliche Entwicklung des Mitarbeiters fundiert eingeschätzt werden kann. Dabei sollten nicht nur auffallend gute Leistungen oder Misserfolge thematisiert werden, sondern auch die alltägliche Zusammenarbeit mit Kollegen und Kunden.

Auf der Ebene der **emotionalen Vorbereitung** ist es ratsam, eine konstruktive innere Haltung zu entwickeln. Gerade bei schwierigen Mitarbeitern oder vor Kritikgesprächen mag dies eine Herausforderung darstellen. Das Interesse an der Perspektive des Mitarbeiters und die Hintergründe und Ursachen für das kritische Verhalten im Job sind nicht selten der erste Schritt für die Lösung des Problems. Das Mitarbeitergespräch bietet den Raum, die Aufmerksamkeit und den gegenseitigen Respekt, um außerhalb des Tagesgeschäftes Ursachen und Veränderungsmöglichkeiten in den Blick zu nehmen. Eine Vorverurteilung ohne den gegenseitigen Austausch behindert die Zusammenarbeit und positive Entwicklung.

Der **Ablauf des Gesprächs** sollte vorbereitet werden, indem Beispiele und konkrete Verhaltensbeobachtungen gesammelt werden. Vor allem, wenn Mitarbeitergespräche noch ungewohnt sind oder das Gespräch vermutlich schwierig wird, sollte ein Gesprächsleitfaden erstellt werden. In ihm werden die Themen, die dafür ungefähr benötigte Zeit, geeignete Fragen und relevante Informationen und Verhaltensbeispiele festgehalten.

Es ist empfehlenswert, sich auch auf mögliche Einwände des Gesprächspartners vorzubereiten. Das geistige Durchspielen möglicher Einwände und konstruktiver Repliken erhöht die Chance, die Einwände des Mitarbeiters als Potenzial für eine Lösung zu nutzen (Gabrisch 2014). Im Folgenden finden Sie einige Anregungen für Reaktionen auf Einwände:

„Das finde ich überhaupt nicht" → *„Wie genau erleben Sie diesen Punkt?*
Das finde ich aber ungerecht!" → *„Was genau finden Sie daran ungerecht?*
Das wird doch sowieso nicht funktionieren." → *„Wo liegen Ihrer Meinung nach die Schwierigkeiten?"*

5.2.1.2 Beobachten, Denken, Fühlen und Verhalten

Hilfreich für die Vorbereitung und das eigentliche Gespräch ist es, vier Ebene zu trennen:

- **Beobachtung**: Welches Verhalten genau zeigt der Mitarbeiter? Was genau passiert? Wie oft? In welchen Situationen und Kontexten?
- **Denken**: Welche Gedanken, Ideen und Erklärungen gehen Ihnen dabei durch den Kopf? Wie schätzen Sie das Verhalten ein? Wie interpretieren Sie es?
- **Fühlen**: Wie fühlen Sie sich in der Situation? Wie wirkt das Verhalten auf Sie? Welche Gefühle steigen in Ihnen auf?
- **Verhalten**: Wie reagieren Sie auf das Verhalten? Was sagen Sie? Was drücken Sie nonverbal aus? Wie handeln Sie/die anderen Mitarbeiter?

Diese vier Ebenen sind in allen sozialen Begegnungen mehr oder weniger stark beteiligt. Stimmen sie nicht überein, können diese Diskrepanzen zu innerer Spannung und dem Aufbau von schlechter Stimmung führen. Es beugt Konflikten vor, sich in der Vorbereitung und im Mitarbeitergespräch immer wieder zu fragen, inwieweit alle Ebenen beteiligt sind und ob die gesendeten und empfangenen Botschaften stimmig sind.

Bei vielen Menschen nimmt eine Ebene eine besondere Rolle im Verhaltensrepertoire ein. Diese wird als angenehm, leicht und natürlich empfunden und stellt den bevorzugten Weg der Kontaktaufnahme dar. In Gesprächen dominieren dann Formulierungen wie beispielsweise …

- … **Beobachtung**:
    - „Ich sehe (genau), dass …"
    - „Ich höre, dass …"
    - „Ich beobachte nun schon eine Weile, dass…"
- … **Denken**:
    - „Ich verstehe, dass …"
    - „Mich erinnert das an …"
    - „Ich denke, wir sollten …"
    - „Ich möchte mal erklären, …"
- … **Fühlen**:
    - „Das macht mich wütend, hilflos, unsicher, verärgert …"
    - „Wenn ich ihn nur sehe, dann merke ich wie …"
    - „Ich bin besorgt, ob …"
    - „Ich freue mich sehr, wenn …"
    - „Es überrascht mich völlig, wenn …"
    - „Es erschreckt mich, dass …"
- … **Verhalten**:
    - „Am liebsten möchte ich …"
    - „Ich habe schon x-mal versucht, …"
    - „Ich weiß nicht, was ich noch machen soll!"

5.2.1.3 Das Gespräch eröffnen

Eine freundliche und entspannte Begrüßung bildet einen guten Auftakt für ein konstruktives Gespräch. Ein angenehmer Rahmen (ruhiger Raum, ungestörte Atmosphäre, Getränke) und eine gute Zeitplanung mit etwas Puffer zwischen dem Tagesgeschäft und dem Mitarbeitergespräch sind unabdingbar. In jedem Fall sollte die Führungskraft sich wie ein Gastgeber verhalten und dafür sorgen, dass der Mitarbeiter sich wohlfühlt und die meist vorhandene innere Anspannung nicht zusätzlich verstärkt wird. Eine freundliche Begrüßung, das Anbieten eines angenehmen Sitzplatzes und eines Getränks sind bei allen Arten der Mitarbeitergespräche eine gute Eröffnung.

Small Talk zur Einleitung ist angemessen, wenn eine vertraute Beziehung zu dem Mitarbeiter besteht und es zu dem Gesprächsziel des Mitarbeitergesprächs passt. Bei einem Kritikgespräch beispielsweise wäre es unpassend, zunächst über das gute Wetter und ein positives Erlebnis vom gestrigen Arbeitstag zu sprechen, um dann einen scharfen Schwenk in die Verhaltenskritik zu nehmen. Die freundliche und knappe Einführung des Gesprächsziels („Ich haben Sie zu dem Gespräch gebeten, um zu ...") wäre in diesem Fall die bessere Alternative.

Um die Kontaktaufnahme im Mitarbeitergespräch zu erleichtern, hilft es, sich in der Anfangsphase des Gesprächs auf derjenigen Ebene von Beobachten, Denken, Fühlen und Verhalten zu bewegen, die der Gesprächspartner am häufigsten verwendet. Damit wird die Annäherung erleichtert und es entwickelt sich eine gemeinsame Wellenlänge.

Neben den sprachlichen Äußerungen ist die Kommunikation auf der non-verbalen Ebene sehr wirkungsvoll. Gestik, Mimik und Körperhaltung sprechen eine eigene Sprache. Die Aussagen und Botschaften sollten mit der verbalen Kommunikation übereinstimmen. Deswegen tragen das Spiegeln („Pacing") der Körperhaltung des Mitarbeiters und das Umschreiben des Gehörten mit eigenen Worten („Paraphrasieren") zu einem guten Gesprächsklima bei und sollten bewusst beim Gesprächsbeginn und in schwierigen Momenten eingesetzt werden (siehe Kap. 5.1.3).

5.2.1.4 Den Gesprächsverlauf steuern

Im Laufe des Gesprächs sollten atmosphärische Störungen wahrgenommen und es sollte ihnen konstruktiv begegnet werden. Die Kommunikation erfolgt auf beiden Seiten idealerweise aus produktiven Ich-Zuständen heraus und dem kritischen Zensor und inneren Rebell werden möglichst wenig Terrain überlassen (siehe Kap. 5.1.4).

Kaum ein Mitarbeitergespräch verläuft völlig ohne kurzzeitige Spannungen und Diskrepanzen. Die Störungen lassen sich dadurch vermeiden und klären, dass alle Ebenen von Beobachten, Denken, Fühlen und Verhalten beachtet werden. Besonders Menschen, die einen guten Draht zueinander haben, fühlen sich auf bestimmten Ebenen miteinander zu Hause und vernachlässigen bestimmte andere Dimensionen. Kritisch wird es jedoch, wenn ...

- ... die Wahrnehmung durch Vorerfahrungen mit dem Mitarbeiter (oder ähnlichen Menschen) und Erwartungen blockiert wird.

- ... die Bewertungen und Gedanken sich nicht auf konkrete Beobachtungen und Wahrnehmungen beziehen, sondern auf Vermutungen und Interpretationen.
- ... Gefühle und Empfindungen übergangen werden und man gute Miene zum bösen Spiel macht.
- ... Verhalten ausschließlich intuitiv und spontan erfolgt, auch wenn der Kopf sich mit widersprechenden Gedanken meldet.

Deswegen sollte die Führungskraft sich ihrer eigenen Lieblingsebene bewusst sein und das Gespräch aktiv so steuern, dass auch die vernachlässigte Ebene mit ins Gespräch gebracht wird.

Sind im Mitarbeitergespräch Informationen aus allen vier Ebenen des Erlebens und Verhaltens offengelegt, geht es im weiteren Verlauf darum, diese in Übereinstimmung miteinander zu bringen. Lösungen und Vereinbarungen sollten so konzipiert werden, dass sie ...

- ... sich auf beobachtbares **Verhalten** beziehen.
- ... auf akzeptierten **Begründungen** beruhen oder (beim Zielvereinbarungsgespräch) realistische und attraktive Ziele darstellen.
- ... zu positiven **Gefühlen** wie Zufriedenheit oder Freude an der Leistung führen.

5.2.1.5 Blinde Flecken beleuchten

Fragen auf den ausgesparten Ebenen fördern die Ausgewogenheit der Ebenen von Beobachten, Denken, Fühlen und Verhalten, z. B.:

- **Beobachtung**:
  - „Was genau haben Sie gesehen/gehört?"
  - „Wann/in welchem Zusammenhang haben Sie das beobachtet?"
  - „Was genau haben Sie wahrgenommen?"
- **Denken**:
  - „Wie können Sie sich ... erklären?"
  - „Haben Sie eine Idee, warum ...?"
  - „Welche Schlussfolgerungen leiten Sie daraus ab?"
- **Fühlen**:
  - „Was empfinden Sie in der Situation?"
  - „Wie fühlte sich in der Situation vermutlich Ihr Kollege/Kunde ...?"
  - „Sie wirken auf mich mutlos, verärgert, frustriert, erschöpft ... Ist das so?"
- **Verhalten**:
  - „Wer hat sich wie genau verhalten?"
  - „Was haben Sie bereits in der Sache unternommen?"
  - „Was möchten Sie als Nächstes tun?"

Probleme kann man niemals mit derselben Denkweise lösen, durch die sie entstanden sind.
Albert Einstein.

5.2 Besondere Gesprächsarten

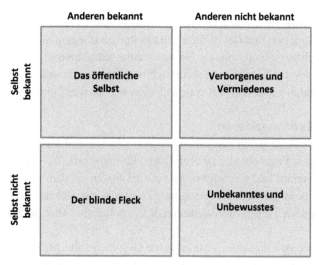

Abb. 5.3 Das Joharifenster

Durch die gezielte Balance wird der Weg zu Veränderungen frei, der nicht selten durch die blinden Flecken der nicht vertretenen Ebenen verstellt war. Es entspricht nicht der Intuition, aber häufig liegen Lösungen genau in den Bereichen, die nicht spontan in der Kontaktaufnahme genutzt werden (Abb. 5.3).

Der blinde Fleck – das Joharifenster

Das sogenannte Joharifenster bildet die bewussten und unbewussten Persönlichkeits- und Verhaltensmerkmale aus der eigenen Perspektive und dem Eindruck anderen Menschen oder Gruppen ab. Es markiert den „blinden Fleck" im Selbstbild, bei dem Selbst- und Fremdwahrnehmung bedeutsam voneinander abweichen. Er wird nur in den Reaktionen und dem Feedback anderer Menschen ersichtlich. Ohne Reflexion ist ein Einblick in diesen Bereich des eigenen Verhaltens nicht möglich, was die Persönlichkeitsentwicklung spürbar einschränken kann.

Innerhalb des Joharifensters gibt es vier „Fensterscheiben":
1. Fenster: Person in der Öffentlichkeit (gezielte Außendarstellung)
2. Fenster: Bereich des Verborgenen (gezieltes Verbergen)
3. Fenster: Blinder Fleck (Unbewusstes, den anderen aber bewusst)
4. Fenster: Der unbewusste Bereich (weder uns noch anderen bewusst)

Blinde Flecken können sich in selektiver Wahrnehmung, Gefühlsambivalenzen oder passivem Verhalten äußern. Die Arbeit mit dem Joharifenster kann die Suche nach Klarheit und Auflösungen strukturieren.

5.2.1.6 Emotionen managen

Insbesondere der Umgang mit den eigenen und den Emotionen der Mitarbeiter ist häufig ein Schattenbereich in der Kommunikation am Arbeitsplatz und ein blinder Fleck von Managern. Eine Untersuchung (Troyano 2006) ging der Rolle von Emotionen in der Kommunikation zwischen Führungskräften und Mitarbeitern auf den Grund. Die detaillierten

Analysen der Gespräche ermittelten sehr unterschiedliche Weisen, wie Führungspersonen mit eigenen und mit den Emotionen ihrer Mitarbeitern umgingen. Sie sperrten sich entweder dagegen, sich auf die emotionale Ebene einzulassen (Abwehr), reagierten emotional (Affekt) oder gingen mit Emotionen analytisch um. Emotionsorientierte Führung drückte sich vor allem durch konstruktive Kommunikation und aktives Zuhören aus.

5.2.1.7 Das Ende markieren

Ein gutes Mitarbeitergespräch zeichnet sich durch eine angemessene Gesprächsdauer und ein wohl gesetztes Ende aus. Es ist Rolle der Führungskraft, für einen effizienten und angemessenen Verlauf und Gesprächsabschluss zu sorgen. Sollten die im Leitfaden vorgesehenen Inhalte in der dafür vorgesehenen Zeit nicht ausreichend besprochen worden sein, ist ein zeitnaher Folgetermin anzusetzen. Die sollte aber eher die Ausnahme als die Regel sein.

Tendenziell werden konstruktiv verlaufende Gespräche und Mitarbeitergespräche mit erfreulichen Inhalten zu schnell beendet, weil es „ja nichts mehr zu besprechen gibt". Gute Leistungen, Erfolge und erfreuliche Entwicklungen des Mitarbeiters sollten jedoch ebenso umfangreich gewürdigt und besprochen werden wie kritische Themen und Verhaltensweisen.

5.2.1.8 Das Gespräch nachbereiten

Damit die Absprachen, Vorschläge und Vereinbarungen im Mitarbeitergespräch verbindlich werden, sollten den Worten Taten folgen. Die Nachbereitung eines Mitarbeitergesprächs sorgt dafür, dass nach dem Gespräch nicht unverändert zur Tagesordnung zurückgekehrt wird, sondern sich tatsächlich Denk- und Verhaltensmuster ändern und verankern können. Dies kann auch in den Leitfaden für das Gespräch als Abschluss eingeplant werden, um die Verbindlichkeit zu stärken. Im Folgenden finden Sie einige Anregungen, wie Sie dies formulieren können:

- *„Welche Punkte werden Sie nun zuerst umsetzen?"*
- *„Welche Konsequenzen werden Sie konkret ziehen?"*
- *„Wie werden Sie sich für das Ziel engagieren?"*
- *„Wie soll es nach unserem Gespräch konkret weitergehen?"*

Bei einigen Mitarbeitergesprächen wie dem Jahresgespräch oder dem Zielvereinbarungsgespräch (siehe Kap. 5.2.4) gehört die formalisierte Dokumentation des Gesprächs zum Standard.

> **Checkliste: Mitarbeiter- und Feedbackgespräch**
> Folgende Hinweise gelten für alle Arten des Mitarbeitergesprächs:
> ❏ Machen Sie das Gespräch zu einem offiziellen Termin und laden Sie den Mitarbeiter dazu ein.
> ❏ Bereiten Sie sich auf das Gespräch vor und klären Sie für sich Inhalte, Zeitablauf und Formulierungen.
> ❏ Stellen Sie diese Inhalte in einem Gesprächsleitfaden zusammen.
> ❏ Verhalten Sie sich wie ein Gastgeber und stellen Sie ein gutes Gesprächsklima her.
> ❏ Klären Sie zu Beginn den psychologischen Vertrag mit dem Mitarbeiter.
> ❏ Beschreiben Sie, was Sie beobachten, denken, fühlen und wie Sie sich verhalten werden. Trennen Sie diese Ebenen klar und steuern Sie das Gespräch so, dass Informationen aus allen Ebenen zur Geltung kommen.
> ❏ Erkennen Sie, in welchen Ich-Zuständen Sie sich bewegen und versuchen Sie, in produktive Ich-Zustände zu gelangen. Schicken Sie den inneren Zensor und den rebellischen Freigeist in die Pause!
> ❏ Seien Sie sich über Ihre eigenen blinden Flecken im Klaren.
> ❏ Konfrontieren Sie den Mitarbeiter nur dann mit seinem aktuellen Gesprächsverhalten, wenn es Teil des gemeinsamen Vertrags ist, das Gespräch massiv stört oder Inhalt des (Kritik)Gesprächs ist.
> ❏ Geben Sie keine ungefragten Ratschläge, sondern fordern Sie Lösungsvorschläge von Ihrem Mitarbeiter ein.

5.2.2 Das Feedbackgespräch

Mitarbeiter wissen ohne Rückmeldungen von Kollegen, Kunden und Vorgesetzten nicht, wie sie die Qualität ihrer Leistungen einschätzen sollen. Orientierung und eine angemessene Selbsteinschätzung unterstützen ein kooperatives Klima und fördern die Weiterentwicklung der Mitarbeiter. Lob und, wenn erforderlich, kritische Rückmeldungen sollten deswegen selbstverständliche Elemente des Tagesgeschäftes sein, um Orientierung zu geben und die intrinsische Motivation der Mitarbeiter zu nähren (siehe Kap 2.3.2). Die Auseinandersetzung mit den Leistungen der Mitarbeiter gibt wichtige Impulse, welche Verhaltensweisen zielführend, wenig hilfreich oder gar unangemessen wirken. Ein gutes Repertoire an Formulierungen für Lob, Komplimente und konstruktive Kritik erleichtert es, diese kleinen Steuerimpulse in den Führungsalltag zu integrieren.

Die Intensität und der Grad der Formalisierung bei Lob und Kritik sollten angemessen sein und sich sukzessive steigern. Verhält sich ein Mitarbeiter zum ersten Mal auf eine unerwünschte Weise, kann eine kurzer, klarer Kommentar bereits die gewünschte Verhaltensänderung nach sich ziehen. Kommt das Verhalten wiederholt vor, sollte ein Feedbackgespräch angesetzt werden, um Stärken und Schwächen des Mitarbeiters gemeinsam zu besprechen. Handelt es sich um ein gänzlich inakzeptables Verhalten oder führt das

Feedbackgespräch nicht zu den gewünschten Zielen, ist ein explizites Kritikgespräch ratsam (siehe Kap. 5.2.3).

5.2.2.1 Die Führungskraft als Quelle der Anerkennung

Erfolgreiche Projekte und gute Beziehungen zu Kunden und Kollegen sind im Alltagsgeschäft eine wichtige Quelle der Anerkennung. Ein gelungenes Projekt, die erfolgreiche Akquise neuer Geschäftspartner oder der Applaus nach einem anspruchsvollen Vortrag zahlen direkt auf das innere Belohnungskonto ein. Unabhängig von den Aufgaben und Arbeitsinhalten ist die Führungskraft die wichtigste Quelle der Anerkennung. Sie ist offizieller Repräsentant des Unternehmens und verantwortlich dafür, dass ein kooperatives Miteinander zu den gesetzten Zielen führt. Die Kompetenz, Anerkennung von Leistung und Person sowie Kritik angemessen kommunizieren zu können, gilt deswegen als Erfolgskriterium moderner Personalführung (Rettler und Göll 2010).

Nicht geschimpft ist nicht genug gelobt

Eine Studie an der Universität Bern untersuchte die Folgen von Lob und Anerkennung bei Schweizer Polizei und Militär (Jacobshagen und Semmer 2009). 125 Polizisten und Offiziere schätzten in einem standardisierten Fragebogen die Häufigkeit, Art und Wirkung von Anerkennung durch ihre Kollegen, Kunden und Vorgesetzten ein. Ergänzend führten sie ein Tagebuch, in dem sie besondere Momente der Wertschätzung festhielten. Diese Studie ist eine der wenigen Untersuchungen, die nicht mit einer Selbsteinschätzung arbeitete, sondern die Auswirkungen eines hohen oder niedrigen Niveaus an Anerkennung durch Vorgesetzte objektiv erfasste. So können die Ergebnisse prüfen, ob sich Anerkennung einfach nur gut anfühlt oder tatsächlich auf wichtige Dimensionen der Arbeitszufriedenheit und Führungskultur positiv auswirkt.

44 % der erhaltenen Anerkennung wurde von der Führungskraft vermittelt, während Kunden (24,8 %) und Kollegen (19,2 %) seltener anerkennende Worte und Taten zeigten. Der Dank für das Erledigen einer Aufgabe und das Aussprechen von Lob nahmen insgesamt den größten Stellenwert ein. Die Mehrheit der anerkennenden Transaktionen bezog sich auf Tätigkeiten und Leistungen (84 %). Nur 12 % des Lobs bezog sich auf die Person.

Die weitere Analyse wies nach, dass Wertschätzung die Identifikation mit dem Unternehmen statistisch bedeutsam beeinflusst. Ressentiments und eine kritische Haltung gegenüber dem Arbeitgeber wurden positiv beeinflusst, wenn Vorgesetzte sich anerkennend verhielten. Die Polizisten und Offiziere waren mit ihrer Arbeit zufriedener, wenn die Führungskraft Wertschätzung ihrer Tätigkeiten zeigte. Dies galt unabhängig davon, wie groß der Handlungsspielraum und die soziale Unterstützung der Polizisten und Offiziere waren. Diese und weitere Studien (Semmer et al. 2006, S. 87–95) des Forschungsteams konnten zeigen, dass das Fehlen von Anerkennung zu einem negativen Selbstbild führt und ein bedeutsamer Stressfaktor für Mitarbeiter ist.

5.2.2.2 Lob ist wie Champagner

Ein Sprichwort besagt: „Lob ist wie Champagner – beides muss serviert werden, solange es noch perlt." Positive Rückmeldungen sollten im Berufsalltag so schnell wie möglich in der Situation geäußert werden, in der vorbildliches Sozialverhalten oder besondere Leistungen beobachtet werden. Das Lob kann kurz und knapp erfolgen und bedarf keiner langen Ausführungen.

Beim Lob sollte das Verhalten des Mitarbeiters konkret benannt werden, welches als lobenswert erlebt wird. Die anschließende Beschreibung der Wirkung und der positiven

Folgen für das Team und Unternehmen potenzieren die motivierende Wirkung und fördern die Identifikation mit dem Unternehmen, da Mitarbeitern ersichtlich wird, welchen Beitrag sie zum Gesamterfolg leisten. Im Folgenden finden Sie zwei beispielhafte Formulierungen:

- „Ich finde es wunderbar, wie souverän und vermittelnd Sie mit der Reklamation von Kunde ... umgegangen sind. Durch den Kompromiss, den Sie gefunden haben, bleibt uns ein wichtiger Stammkunde erhalten."
- „Ihre Präsentation war sehr gelungen, denn Sie sind ohne viele Umschweife auf die kritischen Punkte zu sprechen gekommen und haben gute Anregungen für mögliche Verbesserungen angebracht. Ich bin mir sicher, wir können dadurch den Bereich ... ein gutes Stück voranbringen."

Diese Grundstruktur ist auch im ausführlichen Feedback nicht anders, wobei hier der Raum genutzt werden sollte, auf die Hintergründe, Erwartungen und Konsequenzen für das Team und Unternehmen detaillierter einzugehen.

5.2.2.3 Die richtige Mischung aus Lob und Kritik

Sowohl im Arbeitsalltag als auch im Feedbackgespräch sollte positives Feedback überwiegen. Eine Führungskultur, in der die Abwesenheit von Kritik bereits unausgesprochen als Lob gilt („Nicht geschimpft ist genug gelobt."), ist nachweislich weniger motivierend als eine Unternehmenskultur, in der Führungskräfte ihre Mitarbeiter loben. Auch Mitarbeiter, die Schwierigkeiten damit haben, Lob anzunehmen („Sagen Sie mir nur, was ich besser machen soll."), profitieren von positivem Feedback. Es kostet wenig Zeit und Vorbereitung, Mitarbeiter zu loben und ist sehr wirkungsvoll (Abb. 5.4).

Das quantitative Verhältnis von Lob und Kritik sollte mindestens 3:1 betragen. Das heisst, jede kritische Bemerkung sollte durch mindestens drei lobende Aspekte aufgewogen werden. Bei der zeitlichen Abfolge hat, gerade in Feedbackgesprächen, die sogenannte „Sandwich-Technik" Eingang in viele Kommunikations- und Managementrat-

Abb. 5.4 Lob ist wirkungsvoll für die Motivation der Mitarbeiter

geber gefunden. Diese Technik umfasst einen Gesprächsbeginn mit positivem Feedback, gefolgt von einer Phase der kritischen Rückmeldung und einem positiven Gesprächsende. In vielen Fällen ist diese Struktur tatsächlich geeignet, eine gute Mischung aus lobendem und kritisierenden Feedback herzustellen und es Mitarbeitern zu erleichtern, Kritik anzunehmen. Diese Technik birgt jedoch auch die Gefahr, mechanisch oder als „Trick" zu wirken, um Kritik „nett zu verpacken". Damit ist die motivierende und vertrauensbildende Kraft ausgehebelt und verschenkt. Neuere Ansätze empfehlen deswegen, diese Technik in Maßen, situations- und typgerecht einzusetzen.

Lobende und kritische Elemente können auch innerhalb eines Themas im Feedbackgespräch nacheinander erfolgen oder gemischt werden, wobei immer mit positiven Rückmeldungen begonnen werden sollte und ein häufiges Hin- und Herspringen zwischen Lob und Kritik vermieden werden sollte. Je geübter Führungskräfte in der konstruktiven Gesprächsführung sind, desto natürlicher wird es ihnen gelingen, die Mischung von positiven und negativen Elementen authentisch an den individuellen Gesprächsverlauf anzupassen. Dominieren kritische Elemente in den Inhalten des Feedbackgesprächs deutlich, sollte stattdessen ein explizites Kritikgespräch erfolgen (siehe Kap. 5.2.3).

5.2.2.4 Vorbereitung

Ein Feedbackgespräch sollte zwischen 15 und 30 Minuten dauern. Positives und negatives Feedback können auch Teil von regelmäßigen Mitarbeitergesprächen wie dem Jour fixe, Viertel-, Halbjahres- oder Jahresgesprächen sein. Hat ein Mitarbeiter herausragende Leistungen erzielt hat oder übertrifft sein Verhalten die Erwartungen und Vereinbarungen deutlich positiv, sollte dies in einem separaten positiven Feedbackgespräch gewürdigt werden. Im Fall von besonders oder häufig unterdurchschnittlichem Verhalten, kann ein Kritikgespräch frühzeitig die richtigen Weichen stellen.

Folgende Fragen geben Anregungen für die Vorbereitung über die allgemeinen Grundsätze (siehe Kap. 5.1.2) hinaus:

- Wo lagen die besonderen Schwierigkeiten und Herausforderungen bei der Aufgabe?
- Welche konkreten Verhaltensweisen haben zu dem guten/schlechten Ergebnis geführt?
- Wo hat sich der Mitarbeiter im Vergleich zu früheren Leistungen/Verhaltensweisen verbessert/verschlechtert?
- Welche der individuellen Stärken des Mitarbeiters könnte er noch stärker in seine Tätigkeit einbringen? Wie könnte er dies tun?
- Welche der individuellen Schwächen des Mitarbeiters könnten abgeschwächt/verbessert werden? Was müsste geschehen, damit dies passiert?
- Mit welchen drei Begriffen lassen sich die Leistungen und Verhaltensweisen des Mitarbeiters charakterisieren?

5.2.2.5 Den Gesprächsverlauf steuern

Wer fragt, führt. Die Führungskraft sollte durch offene Fragen das Gespräch steuern und den Mitarbeiter zur Selbstreflexion anregen. Die sogenannten W-Fragen oder offenen Fragen drücken Interesse an der Sichtweise des Gegenübers aus und regen das Erzählen an. Lediglich die Frage „Warum?" wird häufig als Vorwurf erlebt und führt zu Rechtfertigungstendenzen. Sie sollte möglichst durch andere W-Fragen (*„Was gefällt Ihnen daran...?"/„Was war Ihr Ziel bei...?"*) ersetzt werden.

▶ Eine offene Frage ist eine Frage, die weder mittels eines einzelnen Begriffs noch mit „Ja" oder „Nein" beantwortet werden kann. Sie hat meist einen gesprächsstimulierenden und öffnenden Effekt auf das Gespräch. Wichtige offene Fragen sind: Was (genau)? Wodurch? Wie? Wozu? Womit? Wann (genau)?

Zu Beginn eines Feedbackgesprächs gibt der Mitarbeiter üblicherweise eine Selbsteinschätzung seiner Leistungen ab und benennt seine besonderen Stärken und Talente. Die Führungskraft hat die Gelegenheit, die Darstellung des Mitarbeiters differenziert zu kommentieren und einzelne Aspekte zu bestätigen oder ihre abweichende Bewertung auszudrücken. Durch gezieltes Nachfragen kann den einzelnen Verhaltensweisen und Leistungen auf den Grund gegangen werden. Die folgenden Satzbeispiele sind als Anregungen gedacht:

- *„Was genau hat Ihnen dabei Freude gemacht?"*
- *„Worin bestand dabei die Herausforderung?"*
- *„Was fiel Ihnen besonders leicht/schwer?"*
- *„Was ist Ihnen Ihrer Einschätzung nach (besonders) gut/weniger gut gelungen?"*
- *„Welche Fähigkeiten haben Sie dabei genutzt?"*
- *„Was würden Sie rückblickend anders machen?"*

Um die Gesprächsbereitschaft herzustellen und im Gespräch aufrechtzuerhalten sollten die Leitlinien für konstruktive Kommunikation befolgt werden (siehe Kap. 5.1.3). Besonderes Augenmerk liegt beim Feedbackgespräch darauf ...

- ... die produktiven Ich-Zustände zu nutzen und zu aktivieren.
- ... Ich-Botschaften über die Beobachtungen, Gedanken, begleitenden Gefühle und Wirkungen zu formulieren.
- ... unpersönliche oder manipulative Botschaften mit „man", „wir" oder konfrontierende Sie-Botschaften („Sie sollten in Zukunft wirklich...") zu vermeiden.
- ... keine unkonkreten Aussagen (*„Man könnte vielleicht..."*) und Generalisierungen (*„Immer/nie machen Sie..."*) zu machen.
- ... sich auf das zu begrenzen, was für den jeweiligen Mitarbeiter in der Situation verkraftbar ist („Prinzip der selektiven Authentizität").

5.2.2.6 Lob aussprechen

Positives Feedback sollte aus einer möglichst genauen Beschreibung des lobenswerten Verhaltens des Mitarbeiters bestehen. Wenn die Bedeutung für den Arbeitsalltag und die Unternehmensziele transparent werden, verstehen die Mitarbeiter die Hintergründe der Erwartungen seitens der Führungskraft und werden intrinsisch motiviert. Als weitere Verstärkung kann ein expliziter Dank oder Wunsch des Managers die Sequenz beenden. Im Folgenden finden Sie dafür zwei Beispiele:

- „Mir ist positiv aufgefallen, wie gut Sie gestern im Teammeeting auf unsere TOPs vorbereitet waren. Dadurch ist das Meeting sehr effektiv verlaufen. Ich würde mich freuen, wenn Sie dies auch bei den zukünftigen Teammeetings so handhaben."
- „Ich finde es toll, dass Sie den Vertrag doch noch unter Dach und Fach bringen konnten. Dadurch ist der Weg unserer Abteilung für die nächsten Projektschritte nun frei und die Kollegen können loslegen. Vielen Dank!"

5.2.2.7 Kritik formulieren

Den richtigen Ton und gelungene Formulierungen für negatives Feedback zu finden, ist eine hohe Kunst. Menschen haben unterschiedliche wunde Punkte und reagieren mehr oder weniger stark auf kritische Äußerungen. An manchen Mitarbeitern perlt Kritik ab wie ein Frühlingsregen, während es anderen Mitarbeitern gelingt, auch im Lob noch verdeckte Kritik zu schnuppern. Führungskräfte sollten aufmerksam auf ihre eigenen Formulierungen und die des Gesprächspartners achten und das sowohl auf der sprachlichen als auch der nicht-sprachlichen Ebene.

Annehmbare Formulierungen umfassen meist drei unterschiedliche Elemente:

1. **Die Benennung des unerwünschten Verhaltens bzw. der unterdurchschnittlichen Leistungen**:
   - „Ich beobachte, dass..."
   - „Mir ist aufgefallen, dass..."
   - „Ich habe bemerkt, dass..."
2. **Die Erläuterung der Bedeutung für die Führungskraft, das Team oder Unternehmen**:
   - „Dadurch entsteht..."
   - „Dies hat zur Folge, dass..."
   - „Ich sehe die Gefahr, dass..."
   - „Unsere Zusammenarbeit wird dadurch..."
3. **Die Beschreibung der Erwartungen, wie sich der Mitarbeiter zukünftig verhalten soll**:
   - In Form eines Wunsches oder einer Bitte:
     - „Ich bitte Sie daher..."
     - „Ich wünsche mir, dass..."
   - In Form einer Erwartung:
     - „Ich erwarte von Ihnen, dass..."
     - „Ich möchte, dass Sie in Zukunft..."
   - In Form einer klaren Anweisung:
     - „Machen Sie in Zukunft bitte..."
     - „Meine Forderung an Sie ist, dass..."

Die Erwartungen sollten realistisch und angemessen sein. Dazu ist es erforderlich, die Ursachen und Auslöser für das kritische Verhalten wirklich zu kennen. Ein häufiges Problem besteht darin, Urteile über die Ursachen des Verhaltens anderer Menschen vorschnell zu bilden (siehe Kap. 3). Gehen Manager von falschen Annahmen aus und machen beispielweise schlechte Charaktereigenschaften für das Verhalten des Mitarbeiters verantwortlich, obwohl hinderliche Rahmenbedingungen das kritische Verhalten verursachten, verlieren sie das Vertrauen ihrer Mitarbeiter. Eine Prüfung der eigenen Erklärungen durch entsprechende Rückfragen sollte lieber ein Mal zu viel als ein Mal zu wenig erfolgen, um nachhaltigen Schaden zu vermeiden.

> **Hier zwei Beispiele für konstruktive Kritiksequenzen:**
> - *"Sie haben in den letzten Wochen dreimal häufiger, als ich es von Ihnen kenne, einen Auftrag verloren. Dadurch werden wir unser Ziel für diesen Monat aller Wahrscheinlichkeit nach verfehlen. Ich möchte gerne von Ihnen erfahren, was zu diesem Ergebnis geführt hat und wie Sie die Zahl Ihrer Abschlüsse wieder steigern können."*
> - *"Mir ist aufgefallen, dass Sie Ihre E-Mails oft erst nach drei bis vier Tagen beantworten. Dadurch geraten unsere Prozesse ins Stocken und die betroffenen Kollegen müssen versuchen, die Zeit wieder einzuholen. Bitte beantworten Sie ab sofort alle E-Mails von laufenden Projekten innerhalb von 48 h. Ist dies machbar für Sie?"*

5.2.2.8 Mit Einwänden umgehen

Feedbackgespräche sind keine Einbahnstraßen. Es ist wichtig und unterscheidet echtes Feedback von klaren Anweisungen und Instruktionen, dass Mitarbeiter die Möglichkeit erhalten, zu den von der Führungskraft vorgebrachten Verhaltensweisen Stellung zu nehmen. Nicht immer stimmen Wahrnehmung und Bewertungen von Führungskraft und Mitarbeiter überein. An den Erwiderungen des Mitarbeiters ist ersichtlich, inwieweit ein übereinstimmendes Problembewusstsein besteht bzw. wo Diskrepanzen der Perspektiven bestehen. Je nach Art der Diskrepanzen sind unterschiedliche Formen der Einwandbehandlung angemessen:

1. **Der Mitarbeiter bestreitet die Existenz eines Problems**:
   - Einwand:
     - *"Ich weiß gar nicht, was daran problematisch ist. Wir machen das doch immer so."*
   - Erwiderungsmöglichkeiten:
     - *"Das überrascht mich. Ich habe den Eindruck, dass in unserem Team E-Mails üblicherweise spätestens nach zwei Tagen beantwortet werden."*
     - *"Nun ja, da haben wir einen unterschiedlichen Eindruck, wie wir den E.Mail-Verkehr bei uns handhaben. Dann lassen Sie uns einmal darüber nachdenken, auf welche gemeinsamen Regeln wir uns einigen können."*
     - *"Und was sind Ihre Erfahrungen damit, ob bei der aktuellen Praxis alle wichtigen Informationen immer rechtzeitig zur Verfügung stehen?"*
2. **Der Mitarbeiter verharmlost die Bedeutung des Problems**:
   - Einwand:
     - *"Ach, das kommt doch nur ab und zu vor. Meistens antworte ich ganz schnell."*

- Erwiderungsmöglichkeiten:
  - *„Ich habe beobachtet, dass Sie auf meine Anfragen in den letzten zwei Wochen selten innerhalb von ein bis zwei Tagen geantwortet haben. Lassen Sie uns das in den nächsten zwei Wochen im Auge behalten. Dann sprechen wir noch einmal darüber."*
  - *„Was genau verstehen Sie unter schnell/ab und zu?"*
  - *„Für meine Maßstäbe ist das leider nicht ausreichend, weil die Abläufe unnötig verzögert werden. Ich möchte Sie bitten, jede Mail in Zukunft innerhalb von zwei Tagen zu beantworten."*

3. **Der Mitarbeiter bestreitet die Lösbarkeit des Problems**:
   - Einwand:
     - *„Das ist einfach nicht machbar. Bei den vielen E-Mails, die wir jeden Tag bekommen, kann keiner alles so schnell beantworten."*
   - Erwiderungsmöglichkeiten:
     - *„Ja, da haben Sie recht. Haben Sie einen Vorschlag, wie Sie die E-Mails, die schnell beantwortet werden müssen, von E-Mails unterscheiden, auf die sie etwas später eingehen können?"*
     - *„Gut, dass Sie das ansprechen. Dann lassen Sie uns doch darüber reden, wie Sie die Anzahl der eingehenden E-Mails aktiv reduzieren können."*
     - *„Gut, dass Sie das so offen sagen. Es geht allerdings dennoch nicht, dass Kollegen auf wichtige Informationen tagelang warten müssen. Was schlagen Sie vor?"*

4. **Der Mitarbeitet spielt die eigenen Fähigkeiten zur Problemlösung herunter**:
   - Einwand:
     - *„Das ist unmöglich, das bekomme ich niemals hin."*
   - Erwiderungsmöglichkeiten:
     - *„Was genau bereitet Ihnen Schwierigkeiten?"*
     - *„Wie haben Sie ähnliche Schwierigkeiten in der Vergangenheit gelöst?"*
     - *„Was wäre denn für Sie realistisch und möglich, damit der E-Mail-Verkehr etwas fließender wird?"*

Ungebetene **Ratschläge** sollten vermieden werden, da Mitarbeiter diejenigen Lösungen am engagiertesten eigenständig verfolgen, die sie (mit)entwickelt haben. Sind die Vorschläge des Mitarbeiters wenig hilfreich und hat die Führungskraft eine spontane Idee, wie eine Lösung aussehen könnte, kann sie dies als Angebot in das Gespräch einbringen („Ich habe da eine Idee. Wollen Sie sie hören?"). Es sollte dem Mitarbeiter jedoch freistehen, den Rat in diesem Moment nicht zu hören, ohne dass ihm dies im Feedbackgespräch oder später zum Vorwurf gemacht wird („Sie wollen ja nicht auf mich hören."). Allerdings sollte es dem Mitarbeiter klar sein, dass ein Aufrechterhalten des Problems auf Dauer inakzeptabel ist und die Führungskraft erwartet, dass er sich aktiv an der Lösung beteiligt, sei es auf die vorgeschlagene Weise oder mittels eigener Ansätze.

Interessanterweise reagieren einige Mitarbeiter auch auf Lob mit Einwänden und Zurückweisungen. Entweder sie kokettieren mit der Anerkennung („Ach, das war doch nicht der Rede wert.") oder es fällt ihnen tatsächlich schwer, Lob ihrer eigenen Person und Verhaltensweisen anzunehmen. Um die Persönlichkeit weiter zu entwickeln und die Wirkung von Lob zu entfalten, sollte **Bagatellisierungen** mit wohlwollenden Fragen gegengesteuert werden:

1. **Der Mitarbeiter verharmlost den eigenen Beitrag an der Lösung**:
   – Einwand:
     – „Ach, das war doch nichts Besonderes. Das ist doch mein Job."
   – Erwiderungsmöglichkeiten:
     – „Ja, und den machen Sie ziemlich gut, wie ich gesehen habe."
     – „Für mich war das schon eine besondere Leistung, die mir positiv aufgefallen ist."
     – „Dann können Sie mir jetzt mal ihr Geheimnis verraten, wie Ihnen das so gut gelungen ist. Worauf müsste ein neuer Kollege achten, damit er es genauso gut hinbekommt wie Sie?"
2. **Der Mitarbeiter untertreibt die Schwierigkeiten des Problems**:
   – Einwand:
     – „Das war doch keine große Sache. Das bekommt jedes Kind hin. Ich hatte einfach Glück."
   – Erwiderungsmöglichkeiten:
     – „Und was war Ihr Beitrag daran, dass es glücklich verlaufen ist?"
     – „Also da unterscheiden sich unsere Bewertungen. In meinen Augen war das keine einfache Sache und Sie haben das in allen Phasen außerordentlich gut gemeistert, vielen Dank!"
3. **Der Mitarbeiter wechselt zu Misserfolgen und negativer Selbstbewertung**:
   – Einwand:
     – „Ja, das ist mal ganz gut gelaufen, aber womit ich gar nicht zufrieden bin, ist ... "
   – Erwiderungsmöglichkeiten:
     – „Wenn ich Sie hier mal kurz unterbrechen darf, ich würde gerne bei den Punkten/Aufgaben bleiben, die gut gelaufen sind. Welche waren das Ihrer Meinung nach?"
     – „Das kann ich verstehen. Ich würde aber erst einmal wieder gern darauf zu sprechen kommen, was alles gut geklappt hat und verstehen, wie es dazu kam. Schildern Sie doch bitte einmal genau, wie Sie dieses Projekt so gut durchgeführt haben."

5.2.2.9 Das Gespräch abschließen

Feedbackgespräche sollten einen klaren Schlusspunkt finden. Die Führungskraft kann sich bei dem Mitarbeiter für die herausragenden Leistungen und das vorbildliche Verhalten abschließend nochmals bedanken und einen Blick in die Zukunft werfen. Bei kritischem Feedback sollten die Erwartungen an den Mitarbeiter („Sie beantworten alle wichtigen E-Mails innerhalb von zwei Tagen und alle anderen E-Mails spätestens innerhalb einer Woche.") und Konsequenzen („Wir sprechen in zwei Wochen noch einmal darüber.") klar ausgesprochen werden. Konsequenzen zu benennen, ist vor allem bei Mitarbeitern erforderlich, welche die Existenz und Bedeutung eines Problems zwar mit der Führungskraft teilen, aber keinen Impuls oder Ansätze zur Verhaltensänderung zeigen. Eine Checkliste für Mitarbeiter- und Feedbackgespräche finden Sie in Kap. 5.2.1.

5.2.3 Das Kritikgespräch

Kritik ist meistens unangenehm. Viele Führungskräfte fühlen sich in der Rolle des Kritikers genauso unwohl wie die kritisierten Mitarbeiter. Ohne kritische Rückmeldungen und Korrekturen bleiben Ziele und Regeln jedoch unverbindlich. Führung bedeutet, Abweichungen vom Kurs klarzumachen und die richtige Richtung für Korrekturen vorzugeben. Diese Orientierung erwarten Mitarbeiter auch von ihren Vorgesetzten.

Das Aufzeigen von Fehlern gibt Mitarbeitern wichtige Informationen und Rückmeldungen. Als konstruktive Grundhaltung hat sich der Gedanke bewährt, dass Mitarbeiter selten absichtlich schlechte Leistungen abliefern oder sich unangemessen verhalten. Eine Fehlerdiagnose bietet das Potenzial, einen Mangel an Ressourcen und verbesserungsfähige Kompetenzen aufzudecken. Dies ist nicht selten der erste Schritt, um das Wachstum des Mitarbeiters durch unterstützende Maßnahmen wie Schulungen zu fördern. Außerdem kann ein Kritikgespräch aufdecken, dass Führungskraft und Mitarbeiter schlichtweg ein unterschiedliches Verständis davon haben, was sie voneinander erwarten und welche Spielregeln im Unternehmen gelten.

Kritikgespräche sollten zeitnah erfolgen. Das kritische Verhalten sollte aktuell sein und alle Beteiligten sollten noch wissen, was passiert ist. Ist erst einmal Gras über die Sache gewachsen, fällt es schwer, Hintergründe und Ursachen für die Probleme zu erkunden. Zudem birgt langes Abwarten die Gefahr, dass sich andere Mitarbeiter unproduktives Verhalten zum Vorbild nehmen und es sich als Standard etabliert. Die Dauer des Gesprächs sollte zwischen 30 und 60 min betragen. In vielen Fällen ist die Dokumentation von Kritikgesprächen verpflichtend, da darüber auch eine Notiz in der Personalakte angelegt wird.

5.2.3.1 Vorbereitung

Für viele Führungskräfte ist es hilfreich, sich mit der eigenen Haltung zu Kritik auseinanderzusetzen, bevor es ins erste Kritikgespräche geht. Wie sind kritische Auseinandersetzungen im eigenen Berufsleben bisher verlaufen? An welche hilfreiche Kritik kann man sich erinnern? Auch hier können blinde Flecken bestehen, die den konstruktiven Verlauf von Kritikgesprächen behindern.

Folgende Fragen geben Anregungen für die Vorbereitung über die allgemeinen Grundsätze (siehe Kap. 5.1.2) hinaus:

- Mit welchen Verhaltensweisen bzw. Leistungen genau sind Sie nicht zufrieden?
- Welche Aspekte Ihrer Leistungserwartung genau wurden nicht erfüllt (z. B. Genauigkeit, Termintreue, Gründlichkeit, Bearbeitungsqualität, Serviceorientierung, Kooperation mit anderen Kollegen)?

- Wie gut kannte der Mitarbeiter Ihre Bewertungskriterien? Wordurch wurden sie ihm vermittelt?
- Wie genau würde ein besseres Ergebnis/erwünschtes Verhalten aussehen?
- Was würden Sie bei der nächsten Aufgabenbeschreibung anders machen?
- Wie könnte eine Lösung zur Nachbesserung aussehen?

5.2.3.2 Den Gesprächsverlauf steuern

Die genaue Beschreibung der bemängelten Leistung oder des kritikwürdigen Verhaltens bildet den Anfang eines Kritikgesprächs. Die Führungskraft sollte die in der Vorbereitung gesammelten Informationen transparent machen und eindeutig bewerten. Abschwächende Formulierungen („Vielleicht hätten Sie hier etwas gründlicher sein können.") verwässern und verwirren. Klare, sachlich vorgebrachte Formulierungen gewährleisten am besten, dass Mitarbeiter und Führungskraft in dem produktiven Ich-Zustand des Erwachsenen-Ichs verbleiben. Im Folgenden finden Sie einige Beispiele:

- *„Ihr Verhalten entspricht nicht unserer Vereinbarung, dass Sie..."*
- *„Ich bin über Ihr Verhalten verärgert..."*
- *„Ihr Verhalten enttäuscht mich, denn..."*
- *„Mit Ihrer Leistung im Projekt ... bin ich nicht zufrieden."*
- *„Ihre Ergebnisse erfüllen meine Erwartungen in folgenden Punkten nicht: ..."*

Damit der Weg zu verbindlichen Vereinbarungen geebnet werden kann, ist es notwendig, dass im weiteren Gesprächsverlauf ein Konsens über das geforderte Niveau und das Leistungsdefizit erarbeitet wird. Deswegen ist es wichtig, die Perspektive des Mitarbeiters kennenzulernen und ihn für Probleme und eigene Defizite zu sensibilisieren. Die Reaktionen des Mitarbeiters offenbaren, welches Problembewusstsein vorhanden ist und wie die Führungskraft mit vorgebrachten Entgegnungen konstruktiv umgehen kann. Im Folgenden finden Sie einige Beispiele.

1. **Der Mitarbeiter bestreitet eigene Defizite**:
   - Einwand:
     - *„Ich habe doch alles genau so gemacht, wie es abgesprochen war. Ich weiß gar nicht, was Sie jetzt von mir wollen."*
   - Erwiderungsmöglichkeiten:
     - *„Ich möchte zunächst einmal verstehen, wie Sie Ihre Leistung in diesem konkreten Fall selbst einschätzen."*
     - *„Da weichen unsere Erinnerungen offensichtlich voneinander ab. Können Sie mir bitte erläutern, wie Sie unsere Absprache genau in Erinnerung haben?"*
2. **Der Mitarbeiter verharmlost die Bedeutung der Defizite**:
   - Einwand:
     - *„Ach, das machen die anderen Kollegen doch ganz ähnlich. Ich verstehe nicht, warum ausgerechnet ich mich hier rechtfertigen muss."*

- Erwiderungsmöglichkeiten:
    - *„Ich möchte in diesem Gespräch einmal bei Ihrer konkreten Leistung bleiben. Erläutern Sie mir doch bitte detailliert, wie Sie vorgegangen sind und was Ihre Überlegungen und Ziele bei den einzelnen Schritten waren."*
    - *„Das mag sein, ich möchte aber heute mit Ihnen gemeinsam einen Weg finden, wie Ihre Leistungen meinen Erwartungen besser entsprechen können. Haben Sie einen Vorschlag?"*
3. **Der Mitarbeiter bestreitet die Möglichkeit von Verbesserungen**:
    - Einwand:
        - *„Ich bekomme das halt einfach nicht besser hin. Da kann ich mir noch so viel Mühe geben."*
    - Erwiderungsmöglichkeiten:
        - *„Danke, dass Sie da so offen sind. Worin genau bestehen die Schwierigkeiten?"*
        - *„Danke für Ihre Bemühungen. Das habe ich gar nicht so wahrgenommen. Was genau bräuchten Sie, um die Erwartungen in der von mir beschriebenen Form zu erfüllen?"*

Im Anschluss an die Problemdiagnose sollte es zügig daran gehen, Konsequenzen zu ziehen und gemeinsam zu bestimmen, wie das Problem nachgebessert werden kann. Geht es im Kritikgespräch um Fehlverhalten, werfen die meist nicht beobachtbaren Ursachen für das unerwünschte Verhalten nicht selten ein ganz anderes Licht auf den Mitarbeiter und sein Handeln. Es sollte darauf geachtet werden, sich nicht in langen Diskussionen über die vorgebrachten Ursachen oder Schuldzuweisungen zu verstricken, sondern zügig den Blick auf konstruktive Lösungen zu werfen. Nicht selten werden vorherige Vereinabarungen dahingehend verändert, dass es für das erwünschte Verhalten (z. B. auf alle E-Mails innerhalb von 48 h zu antworten) berechtigte und begründete Ausnahmen geben muss (z. B. „gilt nur für wichtige oder eilige Inhalte"), weil die ursprünglichen Erwartungen unrealistisch waren.

5.2.3.3 Das Gespräch beenden

Um die Verbindlichkeit und den Konsens zu stärken, kann das schriftliche Fixieren der Vereinbarung (mit Unterschrift von Führungskraft und Mitarbeiter) hilfreich sein. Für eine gute Zusammenarbeit ist es wichtig, dass Kritikgespräche, wenn nicht in versöhnlichem, so doch zumindest in höflichem und respektvollem Ton enden. Ein dramatischer Abgang des Mitarbeiters oder das große Finale der Führungskraft durch einen ironischen Seitenhieb sollte unbedingt vermieden werden. Die Führungskraft kann sich vor dem Gespräch ein paar Formulierungen zurechtlegen, um im Eifer des Gefechts nicht nach geeigneten Schlussworten suchen zu müssen, z. B.:

- *„Ich danke Ihnen für das Gespräch und Ihre offenen Worte und bin gespannt, wie wir beide die Situation in unserem nächsten Treffen am ... wahrnehmen."*
- *„Vielen Dank für Ihren Beitrag zu einer Verbesserung der Situation. Ich würde mich freuen, wenn ..."*

Checkliste: Kritikgespräch
- ❑ Machen Sie das Gespräch zu einem offiziellen Termin und beschreiben Sie in Ihrer Einladung kurz und knapp das Ziel.
- ❑ Bitten Sie den Mitarbeiter, sich ebenfalls vorzubereiten und entsprechende Informationen zu dem Leistungsdefizit oder unproduktiven Verhalten zu sammeln.
- ❑ Bereiten Sie sich auf das Gespräch vor und klären Sie Ihre innere Haltung gegenüber Kritik. Werden Sie sich Ihrer blinden Flecken bewusst.
- ❑ Fassen Sie Ihre Kritikpunkte und hilfreiche Formulierungen in einem Gesprächsleitfaden zusammen.
- ❑ Verhalten Sie sich wie ein Gastgeber und sorgen Sie für einen spannungsfreien Beginn des Gesprächs.
- ❑ Klären Sie zu Beginn den psychologischen Vertrag mit dem Mitarbeiter.
- ❑ Benennen Sie zu Anfang das konkrete Ziel und formulieren Sie eine eindeutige Bewertung. Benennen Sie die Folgen für sich, die Kollegen und das Unternehmen.
- ❑ Differenzieren Sie zwischen den Ebenen von Beobachten, Denken, Fühlen und Verhalten.
- ❑ Formulieren Sie Ich-Botschaften.
- ❑ Erkennen Sie, aus welchen Ich-Zuständen heraus Sie agieren. Bleiben Sie im Erwachsenen-Ich und geben Sie Vorwürfen und Schuldzuweisungen keine Chance.
- ❑ Holen Sie die Perspektive des Mitarbeiters ein und hören Sie dabei unvoreingenommen zu.
- ❑ Klären Sie Gemeinsamkeiten und Abweichungen und formulieren Sie diese.
- ❑ Erarbeiten Sie zusammen mit dem Mitarbeiter Möglichkeiten zur Korrektur und Vereinbarungen für die Zukunft. Achten Sie dabei darauf, dass mindestens die Hälfte des Engagements vom Mitarbeiter kommt.
- ❑ Seien Sie auf Einwände vorbereitet (Leitfaden) und lassen Sie sich nicht in Argumentationen und Schuldzuweisungen verstricken. Fordern Sie Vorschläge für Lösungen und Verbesserungen ein.
- ❑ Formulieren Sie das erzielte Ergebnis und fixieren Sie die getroffenen Vereinbarungen. Machen Sie bei Bedarf einen Folgetermin aus.
- ❑ Finden Sie einen stimmigen und respektvollen Abschluss des Gesprächs.

5.2.4 Das Zielvereinbarungsgespräch

Vor allem durch den Führungsansatz des „Management by Objectives" sind Zielvereinbarungsgespräche zu einem gängigen Instrument der Personalentwicklung geworden. Dieses Führungskonzept geht von der motivierenden Wirkung von Zielen aus (siehe Kap. 2.3.2) und wendet diese psychologische Perspektive für die Personalentwicklung und Führung an. Die Harmonisierung von Unternehmens- und Mitarbeiterzielen fördert die Partizipation der Mitarbeiter durch die Rückmeldung des Grads der Zielerreichung und die Produktivität der Organisation. Auch wenn das Konzept von „Management by Objectives" kaum noch angewendet wird, haben sich die einzelnen Elemente nachweislich als wirksam erwiesen (Rodgers und Hunter 1991, S. 322–336).

Zielvereinbarungsgespräche sind ein zentrales Instrument dieses Managementansatzes. Sie erfordern meist einen erheblichen administrativen Aufwand für die Führungskraft und stellen sie vor die Aufgabe, Ziele genau zu formulieren und quantitativ greifbar zu machen. Dieser Aufwand lohnt sich jedoch, denn Mitarbeiter und Manager entwickeln im Zielvereinbarungsgespräch gemeinsam eine „Marschroute" für die kommende Zusammenarbeit. Gelingende, regelmäßige Gespräche fördern Motivation und Identifikation mit dem Team und Unternehmen, stimulieren positive Veränderungen und wirken Konflikten entgegen. Sie finden meist in Form eines Jahresgesprächs statt und dauern ca. eine Stunde. Im Kern steht die Frage, was Mitarbeiter und Führungskraft gemeinsam im nächsten Jahr erreichen wollen. In einigen Unternehmen und Branchen (z. B. Vertrieb) bilden Zielvereinbarungen auch eine zentrale Rolle für die Entlohnung der Mitarbeiter (Breisig 2006). Die rechtlichen Rahmenbedingungen sollten von der Personalabteilung vorab gründlich geprüft werden (Deich 2005).

Eine gute **Vorbereitung** sollte sich auf folgende Aspekte beziehen:

- Welche strategischen Ziele verfolgen das Unternehmen und Ihr Bereich/Team?
- Welche taktischen und operativen Ziele leiten sich daraus für das nächste Jahr ab?
- Mit welchen Instrumenten und Maßnahmen sollen die Ziele erreicht werden?
- Welche Ressourcen stehen dafür zur Verfügung?
- In welcher Weise kann und soll der Mitarbeiter zur Zielerreichung beitragen?
- Welche Ziele sind fest gesetzt? Für welche besteht Gestaltungsspielraum?
- Welche Stärken, Kompetenzen und Erfahrungen kann der Mitarbeiter einbringen?
- Welche Ziele motivieren den Mitarbeiter am stärksten?
- Welche Ressourcen stehen ihm dafür zur Verfügung?

5.2.4.1 Was ist ein Ziel?

Ziele sind eine klare Beschreibung eines Soll-Zustands, der gemeinsam erreicht werden soll. Einstellungen, Wünsche, Stellenbeschreibungen oder dienstliche Anweisungen sind keine Ziele. Für das Formulieren verständlicher und wirksamer Ziele hat sich die SMART-Formel (vgl. Abb. 5.5) im Managementalltag gut bewährt.

Smarte Ziele sind
- Spezifisch (*specific*): Ein Ziel ist genau und exakt formuliert (z. B. „Ich gewinne Neukunden im Bereich …").
- Messbar (*measurable*): Ziele sollten mit einer messbaren Komponente unterlegt werden („Ich akquiriere 15 Neukunden innerhalb der nächsten zehn Monate.").
- Anspruchsvoll (bzw. auch *attainable* = erreichbar): Ziele sollten sich im oberen Drittel der von dem jeweiligen Mitarbeiter erreichbaren Leistungen befinden, um eine Balance aus Machbarkeit und Herausforderung zu gewährleisten.

5.2 Besondere Gesprächsarten

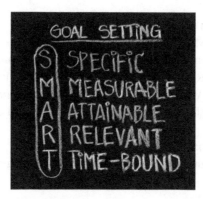

Abb. 5.5 Ziele werden am besten SMART formuliert

- **R**ealistisch (bzw. auch *relevant* = relevant): Ziele müssen erreichbar bzw. relevant sein. Überambitionierte Ziele und Ziele, die als irrelevant empfunden werden, haben eher kontraproduktive Effekte.
- **T**erminiert (*time-bound*): Ziele müssen zeitlich definiert werden. Es sollte ein eindeutiger Termin für die Zielerreichung festgelegt werden.

Ziele sollten sprachlich in der **Ich-Form, in der Gegenwart und positiv** beschrieben werden.

Als Unterstützung und Strukturierung des Zielerreichungsprozesses dienen Meilensteine, welche Zwischenziele inhaltlich und zeitlich definieren.

5.2.4.2 Unterschiedliche Arten von Zielen

Inhaltlich können Zielvereinbarungsgespräche folgende Zielarten umfassen:

- **Leistungsziele** beschreiben angestrebte Leistungen (z. B. Umsatz in Höhe von … erzielen).
- **Verhaltensziele** beschreiben die Qualität eines angestrebten Verhaltens (z. B. mitarbeiterorientierter Führungsstil, Serviceorientierung).
- **Entwicklungsziele** beschreiben angestrebte Kompetenzen (z. B. Einwandbehandlung im Verkaufsgespräch).

Die Ziele orientieren sich an der Unternehmensstrategie und den jeweiligen Bereichszielen. Trotz dieser Rahmenbedingungen sollte ein gewisser Gestaltungsspielraum vorhanden sein, damit der Mitarbeiter auf die Ausgestaltung tatsächlich Einfluss nehmen kann.

Aus pragmatischen Gründen kann es sinnvoll sein, die Strategie des Bereichs und die Ergebnisse des letzten Jahres bereits im Vorfeld, beispielsweise in einem Teammeeting, zu präsentieren. Dadurch steht jedem Mitarbeiter dieser Hintergrund bei seiner Vorbereitung auf das Zielvereinbarungsgespräch zur Verfügung.

5.2.4.3 Das Gespräch eröffnen

Wie in allen Formen der Mitarbeitergespräche ermöglicht eine offene, freundliche Atmosphäre einen konstruktiven Verlauf des Gesprächs. Die Führungskraft sollte zu Beginn vorschlagen, in welcher Reihenfolge die Themen und verschiedenen Ziele besprochen werden. Vorschläge und Wünsche des Mitarbeiters können berücksichtigt werden, insofern die Gewichtung der Themen sich dadurch nicht gravierend verändert.

5.2.4.4 Den Gesprächsverlauf steuern

Im Anschluss sollte ein kurzer **Rückblick** auf das letzte Jahr geworfen werden und eine Bilanz erfolgen:

- Inwieweit sind die vereinbarten Ziele erreicht worden?
- In welchen Bereichen war der Mitarbeiter besonders erfolgreich? Wodurch?
- In welchen Bereichen war der Mitarbeiter weniger erfolgreich? Wie kam das?

Als Basis für die Vereinbarung ambitionierter und gleichzeitig realistischer Ziele analysieren im nächsten Schritt Führungskraft und Mitarbeiter zusammen die **Stärken und Schwächen** des Mitarbeiters. Ähnlich wie beim Feedbackgespräch werden Beobachtungen, Bewertungen und (emotionale) Konsequenzen für alle Beteiligte angesprochen. Wichtig ist es, hier auch kontroverse Perspektiven zuzulassen und diese im Protokollbogen zu dokumentieren.

Anschließend geht es an die eigentliche **Zielfindung**. Die Führungskraft stellt die vorgeschlagenen Einzelziele vor und gibt durch eine Priorisierung einen Überblick über deren Bedeutung. Bei festgesetzten Zielen besprechen die Führungskraft und der Mitarbeiter nun gemeinsam, wie diese Ziele inhaltlich ausgefüllt werden und mit welchen Mitteln sie realisiert werden können. Dieser partizipative Ansatz wirkt motivierend und ermöglicht es, selbst bei nicht-verhandelbaren Zielen die Individualität des Mitarbeiters nicht gänzlich aus den Augen zu verlieren. Zudem gewinnen die Erwartungen der Führungskraft an Profil und die quantitativen Kriterien der Erfolgsmessung werden verständlich. Bei Zielen, die einen stärkeren Gestaltungsspielraum erlauben, können die Ideen und Vorschläge des Mitarbeiters stärker berücksichtigt werden, wobei die Führungskraft das Gesamtziel für das Team oder die Abteilung nicht aus den Augen verlieren darf.

Die Steuerung des Gesprächs erfolgt in erster Linie über **offene Fragen** wie beispielsweise:

- „Was wollen wir auf Basis der Ziele für unser Team im nächsten Jahr gemeinsam erreichen?"
- „Welche Ziele haben Sie sich persönlich gesteckt?"
- „Wie würden Sie aus Ihrer Sicht zwei bis drei Ziele für das nächste Jahr beschreiben?"
- „Woran können wir feststellen, ob Sie das Ziel erreicht haben?"
- „Welche Quick Wins wären möglich, um nachhaltige Ergebnisse anzuregen?"
- „Was ist der Nutzen für unsere Kunden?"

- „Welche Aufgaben ergeben sich daraus für uns?"
- „Worauf kommt es bei der Umsetzung besonders aus?"
- „Welche Ideen haben Sie schon mitgebracht, wie wir das Ziel erreichen können?"
- „In welchen Schritten würden Sie vorgehen?"
- „Wer oder was kann Sie dabei unterstützen?"
- „Was benötigen Sie, damit Sie dieses Ziel erreichen?"
- „Welche Schnittstellen sind zu berücksichtigen?"

In den meisten Zielvereinbarungsgesprächen kommen Einwände und Vorbehalte seltener vor als in anderen Formen des Mitarbeitergesprächs. Diese sollten entsprechend der bereits in Kap. 5.2.3. und 5.2.4. vorgestellten Struktur des Problembewusstseins behandelt werden.

5.2.4.5 Das Gespräch beenden

Nachdem drei bis fünf Ziele abgestimmt und schriftlich fixiert wurden, kann die Führungskraft das Gespräch zu einem runden Abschluss bringen. Dabei sollte sie sich von der Vorstellung lösen, in den Zielvereinbarungen alle Details und Eventualitäten des nächsten Geschäftsjahres verankert zu haben. Die Zielvereinbarung ist sein wie ein Leuchtturm, der das Ziel markiert und den Weg weist. Im Laufe des Jahres sollte der Prozess der Zielerreichung mit begleitet werden und regelmäßig Zwischenbilanz gezogen werden. Insbesondere die vereinbarten Milestones geben Orientierung, welche Weggabelungen und Schleifen auf dem Weg zum Ziel genommen werden müssen oder schon erfolgreich beschritten wurden.

> **Checkliste: Zielvereinbarungsgespräch**
> ☐ Weisen Sie auf das Gespräch hin und stellen Sie (z. B. im Teammeeting) den strategischen Rahmen der Unternehmens- und Bereichsziele vor.
> ☐ Benennen Sie in Ihrer Einladung das Gesprächsziel und die Bereiche, in denen die zu vereinbarenden Ziele angesiedelt sind (Leistung, Verhalten, Entwicklung).
> ☐ Bitten Sie den Mitarbeiter, sich ebenfalls vorzubereiten und eigene Ziele vor dem Hintergrund der Rahmenbedingungen zu entwerfen.
> ☐ Achten Sie auf eine angenehme und ungestörte Atmosphäre und planen Sie ausreichend Zeit und Puffer ein.
> ☐ Verhalten Sie sich wie ein Gastgeber und sorgen Sie für einen entspannten Gesprächsstart.
> ☐ Klären Sie zu Beginn den psychologischen Vertrag mit dem Mitarbeiter.
> ☐ Ziehen Sie eine Bilanz des letzten Jahres und der Zielerreichung.
> ☐ Umschreiben Sie wichtige Passagen zur Verständnissicherung mit eigenen Worten.
> ☐ Klären Sie Gemeinsamkeiten und Unterschiede Ihrer Sichtweisen und dokumentieren Sie diese im Protokollbogen.

- ❏ Stellen Sie die vorgeschlagenen Ziele vor und geben Sie eine Priorisierung an.
- ❏ Machen Sie deutlich, welche Ziele fest gesetzt sind und wo Gestaltungsspielraum besteht.
- ❏ Trennen Sie in Ihren sprachlichen Äußerungen zwischen den Ebenen von Beobachten, Denken, Fühlen und Verhalten.
- ❏ Achten Sie auf die spontane Reaktion des Mitarbeiters, auch auf der non-verbalen Ebene.
- ❏ Steuern Sie das Gespräch durch offene Fragen (W-Fragen).
- ❏ Ersetzen Sie Warum-Fragen durch andere Formen der W-Fragen.
- ❏ Laden Sie den Mitarbeiter dazu ein, seine Zielvorstellungen darzulegen und hören Sie aktiv zu.
- ❏ Erarbeiten Sie zusammen mit dem Mitarbeiter individuelle oder individuell ausgestaltete Ziele im Rahmen der Möglichkeiten.
- ❏ Beachten Sie die SMART-Formel der Zielformulierung (spezifisch, messbar, ambitioniert, realistisch bzw. relevant, terminiert)
- ❏ Seien Sie auf Einwände vorbereitet.
- ❏ Halten Sie die vereinbarten Ziele und die Zielerreichungskriterien im Protokollbogen schriftlich fest und planen Sie einen Folgetermin, um eine erste Zwischenbilanz zu ziehen.
- ❏ Setzen Sie ein stimmiges und respektvolles Gesprächsende.

5.3 Selbsttests und Arbeitsmaterialien

5.3.1 Psychologischer Vertrag

Ergänzen Sie bitte die folgenden Satzanfänge so, dass der Satz Ihre Wahrnehmung und Einschätzung eines problematischen Gesprächs widergibt.

1. In diesem Gespräch habe ich von meinem Gesprächspartner erwartet, dass …

    _____

    _____

2. In diesem Gespräch hatte ich den Eindruck, mein Gesprächspartner erwartet von mir, dass …

    _____

    _____

5.3 Selbsttests und Arbeitsmaterialien

3. Die offenen, ausgesprochenen Regeln waren …

_____

_____

4. Die verdeckten, unausgesprochenen Regeln waren …

_____

_____

5.3.2 Ich-Zustände erkennen

Übung Versuchen Sie einmal bewusst, eine typische Gesprächsform aus Ihrem Alltag (z. B. Kaffeeklatsch am Frühstückstisch, Begrüßung am Arbeitsplatz, Terminabstimmung) durch die Brille der Ich-Zustände zu betrachten. Folgende Fragen schärfen Ihren Blick (Abb. 5.6):

- Was sagen und was tun die Beteiligten? Welchem Ich-Zustand entspricht dies?
- Welche Botschaften vermitteln die Körperhaltung, Mimik und Gestik? Für welchen Ich-Zustand spricht das non-verbale Verhalten?
- Welche innere Resonanz spüre ich beim Beobachten? Welchem Ich-Zustand würde ich meine innere Reaktion zuordnen?
- Und wie reagiere ich tatsächlich? Für welchen Ich-Zustand spricht dies?

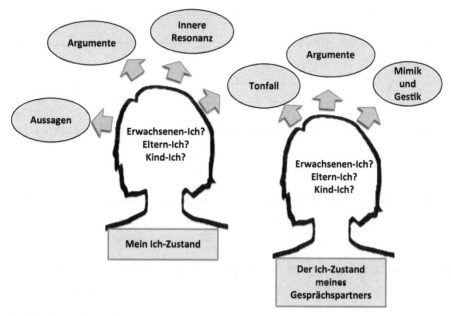

Abb. 5.6 Ich-Zustände erkennen

5.3.3 Ebenen der Kontaktaufnahme

Notieren Sie Ihre Antworten bitte auf den jeweiligen Linien.

1. Ich beziehe mich am Anfang eines Gesprächs meist auf die ...

   ❑ ... **Gegenwart.**
   ❑ ... **Vergangenheit.**
   ❑ ... **Zukunft.**

Beispiele dafür sind ...
_____
_____

2. Ich nehme Kontakt auf, indem ich über die Sache spreche, mit der mein Gesprächspartner und ich zu tun haben, z. B.:
_____
_____

3. Ich nehme Kontakt auf, indem ich über die Person spreche, mit der ich es zu tun habe, z. B.:
_____
_____

4. Ich verwende dabei vor allem Formulierungen, die meine Wahrnehmung beschreiben, z. B.:
_____
_____

5. Ich verwende dabei vor allem Formulierungen, die meine Gedanken beschreiben, z. B.:
_____
_____

6. Ich verwende dabei vor allem Formulierungen, die meine Gefühle beschreiben, z. B.:
_____
_____

7. Ich verwende dabei vor allem Formulierungen, die mein Verhalten beschreiben, z. B.:
_____
_____

Literatur

Boden, M. (2013). *Mitarbeitergespräche führen: Situativ, typgerecht und lösungsorientiert*. Wiesbaden: Springer Gabler.

Breisig, Th. (2006). *Entlohnen und Führen mit Zielvereinbarungen. Methoden, Chancen und Risiken – Wissen für Betriebs- und Personalräte*. Frankfurt a. M.: Bund-Verlag.

Deich, S. (2005). *Arbeitsvertragliche Gestaltung von Zielvereinbarungen. Reihe: Arbeitsrecht in der betrieblichen Praxis* (Bd. 36). Berlin: Erich Schmidt Verlag.

Gabrisch, J. (2014). *Die Besten im Gespräch. Leitfaden für erfolgreiche Mitarbeitergespräche von Auswahl bis Zielvereinbarung*. Köln: Wolters Kluwer.

Giles, H. (2008). Communication accommodation theory. In: L. Baxter & D. O. Braithewaite (Eds.), *Engaging theories in interpersonal communication: Multiple perspectives* (S. 161–173). Thousand Oaks: Sage Publications Inc.

Gührs, M., & Nowak, C. (2006). *Das konstruktive Gespräch. Ein Leitfaden für Beratung, Unterricht und Mitarbeiterführung mit Konzepten der Transaktionsanalyse*. Meezen: Verlag Christa Limmer.

Jacobshagen, N., & Semmer, N. (2009). *Die Bedeutung von Wertschätzung bei der Arbeit*. Universität Bern. http://www.service-erfolgreich-gestalten.de/data/2a_jacobshagen_wertschtzung_vorlufig.pdf. Zugegriffen am 16. Oktober 2014.

Keller, S., & Aiken, C. (2010). The inconvenient truth about change management. Why it isn't working and what to do about it. Düsseldorf: McKinsey & Company.

Kotter, J. P. (2012). Die Kraft der zwei Systeme. Harvard Business Manager, Sonderausgabe Change Management. Heft 12, S. 22–36.

Rademacher, U., Augenstein, S., & Kruse, L. (1996). *Interpersonale Erwartungen in Konversationen: Partnerhypothesen und ihre sprachliche (Dis)Konfirmation. Arbeiten aus dem Sonderforschungsbereich 245 Sprache und Situation*, Nr. 106. Universität Heidelberg: Sonderforschungsbereich.

Rettler, Ph., & Göll, St. (2010). Soziale Anerkennung durch Arbeit und Beruf. *Journal für Psychologie, 18*. http://www.journal-fuer-psychologie.de/index.php/jfp/article/view/76/177. Zugegriffen am 16. Oktober 2014.

Rodgers, R., & Hunter, J. E. (1991). Impact of management by objectives on organizational productivity. *Journal of Applied Psychology, 76*, 322–336.

Schulz von Thun, F. (2013). *Miteinander reden 3. Das „Innere Team" und situationsgerechte Kommunikation*. Reinbek: Rowohlt Verlag.

Semmer, N. K., Jacobshagen, N., & Meier, L. L. (2006). Arbeit und (mangelnde) Wertschätzung. *Wirtschaftspsychologie, 2*, 87–95.

Stewart, I., Joines, V., & Rautenberg, W. (2000). *Die Transaktionsanalyse: Eine Einführung*. Freiburg: Herder spektrum.

Troyano, N. M. (2006). Emotionen im Kontext der Personalführung. Dissertation an der Fernuniversität Hagen.

Wie Menschen lenken 6

Dieses Kapitel führt die Inhalte der vorherigen Kapitel ins Zentrum „Führung" zusammen. Es vertieft die psychologischen Grundlagen von Führung und gibt Anregungen, wie Sie das Wissen über Menschen in der Mitarbeiterführung, der konsumentenorientierten Markenführung und dem Change Management gewinnbringend nutzen können. Führung wird dabei nicht als einseitige Beeinflussung verstanden, sondern als Prozess der gegenseitigen Anpassung und Wechselwirkung. Unternehmen, Arbeitsgruppen, Teams und Marken funktionieren wie ein lebendiger Organismus, der von innen heraus wächst, sich ständig verändert und an seine Umwelt anpasst. Fallbeispiele aus der strategischen Markenführung, der Mitarbeiterführung, dem People Management und dem Change Management zeigen, wie psychologisch orientierte Führung praktisch gelingt. Übungen und Materialien am Ende des Kapitels erleichtern das Training Ihrer psychologische Kompetenzen für die Führungsrolle.

6.1 Die Macht des Sozialen

Menschen sind gemeinschaftliche Wesen. Sie suchen die Nähe anderer Menschen, orientieren sich am Verhalten anderer, reden miteinander und bedenken die Folgen ihres Handelns für andere (siehe Kap. 1.4.2). Psychologen haben sich intensiv mit der Frage beschäftigt, wie Menschen aufeinander Einfluss nehmen. Die wissenschaftlich ausgerichtete Psychologie startete nach dem Zweiten Weltkrieg und wurde maßgeblich durch die schockierende soziale Dynamik des Nationalsozialismus ins Leben gerufen. In spektakulären Experimenten versuchten die amerikanischen Sozialpsychologen Stanley Milgram und Philip Zimbardo zu erklären, was Menschen zum Gehorsam gegenüber Autoritäten bewegt und unter welchen Bedingungen Widerstand und Eigenverantwortung entstehen. Es war erschreckend einfach, Menschen durch äußere Rahmenbedingungen und klare Instruktionen zu Gehorsam und „Dienst nach Vorschrift" zu bewegen. Die aktuelle Forschung beschäftigt sich stärker mit der positiven Kraft des Miteinanders und untersucht, wie Menschen gut zusammenarbeiten, sich zur Verwendung neuer Produkte und Dienstleistungen inspirieren, gemeinsam Krisen bewältigen oder den Veränderungsdruck dynamischer Märkte in gelungenen Unternehmenswandel umformen.

6.1.1 Sozialer Einfluss

▶ Mit „sozialem Einfluss" wird die Wirkung eines Menschen auf die Gedanken, die Gefühle und das Verhalten eines anderen Menschen oder einer Gruppe bezeichnet.

Sozialer Einfluss schafft Bindung und Zusammenhalt. Menschen kommen zu anderen Schlussfolgerungen und verhalten sich anders, wenn sie mit den Einstellungen und Meinungen anderer Menschen konfrontiert werden. Diese Beeinflussung kann absichtlich und bewusst erfolgen, beispielsweise wenn ein Teenager versucht, die Eltern zum Kauf eines neuen Smartphones zu bewegen. Sozialer Einfluss erfolgt häufig aber auch unbewusst und unbeabsichtigt. Auf unbekanntem Terrain, bei Entscheidungen unter Zeitdruck oder solchen, die als weniger wichtig erscheinen, folgen Menschen häufig der Daumenregel „Tue das, was alle anderen auch machen".

6.1.1.1 Gruppen und Konformität

Menschen sind intelligente Rudeltiere. Sie fügen sich spontan und schnell zu Gruppen zusammen. Denn Gruppen geben ein Gefühl von Zugehörigkeit und Orientierung. Man weiß, wer man ist und wo man hingehört. Einstellungen, Überzeugungen und Taten von Menschen haben vor allem dann einen großen Einfluss auf andere Personen, wenn sie zu derselben Gruppe gehören. Menschen nehmen die Normen, Werte und Einstellungen anderer Gruppenmitglieder besonders schnell und oft unhinterfragt an. Zudem distanzieren sie sich von den Meinungen von Menschen, die zu einer anderen Gruppe gehören. Sozialer Einfluss schärft auf diese Weise das Profil von Gruppen und ihr Zusammengehörigkeitsgefühl.

Was passiert, wenn Menschen unterschiedliche Ansichten und Werte vertreten? Besteht keine soziale Beziehung zwischen den Menschen oder wirken sie nicht auf ein gemeinsames Ziel hin, haben Meinungsverschiedenheiten meist keine große Wirkung. Es ist möglich, sich darauf zu einigen, zu keiner Einigung zu kommen, ohne dass sich daraus Nachteile ergeben. Gehören Menschen jedoch zu einer sozialen Gruppe, haben sie eine persönliche Beziehung oder ein gemeinsames Ziel, werden unterschiedliche Positionen und Verhaltensweisen als unangenehm erlebt. Es entsteht eine gewisse Spannung und ein innerer Druck, auf einen Nenner zu kommen. Dieses Phänomen wird als „Gruppenzwang" oder „Konformitätsdruck" bezeichnet.

▶ Konformitätsdruck motiviert Menschen dazu, ihr Verhalten aufgrund des sozialen Einflusses einer Mehrheit zu verändern und an die Mehrheit anzupassen.

In der Konsequenz gleichen sich die Meinungen nach und nach an, Urteile werden ähnlicher und es gelten ähnliche, wenn auch oft unausgesprochene Verhaltensspielregeln. Nicht selten wird das Wir-Gefühl auch nach außen hin durch einen ähnlichen Kleidungsstil oder Insignien der Gruppenzugehörigkeit demonstriert. Die Orientierung an der Mehrheit erübrigt es, sich bei jeder Entscheidung intensiv mit allen Pros und Contras auseinanderzusetzen. Zudem stärken geteilte Werte und Einstellungen den Zusammenhalt der Gruppe (Kohäsion). Allerdings kann die Homogenität innerhalb der Gruppe auch Nachteile haben. Wichtige Informationen werden möglicherweise nicht beachtet, weil sie vom Gruppenkonsens abweichen, und Menschen neigen dazu, in der Gruppe extremere Urteile abzugeben (siehe Kap. 3.1).

6.1.1.2 Voraussetzungen von sozialem Einfluss

Wissenschaftliche Studien haben einige Faktoren ermittelt, welche die Bedeutung von sozialem Einfluss auf andere Menschen beeinflussen:

Gruppengröße Eine große Gruppe oder Mehrheit hat stärkeren sozialen Einfluss auf andere Menschen als kleinere Gruppen. Um beispielsweise das Arbeits- oder Gesundheitsverhalten von Menschen in einem großen Unternehmen zu beeinflussen, bedarf es einer gewissen „kritischen Masse", damit der Einfluss der Vorbilder ausreichend Wirkung zeigt. Im privaten Umfeld und bei Innovationen können auch zahlenmäßige Minderheiten zu wichtigen Einflussgrößen werden, weswegen Meinungsführer und „early adopter" für die strategische Markenführung eine zentrale Rolle spielen.

Early Adopter: Minderheiten mit großer Wirkung
Early Adopter sind Menschen, die ein neues und innovatives Produkt gerne als erste besitzen möchten. Der Reiz des Neuartigen vermischt sich bei ihnen, gerade im Bereich technischer Neuerungen, mit einem gewissen Wettkampfgeist und Jagdtrieb. Es geht Early Adoptern darum, Expertise zu gewinnen, die neusten Features zu beherrschen und dies auch nach außen zu demonstrieren. Gerade der Kampf um die erste Produktgeneration kann den besonderen Kick geben. Sie gelten in ihrem sozialen Umfeld als Vorreiter und Berater. Zudem nehmen sie meist hohe Anschaffungskosten und Kinderkrankheiten der Produkte in Kauf, welche spätere Käufer des Mainstream nicht verzeihen.

Deswegen sind Early Adopter für das Marketing ideale Kandidaten für Neuprodukttests. Haben sie in ihrem Umfeld eine gewisse Bedeutung als Meinungsführer (z. B. hohe Anzahl von Followern in Blogs und auf Facebook), können Unternehmen sie gezielt als Markenbotschafter für ihre Innovationen einsetzen. Obwohl Early Adopter zahlenmäßig eine Minderheit bilden, haben sie großen sozialen Einfluss und stoßen die Erfolgswelle von Innnovationen an oder sorgen dafür, dass sie schnell nach dem Launch verebbt. Die große Bedeutung von Early Adoptern hat auch Google erkannt. Beim Launch ihrer innovativen Datenbrille bat das Unternehmen die erste Nutzergeneration, die Brille mit Respekt gegenüber der Privatsphäre anderer Personen zu verwenden und sich nicht wie ein „Glasshole" zu benehmen (Frankfurter Rundschau Online 2014), um Resentiments und Vorbehalten kritischerer Kunden und potenzieller Nachzügler keinen Aufwind zu geben.

Expertise Verfügen Personen über besondere Informationen und Erfahrungen, passen sich Menschen häufiger an ihre Meinungen und Einstellungen an, unabhängig davon, ob sie zur Mehrheit gehören oder nicht. Auch der Zugang zu exklusiven Medien und Informationsquellen stärkt den sogenannten informativen, sozialen Einfluss. Wichtig ist dabei, dass Menschen als Experten anerkannt oder gar selbst ausgewählt werden. Je stärker ein Mensch von anderen als Experte akzeptiert wird, desto größer ist der soziale Einfluss. In der Werbung werden häufig Experten gezeigt, welche den Nutzen und die Verwendung neuer oder verbesserter Produkte demonstrieren. Je glaubwürdiger der Expertenstatus für die Werberezipienten ist, desto größer ist die Wirkung der sogenannten Testimonials. Ein Großteil der Investitionen für beliebte Prominente in der Werbung ist jedoch ineffektiv (ACE Matrix 2014). Im Change Management können externe Berater überzeugender eine Dringlichkeit für notwendige Veränderungen schaffen, wenn sie über Erfahrungen mit Veränderungsprozessen in einer ähnlichen Situation oder innerhalb der Branche verfügen. Auch in der Mitarbeiterführung spielt informative soziale Macht eine Rolle, wobei diese sich stärker auf die fachliche Führung als die personale Führung auswirkt. Die Beförderung von exzellenten Fachkräften zu Führungskräften übersieht gerade, dass Sachexperten durch ihr Fachwissen nicht automatisch überzeugende Führungskräfte sind.

Sind nur weise Führungskräfte gute Führungskräfte?
Nicht selten haben junge Führungskräfte mit Akzeptanzproblemen zu kämpfen, die sich zum Teil auf ihr Lebensalter und den – insbesonderen von älteren Mitarbeitern – beklagten Mangel an (Führungs)Erfahrung beziehen. Umgekehrt erleben junge Führungskräfte in Organisationen häufig Veränderungswiderstände, die sachlich unbegründet sind. Neben der grundsätzlichen Tendenz, dass die unübersehbaren Konsequenzen von Veränderungen zu Ängsten führen, schürt häufig der Mangel an Vertrauen in die zwar gut ausgebildete, aber wenig erfahrene Führungskraft Vorbehalte und Widerstand. Aber machen allein die Jahre der Führungserfahrung eine gute Führungskraft aus?

Psychologische Studien sind den Kompetenzen erfahrener Führungskräfte nachgegangen und kommen zu dem Schluss, dass neben Fachwissen auch übegreifende Fähigkeiten des Problemlösens gute Führungskräfte ausmachen. Diese Fähigkeiten lassen sich eher als Weisheit denn als Intelligenz beschreiben. Paul Baltes vom Max-Planck-Institut für Bildungsforschung beschäftigte sich viele Jahre mit der Untersuchung von Weisheit und ihren Auswirkungen auf Bildung, Entwicklung, Wirtschaft und Gesellschaft. Er beschreibt Weisheit als eine spezifische Form von Expertenwissen (Baltes und Smith 1990, S. 95–135) mit folgenden Kriterien:
- umfassendes Faktenwissen über veränderliche Entwicklungsziele
- reiches Strategiewissen über die Dynamik von Prozessen
- vielfältiges Repertoire an Heuristiken und Lösungsstrategien für Lebensprobleme
- Kenntnis von prägenden Lebenskontexten und ihren inhaltlichen und zeitlichen Einflüssen
- Wissen und Verständnis für die Unterschiede in Werten, Einstellungen und Prioritäten verschiedener Menschen und unterschiedlicher gesellschaftlicher Systeme und Kulturen
- Wissen um die relative Unbestimmtheit und Unvorhersagbarkeit des Lebens und deren Berücksichtigung in Handlungen und Entscheidungen

Die gute Nachricht für Führungsneulinge: Diese Kompetenzen können erlernt werden. Höhen und Tiefen des eigenen Lebens, Krisen und ihre Bewältigung, Tiefschläge und ihre Überwindung tragen zur Entwicklung von Weisheit bei, sind aber keine notwendige Voraussetzung dafür. Sind sich Führungskräfte dieser Anforderungen bewusst, können sie praktische Weisheit auch in relativ jungen Jahren entwickeln (Küpers 2012, S. 46–55). Gezieltes Training und Mentoring von erfahrenen Führungskräften können \den Lernprozess dieser „Metakompetenz" gezielt beschleunigen.

Identifikation Menschen, mit denen sich andere identifizieren, haben Vorbildcharakter. Sie üben, bewusst oder unbewusst, einen stärkeren sozialen Einfluss auf ihre Umgebung aus als Menschen, die weniger vorbildlich und bewundernswert erscheinen. Diesen Effekt macht sich beispielsweise der Führungsstil der Transformationalen Führung zunutze (siehe Kap. 4.1.2). Im Marketing sorgen Markenbotschafter dafür, die Werte und Persönlichkeit der Marke kommunikativ zu unterstützen. Denn für das strategische Markenmanagement reicht es längst nicht mehr aus, mit sogenannten ‚Sympathieträgern' zu arbeiten. Stattdessen beschreibt die Markenstrategie konkret und klar, welche Eigenschaften der Marke geeignete Markenbotschafter verkörpern müssen. Wer für mehrere Jahre die Marke in der Kommunikation repräsentiert, muss möglichst genau diesem Markenprofil entsprechen. Und auch beim Image von Marken und Unternehmen ist die Identifikation eine wichtige Währung, in die viele Maßnahmen und Aktivitäten investiert werden (siehe Kap. 6.2.2).

Bedeutung der Gruppe Je bedeutsamer eine Gruppe für Menschen ist, desto stärker passen sie sich an die Normen und Erwartungen der anderen Gruppenmitglieder an. Gruppen können ihre Bedeutung durch funktionale oder emotionale Aspekte gewinnen. Die Familie beispielsweise stellt neben Liebe und Fürsorge ganz praktisch ein Dach über dem Kopf, Schutz und Nahrung zur Verfügung. Für Teenager stellen Gleichaltrige (peer group) die wichtigste Gruppe dar, die ihnen die Entwicklung der eigenen Identität in Abgrenzung zur Familie ermöglicht. Auch im Erwachsenenleben spielen Gruppen eine wichtige Rolle. Die Zugehörigkeit zu sozialen Gruppen prägt das Selbstbild und die soziale Identität, beeinflusst die private und berufliche Entwicklung und gibt ein Gefühl von Geborgenheit, Status, Stolz, Liebe, Freude oder anderen Facetten.

Unmittelbarkeit Je häufiger Menschen in (direktem) Kontakt miteinander sind, desto stärker ist der (gegenseitige) soziale Einfluss. Dies gilt für Gruppen ebenso wie für Marken, Unternehmen und Organisationen. Je direkter und häufiger sich Mensch und Marke begegnen, desto stärker wird die Markenbindung und die Wirkung der Marke auf die Kaufentscheidungen. Das Management der „touch points", an denen sich Konsumenten und Markenwelt berühren, stellt deswegen einen wichtigen Bereich heutiger Markenführung dar. Auch in der Mitarbeiterführung fördern die Nähe und der persönliche Austausch den sozialen Einfluss von Führungskräften auf ihre Mitarbeiter. Studien über die Erfolgsfaktoren von Change Management legen nahe, dass Veränderungsziele eher erreicht werden, wenn Menschen in Unternehmen nicht als Betroffene behandelt, sondern aktiv in den Transformationsprozess einbezogen werden (Keller und Aiken 2000).

> **Fragen**
> Wie nutzen Sie sozialen Einfluss in Ihrem Führungsstil? Werden Sie sich über die Rahmenbedingungen Ihrer Organisation und die Faktoren für Ihren sozialen Einfluss auf Ihre Mitarbeiter klar (siehe Kap. 6.3.1).

6.2 Führung als sozialer Einfluss

Die Art und Weise, wie Manager in Organisationen Einfluss ausüben, unterscheidet sich stark zwischen Führungskräften, Mitarbeitern, Zielen, Aufgaben und Organisationen. Mitarbeiter benötigen geeignete Rahmenbedingungen und Ressourcen, um motiviert ihren Tätigkeiten nachzugehen. Marken brauchen eine sensible strategische Führung und kluge Architektur, um zu starken Marken zu werden. Veränderungen vollziehen sich spontan und müssen teilweise gezielt gesteuert werden, um in die wirtschaftlich günstige Richtung zu führen.

Die Voraussetzungen für gelungene Führung werden selten durch einen einmaligen Prozess für immer ins Leben gerufen, sondern im Alltag von Organisationen und Teams immer wieder neu ausgehandelt und angepasst. In sich schnell verändernden Märkten müssen sich auch die Rahmenbedingungen ändern, um erfolgreich zu bleiben.

> Wer glaubt, etwas zu sein, hat aufgehört, etwas zu werden. (Sokrates)

In diesem Kapitel wird das Verständnis von Führung als bewusstem und zielgerichtetem Einfluss von Menschen auf Menschen anhand unterschiedlicher Bereiche der Führungspraxis vertieft:

- **People Management** befasst sich im Sinne der Führung mit einem der wichtigsten „assets" eines Unternehmens: dem Mitarbeiter. Neben klassischen Themen des Human Resource Managements werden auch Aspekte und Praxisbeispiele aus der Mitarbeiterführung vorgestellt.
- **Brand Management** stellt als Mittel der zielgerichteten und zielgruppenorientierten Führung einen der wichtigsten immateriellen Werte eines Unternehmens in den Fokus: die Marke.
- **Konfliktmanagement** bezeichnet die soziale Einflussnahme auf Menschen, die vermeintlich unvereinbare Ziele verfolgen und dadurch eine spannungsreiche Beziehung zueinander entwickeln.
- **Change Management** gestaltet den zielgerichteten Veränderungsprozess in Organisationen.

6.2.1 Sozialer Einfluss im People Management

Die aktuelle Führungs(stil)forschung versteht Führung und Management als bewusste und zielgerichtete soziale Einflussnahme von Menschen in Organisationen (Wegge und von Rosenstiel 2007, S. 475–512).

▶ **Führen**
  1. **„Führen ist ein Gruppenphänomen,** das die Interaktion zwischen zwei oder mehreren Personen einschließt.

2. **Führen ist intentionale soziale Einflussnahme**, wobei es Differenzen darüber gibt, wer in einer Gruppe auf wen Einfluss ausübt und wie dieser ausgeübt wird.
3. **Führen zielt darauf ab, durch Kommunikationsprozesse Ziele zu erreichen** (Weinert 1989)".

Ungemein schwierig ist es zu bestimmen, was erfolgreiche Führung bedeutet. In Praxis und wissenschaftlicher Forschung finden sich mehr als 1.000 Kriterien, welche als Maßstab für den Erfolg von Führung herangezogen werden (Neuberger 2002). Diese beziehen sich auf …

- … Persönlichkeitseigenschaften und Kompetenzen der Führungskraft.
- … Ressourcen und Strukturen des Unternehmens.
- … Quantität und Qualität der erbrachten Leistung.
- … Befindlichkeit und Zufriedenheit der Mitarbeiter.
- … Qualität der Beziehung zwischen Management und Mitarbeitern.

Letztlich ist es die Bewertung des Unternehmens selbst, die darüber entscheidet, ob eine Führungskraft die an sie gerichteten Erwartungen erfüllt hat und somit erfolgreich war oder nicht. Aus pragmatischer und psychologischer Sicht bedeutet erfolgreiche Führung, die (vorgegebenen) Unternehmensziele zu den Zielen der Mitarbeiter zu machen und Voraussetzungen dafür zu schaffen, diese Ziele gemeinsam zu erreichen.

Sozialer Einfluss in Organisationen findet immer zwischen zwei oder mehreren Personen statt und ist somit ein soziales Phänomen. Mitarbeitergespräche, Teammeetings, Lob und auch der Small Talk vor dem Kaffeeautomaten gehören zum Führungsverhalten, wenn die Kommunikation bewusst als Mittel der Einflussnahme erfolgt.

Mitarbeiter sind Menschen mit einer eigenen Persönlichkeit, ausgeprägten Kompetenzen, eigenen Zielen und Kreativität. In den seltensten Fällen erbringen Mitarbeiter Bestleistungen, wenn sie als passive Empfänger von Instruktionen und Vorgaben betrachtet werden. Sie nehmen selbst Einfluss auf die Gestaltung der Aufgaben, die Arbeitssituationen und Entscheidungen. Dadurch beeinflussen sie auch selbst aktiv die Rahmenbedingungen für gelungene Führung und unterstützen – in günstigen Fällen oder in bestimmten Bereichen – die Effektivität der Führungskraft. Dies ist nicht immer der Fall, sodass Mitarbeiter auch eine „hidden agenda" verfolgen können. Dass dies auch für Führungskräfte gilt, die persönliche Interessen und Vorlieben in ihren Verantwortungsbereich hineintragen, wird vielfach übersehen.

Für professionelle Führung ist die Kenntnis von **Methoden und Instrumenten zur Einflussnahme** unabdingbar. Abbildung 6.1 gibt einen Überblick über die wichtigsten Maßnahmen auf drei Ebenen (della Picca und Spisak 2013, S. 115):

- der langfristig orientierten strukturellen Ebene
- der mittelfristig ausgelegten instrumentellen Ebene
- der kurzfristig ausgerichteten interaktionellen Ebene

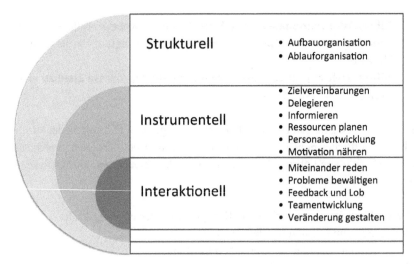

Abb. 6.1 Führung – Die drei Ebenen der Maßnahmen

Die Aufgabe der Führung ist hochkomplex und bewegt sich im **Spannungsfeld** unterschiedlicher, manchmal schwer zu vereinender Dimensionen:

- Spannungsfeld zwischen Implizitem (z. B. unausgesprochene Regeln, „heimliche Chefs") und Explizitem (z. B. Standards, Normen, Linienstruktur)
- Spannungsfeld zwischen der Innenperspektive (z. B.Selbstbild, Prioritäten, Ziele, Motivation, Erleben) und der Außenperspektive (z. B. Selbstdarstellung, Wirkung auf andere, Werte, Einstellungen)
- Spannungsfeld zwischen Gemeinsamkeit (z. B. Strukturen, Kultur) und Individuum (z. B. Bedürfnisse, Persönlichkeit, Kompetenzen)

Um Störungen und Konflikte zu vermeiden, empfiehlt es sich – gegebenenfalls unterstützt durch den Blick von außen im Business Coaching – bei Übernahme einer Führungsposition mögliche Spannungsquellen zu identifizieren, um frühzeitig mit geeigneten Maßnahmen gegensteuern zu können. Sind Mitarbeiter beispielsweise mit dem Kommunikationsstil der Führungskraft nicht zufrieden, sollten unterschiedliche Kommunikationskanäle genutzt werden. Auch ein gezieltes Training kann die kommunikativen Kompetenzen der Führungskraft verbessern. Werden Diskrepanzen zwischen unausgesprochenen Regeln und ausgesprochenen Standards des Unternehmens identifiziert, sollten diese im richtigen Moment und mit Feingefühl mit dem Vorgesetzten der Führungskraft angesprochen werden, um die gegenseitigen Erwartungen transparent zu machen. Bestehen Spannungen zwischen individuellen Werten und Zielen der Führungskraft oder einzelnen Mitarbeitern, sollte geklärt werden, ob und wie die Team- oder Unternehmenskultur sich weiterentwickeln und diese neuen Impulse integrieren kann oder wie die Mitarbeiter sich auf die Kultur besser einlassen können (Abb. 6.2).

Abb. 6.2 Lassen Sie Führung nicht zum Drahtseilakt werden!

> **Frage**
> Lassen Sie Ihre Führungsaufgabe nicht zum Drahtseilakt werden! Entdecken Sie mögliche Stolpersteine auf Ihrem Weg zum Erfolg und entwickeln Sie Anregungen, wie Sie diese gelungen umgehen können (Kap. 6.3.2).

6.2.1.1 Welcher Führungsstil ist richtig?

Das wichtigste Instrument für Führung ist die Kommunikation. Wissenschaftliche Untersuchungen in den 1970er Jahren versuchten unterschiedliche Stile von Führungsverhalten zu ermitteln. Diese sollten Orientierung geben, welcher Führungsstil für ein bestimmtes Team oder Unternehmen besonders geeignet ist. Besonders bedeutsam war bei diesem Ansatz die Unterscheidung, inwieweit eine Führungskraft stärker das Wohl und die Eigenschaften der Mitarbeiter im Auge hat oder sich auf Ziele und Aufgaben konzentriert (Steiger 2013, S. 35–64).

Typologie der Führungsstile

Führungsstile lassen sich danach unterscheiden, inwieweit eine Führungskraft ihre Kommunikation und Verhaltensweisen an der Befindlichkeit und den Eigenschaften der Mitarbeiter ausrichtet (Mitarbeiterorientierung) oder an den Zielen und Aufgaben (Aufgabenorientierung).

Populär geworden ist das von Tannenbaum und Schmidt entwickelte Modell des Führungskontinuums (Tannenbaum und Schmidt 1958, S. 95–102). Der autoritäre und der demokratische Führungsstil bilden die beiden Pole des Kontinuums mit fünf weiteren Abstufungen zwischen diesen beiden Extrempolen. Das Modell resultiert in einer siebenstufigen **Typologie von Führungsstilen** gemäß des Grads der Mitarbeiterpartizipation in Entscheidungssituationen:

1. **Der autoritäre Führungsstil:** Die Führungskraft entscheidet allein und gibt Instruktionen ohne Begründung.
2. **Der patriarchalische Führungsstil:** Die Führungskraft ordnet an und begründet ihre Entscheidung.
3. **Der beratende Führungsstil:** Die Führungskraft schlägt Ideen vor und gestattet Fragen, trifft anschließend die Entscheidung.
4. **Der konsultative Führungsstil:** Die Führungskraft entscheidet vorläufig, holt Meinungen ein und entscheidet dann endgültig.

5. **Der partizipative Führungsstil:** Die Führungskraft zeigt das Problem auf, die Mitarbeiter schlagen Lösungen vor und die Führungskraft entscheidet.
6. **Der delegative Führungsstil:** Die Führungskraft zeigt das Problem auf und legt den Entscheidungsspielraum fest, innerhalb dessen die Mitarbeiter eine Entscheidung treffen.
7. **Der demokratische Führungsstil:** Die Mitarbeiter entscheiden autonom. Die Führungskraft ist Koordinator.

Wissenschaftliche Studien konnten keine systematischen Zusammenhänge zwischen Führungsstilen und dem Erfolg des People Management ausmachen, denn der wirtschaftliche und organisationelle Kontext und die **Führungssituation** wurden in diesem Ansatz nicht berücksichtigt.

▶ Aktuelle Ansätze der Führungs(stil)forschung gehen davon aus, dass je nach konkreter Situation und Mitarbeitertyp ein anderer Führungsstil erfolgreich ist bzw. dass ein bevorzugter Führungsstil nur in bestimmten Situationen und bei bestimmten Mitarbeitern zum Erfolg führt. Entsprechend passen erfolgreiche Führungskräfte ihr Führungsverhalten flexibel an die jeweilige Führungssituation und die Eigenschaften und Persönlichkeiten der Mitarbeiter an.

Die individuelle **Führungssituation** wird charakterisiert durch ...

- ... das Ausmaß des Einflusses der Führungskraft auf die Situation (z. B. Verfügbarkeit von Informationen, Macht und Legitimation).
- ... die Art der Aufgabe (z. B. einfach oder komplex, Routine oder Sonderfall, Schwierigkeitsgrad).
- ... Eigenschaften der Mitarbeiter (z. B. Persönlichkeit, Lern- und Arbeitsstil, Kompetenzen).
- ... Merkmale der Organisation (z. B. Hierarchien, Strukturen, Verfügbarkeit von Ressourcen).
- ... die Beziehung zwischen der Führungskraft und den Mitarbeitern (z. B. Zusammenhalt, Wir-Gefühl, Akzeptanz, Sympathie).

Wie die Vielzahl an Einflussfaktoren nahelegt, gibt es auch hier keine einfache Daumenregel, in welchen Situationen und bei welchen Mitarbeitern eher demokratisches, partizipatives oder autoritäres Führungsverhalten zum Ziel führt. Neue theoretische Ansätze wie der Transformationale Führungsstil (siehe Kap. 4.1.2) sind in der Praxis schwer umzusetzen und nicht für jede Führungskraft geeignet. Um die Art und Weise des sozialen Einflusses gezielt lernen zu können, müssen Manager sich ihres Führungsverhaltens, der individuellen Eigenschaften ihrer Mitarbeiter und wichtiger situativer Faktoren bewusst werden, um die bestmögliche Passung entwickeln zu können. Maßnahmen wie 360 Grad-Feedback und Rückmeldungen anderer Führungskräfte können die Weiterentwicklung von Führungskräften und ihr Repertoire an Führungsverhalten bereichern.

> **Frage**
> Welchen Führungsstil üben Sie aus? Gewinnen Sie einen Einblick in Ihr Führungsverhalten und entwickeln Sie Möglichkeiten, dieses besser an die Führungssituation anzupassen (Selbsttest und Arbeitsmaterialien Kap. 6.3.3 und 6.3.4).

6.2.1.2 Die Organisation als Organismus

Radikalere Ansätze der Führungsforschung verabschieden sich ganz von der Idee, lineare Zusammenhänge von bestimmten Eigenschaften der Personen, der Situation, der Organisation und dem Managementerfolg herzustellen. Diese sogenannten systemischen Ansätze betrachten Organisationen als lebendige, lernende und sich selbst verändernde Organismen. Die Aufgabe von Führungskräften besteht beim People Management vor allem darin, geeignete Rahmenbedingungen für das Erreichen der Ziele zu schaffen.

> Führung bedeutet (…) nicht mehr das gezielte Erzeugen eines gewünschten Verhaltens bei den Mitarbeitern durch das Einsetzen von Führungsinstrumenten. Im Vordergrund steht vielmehr die Gestaltung optimaler Rahmenbedingungen, unter denen Mitarbeiter ihre Aufgaben selbstverantwortlich und selbsorganisierend wahrnehmen können. (Thomas Steiger 2013, S. 35–64)

Führungskräfte nehmen mit der Führungsposition eine soziale Rolle an, die sie durch ihr Verhalten, ihre Entscheidungen und ihre Kommunikation ausfüllen müssen. Fachliche Autorität reicht dabei meist nicht aus, weil Führungskräfte auf vielen Ebenen und an vielen Fronten überzeugen müssen (Clases und Frei 2012, S. 4–13):

- **Führungshandeln:** Aufgabenverteilung, bewusste soziale Einflussnahme, Zielorientierung im Hinblick auf die zu bewältigenden Aufgaben, die Gestaltung der Beziehung mit den Mitarbeitern, Kollegen, Kunden und Zulieferern etc.
- **Führungsrelevante Denkroutinen:** Führungsgrundsätze, individuelle Vorstellungen von Führung und Führungserfolg, Erwartungen und Standards
- **Führungsstrukturen:** definierte Prozesse, Hierarchieebenen, Befugnisse, Vorgaben, Ressourcen etc.

In einem Organismus herrscht trotz (oder dank) komplexer Wechselwirkungen kein Chaos. Es lassen sich Strukturen, Organe und Funktionen unterscheiden, die sich mehr oder weniger stark gegenseitig beeinflussen, in ihren Funktionen gegenseitig unterstützen oder behindern.

Mit dem Eintritt ins Management werden an Führungskräfte vielfältige Erwartungen gestellt, ausgesprochene und unausgesprochene. Viele Erwartungen bleiben solange unausgesprochen, bis die Führungskraft ungeschriebene Gesetze verletzt oder hinter den Erwartungen zurückbleibt. Bei der Übernahme der Rolle können klärende Zielvereinbarungsgespräche (siehe Kap. 5.2.4) von Anfang an dafür sorgen, dass die Führungskraft die Rolle möglichst erwartungskonform ausfüllt. Ausgesprochene Erwartungen bilden die eigentlichen Führungsaufgabe. Führungskräfte organisieren ihre Aktivitäten und Maßnahmen so, dass sie mit den zur Verfügung stehenden Ressourcen im Organisationssystem die Aufgaben möglichst gut erreichen.

Dazu werden unterstützende **Strukturen** im Unternehmen genutzt oder bei Bedarf neu geschaffen. Diese Strukturen können ganz unterschiedliche Dimensionen umfassen:

- Kommunikation: Memos, E-Mails, persönliche Gespräche, Jour fixe, Meetings etc.
- Entscheidungsstrukturen: Einzel- oder Gruppenentscheidungen, Mehrheitsentscheidungen, Delegantion etc.
- Kontrollstrukturen: Stundenzettel, Zeiterfassungssysteme, Reporting
- Belohnungs- und Sanktionsstrukturen: disziplinarischer Entscheidungsspielraum, Boni, Incentives etc.
- Arbeitsorganisation und -techniken: Zeiterfassung, Prozessmanagement, Informationstechnologien etc.

Die Überschneidungen in Abb. 6.3 verdeutlichen, welche Möglichkeiten im People Management zur Verfügung stehen, die Führungsrolle entsprechend der eigenen Persönlichkeit, Werte, Kompetenzen und beruflichen sowie privaten Ziele auszufüllen und die Aufgaben quantitativ und qualitativ zu erfüllen. Der individuelle Spielraum für Führungshandeln bestimmt sich aus dem Wechselspiel persönlicher Werte und Kompetenzen, organisationeller Rahmenbedingungen und den Eigenschaften des sozialen Miteinanders im Unternehmen.

6.2.1.3 Managementaktivitäten und Führungsrollen

Der kanadische Professor für Betriebswirtschaftslehre und Management Henry Mintzberg beschritt einen pragmatischen Weg, um herauszufinden, welche Manager einen guten Job

Abb. 6.3 Führung in der selbstorganisierten Organisation

6.2 Führung als sozialer Einfluss

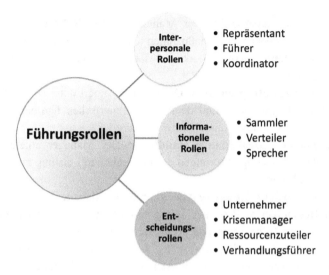

Abb. 6.4 Mögliche Rollen von Führungskräften nach Mintzberg

machen und welche Rollen sie dabei innehaben. Er beobachtete, wie sich Führungskräfte tagtäglich verhalten und verdichtete die Vielzahl unterschiedlicher Aktivitäten zu einer überschaubaren Anzahl von Führungsrollen. Drei Rollenbündel fassen die möglichen Rollen von Führungskräften zusammen (Mintzberg 1973; Abb. 6.4):

1. **Interpersonale Rollen:** Rollen, die der Manager zum Bilden der Gruppenidentität ausführen muss. Er vertritt die Gruppe im Unternehmen und nach außen. Intern muss er die Führungsfunktion erfüllen und außerdem den inneren Zusammenhalt der Gruppe gewährleisten. Dies kann er auf unterschiedliche Weisen tun:
   - **Repräsentant („Figurehead"):** Der Manager ist der symbolische Kopf des Teams, der Abteilung oder der Organisation. Er erfüllt Repräsentatinsroutinen sozialer und gesetzlicher Art (z. B. Eröffnungsreden, Anwesenheit bei wichtigen Events).
   - **Führer („Leader"):** Der Manager motiviert und koordiniert die Aktivitäten seiner Mitarbeiter. Er leitet Mitarbeiter an, leitet die Besetzung neuer Stellen und beteiligt sich an der Personalentwicklung.
   - **Koordinator („Liaison"):** Der Manager baut interne und externe Kontakte auf und pflegt diese Ressourcen proaktiv. Dazu nutzt er formelle und informelle Wege des Austauschs und der Kommunikation.
2. **Informationelle Rollen:** Rollen beim Sammeln, Bewerten, Interpretieren und Verteilen von Informationen:
   - **Informationssammler („Monitor"):** Der Manager ist hinsichtlich der Informationen ein Jäger und Sammler. Er erhält sehr breit gefächerte Informationen, die sein Verständnis der Organisation, des wirtschaftlichen Umfelds und der daraus resultierenden Konsequenzen fördern.
   - **Informationsvertreiber („Disseminator"):** Der Manager gibt interne und externe Informationen an die Organisationsmitglieder weiter. Neben harten Fakten zählen auch Spekulationen und Gerüchte zu seinem Repertoire.

- **Sprecher („Spokesperson"):** Der Manager agiert als Sprecher und informiert andere Menschen über Pläne, Maßnahmen und Resultate der Unternehmung.
3. **Entscheidungsrollen:** Rollen der Machtausübung in Prozessen der Entscheidungsfindung:
    - **Unternehmer („Entrepreneur"):** Der Manager agiert unternehmerisch und sucht innerhalb der Organisation und dem unternehmerischen Umfeld nach Verbesserungschancen und Innovationsfeldern.
    - **Krisenmanager („Disturbance Handler"):** Der Manager erkennt und erfasst unerwartete und wichtige Störungen der betrieblichen Leistung und gibt Anregungen zur Bewältigung.
    - **Ressourcenzuteiler („Resource Allocator"):** Der Manager bestimmt über die Vergabe von Ressourcen an Personen, Teams und Abteilungen. Er behält den Überblick über die Einzelentscheidungen der Ressourcenzuordnung.
    - **Verhandlungsführer („Negotiator"):** Der Manager tritt gegenüber Menschen außerhalb der Abteilung und Organisation als Verhandlungführer auf, setzt sich für die internen Interessen ein und verpflichtet die Organisation für zukünftige Maßnahmen.

> **Frage**
> Welche Führungsrollen kommen in Ihrem Führungsalltag bevorzugt vor? Welche Alternativen zu Ihren aktuell bevorzugten Rollen haben Sie? (Selbsttest und Arbeitsmaterialien Kap. 6.3.5).

Neuere Ansätze wie beispielsweise das Management Rad von Margerison-McCann greifen diese Grundstruktur der klassischen Studien von Professor Mintzberg auf und passen sie an den heutigen Führungsalltag oder die gelungene Zusammenstellung produktiver Arbeitsteams an. Ähnlich dem Führungsstil ist jedoch keine dieser Führungsrollen der Königsweg für erfolgreiche und spannungsfreie Führung. Ein breites Repertoire an Führungskompetenzen und konstruktive Selbstreflexion erhöhen Ihre Chance, sich flexibel an die jeweilige Führungsaufgabe, verschiedene Mitarbeiterpersönlichkeiten und Organisationskulturen anpassen zu können. Dazu ist neben fachlichem Wissen auch die innere Steuerung eines guten Selbstmanagements erforderlich. Gezielte Schulungen können mit erprobten Verfahren diese Kompetenz wirksam trainieren.

Sich selbst führen (lernen)

Der Ansatz von „Self-Leadership" beschäftigt sich mit dem verhaltensbezogenen Selbstmanagement (Manz und Sims 1987, S. 106–128). Die Kompetenzen und der Prozess der Selbststeuerung sind erlernbar, wie eine Evaluation der Trainingseffekte zeigt (Furtner und Sachse 2011, S. 102–112). Es gibt drei unterschiedliche Strategien:
1. **Verhaltensfokussierte Strategien:** Selbstzielsetzung, Selbstbelohnung, Selbstbestrafung, Selbstbeobachtung, Selbsterinnerung

2. **Natürliche Belohnungsstrategien (intrinsische Motivation):** a) Die Führungskraft entfernt sich zunehmend von unangenehmen Merkmalen einer Aufgabe und richtet sich auf intrinsisch motivierende Aspekte der Aufgabe aus. b) Die Führungskraft baut mehr und mehr angenehme und genussvolle Merkmale in eine Aufgabe ein, damit die Aufgabe von sich aus natürlich belohnend wird. Dadurch verstärken sich Gefühle von Kompetenz und Selbstbestimmung.
3. **Konstruktive Gedankenmusterstrategien:** erfolgreiche Leistungen imaginieren, Selbstgespräch, Überzeugungen und Sichtweisen (neu) bewerten

Die statistische Analyse der Trainingseffekte zeigte, dass einige Maßnahmen zur Selbststeuerung besonders wirksam sind:

- **Natürliche Belohnungsstrategien:** 76 % der Trainingsteilnehmenden nutzten diese Strategien zur Erhöhung der intrinsischen Motivation am häufigsten: *„Man hat dann nicht nur das Gefühl, dass alles schwer und alles Pflicht ist, sondern dass man dem Ganzen auch etwas Gutes abgewinnen kann."* (Furtner und Sachse 2011, S. 102–112)
- **Selbsterinnerung:** 69 % der Trainingsteilnehmenden erlebten Selbsterinnerung als wichtige und häufig genutzte Strategie. Die Erinnerung an erfolgreiche Maßnahmen und Bewältigungsmechanismen in der Vergangenheit unterstützt die Selbststeuerung in der gegenwärtigen Situation. Besonders effektiv war der Einsatz von körperlichen Ankern und Markern (Storch 2005), wenn es darum geht, sich im Alltagsgeschehen an die eigenen Ziele, intendierte Verhaltensänderungen und eine andere innere Haltung zu erinnern.
- **Selbstgespräch:** 60 % der Trainingsteilnehmenden wandten die Strategie des Selbstgesprächs häufig an und erlebten sie als unterstützend.
- **Imaginationen erfolgreicher Leistungen und Selbstbelohnung** dienten für die Mehrheit als positive, systematische Verstärkung der eigenen Gedanken und Verhaltensweisen in Richtung Zielerreichung.

6.2.1.4 Teams führen

Das Arbeiten in Teams ist in den meisten Organisationen eine selbstverständliche Form der Arbeitsprozesse, auch wenn Teamarbeit nur unter gewissen Umständen zu besseren Leistungen führt (siehe Kap. 4.3.1). Menschen sind soziale Wesen, die sich spontan zu Gruppen zusammenschließen und von anderen Gruppen abgrenzen. Im Gegensatz zu natürlich gebildeten Gruppen sind Teams formelle Gruppen in Organisationen. Teams unterscheiden sich durch einige Aspekte von anderen sozialen Gruppen.

Team[1]
Ein Team ist eine formelle soziale Gruppe in einer Organisation, die folgende Kriterien erfüllt:
- Die Teamziele sind an den übergeordneten Organisationszielen ausgerichtet.
- Die Anzahl der Personen ist an den Teamzielen orientiert.
- Die Struktur und Zusammensetzung der Gruppe sind ebenfalls von den Zielen der Organisation abhängig.
- Soziale Interaktion dient in erster Linie der Erreichung von Teamzielen.
- Eigenverantwortung und Autonomie sind stärker mit Teams als mit Gruppen assoziiert. Die Mitglieder begegnen sich auf Augenhöhe und eine starke formelle Hierarchie fehlt.

---

[1] Impressum der Wirtschaftspsychologischen Gesellschaft (WPGS): http://www.wpgs.de/content/view/529/366, zugegriffen am 08.05.2014.

Viele Studien weisen deutliche Leistungsvorteile von Gruppen nach (Hug 2013, S. 301–349):

- Das Wir-Gefühl in der Gruppe motiviert die Gruppenmitglieder und steigert die Effizienz und Eigenverantwortung, zumindest wenn der Eigenbeitrag zur Gruppenleistung messbar ist.
- Teamwork ermöglicht die Lösung von Aufgaben, welche die Mitglieder einzeln nicht hätten lösen können; nach dem Motto: Das Ganze ist mehr als die Summe seiner Teile.
- Teams können mehr Informationen aufnehmen, speichern und an andere Mitarbeiter und Organisationsmitglieder weitergeben als Einzelpersonen.
- Durch den intensiveren Austausch miteinander und den unmittelbaren Kontakt kommt in Teams unterschiedliches Fachwissen (aus verschiedenen Bereichen) zusammen.
- Technische Mittel werden im Team besser genutzt.
- Die Teammitglieder lernen en passant voneinander und erweitern ihre Kompetenzen.
- Einfluss und Status steigen, was oft eine Grundvoraussetzung für die Erledigung bestimmter Aufgaben innerhalb der Organisation bedeutet.

6.2.1.5 Erfolgsfaktoren für leistungsstarke Teams

Team ist nicht gleich Team. Die Leistungsstärke von Teams können Führungskräfte durch die individuelle Zusammenstellung und förderliche Rahmenbedingungen fördern:

- Die **Aufgaben und Ziele** der Arbeitsgruppe sollten jedem Teammitglied klar sein und übereinstimmen. Sollte es Unstimmigkeiten hinsichtlich der Zieledfinition geben, diskutieren und klären leistungsstarke Teams diese offen. Zudem zeichnen sich leistungsstarke Teams dadurch aus, dass die Mitglieder innerlich an der Zielerreichung beteiligt sind („Committment") und sich nicht nur oberflächlich engagieren.
- Bei der Umsetzung sollen klare Abmachungen getroffen und Zwischenziele (SMART-Regel) vereinbart werden. **Vereinbarungen** zwischen den Teammitgliedern sind verbindlich. In leistungsstarken Teams sind sich die Mitglieder ihrer gegenseitigen Abhängigkeit bewusst und fühlen sich gegenseitig verpflichtet. Änderungen erfolgen nur in Ausnahmefällen, wenn der Umsetzungsprozess es erforderlich macht.
- Das **Teamklima** sollte entspannt und informell oder zumindest unbürokratisch ein. Die Mitarbeiter sind konzentriert bei der Sache, aber auch nicht gestresst oder angespannt. In leistungsschwachen Team herrscht häufiger eine Stimmung von Lethargie und Langeweile vor.
- Die **Kommunikation** verläuft in produktiven Teams locker, natürlich und fließend. Die Teammitglieder hören einander zu und es gibt keine dominierenden Meinungsführer. Unterschiedliche Beiträge und Ideen finden Raum und Gehör. Meinungsverschiedenheiten werden nicht vermieden, sondern konstruktiv bewältigt (siehe Kap. 5.1). Das Team nutzt die innovative Kraft von Konflikten und verwendet Diskussionen als Anstoß für Veränderungen. Leistungsschwachen Teams gelingt es nicht, aus unterschiedlichen Meinungen Nutzen zu ziehen (Abb. 6.5).

Abb. 6.5 Teamwork

6.2.1.6 Teamentwicklung

Menschen wachsen in einem Prozess Schritt für Schritt zu einem Team zusammen Die **Teamentwicklung** erfordert Zeit, Energie, Geduld, gute Rahmenbedingungen und unterstützende Maßnahmen. Das bekannteste Modell der Gruppenbildung ist das Phasenmodell des amerikanischen Psychologen und Organisationsberaters Bruce Tuckman (Tuckman 1965, S. 384–399; Abb. 6.6).

Der Verlauf der Entwicklung einer Gruppe oder eines Teams folgt diesem Grundmuster an Phasen, sei es bei zeitlich begrenzten Teams wie Projektgruppen, Kreativteams oder Diskussionsrunden. Aber auch bei länger zusammenarbeitenden Teams und Arbeitsgruppen durchlaufen die Beziehungen diese Phasen der Zusammenarbeit. Für Führungskräfte ist es immens wichtig zu wissen, dass man nach der formellen Konstitution eines Teams nicht sofort „die Ärmel hochkrempeln und loslegen" kann. Um die Basis für gute Zusammenarbeit zu legen, müssen meist mehr oder weniger starke Reibungen und Konflikte durchgestanden werden.

Der formelle Teamleiter muss in den Phasen auf verschiedene Weisen agieren:

- In der Phase des „**Forming**" muss er die äußeren Rahmenbedingungen, Regeln und formelle Standards einführen und für deren Einhaltung sorgen. Zudem muss der Teamleiter die Aufgabe und Zielstellung beschreiben und die formelle Struktur des Teams bekannt machen. In der Kommunikation muss sichergestellt werden, dass Zweifel und Unsicherheiten geäußert, verstanden und aufgenommen werden. Zudem muss den Teammitgliedern klar sein, ob der Teamleiter sich auch inhaltlich an der Lösung der Aufgabe beteiligt oder lediglich für das Management eines konstruktiven Prozesses verantwortlich ist. Das Vereinbaren und Visualisieren (Flip Chart) verbindlicher Regeln für den Umgang miteinander in dieser Phase kann das Glätten der kommunikativen Wogen in der anschließenden Konfliktphase erleichtern. Der Abschluss eines psychologischen Vertrags mit der Gruppe ist empfehlenswert (siehe Kap. 5.1.1).

Abb. 6.6 Phasenmodell der Teamentwicklung nach Tuckman (1967)

- In der Konfliktphase des **„Storming"** muss der Teamleiter Spannungen und Konflikte aushalten und dafür sorgen, dass sie keine destruktiven Formen annehmen. Die Teamleitung darf sich nicht durch die Spannungen und Machtkämpfe irritieren lassen und sollte möglichst souverän auf innere Distanz gehen anstatt sich innerhalb des Teams Verbündete zu suchen oder dominierenden Teammitgliedern das Feld zu überlassen. Konflikte und Kontroversen sollten als wichtige Voraussetzung für die Teambildung und Leistungserbringung betrachtet und gekennzeichnet werden. Gleichwohl sollte die Teamleitung lenkend eingreifen, damit sachliche Kontroversen sich nicht zu persönlichen Konflikten entwickeln und die Regeln der Höflichkeit gewahrt werden. Durch Moderationstechniken wie die Feedbackrunde des „Blitzlichts" können momentane Spannungen aufgedeckt werden, wodurch sie in vielen Fällen bereits etwas an Turbulenzkraft verlieren oder zumindest transparent gemacht wird, wo die unterschiedlichen Teammitglieder gerade stehen. Beim „Blitzlicht" sagt jedes Teammitglied reihum in 2–3 kurzen Sätzen, wie es ihm gerade geht, was es denkt oder fühlt, sich wünscht oder vorschlägt. Bewertungen, Kommentare oder Ratschläge zu den einzelnen Äußerungen sind nicht gestattet. Auch im Gesprächsverhalten sollte darauf geachtet werden, Kontroversen aus den produktiven Ich-Zuständen heraus zu führen (siehe Kap. 5.1.2).
- In der Phase des **„Norming"** entwickelt sich der Zusammenhalt des Teams nicht auf sachlicher Ebene durch eine gemeinsame Zielperspektive, sondern auch emotional durch das Entwickeln von Zusammenhalt und einem Wir-Gefühl. Konflikte werden gelöst und Spannungen bereinigt. In der Rolle der Teamleitung gilt es, konkrete und verbindliche Absprachen und Vereinbarungen zu treffen und zu prüfen, ob diese für alle Teammitglieder klar, verständlich und akzeptabel sind. Der Zusammenhalt kann durch das Ausarbeiten von individuellen Regeln und Standards (z. B. Pausen, Vertraulichkeit, informelle

Zuständigkeiten) vertieft und formalisiert werden. Auch hier empfiehlt sich die Visualisierung, damit die Vereinbarungen in den nächsten Phasen präsent und wirksam bleiben.
- Die Phase des **„Performing"** umfasst die eigentliche Leistungsphase des Teams. Die Teamleitung sollte sich eher zurückhaltend und wenig steuernd verhalten. Zur Prozesssteuerung ist es hilfreich, Fortschritte zu benennen und anzuerkennen und Rückschritte im Lösungsprozess zu thematisieren. Das Erreichen von Zwischenzielen und kleinen Erfolgen sollte positiv hervorgehoben werden, um die Motivation der Teammitglieder zu stärken.
- Die Phase des **„Adjourning"** ist für Teams von Bedeutung, die längerfristig zusammenarbeiten und sich nach Abschluss ihrer Zusammenarbeit auflösen, wie zum Beispiel Arbeitskreise oder Projektteams. Die Teamleitung muss den fachlichen Abschluss einleiten und auch für einen sanften emotionalen Abschluss der Zuammenarbeit sorgen. Ein gemeinsames Ritual ist eine hilfreiche Maßnahme. Auch eine abschließende Dokumentation der Teamarbeit kann fachlich und sozial die Leistung des Teams würdigen und einen guten Übergang in den Alltag außerhalb der Gruppe bieten.

6.2.1.7 Das psychologische Profil von Teams

Neben der fachlichen Kompetenz sind auch psychologische Aspekte wichtig, um leistungsstarke Teams zusammenzustellen. Für Führungskräfte ist es meist nicht möglich, die Persönlichkeit ihrer Mitarbeiter mittels wissenschaftlicher Persönlichkeitstests zu ermitteln. Modelle wie der Typenindikator von Isabel Myers und Katharine Briggs (Briggs Myers et al. 1998) oder das Teamrollenmodell von Meredith Belbin (1993) bieten praxisorientierte Alternativen, um die Persönlichkeit der Mitarbeiter bei der Teamarbeit zu berücksichtigen.

Abb. 6.7 Persönlichkeitsdimensionen nach dem Myers-Briggs-Typenindikator

Der **M**yers-**B**riggs-**T**ypen-**I**ndikator (MBTI) gründet auf vier bipolare Dimensionen, hinsichtlich derer sich Menschen in ihrer Wahrnehmung, Informationsaufnahme und -verarbeitung sowie Urteilsbildung unterscheiden (Abb. 6.7):

- Die Dimension **Introversion – Extraversion** ist ein Persönlichkeitsmerkmal, das der Schweizer Psychoanalytiker Carl Gustav Jung bereits in den Anfängen des 20. Jahrhunderts erforscht hat und sich bis heute auch in wissenschaftlich geprüften Tests als Persönlichkeitsmerkmal behaupten kann. Extrovertierte Menschen sind nach außen hin orientiert, nehmen leicht und spontan Kontakt mit anderen Personen auf und empfinden diese als kraftspendend. Introvertierte Menschen hingegen tanken ihre Batterien eher dadurch auf, dass sie sich zurückziehen. Sie fühlen sich in Zweierkonstellationen wohler als in großen Gruppen und Teams. Ihre Antennen sind eher nach innen als nach außen gerichtet.
- Die Dimension **Sensing – Intuition** bezieht sich darauf, welche Art der Sinneswahrnehmungen bei Menschen dominieren. „Sensorische" Menschen haben einen Blick für Details und verlassen sich lieber auf ihre unmittelbaren Eindrücke, während intuitive Menschen stärker ihrem Bauchgefühl und spontanen Impulsen vertrauen. „Sensorische Menschen" verarbeiten Informationen konkret und genau und sind eher gegenwartsorientiert. „Intuitive Menschen" haben einen guten Blick auf das große Ganze und sind eher zukunfts- und möglichkeitsorientiert.
- Die Dimension **Thinking – Feeling** richtet sich darauf aus, auf welche Weise Menschen bevorzugt Entscheidungen treffen. „Denker" richten sich bei Entscheidungen eher nach rationalen Gesichtspunkten, harten Fakten und objektiven Kriterien aus. „Fühlende" hingegen orientieren sich stärker an ihren persönlichen Werten und berücksichtigen bei Entscheidungen auch emotionale und ethische Aspekte.
- Die Dimension **Judging – Perceiving** beschreibt das Verhältnis zur Außenwelt. Der „Perceiver" ist länger offen für neue Eindrücke und überdenkt vorläufige Entscheidungen, wenn neue Informationen auftauchen. „Perceiver" handeln tendenziell spontaner und flexibler als urteilende „Judger". Diese entscheiden sich auch bevor alle Informationen vorliegen und halten meist an getroffenen Entscheidungen fest. „Urteiler" agieren tendenziell strukturiert und planmäßig, diszipliniert und konsistent.

Durch die individuellen Präferenzen aus diesen vier Dimensionen ergeben sich insgesamt 16 Persönlichkeitstypen. Der detaillierte Test und die Ergebnisinterpretation wird von MBTI-zertifizierten Trainern durchgeführt.

6.2.1.8 Die psychologische Konstellation von erfolgreichen Teams

Bei der Zusammensetzung von Teams können Führungskräfte **Teams für spezielle Aufgaben** zusammenstellen oder die Rollen innerhalb des Teams entsprechend der Typologie gestalten. An Kreativworkshops beispielsweise sollten möglichst viele intuitive und extrovertierte Mitarbeiter teilnehmen, wobei die Ergebnisdokumentation und Moderation eher „sensorischen" Mitarbeitern anvertraut werden sollte. Eine Passung des Aufgabentyps und der Persönlichkeitstypen im Vorfeld kann die Leistungsstärke des Teams immens steigern.

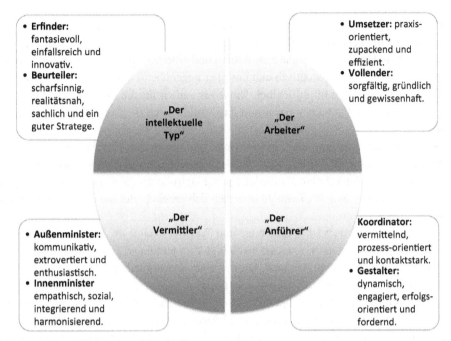

Abb. 6.8 Teamrollen nach Belbin (1993)

Bei der Zusammenstellung von Teams, die **unterschiedliche Aufgaben** gemeinsam meistern sollen, und bei der Personalauswahl für einen Arbeitsbereich sollte darauf geachtet werden, dass nicht ein Persönlichkeitstyp dominiert, weil dadurch die Stärken und Potenziale anderer Typen nicht ausgeschöpft werden. Führungskräfte und HR-Manager entscheiden sich, bewusst oder unbewusst, häufiger für Mitarbeiter, die ein ähnliches Persönlichkeitsprofil wie sie selbst besitzen. Im Team sollten jedoch alle Pole der Persönlichkeitstypen besetzt sein. Die unterschiedlichen Begabungen sorgen für bessere und vielfältigere Leistungen als in homogenen Teams.

Die Kompetenzen, die für eine erfolgreiche Zusammenarbeit im Team sorgen, lassen sich auch als **Teamrollen** (Krüger 2009) beschreiben. In vielen Teams nehmen Mitarbeiter diese Rollen intuitiv gemäß ihrer Präferenzen und Persönlichkeit ein (Abb. 6.8).

Der „**Erfinder**" ist kreativ, innovativ und bringt ungewöhnliche Lösungsvorschläge und Ideen ins Team mit ein. Durch sein „thinking out of the box" bereichert er kreative Prozesse und stellt sich auch komplexen Problemstellungen. Bei Routineaufgaben kann er unkonzentriert und gelangweilt erscheinen. Er ignoriert Details und Nebensächlichkeiten, was häufiger zu Flüchtigkeitsfehler führt. Kritik nimmt er häufig persönlich und reagiert sensibel.

Der „**Beurteiler**" ist nüchtern, strategisch und analytisch. Meist verschafft er sich aus sicherer Distanz einen guten Überblick. Er ist tendenziell introvertiert und verhält sich in Gruppen zurückhaltend. Seine Beobachtungsgabe ist überdurchschnittlich. Er zieht alle relevanten Möglichkeiten in Betracht und verfügt über ein gutes Urteilsvermögen. Durch seine nüchterne Art gelingt es ihm nicht, andere Mitarbeiter zu motivieren und zu begeistern. Auf Kritik kann er zynisch und skeptisch reagieren.

Der **„Umsetzer"** ist zuverlässig, diszipliniert und effizient. Er arbeitet systematisch. Umsetzer sind gut geeignet, um Konzepte in konkrete und realistische Arbeitspläne umzusetzen. Sie benötigen feste und klare Strukturen und arbeiten daher auch an deren Aufbau. Veränderungen stehen sie skeptisch und unsicher gegenüber. Deswegen reagieren sie auf neue Lösungsvorschläge oft unflexibel. Umsetzer sollten für die Planung von Aufgaben und Zielsetzungen eingesetzt werden und das Strukturieren der Vorgehensweise verantworten.

Der **„Vollender"** ist gründlich, gewissenhaft und tendenziell perfektionistisch. Er hat einen scharfen Blick für Fehler, sorgt für das Einhalten von Deadlines und achtet auf Details. Vollender sind sehr gut für die letztliche Kontrolle der Arbeitsleistungen geeignet und steuern gegen, wenn das Team zu oberflächlich arbeitet oder die Zeit aus dem Auge verliert.

Der **„Außenminister"** ist Wegbereiter und Weichsensteller im Team. Seine Persönlichkeit ist eher extrovertiert, enthusiastisch und kommunikativ. Er knüpft leicht soziale Kontakte, ist gesellig und gut vernetzt. Diese Kontakte außerhalb des Teams nutzt er auch für die Aufgaben und Ziele des Teams und bringt neue Anregungen und Informationen ein. Außenminister können zu optimistisch sein und nach anfänglichem Interesse bei Schwierigkeiten oder im Prozess leicht das Interesse verlieren. Sie sollten damit beauftragt werden, die Außenkontakte des Teams zu pflegen und die so gefundenen Quellen für die Lösungsfindung auszuschöpfen.

Der **„Innenminister"** ist sozial, integrierend und harmonisierend. Innenminister tragen zu einem angenehmen und harmonischen Arbeitsklima bei und sind quasi die Seele des Teams. Sie vermeiden Rivalität und vermögen auch introvertierte Teammitglieder zur aktiveren Teilnahme zu motivieren. In kritischen Situationen agieren sie eher unentschlossen und überlassen Entscheidungen anderen Teammitgliedern. Innenminister spielen vor allem in angespannten Teams und Konfliktsituationen eine große Rolle. Ihre diplomatische Fähigkeit zur Beilegung von Meinungsverschiedenheiten und ihre hilfsbereite, soziale Art tragen stark zum Überwinden von Kontroversen und Konflikten bei.

Der **„Koordinator"** ist ebenfalls vermittelnd, aber auf eine selbstsicherere und entschlusskräftigere Art als der Innenminister. Koordinatoren gleichen die Schritte im Teamarbeitsprozess ab, gestalten Ziele, setzen Prioritäten, identifizieren Probleme und delegieren Aufgaben an die Teammitglieder, die zu ihrer Bewältigung am besten geeignet sind. Menschen mit den Eigenschaften eines Koordinators sind gut für die Rolle der Teamleitung geeignet, wenn unterschiedliche Aufgaben und Aspekte aufeinander abgestimmt werden müssen.

Der **„Gestalter"** ist dynamisch, engagiert und fordernd. Gestalter stehen ständig unter Strom und lehnen unklare oder ungenaue Angaben ab. Stattdessen konzentrieren sie sich auf das Wesentliche und treiben die anderen Teammitglieder zu den nächsten Schritten an. Sie können auf andere Teammitglieder arrogant und provokativ wirken und verursachen durch ihr unruhiges Auftreten auch teilweise unnötige Hektik im Team. Auch die Gestalter sind für die Teamführung geeignet, sollten sich jedoch in dieser Rolle verstärkt kontrollieren, um andere Teammitglieder im Eifer des Gefechts nicht auf der Strecke zu verlieren.

Führungskräfte können diese Rollen beim Arbeiten im Team auch gezielt lenken, wobei dabei bewusst auf die Passung von Rolle und Persönlichkeit geachtet werden sollte. Es führt meist nicht zu Lerneffekten, intuitiven Menschen die Rolle des Beurteilers zu übertragen, um sie von ihrem „chaotischen Denkstil" wegzubringen. Die individuellen Stärken der Mitarbeiter sollten stattdessen als Ressource für die bestmögliche psychologische Konstellation des Teams genutzt werden.

> **Frage**
> Welcher Mitarbeiter übernimmt welche Teamrolle in Ihrem Team? Wer ist für welche Rolle geeignet? Machen Sie den Test! (Kap. 6.3.6).

6.2.1.9 Gutes Teamklima

Selbst in Teams mit einem gelungenen Mix unterschiedlicher Persönlichkeiten und einem guten Zusammengehörigkeitsgefühl kommt es hin und wieder zu Spannungen. Probleme unter den Teppich zu kehren, führt meist zu einem Boomerang-Effekt und fördert das Entstehen von latenten Konflikten (siehe Kap. 6.2.3). Führungskräfte und Teamleiter sollten stattdessen offen mit Problemen umgehen und sie als Potenzial für Veränderungen betrachten. Nur dann bleibt ein Team arbeitsfähig und entwickelt sich gemeinsam weiter. Oft schweißt gerade das gemeinsame Bewältigen von Schwierigkeiten eine Team noch stärker zusammen. Auf der Sachebene können dies schwierige Projekte, anstrengende Kunden oder wirtschaftliche Krisen sein, auf der Beziehungsebene unter anderem Spannungen im Team.

Halten spürbare Teamspannungen an, können ein längeres Teammeeting (min. zwei Stunden) oder ein ganztägiges „Time-Out" helfen, die Spannungen zu überwinden. Die Führungskraft kann die Moderation übernehmen, wenn sie ausreichende Kompetenzen und Erfahrungen in der Moderation von Gruppen besitzt und die Spannungen im Team nicht selbst verursacht. Ansonsten sollte ein professioneller externer Moderator hinzugezogen werden. Die aktuelle Stimmung im Team kann vorab mittels quantitativer Methoden ähnlich einer Mitarbeiterbefragung (siehe Kap. 6.2.3) erhoben werden. Im Teammeeting selbst sollten vor allem spielerische Übungen und Visualisierungstechniken eingesetzt werden, um Zugang zur emotionalen Ebene der Spannungen zu gewinnen (Abb. 6.9).

> **Frage**
> Überwiegt in Ihrem Team Sonnenschein oder bedecken Wolken die Stimmung? Nutzen Sie das Teamklima-Barometer als Einstieg in die Bewältigung von Spannungen im Team (Arbeitsmaterialien Kap. 6.3.7).

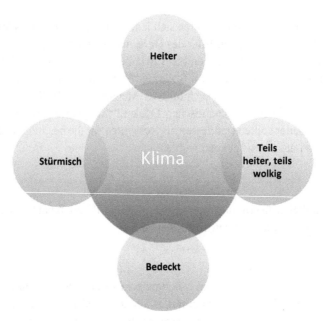

Abb. 6.9 Teamklima-Barometer

6.2.2 Sozialer Einfluss im Brand Management

Marken sind im Zeitalter gesättigter und überdifferenzierter Märkte die geheime Währung des Marketing. Marketing dient nach Ansicht des renommierten Professors für Marketing Philip Kotler einem Ziel: der Wertschöpfung für das Unternehmen. Der amerikanische Wirtschaftswissenschaftler gilt als Begründer der modernen Marketinglehre. Seine Publikationen und Präsentationen zum Marketing Management gehören zum Standard der Ausbildung von Marketing Managern. Die Wertschöpfungsfunktion des Marketing ist für Kotler so bedeutsam, dass er sie in seinem Vortrag am London Business Forum als „Mantra des Marketing" präsentierte. Am Prozess der Wertschöpfung sind dabei unterschiedliche Managementbereiche beteiligt:

- **Product Management:** Die Erforschung und Entwicklung von neuen Produkten oder verbesserten Produktvarianten dient dazu, Wert zu schaffen. Produktdesigner, die ein ästhetisches und ergonomisches Design kreieren, und Chemiker, die neue Formulaturen und Rezepturen testen, müssen die Qualität ihrer Innovationen daran messen, inwieweit sie Mehrwert für das Unternehmen bilden.
- **Brand Management:** Die Entwicklung und strategische Führung von Marken ist kein Selbstzweck, sondern steht ebenfalls im Zeichen der Wertschöpfung. Der Schwerpunkt liegt beim Brand Management darauf, Wert zu kommunizieren.
- **Customer Management:** Die Beziehung zu den Kunden und Kundenbindung dient dazu, den Wert der Produkte und Marken „an den Mann zu bringen". Konsumenten sollen durch die Angebote erreicht und zum Kauf und der Nutzung von Produkten oder Dienstleistungen angeregt werden (Abb. 6.10).

6.2 Führung als sozialer Einfluss

Customer Management
Deliver Value

Marketing

Product Management **Brand Management**
Creating Value   Communicating Value

Abb. 6.10 Wertschöpfung durch Marketing mithilfe des Brand Management nach Kotler

Über den Erfolg oder Misserfolg des Brand Management wird nach Kotlers Ansicht nicht in Werbeagenturen oder Markenberatungen entschieden, sondern in den Köpfen der Verbraucher und Kunden. Gerade in den stark gesättigten Märken der Industrienationen werden Marken immer wichtiger, da Produkte durch Marken eine Identität gewinnen, die über die technisch-funktionalen Eigenschaften hinausreicht. Und auch in den explodierenden Märkten der Schwellenländer bestimmen Marken- und Unternehmensimages mehr und mehr darüber, welche Angebote die aufstrebende Mittelschicht in Indien, Brasilien, Russland, China und vielen afrikanischen Ländern auswählt.

> Brand Management is the act of designing the company's offer and image so that it occupies a distinct and valued place in the target customer's minds. Marketing-Professor Philip Kotler (2008).

Um einen eigenen und wertvollen Platz in den Köpfen der Verbraucher zu gewinnen, reicht die Differenzierung durch technische Merkmale und Leistungen in seltenen Fällen aus. Warum ist dies so?

- **Emotionale Aspekte und Kontextfaktoren** beeinflussen die Entscheidungssituation und dies auch bei rein rational anmutenden Entscheidungen. Menschen in positiver Stimmung sind beispielsweise kauffreudiger als Menschen in schlechter Stimmung. Informationen, die vor der Kaufentscheidung aufgenommen wurden, beeinflussen, wie Interessierte sich mit den Produkten auseinandersetzen und welche Informationen dabei verarbeitet werden („Priming" siehe Kap. 3.1.2) (Streit 2011). Menschen, deren Unterbewusstsein durch das frische Obst und Gemüse im Eingangsbereich eines Supermarkts auf Frische „geprimet" wurde, nehmen auch das weitere Sortiment als frischer wahr als Menschen, denen als erstes Dosenobst und Wischlappen begegnen.
- Viele Kaufentscheidungen werden **sehr schnell** getroffen. Beim Routineeinkauf von Lebensmitteln oder Pflegeprodukten verwenden die wenigsten Konsumenten mehr als einen buchstäblichen Augenblick darauf, sich das aktuelle Angebot im Regal anzuschauen und dann zuzugreifen oder weiterzugehen. Sehr häufig befinden sich Einkäu-

fer im „Autopilotmodus" und greifen zu vertrauten Produkten an gewohnten Plätzen im Supermarkt. Wird überhaupt bewusste Aufmerksamkeit für die Auswahl an Produkten aufgebracht, „scannen" Käufer die Produkte meist sehr oberflächlich ab, um sich zu vergewissern, keinen Fehlgriff zu tun. Technische Vorteile der Produkte, die meist recht klein oder gar auf der Rückseite des Etiketts oder der Verpackung in zehn Sprachen abgedruckt sind, gehen völlig unter.

- Selbst bei teuren oder längerfristigen Anschaffungen wie Autos oder Häusern treffen Menschen Kaufentscheidungen nicht wie Computer, indem sie bei mehreren in Frage kommenden Alternativen alle Eigenschaften systematisch miteinander vergleichen (siehe Kap. 3). In vielen Fällen stehen auch gar nicht alle Informationen zur Verfügung. Stattdessen kommen **einfache Daumenregeln** („Heuristiken") zum Einsatz und einem Produkt, das sich hinsichtlich weniger prägnanter Eigenschaften vom Umfeld unterscheidet, wird der Vorzug gegeben. Auch die Markenbekanntheit kann ein solches kaufentscheidendes Merkmal sein.
- Das **Markenimage** und der **emotionale Mehrwert**, bei einer Marke ein „besseres Gefühl" als bei einer anderen Marke zu haben, entpuppen sich in vielen Untersuchungen als ausschlaggebend. Markenimages prägen unbewusst und unmittelbar, wie und was wir sehen, hören, riechen, schmecken oder spüren.

Um Mehrwert zu schaffen, reicht es aus diesen Gründen nicht aus, potenzielle Käufer und Nutzer über die Vorteile von Produkten sachlich zu informieren. Das Brand Management muss nicht nur das Hirn, sondern auch das Herz der Konsumenten ansprechen. Die gesamte Kommunikation muss emotionale, werthaltige und persönlich bedeutungsvolle Botschaften vermitteln. Marken und Menschen begegnen sich und beeinflussen sich dabei gegenseitig.

6.2.2.1 Der Wert von Marken

▶ Starke Marken sind bedeutsame immaterielle Wertschöpfer im Unternehmen.

Der Wert von Marken lässt sich aus folgenden Aspekten ableiten:

- **Marken geben Orientierung im Dschungel von Innovationen und Informationen.** Sie sind kognitive Schemata, die die Komplexität des Waren- und Produktangebots reduzieren. Mittels Marken erinnern sich Menschen an Erlebnisse und Erfahrungen. Durch die „Brille der Marke" gewinnen Konsumenten ein anderes Bild neuartiger Produkte und Services.
- **Marken berühren Menschen emotional.** Sie wecken Gefühle und Emotionen und beeinflussen dadurch auch, wie Menschen die Verwendung der Produkte erleben, genießen und empfinden. Starke Marken verfügen über eine hohe emotionale Schubkraft.
- **Marken schaffen Bedeutung und Sinn.** Sie knüpfen an die unbewussten Werte von Traditionen und Kultur an und geben diese in ihren Geschichten weiter. Neben Ord-

nung bieten sie auch Bedeutung in der immer stärker fragmentierten sozialen Wirklichkeit an. Marken halten (Sub)Kulturen zusammen.

Doch auch materiell ist Unternehmenserfolg ohne starke Marken in den meisten Branche kaum möglich:

- Starke Marken wirken sich positiv auf **Menge und Preisakzeptanz** aus. Konsumenten sind bei starken Marken bereit, mehr zu kaufen und höhere Preise zu bezahlen.
- Die **Erfolgskennziffern** starker Marken übersteigen die Indices schwacher Marken. Die Wertsteigerung börsennotierter Markenartikler liegt 60 % über der von Nicht-Markenartiklern (Esch 2008).
- **Marken bieten Wachstumschancen.** Sie machen die Einführung neuer Produkte erfolgreicher. Markendehnung bietet vielfache Möglichkeiten zur Kapitalisierung.
- **Marken bieten Kontinuität.** Sie sind weniger anfällig für äußere Einflüsse und verändern sich eher langfristig. Somit bieten sie eine gewisse Krisenresistenz.

Die Kraft der Marken zeigt sich in den **inneren Bildern,** die sie in den Köpfen der Menschen hervorrufen. Methoden, die Zugang zu dem emotionalen und symbolischen Assoziationsnetzwerk in den Köpfen der Konsumenten ermöglichen, versuchen deswegen, den immateriellen Wert von Marken abzubilden. Eine große Anzahl an Marktforschungsinstituten und Beratungsagenturen bietet eigens entwickelte Verfahren und Kenngrößen an, um den psychologischen Wert einer Marke möglichst genau und zuverlässig zu bestimmen.

Gemeinsam ist diesen unterschiedlichen Ansätzen, dass starke Marken sich nicht in erster Linie durch hohe Verkaufszahlen ihrer Produkte oder den Gewinn im letzten Quartal auszeichnen, sondern durch Kennzahlen, die verschlüsseln, was Marken ihren Nutzern bedeuten. Ob dies der höhere Preis ist, den Käufer für ein Produkt einer bestimmten Marke zu zahlen bereit sind, der intensivere Genuss beim eigentlichen Produkterlebnis oder das bessere Gefühl, wenn man sich mit dieser Marke in seinem sozialen Umfeld präsentiert. Für Markenexperten in Werbeagenturen sind die Klickraten von Werbespots, die auf YouTube zu sehen sind, und die Häufigkeit, mit der Spots an Freunde und Bekannte weitergeleitet werden, zur wichtigen **sozialen Währung** und zum Maßstab für gelungene Werbung geworden. Je häufiger Menschen einen lustigen oder originellen Spot in ihrem sozialen Netz verbreiten, desto wertvoller ist also sein Beitrag für den Markenwert.

Sentiment Analyse – Wie ist die Stimmung im Netz?
Soziale Netzwerke sind ein immens wichtiges Medium für sozialen Einfluss von Menschen auf Marken. Was potenzielle Wähler, enttäuschte oder zufriedene Gäste sowie begeisterte oder frustrierte Trendsetter über Facebook und Twitter im Netz verbreiten, kann nicht die Höhen und Tiefen des Markenimages, sondern sogar der Börsenkurse beeinflussen[2].

---

[2] Siehe beispielsweise www.aktiencheck.de/exklusiv/Artikel-Commerzbank_Aktie_Profis_setzen_auf_Kursverluste_Sentiment_Analyse-5648344, zugegriffen am 04.05.2014.

Dabei sind weniger die Inhalte entscheidend, die getwittert oder gepostet werden, sondern die Tonalität und die Emotionen, die im Netz Stimmung machen. Viele Unternehmen nutzen deswegen Sentiment Analysen, elektronische Stimmungsbarometer, für soziale Netzwerke. Fast in Echtzeit ermöglichen Software-Lösungen, die Zwischentöne in Blogs, Bewertungen und Beiträgen zu analysieren. Die Verfahren arbeiten meist mit einer Mischung aus automatisierten Prozessen und der individuellen Interpretation der Ergebnisse. Denn zwischen der Aussage „Meine Ferien in Griechenland waren noch nie so gut" und „Meine Ferien in Griechenland waren nie gut" liegt semantisch nur ein winziger Unterschied, der allerdings sehr große Bedeutung hat. Zudem muss der „soziale Wert" der Mitteilung beurteilt werden. Wird sie von einer im Netz einflussreichen Person gepostet, die viele Kontakte und Follower hat? Wie häufig wird sie gelesen? Wie viele Seitenaufrufe hat die Plattform, auf der sie gepostet wurde?

Aus wissenschaftlicher Sicht sind die im Markt verwendeten Verfahren noch zu wenig aussagekräftig, weswegen eine interdisziplinäre Forschergruppe an der Universität Müster Abhilfe schaffen möchte. Computerlinguisten und Kommunikationsforscher arbeiten gemeinsam an geprüften Verfahren, mit denen Meinungs- und und Konsensbildung im Netz zuverlässig erfasst werden können. Dass gute und schlechte Stimmung im Netz einen bedeutsamen Einfluss auf Marken und Marketing haben, daran lassen Extrembeispiele wie die sogenannten Shitstorms keinen Zweifel. Diese bezeichnen das massenhafte und plötzliche Auftreten überwiegend kritischer Beiträge, die meist emotional, anklagend oder auch sarkastisch verfasst sind.

Die Deutsche Telekom hatte 2013 darunter zu leiden. In einer Pressemitteilung vom 22.04.2013 informierte das Unternehmen darüber, dass es die Geschwindigkeit von Flatrates ab einem bestimmten Surfvolumen drosseln werde, während eigene Services davon ausgeklammert würden. Durch diese Maßnahme sahen Kunden die Netzneutralität in Gefahr und machten Dampf. Innerhalb kurzer Zeit wurden große Blogs aktiv. Kurz danach folgten Medien wie die „Tagesschau", „Die Welt", „n-tv", „Spiegel" und „Focus Online". Innerhalb der ersten drei Tage nach der Pressemitteilung wurden annähernd 9.000 „Mentions" gezählt und eine Petition bei change.org vereinte 150.000 Unterzeichner gegen die Pläne. Die Deutsche Telekom wurde als „Drosselkom" verspottet und einflussreiche „Influencer" wie beispielsweise der Blogger, Buchautor, Journalist und Werbetexter Sascha Lobo beteiligten sich an dem Shitstorm. Nach 45 Tagen lenkte die Telekom etwas ein. Das Kölner Landgericht erklärte nach einer Klage des Verbraucherschutzes NRW die Pläne des Konzerns für nichtig erklärt. Die Deutsche Telekom machte die Drosselung in Altverträgen rückgängig und änderte ihre Kommunikation und Tarifstruktur bei neuen Verträgen.

Mehr und mehr Firmen beobachten deswegen nicht nur die Stimmung im Netz, sondern gehen aktiv in den digitalen Dialog mit ihren Kunden. Die Deutsche Bahn beispielsweise reagierte einfallsreich auf den „Trennungsbrief" von Franziska D., die sich am 18.Januar 2013 offiziell von dem Unternehmen und der Marke trennte[3]. Die Deutsche Bahn antwortete im Stil eines Liebesbriefs und entschuldigte sich reuevoll. Der Dialog mit der enttäuschten Kundin zog mediale Aufmerksamkeit auf sich und brachte sogar Automobilmarken dazu, ebenfalls in Briefform um die Gunst von Franziska, die nun ja mobil „wieder zu haben war" zu werben.

Der psychologische Wert einer Marke bildet sich in der Beziehung zwischen Marke und Nutzern. Wie bei sozialen Beziehungen beeinflusst in großem Maß die Übereinstimmung von Erwartungen und Versprechen die Qualität der Beziehung. Macht eine Marke Versprechen, die sie nicht halten kann, leidet auf Dauer die Beziehung darunter.

---

[3] https://www.facebook.com/dbbahn/posts/478973035471976?comment_id=5443859&offset=850&total_comments=862, zugegriffen am 04.05.2014.

> Früher hatten wir den kritischen Verbraucher, heute ist er nur noch misstrauisch. Nachdem er ein paar Mal zu oft reingelegt wurde, bereitet es ihm mittlerweile enormes Vergnügen, Marken und Unternehmen bei ihren Lügen zu ertappen. Deshalb bröckeln die Markenautoritäten, sodass Unternehmenshaltungen für Kaufentscheidungen von Konsumenten mitunter wichtiger sind als das konkrete Produkt." Walther Kraft (2006, S. 14–15, Chef-Planer bei 141 Worldwide)

Erwarten Konsumenten mehr von einer Marke, als diese aktuell bieten kann, kann sich die Marke neue Kompetenzen erarbeiten, innovative Produkte launchen und das Markenimage gewinnbringend in die Richtung erweitern, die ihm Konsumenten zutrauen.

6.2.2.2 Marken als soziale Bedeutung

Markenzeichen wurden von Handwerkern bereits vor Hunderten von Jahren verwendet, um Produkte ihrer Handwerkskunst zu kennzeichnen. Ihre Werke unterschieden sich dadurch von ähnlichen Produkten und wurden wiedererkennbar. Gefiel einem wohlhabenden Bürger oder Adligen der Stil einer Kapelle oder der schmeichelhafte Einsatz von Licht und Schatten bei einem Portrait besonders gut, wusste er, an welche Werkstatt er sich wenden konnte. Wie diese Zeichen oder die Brandzeichen bei reinrassigen Rindern oder Pferden, symbolisieren „Brands" auch heute bei Produkten besondere Eigenschaften und Qualitäten.

> Marken sind Vorstellungsbilder in den Köpfen der Anspruchsgruppen, die eine Identifikations- und Differenzierungsfunktion übernehmen und das Wahlverhalten prägen. (Markenberater Professor Franz-Rudolf Esch 2008)

Den Wert ihres Markenzeichens mussten sich mittelalterliche Handwerker in erster Linie durch die Qualität ihrer Leistungen und Artefakte erarbeiten. Provokative Künstler wie Marcel Duchamp trieben die Dynamik des Markenwertes auf die Spitze, indem sie wertlose Alltagsobjekte wie ein Urinal allein durch ihre Unterschrift zum wertvollen Kunstobjekt auserkoren. Durch das Etablieren der Kunstrichtung des „Ready-made" erzielten diese Objekte wenige Jahre später Millionenwerte bei Kunstauktionen. Die Entwicklung der postindustriellen Märkte und vor allem die Massenmedien ermöglichten es, die Entwicklung von Markenwerten auch im Bereich von Konsumgütern zu beschleunigen. Die gezielte Bewerbung von Produkten und Marken durch die ansprechend gestaltete Inszenierung ihrer Vorteile, Stärken und Qualitäten machte sie in Windeseile für eine großen Gruppe von Menschen bekannt oder gar begehrenswert.

Marken gewannen an sozialer Bedeutung, denn sie wurden zu vielschichtigen Codes, mit denen sich Menschen im immer unübersichtlicher werdenden Produktangebot zu orientieren versuchen. Und gleichzeitig signalisieren Menschen ihre Werthaltungen, ihren Stil und ihre Leidenschaften mehr und mehr auch durch Marken. Ob man Levi's oder Wrangler trug, konnte für Jugendliche in den 70er Jahren darüber entscheiden, ob sie in eine beliebte Clique aufgenommen wurden oder draußen bleiben mussten. Die Vielzahl heutiger Jeansmarken demonstriert, wie überdifferenziert der Markt ist. Nicht-Modeinteressierten gelingt es selbst mit Markenhinweise kaum noch, eine durch intensiven Gebrauch durchlöcherte Billigjeans von einer 400 € teuren Designer Boyfriend Vintage Edition zu unterscheiden. Marken werfen wie Leuchttürme Licht auf eine schwer überschaubare Landschaft und setzen ein Ziel.

▶ Marken sind gleichzeitig Mittel zur und Produkte von Kommunikation.

Menschen und Märkte der heutigen Zeit „ticken" etwas anders als im 15. Jahrhundert, als Handwerker Produkten ihren Stempel aufdrückten und dadurch Markenzeichen kreierten. Persönliche Beziehungen treten im Verkaufsprozess stärker in den Hintergrund. Menschen entschließen sich immer seltener aufgrund einer vertrauensvollen, persönlichen Beratung im Geschäft für den Kauf, sondern lassen sich häufig von Ergebnissen auf Vergleichsportalen beeinflussen. Gleichzeitig ermöglichen digitale Medien eine Renaissance der sozialen Beziehungen. Denn viele Online-Marktplätze überzeugen ihre Nutzer nicht nur durch das große Produktangebot, die Angebotsvielfalt und den bequemen Kaufprozess, sondern ermöglichen den Dialog zwischen Verkäufern oder Produzenten und den Interessenten.

> **Die DaWanda Story: „An interesting brand story well-told"**
> Im Jahr 2003 bekamen Michael Pütz und Claudia Helming die Idee zur Gründung ihres eigenen Unternehmens. Sie weilten zur Weihnachtszeit in Moskau und befanden sich in Geschenknot. Ihren Lieben zu Hause wollten sie individuell gestaltete Geschenke mit regionalem Touch schicken. Die auf vielen Märkten erhältlichen Matrjoschka-Püppchen kauften sie in größerer Stückzahl und versuchten, sie mit bunten Farben am häuslichen Küchentisch in geschenktaugliche Einzelstücke zu verwandeln. Leider ohne Erfolg. Die Resultate ihrer künstlerischen Ambitionen erinnerten eher an die Familie von Barbapapa und wurden von beiden als „nicht schenkenswert" bewertet. Michael und Claudia, so schildern die beiden Gründer in ihrer DaWanda Story[4], waren davon überzeugt, dass es viele talentierte Menschen auf der Welt gibt, die ihre Pläne besser hätten umsetzen können. Es war ihnen nur leider nicht möglich, mit diesen Menschen in Kontakt zu treten. Die Idee für eine Internet-Plattform für Handgemachtes war geboren!
> Das Unternehmen ist inzwischen auf mehr als 100 Personen gewachsen, die sehr erfolgreich und auf internationaler Ebene „Products with Love" auf der Plattform für einzigartige Produkte verkaufen. Einer der Schlüssel des Erfolgs von DaWanda besteht darin, Individualität nicht nur bei den Produkten zu bieten, sondern auch im Kaufprozess und im Umgang von Interessierten, Käufern, Produzenten und Mitarbeitenden. Kaufinteressierte können bei den Produkten einzelne Aspekte des Designs individualisieren. Farben, Farbkombinationen, Stoffarten und andere Materialien werden im Dialog miteinander vereinbart. Nach Beauftragung über die Plattform und Zahlungseingang fertigen die Designer die Produkte an und senden sie an die Käufer. Nicht selten so liebevoll verpackt wie ein persönliches Geschenk. Auch nach dem Kauf können

---

[4] https://www.youtube.com/watch?v=AZYF0iJ2p0o, zugegriffen am 05.05.2014.

beide Seiten miteinander in Kontakt bleiben, sei es über persönliche Nachrichten, Meldung der Lieblingsshops oder DaWanda-Gruppen. Die Mitarbeiter sind mit den Designern und Produzenten im persönlichen Kontakt, veranstalten Workshops, Messen und Events zusammen und regeln Missverständnisse und Reklamationen im Gespräch miteinander. In den DaWanda-Stories auf YouTube erzählen Mitarbeiter unterschiedlicher Abteilungen, wie sie zu DaWanda gekommen sind und was sie an ihrem Job lieben. Sie laden außerdem die Zuschauer zum Erzählen ihrer DaWanda-Story ein – ein gelungenes Beispiel für narratives Brand Management, denn DaWanda lässt andere Menschen die Geschichten ihrer eigenen Einzigartigkeit erzählen.

Damit Marken im digitalen Zeitalter soziale Bedeutung besitzen oder gewinnen, müssen sie nicht sachlich-funktional überzeugen (denn gute Qualität bietet die überwiegende Mehrheit der Produkte in den Industrienationen allemal), sondern emotionale und symbolische Tragkraft besitzen. Marken müssen nicht nur in der Werbung spannende Geschichten erzählen, sondern sie müssen selbst zu einer interessanten Geschichte werden (Dietrich und Schmidt-Bleeker 2013). Geschichten reduzieren die zunehmende Komplexität der globalisierten Welt, ohne sie unzulässig zu vereinfachen oder an emotionalem Gehalt zu verlieren. Im Gegenteil: In Geschichten schwingt zwischen den Zeilen und im Charakter der Figuren immer ein Mehr an Bedeutung mit. Geschichten bilden Identität, denn nicht biografische Fakten bestimmen das Selbstbild von Menschen und die Art und Weise, wie sie die Erlebnisse und Ereignisse in ihrem Leben empfinden und bewerten. Menschen schreiben die Geschichte ihres Lebens selbst. Und das nicht nur, indem sie wichtige Entscheidungen treffen, sondern auch indem sie sich und anderen ihr Leben als Geschichte erzählen. Die Transaktionsanalyse spricht hierbei vom „Lebensskript", das man aktiv und bewusst verändern kann.

Für das Formen der eigenen Identität spielen Marken und Konsum eine immer größer werdende Rolle. Ihre Geschichten geben Impulse für die Geschichte des eigenen Lebens. Daraus lässt sich auch die von Eltern häufig beklagte „Markenfixierung" von Jugendlichen erklären, deren Lebensphase durch die Abgrenzung vom Elternhaus und die Suche nach eigener Identität bestimmt wird. Produkte und Marken dienen „als Erweiterung des Ichs" (Dietrich und Schmidt-Bleeker 2013, S. 12). Das Tragen einer Marke wird zum identitätsstiftenden Merkmal der eigenen Geschichte. Die Markenberater der Gedankenfabrik David Fauck und Karl Krainer fordern in ihren Thesen zum Konsumenten als „gebildetem Entscheider" sogar, dass Marken heutzutage Konsumenten helfen müssen, ihre eigene Geschichte zu erzählen (Krainer und Fauck 2013).

Be(come) a story!
Frank Otto Dietrich und Ralf Schmidt-Bleeker sind Mitbegründer der Berliner Werbeagentur Waald. Beide arbeiteten in der strategischen Planung internationaler Werbeagenturen, bevor sie den Ansatz des „Narrative Brand Planning" entwickelten. Diese methodische Grundlage ihrer heutigen Arbeitsweise ist die Grundlage für Marketing- und Kommunikationskonzepte, durch die Marken mittels Geschichten zu sinnvollen

Bedeutungsträgern für Menschen werden. Die beiden Werber argumentieren: „*Das Marketing hat verlernt, Bedeutungen zu erzeugen, weil es weiterhin auf die Durchsetzung von Werbebotschaften – von sogenannten simple messages – setzt. Diese aber sind nicht, was Menschen hören wollen. (...) Heute liegt die große Herausforderung darin, als Marke selbst zu einer guten Geschichte zu werden: Don't tell a story, be a story!*" (Dietrich und Schmidt-Bleeker 2013, S. 3).

Der Weg zur bedeutungsvollen „Brand Story" hat dabei drei Stationen:

1. **Bedeutungserfassung:** Es wird etwas innerhalb der Marke entdeckt, das für Menschen bereits erzählenswert ist und über das sie sich spotan austauschen.
2. **Bedeutungsreflexion:** Die entdeckten Elemente werden daraufhin geprüft, ob sie interessant, tragfähig, emotional einbindend und spannend sind.
3. **Bedeutungsgenese:** Die resultierenden Spannungskonstrukte werden zu Ideen für die strategische Markenführung. Die Marke wird zum Symbol und Träger einer „Wahrheit", welche in Form einer Markengeschichte verbreitet und sozial vermittelt wird. Die Synthese umfasst die Konzeption der passenden Welt, Charaktere und Konflikte, aus denen heraus die Geschichte an Lebendigkeit, Dynamik und Spannung gewinnt.

Marken können in ihren Geschichten unterschiedliche Rollen spielen. Und Geschichten können auf unterschiedliche Weise (über) Marken erzählen. Marken können durch einen inneren oder äußeren Konflikt einen grundlegenden Wandel erleben. Marken können Schöpfer eigener Welten und Sphären sein.

Die Naturkosmetikmarke Dr. Hauschka bewegt sich beispielsweise in den Spannungsfeldern zwischen schwäbischer Bodenständigkeit und internationalem Glamour, Spiritualität und Wissenschaft sowie schlichter Natürlichkeit und ästhetischem Style. Die Analyse der Bedeutungsreflexion ergab, dass das Spannungskonstrukt „Bodenständigkeit – Glamour" für die strategische Markenführung am geeignetsten war. Dr. Hauschka muss demnach eine Geschichte erzählen, welche die Marke aus dem „Wald und Wiesen-Image" befreit und einen Schritt in die überregionale Glamourwelt hineinführt, ohne dass Charakter und Werte auf der Strecke bleiben. Dies gelingt nach Meinung von Dietrich und Schmidt-Bleeker unter anderem dadurch, auf bestimmte Produkte und Auslobungen zu verzichten, die gerade im Trend sind. So sind alle Produkte von Dr. Hauschka für Männer und Frauen gleichermaßen geeignet, da es zwar unterschiedliche Hautbilder gibt (z. B. empfindliche Haut), die sich aber nicht systematisch zwischen Männern und Frauen unterscheiden. Auf die Einführung einer speziellen Serie „For Men" als Motor für Umsatzsteigerung verzichtet Dr. Hauschka, im Gegensatz zu vielen anderen Kosmetikmarken, deswegen bewusst. Die Produkte werden durch ein stylischeres Design der Verpackungen und des Auftritts in den Läden (z. B. Vertretung im Berliner KaDeWe) glamouröser und bleiben gleichzeitig Grundsätzen der Natürlichkeit und Ehrlichkeit treu.

6.2.2.3 Marken für Menschen

Während Produkte in Fabriken hergestellt werden, bilden sich Markenbilder in den Köpfen der Verbraucher. Deswegen ist es für erfolgreiches Marketing unabdingbar zu verstehen, wie Menschen „funktionieren" – insbesondere die Menschen, welche die Zielgruppe der jeweiligen Marken und Produkte bilden. Wie aber kann das Marketing die Komplexität von Wahrnehmung, Bewertungen, Entscheidungen, Emotionen, Persönlichkeit und Gruppenzugehörigkeit unter einen Hut bringen?

Der Psychologe und Vordenker Kurt Lewin brachte das Verhalten von Menschen auf eine einfache Formel. In seiner einflussreichen Feldtheorie beschrieb er im Jahr 1939 das Verhalten von Menschen als eine **Funktion aus Person und Umwelt** Lewin et al. 2012). Psychologisch relevante Kräfte der Situation und der Persönlichkeit bringen das individuelle Verhalten hervor. Die Person und die Umwelt beeinflussen sich dabei gegenseitig. Menschen suchen aktiv bestimmte Umwelten auf und vermeiden bestimmte „Felder". Umgekehrt beeinflussen die Persönlichkeit, Erfahrungen und Vorwissen von Menschen, welche psychologischen Kräfte die physische Umgebung für sie bereithält. Menschen mit stark ausgeprägtem Machtmotiv (siehe Kap. 2.3.1) nehmen in der Umwelt beispielsweise mehr Hinweisreize für Wettkampf und Machtspiele wahr als Menschen mit starkem Annäherungsmotiv. Dieselbe physische Umwelt ist für die einen eine Bühne für Wettkampf, für die anderen Boden für Gemeinsamkeit.

Diese einfache Formel lässt sich auch auf das Konsumverhalten übertragen. Konsumenten verhalten sich entsprechend der Wechselwirkung ihrer Persönlichkeit und der Situation:

- **Einfluss der Person:** Menschen mit einem starken Schutz- und Kontrollbedürfnis werden sich bei ihren Kaufentscheidungen eher für Produkte und Marken entscheiden, die in ihren Geschichten Sicherheit in den Vordergrund stellen. Frisch gebackene Eltern, die sich zum ersten Mal in der Rolle sehen, ihren Nachwuchs zu beschützen, werden sich sehr wahrscheinlich beim Autokauf für den Wagen entscheiden, der ihnen durch eine bessere Konstruktion, die solide Verarbeitung hochwertiger Materialien und technische Sicherheits-Features ein Mehr an Sicherheit bietet. Der Einfluss der Person ist umso verhaltensentscheidender, je höher das sogenannte Involvement in den Kaufprozess ist. Ein Fehlkauf bei einer LED-Glühbirne, deren Lebensdauer mehrere Jahre beträgt, hat beispielsweise gravierendere Konsequenzen für Konsumenten als der Kauf der alten Glühbirne. Ist das Licht der LED zu grell, zu schummerig oder der Farbton unangenehm, muss man es damit mehrere Jahre aushalten oder erneut das Portemonnaie zücken, um Ersatz zu finden.

▶ Involvement bezeichnet den Grad der „Ich-Beteiligung" und der inneren Aktivierung, mit dem sich Menschen für bestimmte Sachverhalte oder Aufgaben einsetzen. In der Konsumentenpsychologie bedeutet hohes Involvement, dass Konsumenten bei einer Kaufentscheidung kognitiv und emotional stark engagiert sind. Im Marketing wird deswegen zwischen High-Involvement- und Low-Involvement-Produktkategorien unterschieden.

Je wichtiger eine Entscheidung subjektiv ist, desto stärker sind die Konsumenten persönlich involviert und desto überzeugendere Antworten muss eine Marke auf die Antwort bieten: „What's in for me?". Die Bedeutung der Kaufentscheidung bemisst sich weniger an objektiven Kriterien als an an subjektiven. Zwar sind bestimmte Produktkategorien (wie z. B. Waschmittel, Glühbirnen) tendenziell weniger involvierend als andere Kategorien (wie z. B. Autos, Schuhe, Immobilien). Gleichwohl kann in bestimmten Situationen auch ein Produkt der Low-Involvement-Kategorie an subjektiver Bedeutung gewinnen. Das durch EU-Richtlinien erzwungene „Aussterben" der alten Glübirne sorgte z. B. für eine gesteigerte Nachfrage und engagierte Hamsterkäufe des ansonsten wenig fesselnden Produkts.

- **Einfluss der Situation**: An diesem Beispiel zeigt sich deutlich, dass auch die Situation das Konsumverhalten beeinflusst. Eine Vielzahl situativer Faktoren kommt zum Tragen: von der Atmosphäre im Geschäft, der Freundlichkeit des Verkäufers, der Gestaltung der Verpackung von Produkten, der Stimmung der Einkaufenden bis hin zu allen Informationen, die in der Situation verfügbar sind, um sich für oder gegen den Kauf eines bestimmten Produkts zu entscheiden. Situative Faktoren haben eine umso größere Chance, Kaufentscheidungen zu beeinflussen, je geringer die Ich-Beteiligung der Konsumenten ist. Ein Sportwagen kann im Showroom des Verkäufers noch so ansprechend präsentiert werden und interessante Informationen über das sportlich ausgelegte Fahrwerk, die Motorleistung und die Beschleunigungsleistung vermitteln. Es wird der Marke kaum gelingen, die auf Sicherheit ausgerichteten jungen Eltern für sich zu gewinnen, selbst wenn ausreichend Platz für die Babyschale auf dem Rücksitz vorhanden ist. Umgekehrt gibt es Situationen, in denen personale Faktoren fast keinen Einfluss auf das Kaufverhalten haben. Fällt unerwartet früh der erste Schnee und bedeckt mit einer 15 cm hohen Schneedecke Straßen und Gehwege, wird sich die Mehrheit der Menschen mit Streugut und Schneeschiebern eindecken, unabhängig von ihrem individuellen Persönlichkeitsprofil.

Die Wechselwirkung aus personalen und situativen Faktoren bestimmt quasi, in welchem **Modus** sich Menschen durch die Welt bewegen, für welche Informationen und Reize sie empfänglicher sind, welche Motivationen geweckt werden, welche Ziele sie sich setzen, wie sie Informationen verarbeiten und wie sie handeln werden (Abb. 6.11):

- Im Modus **„Change"** wollen Menschen Faktoren, Situationen und Menschen verändern. Sie wollen aktiv gestalten, zupacken, mitmischen, formen und etwas in Bewegung bringen. Ihre Gefühle reichen von positiver (Vor)Freude auf Neues über innere Unruhe bis hin zur Angst vor Stillstand.
- Im Modus **„Inspire"** suchen Menschen nach mentalen und intellektuellen Anregungen. Sie wollen Ideen entwickeln, Inhalte hinterfragen, Neues kennenlernen, Vertrautes aus einem anderen Blickwinkel sehen oder von anderen auf neue Ideen gebracht werden. Die Gefühle in diesem Modus umfassen Neugier, Abenteuerlust, Verspieltheit, Freude am Denken und positive Unsicherheit.

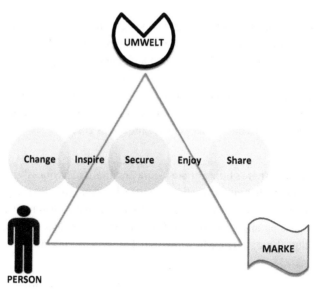

Abb. 6.11 Mensch, Modus, Marke

- Im Modus „Secure" orientieren sich Menschen an Beständigkeit, Schutz, Sicherheit und Stabilität. Sie sind motiviert, Werte, Gegenstände und Rituale zu bewahren, Zustände zu erhalten, und Menschen zu beschützen. Vorherrschende Gefühle in diesem Modus sind Gemütlichkeit, Glaubwürdigkeit, Verlässlichkeit und Sorgenfreiheit, wenn Sicherheit gegeben ist. Ist dies nicht der Fall treten innere Unruhe, Furcht und Ängste oder Kampflust und Aggression auf.
- Im Modus „Enjoy" wollen Menschen genießen, sich hingeben, loslassen und entspannen. Sinnlichkeit, Komfort und Spaß an dem, was sie gerade tun und mit wem sie gerade zusammen sind, stehen im Fokus. Emotional werden Menschen in diesem Modus von der Befriedigung sinnlicher Genüsse bestimmt. Wohlfühlen, Entspannung, Lustbefriedigung, Freude, Glücksgefühle oder gar Ekstase machen ihr emotionales Erleben aus.
- Im Modus „Share" suchen Menschen die Nähe zu anderen Menschen. Sie wollen sich austauschen, anlehnen, zusammen etwas erleben und aufeinander eingehen. Gefühle von Gemeinsamkeit, Zusammengehörigkeit, Geborgenheit, Zuneigung und Liebe sind leitend.

Diese fünf Modi schlagen einen Bogen zwischen den Eigenschaften der Menschen („Person"), für die Marken gemacht und gedacht sind, und den Situationen, in denen sie sich befinden („Umwelt"). Je besser die Produkte einer Marke Eigenschaften aufweisen, die den Menschen das bieten, was sie in ihrem Modus benötigen und suchen, desto wahrscheinlicher ist es, dass sich Menschen in der jeweiligen Situation für diese Marke entscheiden.

Marken zeigen sich Menschen in Produkten und Kommunikation. Inhalte, Gestaltung und die Tonalität der Ansprache von Konsumenten können sich hinsichtlich dieser fünf Modi unterscheiden. Im Modus „Enjoy" beipsielsweise präsentieren sich Marken als Erlebnismarken, deren Nutzen sich auf möglichst vielen Sinneskanälen erfahren lässt. Praktische Beispiele sind der künstlich verstärkte „Neuwagengeruch" bei Autos oder das „Lenor-Bett", das in Los Angeles an Busstationen aufgestellt wurde, um die spürbar längere Frische der Bettwäsche lebensnah zu demonstrieren[5].

Die unterschiedlichen Modi können auch auf die Kaufsituation bezogen werden („Umwelt"). So hat beispielsweise Starbucks mit seinem „third place-Ansatz" einen neuen Maßstab für die (Um)Welt vom Kaffeegenuss unterwegs gesetzt.

Die Starbucks Story: „There's home, there's work and there's Starbucks"

Die Marke Starbucks hat außerhäuslichen Kaffeekonsum von der drögen Ästhetik gebrauchsspurengezeichneter Resopaltische befreit und eine Konsumumwelt geschaffen, in der sich Menschen aus aller Welt im Modus „Share" ebenso wohlfühlen wie Menschen im Modus „Enjoy". Die Markengeschichte wird auf der offiziellen Website wie folgt erzählt:

> Every day, we go to work hoping to do two things: share great coffee with our friends and help make the world a little better. It was true when the first Starbucks opened in 1971, and it's just as true today.
>
> Back then, the company was a single store in Seattle's historic Pike Place Market. From just a narrow storefront, Starbucks offered some of the world's finest fresh-roasted whole bean coffees. The name, inspired by Moby Dick, evoked the romance of the high seas and the seafaring tradition of the early coffee traders.
>
> In 1981, Howard Schultz (Starbucks chairman, president and chief executive officer) had first walked into a Starbucks store. From his first cup of Sumatra, Howard was drawn into Starbucks and joined a year later.
>
> A year later, in 1983, Howard traveled to Italy and became captivated with Italian coffee bars and the romance of the coffee experience. He had a vision to bring the Italian coffeehouse tradition back to the United States. A place for conversation and a sense of community. A third place between work and home. He left Starbucks for a short period of time to start his own Il Giornale coffeehouses and returned in August 1987 to purchase Starbucks with the help of local investors.
>
> From the beginning, Starbucks set out to be a different kind of company. One that not only celebrated coffee and the rich tradition, but that also brought a feeling of connection.
>
> Our mission to inspire and nurture the human spirit – one person, one cup, and one neighborhood at a time.[6]

Frage

Welche Geschichte erzählt Ihre Marke? Schreiben Sie die Geschichte Ihrer Marke (neu)! (siehe Kap. 6.3.8).

---

[5] http://www.horizont.net/aktuell/agenturen/pages/protected/Lenor-und-Grey-locken-jetzt-auch-deutsche-Kunden-ins-Bett_111863.html, zugegriffen am 05.05.2014.

[6] http://www.starbucks.com/about-us/our-heritage, zugegriffen am 05.05.2014.

6.2 Führung als sozialer Einfluss

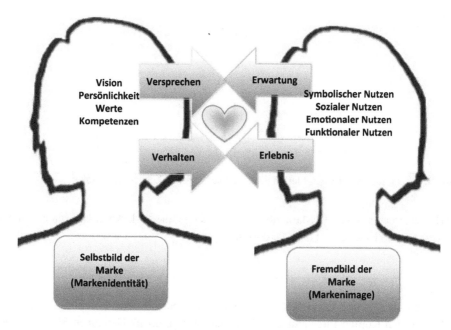

Abb. 6.12 Psychologischer Markenwert nach Meffert et al. (2005)

6.2.2.4 Marken als Persönlichkeiten

Die Persönlichkeit, Werte und Kompetenzen einer Marke zeigen sich nicht nur an dem eigentlichen Angebot in Form der Produkte oder Services. Neben dem „Was" des Angebotes ist auch hier das „Wie" des Auftritts am Markt sehr einflussreich. Starke Marken präsentieren sich Konsumenten als Persönlichkeiten, mit denen sie auf einer Wellenlänge sind, in deren Nähe sie sich wohlfühlen oder die sie ein wenig bewundern. Die Persönlichkeit zeigt sich in vielen Bereichen: Welche Geschichte erzählt eine Marke in der Werbung? In welchen Geschäften treffen sich Konsument und Marke? Mit welchen Prominenten oder „Influencern" ist die Marke zu sehen? (Abb. 6.12)

Das Herz der Beziehung zwischen Menschen und Marken schlägt in dem Raum, der sich zwischen dem Bild auftut, welches Marketingexperten in Unternehmen von ihren Marken entwerfen (Markenidentität), und dem Bild, das Konsumenten und Nutzer von der Marke haben (Markenimage) (Meffert et al. 2005).

▶ Die Markenidentität ist das Selbstbild der Marke. Es ist langfristig orientiert und meist nur langsam und organisch veränderbar. Das Markenimage ist das Fremdbild der Marke. Es wird vor allem durch den Nutzen für die Markenverwender bestimmt.

Wie bei der menschlichen Urteilsbildung (siehe Kap. 3.1) weichen auch bei Marken Selbst- und Fremdbild mehr oder weniger stark voneinander ab. Konsumenten haben durch ihr Verhalten (z. B. Postings, Kaufentscheidungen, Werbenutzung, Empfehlungen) und ihre

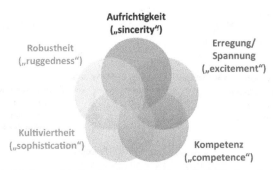

Abb. 6.13 Die fünf wichtigsten Merkmale einer Markenpersönlichkeit nach Aaker

Markenwahrnehmung (z. B. Markenbekanntheit, Beliebtheit, Markenimage) einen bedeutenden sozialen Einfluss auf die Markenführung.

> **Frage**
> Wie gut decken sich das Selbstbild Ihrer Produkt- oder Unternehmensmarke mit dem Bild in den Köpfen Ihrer Nutzer, Käufer und Zielgruppen? Gewinnen Sie ein erstes Bild des psychologischen Markenwerts. (siehe Kap. 6.3.9).

Die meisten großen Marken beobachten die Höhen und Tiefen ihres psychologischen Wertes im Spiegel der Konsumentenmeinung sehr genau. Durch das regelmäßige „Brand Monitoring" schlagen in einigen Marketingabteilungen die Alarmglocken an, sobald ein kritischer Wert unterschritten wird. Regelmäßige Marktforschungsstudien geben Hinweise darauf, wie sich das Markenimage verändert und welche Wirkungen kommunikative Maßnahmen, Veränderungen der Preisgestaltung, Innovationen oder neue Distributionskanäle auf die Konsumenten haben.

Dabei gibt es unterschiedliche Ansätze, das Markenimage und die Persönlichkeit einer Marke zu erfassen. Jennifer Aaker entwickelte mit Hilfe wissenschaftlicher Untersuchungen ein Modell der Markenpersönlichkeit. Inspiriert wurde das Modell durch die fünf wichtigsten Persönlichkeitsmerkmale von Menschen (die sogenannten „Big Five"), deren Bedeutung für die Markenwahrnehmung in den USA, Europa und Asien empirisch erforscht wurde (Abb. 6.13).

Daraus resultierten fünf **Kernmerkmale der Markenpersönlichkeit**:

- **Aufrichtigkeit** beschreibt, wie ehrlich, aufrichtig und verbindlich die Persönlichkeit einer Marke erscheint. Eigenschaften, welche diese Facette der Markenperönlichkeit beschreiben, sind beispielsweise „echt", „bodenständig", „aufrichtig", „ehrlich" und „ursprünglich". In gewissen Branchen gehören auch Gesundheit und Heiterkeit zu diesem Merkmal dazu.
- **Erregung und Spannung** kennzeichnen, wie temperamentvoll, gewagt, phantasievoll und auch modern die Persönlichkeit einer Marke erscheint. Relevante Eigenschaften

sind hier unter anderem „aufregend", „temeperamentvoll", „cool", „modern", „zeitgemäß" oder „unabhängig".
- **Kompetenz** verdeutlicht, wie zuverlässig, erfolgreich und intelligent die Marke als Persönlichkeit wirkt. Die Ausprägung dieses Persönlichkeitsmerkmals zeigt sich an Attributen wie „hart arbeitend", „sicher", „intelligent", „versiert", „führend" oder „kompetent".
- **Kultiviertheit** einer Marke beschreibt, wie charmant und vornehm sie erscheint. „Gut aussehend", „glamourös", „charmant" und „vornehm" können diese Dimension veranschaulichen.
- **Robustheit** der Markenpersönlichkeit zeigt an, wie zäh, robust und naturverbunden diese wirkt. Atrributte wie „männlich", „abenteuerlustig", „erdig" oder „robust" illustrieren dieses Persönlichkeitsmerkmal.

Die Markenpersönlichkeit zeigt sich auch in der Kommunikation, wie in werblichen Maßnahmen oder dem Pack Design. Jedoch können sich die oben genannten Eigenschaften der Markenpersönlichkeit durchaus von dem Stil und den Eigenschaften von Werbung unterscheiden. So kann eine abenteuerlustige und naturverbundene Marke mit einer raffiniert und elegant gestalteten Kampagne auftreten. Die Markenpersönlichkeit kann eine positive Einstellung zur Marke und dadurch bessere Position im Wettbewerberumfeld bewirken. Auch ohne aufwendige Marktforschungsstudien kann die strukturierte Reflexion über die Persönlichkeit der eigenen Marke manches Aha-Erlebnis bescheren und Klarheit erbringen, was die Marke ausmacht und was nicht.

> **Frage**
> Nutzen Sie das Modell der Markenpersönlichkeit zur Orientierung in Ihrer Markenführung: Welche Persönlichkeit besitzt Ihre Marke(n) aktuell oder soll sie zukünftig besitzen? (siehe Kap. 6.3.10).

6.2.2.5 Menschen als Markenbotschafter

Marken sind dem sozialen Einfluss von Konsumenten nicht passiv ausgeliefert. Zum einen bieten soziale Medien die Möglichkeit, in den direkten Dialog zu treten und individuell und zeitnah auf ihre Wünsche, Enttäuschungen und Erlebnisse einzugehen. Zum anderen besteht die Möglichkeit, sozial einflussreiche Menschen zu Botschaftern der eigenen Marke zu machen. Durch die langfristige Verkörperung der Markenwerte durch bekannte und bedeutsame Personen kann das Markenimage gezielt gesteuert werden. Hierbei reichen Beliebtheit und physische Attraktivität allein jedoch nicht aus. Gezieltes Brand Management erfordert, die für die Marke erstrebenswerten Persönlichkeitsmerkmale gezielt und mit Feingefühl durch geeignete Markenbotschafter zu unterstützen. Denn einerseits müssen die Botschafter die Marke repräsentieren, andererseits eine neue Note ins Markenimage einbringen. Möchte eine aktuell konservative Marke jugendlicher und moderner wirken, sollten Markenbotschafter ausgewählt werden, die zum aktuellen Markenimage passen und gleichzeitig durch ihren modernen Stil das richtige Maß an „frischem Wind" in den Markenauftritt bringen.

> **Checkliste: Do's und Don'ts für die Auswahl der richtigen Markenbotschafter**
> Um den richtigen Botschafter für die eigene Marke oder das eigene Unternehmen zu finden, sollte Folgendes beachtet werden:
> - **Langfristigkeit:** Der Einsatz von Markenbotschaftern sollte langfristig und strategisch erfolgen und ist keine kurzfristige taktische Maßnahme. Häufige Wechsel untergraben die kommunikative Wirkung und verwirren.
> - **Grundsätzliche Eignung:** Markenbotschafter sollten allgemein bekannt und beliebt sein. Lediglich Nischenmarken und Spezialisten können ausschließlich in ihrem Segment bekannte und außergewöhnliche Persönlichkeiten einsetzen.
> - **Markenpassung:** Das Image und die Persönlichkeit von Marke und Markenbotschafter sollten möglichst gut zusammenpassen. Zentrale Merkmale der Markenpersönlichkeit müssen sich in der wahrgenommenen Persönlichkeit des Markenbotschafters widerspiegeln und umgekehrt.
> - **Monitoring:** Unternehmen sollten das Verhalten und Image der Markenbotschafter im Auge behalten. Negative Presse und Skandale können sich schnell negativ auf die Marken auswirken. Entsprechende Maßnahmen müssen vorab vertraglich geregelt werden.
> - **Exklusvität:** Idealerweise sollte der Markenbotschafter nur die eigene Marke oder das eigene Unternehmen repräsentieren. Prominente mit vielen Werbeverträgen sorgen für einen verwässerten Einfluss.
> - **Timing:** Aufstrebende Prominente mit Potenzial bieten eine gute Möglichkeit, innovative Akzente zu setzen und das Budget zu schonen. Da Verträge langfristig geschlossen werden, sollte eine gewisse Sicherheit hinsichtlich des Potenzials gegeben sein.
> - **ROI (Return on Investment):** Die Wirkung der Markenbotschafter sollte mittels quantitativer und qualitativer Kennzahlen regelmäßig überprüft werden.

6.2.3 Sozialer Einfluss im Konfliktmanagement

Konflikte im Unternehmen können Prozesse erschweren oder gar zum Scheitern bringen. Von Führungskräften und Change Managern werden deswegen soziale Kompetenzen erwartet, die neben emotionaler Intelligenz und Kommunikation auch das konstruktive Bewältigen von Konflikten umfassen. Konflikte finden zwischen Menschen in Organisationen aus den unterschiedlichsten Gründen statt und können sich mehr oder weniger offen äußern. Dabei sorgen weniger die Gegebenheiten an sich dafür, dass Kontroversen sich zu Konflikten entwickeln. Ausschlaggebend ist meist, wie die Betroffenen die Situation wahrnehmen. Auch der Schlüssel zur Lösung von Konflikten liegt deshalb häufig in der Änderung der Wahrnehmung der Situation, auf die Manager gezielt Einfluss ausüben können, sei es in der Rolle eines internen Coachs, Beraters oder Vermittlers. Wie dies gelingen kann, erfahren Sie im Folgenden.

6.2 Führung als sozialer Einfluss

▶ In der Psychologie spricht man von einem Konflikt, wenn zwei (soziale) Elemente gegensätzlich und unvereinbar sind. In sozialen Interaktionen können Meinungen, Interessen, Werthaltungen und Bedürfnisse Konflikte bilden. Ein Konflikt kann sich auf einzelne Personen beschränken (intrapersoneller Konflikt), mehrere Menschen (interpersoneller Konflikt) oder ganze Organisationssystem (Organisationskonflikt) umfassen.

Die Konfliktparteien erleben die Gegensätze zwischen ihren Ansichten und Absichten als unvereinbar. Da sie direkt oder indirekt voneinander abhängig sind, fühlen sie sich beim Verfolgen ihrer Aktivitäten und Ziele durch die andere Partei eingeschränkt. Charakteristisch für Konflikte ist es, dass es zu einer emotionalen Aufladung kommt, welche die Beziehung zwischen den Konfliktparteien belastet. Konflikte unterscheiden sich von Problemen in erster Linie dadurch, dass sich die Beteiligten uneins sind, wie die Situation bewältigt werden kann und dabei negative Gefühle entwickeln.

Diese münden in einen starken Handlungsantrieb. Die Aktionsbereitschaft in Konflikten ist sehr hoch, weshalb Konflikte die Tendenz haben zu eskalieren. Die Betroffenen können oder wollen weder ohne Übereinstimmung aktiv werden noch stehen gemeinsame Vorstellungen von Lösungen zur Verfügung. Konflikte stören deswegen den Ablauf von Arbeitsprozessen und wirken auf die Beteiligten und auch das oragnisationelle Umfeld emotional belastend.

6.2.3.1 Unterschiedliche Arten von Konflikten

Konflikte werden hinsichtlich unterschiedlicher Kriterien kategorisiert. Ganz praktisch ist es wichtig zu wissen, wie viele Personen an dem Konflikt beteiligt sind und in welchem Umfeld sich der Konflikt abspielt:

- **Intrapersonelle Konflikte** spielen sich inerhalb einer Person ab und können aus der Unvereinbarkeit von Motiven, Zielen und Absichten resultieren (siehe Kap. 2.2.1). Ein Mitarbeiter möchte beispielsweise befördert werden, gleichzeitig aber keinen größeren Verantwortungsbereich übernehmen oder mehr Zeit auf Geschäftsreisen verbringen.
- **Interpersonelle Konflikte** betreffen zwei Personen („Paarkonflikt"), Teams und Arbeitsgruppen („Gruppenkonflikt") oder größere Bereiche einer Organisation („Organisationskonflikt").

Die Bandbreite möglicher Konfliktthemen reicht von Rollen- und Identitätskonflikten über Konkurrenz- und Koalitionskonflikten bis hin zu Konflikten über die Verteilung knapper Ressourcen. Eine erste Orientierung, worum es eigentlich geht, bietet bei Konflikten die Unterscheidung zwischen

- **Sachkonflikte:** Entgegengesetzte Meinungen, Werte oder Ansichten bestimmen die Auseinandersetzung. Die Uneinheitlichkeit der Betroffenen ist auf die Sache bezogen.

- **Persönliche Konflikte:** Sachliche Differenzen werden auf die Person übertragen. Subtile und direkte Angriffe – häufig verpackt in humoristischer Form – stören das Miteinander.
- **Rollenkonflikte:** Es bestehen unterschiedliche Vorstellungen davon, wer welche Rolle innehat oder wie die Rolle stimmig ausgefüllt wird. Häufig entstehen auch Konflikte durch unvereinbare Rollen, wenn beispielsweise ein Teammitglied in einem Arbeitskreis auch eine Rolle in der Linienfunktion innehat.
- **Kommunikationskonflikte:** Das Wissens- und Informationsmanagement im Unternehmen, aber auch das konkrete Kommunikationsverhalten einzelner oder mehreren Personen im Unternehmen, kann Inhalt von Konflikten sein.

Aufschlussreich ist auch, ob es sich um schwelende Konflikte (latente Konflikte) handelt, die unter der Oberfläche und oft in eigener Dynamik am Werk sind. Offene Konflikte hingegen spielen sich über der Oberfläche ab und können in hitzige Diskussionen und Auseinandersetzungen münden, welche mehr und mehr Mitarbeiter belasten und in den Konflikt hineinziehen (Abb. 6.14).

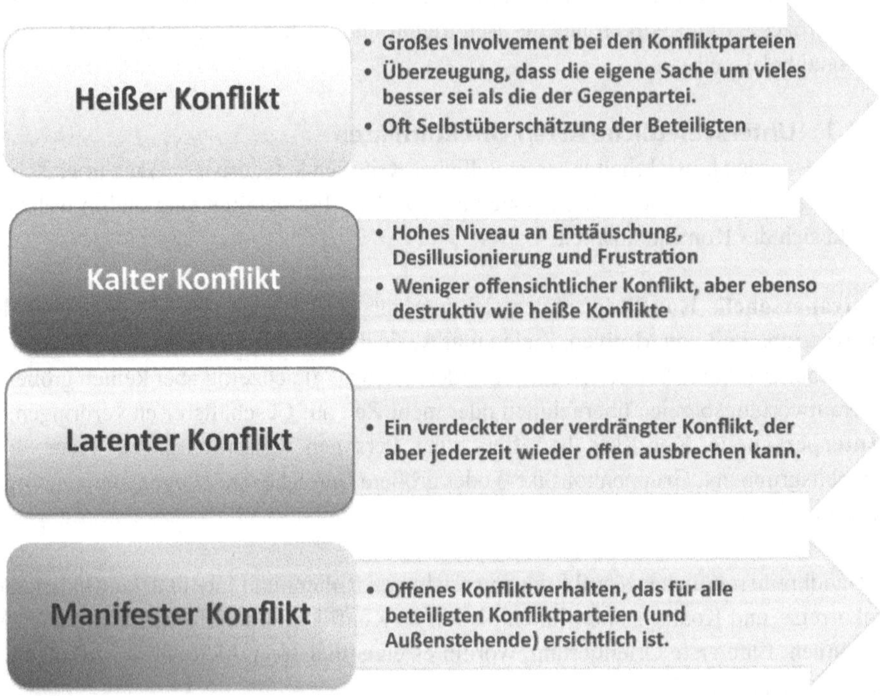

Heißer Konflikt	• Großes Involvement bei den Konfliktparteien • Überzeugung, dass die eigene Sache um vieles besser sei als die der Gegenpartei. • Oft Selbstüberschätzung der Beteiligten
Kalter Konflikt	• Hohes Niveau an Enttäuschung, Desillusionierung und Frustration • Weniger offensichtlicher Konflikt, aber ebenso destruktiv wie heiße Konflikte
Latenter Konflikt	• Ein verdeckter oder verdrängter Konflikt, der aber jederzeit wieder offen ausbrechen kann.
Manifester Konflikt	• Offenes Konfliktverhalten, das für alle beteiligten Konfliktparteien (und Außenstehende) ersichtlich ist.

Abb. 6.14 Konfliktarten

6.2 Führung als sozialer Einfluss

> **Frage**
> Welche Merkmale von Konflikten geben Ihnen wichtige Hinweise über Art und Intensität von Konflikten? (siehe Kap. 6.3.11).

> **Checkliste: Konfliktsignale für Führungskräfte**
> Führungskräfte aus Wirtschaft und Verwaltung nannten in einer Befragung folgende Signale, die für sie einen offenen oder latenten Konflikt markieren (Selter und Wilczek 2000):
> - **Aggressivität und Feindseligkeit:** verbale Attacken, absichtliche Fehler, feinselige Blicke in Meetings, Sabotagehandlungen und Unterlassungen etc.
> - **Desinteresse:** Abschalten, Dienst nach Vorschrift, Abgleiten in Langeweile, innere Kündigung
> - **Ablehnung und Widerstand:** ständiger verbaler und nonverbaler Widerspruch, geringe Ansprechbarkeit etc.
> - **Uneinsichtigkeit:** rigides oder rechthaberisches Verhalten, geringe Änderungsbereitschaft, wenig Toleranz von Alternativen, eingeschränkte Flexibilität bei Vorschlägen etc.
> - **Flucht:** Vermeiden von Kontakten, Ausweichverhalten, Fehlzeiten, Vergessen von wichtigen Aufgaben u. Ä.
> - **Überkonformität:** überangepasstes Verhalten, falsche Freundlichkeit, ausgesprochene Höflichkeit etc.

6.2.3.2 Konfliktdiagnose

Um einen manifesten Konflikt aus der destruktiven Dynamik herausholen zu können, bedarf es eines sicheren Verständnisses davon, worum es „eigentlich" geht. Häufig werden Konfliktthemen in andere Bereiche verschoben und persönliche Rollenkonflikte äußern sich beispielsweise in einem erbitterten Kampf um Ressourcen. Oder unter der Oberfläche schwelende Konflikte fachen immer wieder unvorhersehbare Konflikte an der Oberfläche an, die sich jedoch auf unverfänglicheren Nebenschauplätzen abspielen. Führungskräfte sollten sich ausreichend Zeit und Raum nehmen, um die genauen Ursachen aufzudecken und die Art des Konfliktes zu erkennen, bevor sie Interventionen zur Konfliktdeeskalation einsetzen. Das Zentrum des Konfliktes zu erkennen, mag zwar aufwendig erscheinen und sich unangenehm anfühlen, sichert jedoch meist nachhaltigere Konfliktlösungen.

> **Checkliste: Konfliktdiagnose**
> Folgende **Fragen** helfen bei der Konfliktdiagnose:
> - Wer ist alles (direkt und indirekt) am Konflikt beteiligt?
> - Wie sind die (formellen und informellen) Beziehungen der beteiligten Konfliktparteien?

- ❏ Wie ist der (bisherige) Konfliktverlauf?
- ❏ Gibt es typische Episoden und Muster?
- ❏ Gab es besonders einschneidende Ereignisse oder Wendepunkte?
- ❏ Welche Themen bringen die Konfliktparteien vor?
- ❏ Wie sind die Themen miteinander verknüpft?
- ❏ Inwieweit kennen die Parteien die Konfliktthemen der Gegenparteien?
- ❏ Was sind ihre Annahmen und Vermutungen?
- ❏ Wie stark sind die Parteien inhaltlich auf die Themen fixiert?
- ❏ Welches konkrete Verhalten erleben die Beteiligten als problematisch?
- ❏ Was haben beide Parteien bisher unternommen, um ihre Interessen durchzusetzen/eine Einigung zu erzielen/den Konflikt zu lösen?

6.2.3.3 Konflikte managen

Konfliktmanagement hat zum Ziel, das positive Potenzial von Konflikten zu nutzen und den Verlauf von Konflikten so zu beeinflussen, dass sie nicht eskalieren. Dabei macht es einen Unterschied, ob die Führungskraft selbst an dem Konflikt beteiligt ist oder nicht. Nur wenn Führungskräfte nicht direkt oder indirekt Teil des Konflikts sind, können sie die Rolle eines internen Beraters einnehmen. Dabei sollte aber auch die Vorgeschichte des Konfliktes und die bereits entstandene Intensität der möglichen Eskalation berücksichtigt werden. Eine gute Einordnung der „Temperatur" des Konfliktes bietet das Phasenmodell der Konflikteskalationsstufen nach Friedrich Glasl (1994), (Abb. 6.15):

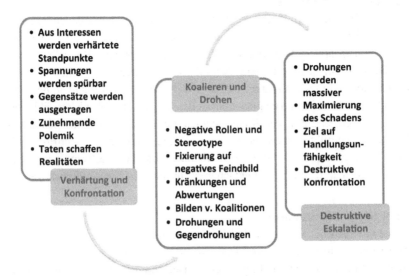

Abb. 6.15 Stufen der Konflikteskalation nach Glasl (1994)

Je nach Eskalationsstufe lässt sich die weitere Eskalation eines Konfliktes mehr oder weniger gut abwenden. Der Prozess der Eskalation lässt sich in drei Hauptphasen unterteilen:

1. In der **Win-Win-Phase** streben die Beteiligten noch danach, eine für alle Seiten tragbare Lösung zu finden. Die Reibereien verhärten sich, die Meinungsverschiedenheiten werden deutlicher und schärfer. Die Kontrahenten sind jedoch noch überzeugt und daran interessiert, durch Argumente und Dialog zu einer Konfliktlösung zu gelangen. Die Fronten verhärten sich und die Lager von „Pro" und „Kontra" gehen auf Distanz. In den Diskussionen treten Polarisierungen auf und die sachliche Auseinandersetzung gleitet in „Schwarz-Weiß-Denken" ab. Neben der sachlichen Überzeugungskraft geht es immer spürbarer auch um die Frage, welche Konfliktpartei recht hat. Schließlich vollzieht sich der Schlagabtausch nicht mehr nur auf der verbalen Ebene, sondern den Worten folgen Taten. Dies kann sich derart äußern, dass eine Seite die andere Konfliktpartei vor vollendete Tatsachen stellt („Ich mache jetzt einfach mal") oder sich aus dem sozialen Kontakt zurückzieht (z. B. nicht mehr grüßt, Gespräche und Begegnungen aktiv vermeidet).
2. In der **Win-Lose-Phase** sind die Beteiligten davon überzeugt, dass nur noch eine Partei als Gewinner aus dem Konflikt hervorgehen kann. Deswegen bemühen sich beide Seiten in erster Linie darum, ihre Interessen durchzusetzen. Der Bereich, in dem bislang der Konflikt ausgetragen wurde, vergrößert sich und andere Mitarbeiter werden in den Konflikt hineingezogen. Sachliche Aspekte treten fast völlig aus dem Fokus. Es geht immer mehr und offener darum, die andere Konfliktpartei zu diskreditieren. Dazu wird auch vor gesichtsverletzenden Äußerungen und Aktivitäten nicht zurückgeschreckt. Das verbale und non-verbale Verhalten nimmt einen immer aggressiver werdenden Charakter an. Drohungen und Gegendrohungen fachen die Eskalation immer stärker an, denn die angedrohten Maßnahmen müssen ja auch umgesetzt werden, um das eigene Gesicht und die Glaubwürdigkeit nicht zu verlieren.
3. In der **Lose-Lose-Phase** gibt es keine Gewinner mehr und beide Konfliktparteien bemühen sich, selbst möglichst wenig Schaden zu erleiden und die andere Partei so effektiv wie möglich zu treffen. Drohungen werden Realität, wobei sie immer stärker das „Mark" des Kontrahenten attackieren. Dabei werden eigene Nachteile in Kauf genommen. In der schlimmsten Form der Eskalation wird sogar in Kauf genommen, selbst unterzugehen, solange dies nur bedeutet, dass auch der Gegner sein ursprüngliches Ziel nicht erreicht.

▶ Je stärker Führungskräfte direkt oder indirekt in den Konflikt involviert sind und je stärker der Konflikt bereits eskaliert ist, desto eher sollte ein externer Berater oder Konfliktmediator hinzugezogen werden.

Je nachdem, welche Stufe der der Eskalation ein Konflikt bereits erreicht hat, machen unterschiedliche **Interventionen** Sinn:

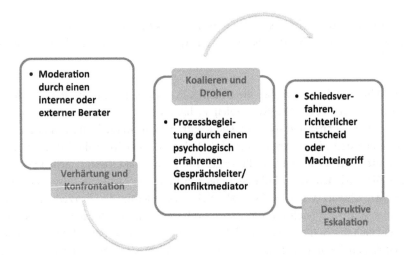

Abb. 6.16 Konfliktinterventionen je nach Eskalationsstufe nach Steiger und Lippmann (2013)

- Die professionelle **Moderation** der Konfliktlösung durch die Führungskraft oder einen externen Moderator oder Coach greift lediglich in der Win-Win-Phase. Haben die Konfliktparteien den Glauben an eine Lösung verloren, die auch ihnen Vorteile erbringt, ist ein konstruktiver „Selbstheilungsprozess" kaum mehr möglich.
- In der Win-Lose-Phase kann professionelle **Prozessbegleitung** die verfestigten Rollen und rigiden Verhaltensmuster auflockern oder ein von allen Beteiligten anerkannter Mediator bemüht sich gemeinsam mit ihnen um einen Kompromiss.
- Ist die Lose-Lose-Phase erreicht, haben lediglich stark eingreifende Interventionen wie der **Machteingriff** einer anerkannten und legitimierten Autorität oder das **Schiedsverfahren** (z. B. richterliche Entscheidung, Expertenurteil) Aussicht auf Erfolg (Abb. 6.16).

6.2.3.4 Führen durch Fragen

Befindet sich ein Konflikt noch in der Win-Win-Phase, kann ein **Konfliktklärungsgespräch** mit den beteiligten Parteien den Prozess in Gang setzen, Verständnis für die Perspektive der Gegenseite zu gewinnen und tragbare Win-Win-Lösungen zu entwickeln. Ähnlich wie bei den Mitarbeitergesprächen (siehe Kap. 5.2) sind psychologische Verträge, das Arbeiten aus konstruktiven Ich-Zuständen heraus und lenkenden Fragen besonders wirksame Interventionen (Abb. 6.17).

Gezielte Fragen, wie die an dem Konflikt beteiligten Parteien das Problem wahrnehmen und welche Strukturen oder Verhaltensweisen den Konflikt verursachen, geben Orientierung darüber, in welche Richtung sich das Gespräch und das Denken bewegen müssen, damit sich die Konfliktparteien einander annähern und eine Win-Win-Lösung aushandeln können.

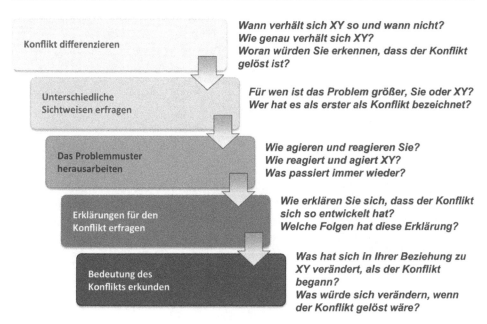

Abb. 6.17 Fragen zum Klären von Konflikten

6.2.3.5 Hart in der Sache, weich gegenüber den Menschen

Das „Negotiation Project" der renommierten Harvard Universität entwickelte konstruktive Strategien, mit deren Hilfe Verhandlungen und Konflikte gute Ergebnisse erbringen. Aus dem Projekt sind viele Publikationen der beteiligten Experten unterschiedlicher Disziplinen hervorgegangen, die sich auch als Berater in der praktischen Umsetzung (z. B. Nahost-Friedensverhandlungen in Camp David) verdient gemacht haben (Abb. 6.18).

Um Win-Win-Lösungen in Gesprächen zu erarbeiten, müssen gemäß des Harvard-Konzepts des sachgerechten Verhandelns vier **Prinzipien** befolgt werden:

1. **Menschen und Probleme zusammen sehen, aber getrennt behandeln:** Diese Regel besagt ganz grundsätzlich, dass persönliche Beziehungen getrennt von Sachfragen behandelt werden sollen. Das berühmte gemeinsame Feierabendbier erbittert gegeneinander argumentierender Parlamentarier ist ein gutes Beispiel für das Befolgen dieses Prinzips. Es bedeutet, das Denken des Gegenübers zu verstehen, selbst wenn man die Position nicht teilt. Sich in die Lage des Anderen hineinzuversetzen und die Absichten der Gegenseite aus dieser Perspektive anstatt aus den eigenen Befürchtungen abzuleiten, ist eine Methode, dieser Grundregel zu folgen. Schuldzuweisungen und Vermutungen sollten vermieden und die Gegenseite am Prozess der Verhandlung oder Konfliktbewältigung beteiligt werden. Ob Deeskalationsmaßnahmen gelingen, hängt stark von den daran beteiligten Emotionen ab. Diese sollten wahrgenommen und verbalisiert werden, um sie nicht zum Treibstoff für die weitere Eskalation werden zu lassen (siehe auch Kap. 5.1.3).

Abb. 6.18 Wie sich mit dem Harvard-Prinzip Win-Win-Lösungen erreichen lassen

2. **Auf Interessen konzentrieren, nicht auf Positionen:** Um Win-Win-Lösungen zu finden, muss der Fokus in Konfliktverhandlungen auf den sich möglicherweise ähnelnden Interessen der Beteiligten liegen und nicht auf ihren abweichenden Positionen. Werden die Motive und Bedürfnisse hinter dem als unvereinbar erlebten Verhalten des Kontrahenten deutlich, wird einsichtiger, warum er sich so verhält und diese Position vertritt. Wird eine Annäherung der Interessen erreicht, können Ideen für einen Interessensausgleich oder Alternativlösungen entwickelt werden. Für die Konfliktlösung ist es förderlich, die Interessen der Konfliktparteien zu kennen, zu verstehen und anzuerkennen. Techniken des aktiven Zuhörens und Paraphrasierens (siehe Kap. 5.1.3) der Interessenslage der anderen Konflikt- oder Verhandlungspartei sollten entsprechend genutzt und vom Konfliktmoderator bei Bedarf aktiv eingebracht werden.
3. **Entscheidungsmöglichkeiten zum beiderseitigen Vorteil entwickeln:** Diese Regel beschreibt, wie der Win-Win-Charakter von Konfliktlösungen erreicht werden kann. Dazu müssen gemeinsame Ziele betont und vorschnellen Urteilen der Wind aus den Segeln genommen werden. Der Konfliktmoderator muss in der Gesprächsführung sicherstellen, dass die Vorschläge einer Partei auf das Wertsystem der anderen abge-

stimmt sind. Beide Parteien müssen aktiv ermuntert werden, nicht nur Vorschläge zu unterbreiten, die ausschließlich den eigenen Interessen und Werten dienlich sind. Dazu sollten zunächst viele mögliche Lösungen gemeinsam entwickelt werden. Erst im zweiten Schritt werden diese nach vorher festgelegten Kriterien bewertet Durch dieses Procedere steigen die Chancen, zu unerwarteten oder unkonventionellen Lösungen zu gelangen, welche bisher unvorstellbar waren.
4. **Bei der Entscheidung objektive Kriterien anwenden:** Die Entscheidung für einen bestimmten Lösungsvorschlag soll nach vorher vereinbarten und objektiv nachvollziehbaren Kriterien erfolgen. Um faire Kriterien zu finden, die für den individuellen Konfliktfall geeignet sind, können sich die Verhandlungspartner an früheren Fällen, Gutachten oder Expertenurteilen orientieren. Aber auch ethische Grundsätze können zum Einsatz kommen. Neben der Art des Kriteriums sollte auch festgelegt werden, was die Mindestausprägung auf diesem Merkmal ist, um als faires und für alle Beteiligten befriedigendes Ergebnis zu zählen.

> **Checkliste: Faire Lösungen nach dem Harvard-Konzept**
> Folgende Eigenschaften kennzeichnen den Prozess und das Ergebnis fairer Konfliktlösungen:
> ❑ Alle Konfliktparteien nehmen **freiwillig** an dem Verhandlungsgespräch teil. Sie sind daran **interessiert,** eine Lösung für den Konflikt zu finden und **sind überzeugt,** dass es mögliche Optionen gibt, die für beide Parteien von Nutzen sind („Win-Win-Lösung"). Ist dies nicht der Fall muss eine professionelle Konfliktmoderation oder Prozessbegleitung durch einen externen Berater oder Mediator erfolgen.
> ❑ Die Konfliktparteinen und die moderierende Führungskraft haben **dasselbe Verständnis von dem Ziel und Inhalt des Konfliktklärungsgesprächs.** Räumen Sie Unklarheiten und Missverständnisse von Anfang an aus dem Weg.
> ❑ Führen Sie die **Prinzipien sachgerechten Verhandelns als Gesprächsregel ein.** Erläutern Sie kurz, was darunter zu verstehen ist und wie sich dies in der Kommunikation und den Lösungsvorschlägen konkret äußert. Stellen Sie Bezüge zum Konfliktthema und den Konfliktparteien her, damit die Grundregeln anschaulich und verständlich werden.
> ❑ Einigen Sie sich zu Beginn darauf, an welchen **objektiven Kriterien** sich eine für beide Seiten faire Lösungen messen lässt. Bestimmen Sie die Art (Qualität) und Ausprägung (Quantität), welche die angestrebte **Bestlösung** und eine **Mindestlösung** jeweils aufweisen müssen.
> ❑ **Trennen Sie Sachliches von Persönlichem.** Achten Sie im Gesprächsverlauf darauf, dass die Beteiligten sich über die Inhalte des Konfliktes und mögliche Lösungen äußern und nicht über persönliche Eigenschaften des anderen.

- ❏ Achten Sie darauf, dass die eigenen Positionen und Interessen in Form von **Ich-Aussagen** formuliert werden und sich die Beteiligten nicht hinter dem unpersönlichen „Man" verstecken.
- ❏ Sorgen Sie durch geeignete Fragen oder entsprechende Instruktionen dafür, dass **keine wertenden Du- oder Sie-Aussagen** erfolgen („Sie haben aber doch…").
- ❏ Auf verallgemeinernde **Killerphrasen** wie „Sie machen doch immer …", „Noch nie haben Sie …", „Natürlich folgt daraus, dass…" oder „Selbstverständlich würde ich gerne …, wenn Sie nur…" sollte verzichtet werden.
- ❏ Fragen Sie nach konkreten Erlebnissen oder Erfahrungen.
- ❏ Fordern Sie die Beteiligten auf, ihre eigenen **Interessen** und die Interessen der anderen Konfliktparteien zu offenbaren und Ursachen, Motive und Ziele hinter dem Verhalten in den Fokus zu nehmen.
- ❏ Unterstützen Sie den **Perspektivenwechsel** und ermuntern Sie die Beteiligten, den Konflikt jeweils aus der Perspektive des anderen zu schildern. Erfragen Sie die **Interessen, Ziele und Emotionen**, die daran beteiligt sind.
- ❏ Lassen Sie möglichst viele mögliche **Lösungsoptionen** entwickeln. Achten Sie dabei darauf, dass jede Option für alle Seiten von Nutzen ist und dem Wertsystem entspricht.
- ❏ **Bewerten** Sie erst im Anschluss die unterschiedlichen Optionen anhand der vorher festgelegten Kriterien. Lassen Sie keine überstürzten Lösungen oder unausgegorenen Optionen als Ergebnis zu, wenn kein Lösungsvorschlag den Kriterien entspricht.
- ❏ **Vertagen** Sie notfalls die Fortsetzung des Gespächs auf einen späteren Termin, bei dem entweder weitere Lösungsoptionen kreiert oder die Kriterien der Mindestlösung geändert werden.
- ❏ Gehen Sie im Gespräch **wertschätzend** mit den Beiträgen der Betiligten um, selbst wenn ihr Bemühen nicht so schnell zu einer Lösung führt, wie Sie es sich vielleicht wünschen. **Bedanken** Sie sich am Ende des Gesprächs explizit für das Engagement.

6.2.4 Sozialer Einfluss im Change Management

Die schnellen Veränderungen der globalisierten Welt machen an den Eingangstoren von Unternehmen nicht Halt. Manager stellen sich heute meist nicht mehr die Frage, *ob* sich ihre Organisation wandeln muss, sondern *wie* sie sich wandeln muss.

▶ Unter Change Management versteht man den gezielten Einsatz von Maßnahmen und Tätigkeiten, die eine bereichsübergreifende und inhaltlich weitreichende Veränderung einer Organisation beabsichtigen. Die gezielten Veränderungen können die Aufgaben, Strukturen, Prozesse, Kultur oder Strategie der Organisation betreffen.

6.2.4.1 Veränderungen machen Angst

Wenn Menschen Gewohntes verlieren und sich von vertrauten Verhaltensweisen, Situationen oder Menschen verabschieden müssen, treten meist negative Gefühle auf. So sinnvoll die emotionalen Reaktionen als Warnsignale sind, so schwer machen sie es Change Managern, die beabsichtigten Veränderungsziele zu erreichen. Schätzungsweise 60–70 % der Veränderungsprojekte scheitern, aus unterschiedlichen Gründen, z. B. (Keller und Aiken 2010):

- ein Defizit an klar definierten und erstrebenswerten Zielen
- unklare Strukturen im Change-Prozess
- schlechte Prozessplanung
- Mangel an einem ausreichend hohen Energieniveau im Prozess
- fehlende Beteiligung der betroffenen Mitarbeiter
- Führungsschwächen
- fehlendes Vorleben der Veränderungsziele durch das Management

Die vielzitierte Studie von McKinsey und ähnliche Untersuchungen zeigen, dass neben einer klaren Zielstellung und erforderlichen Strukturen vor allem die Lenkung des Veränderungsprozesses über Erfolg oder Misserfolg entscheidet. Manager müssen nicht nur in der Sache, sondern auch als Person überzeugen. Durch geeignete Maßnahmen üben sie gezielt sozialen Einfluss auf ihre Mitarbeiter aus und beeinflussen dadurch, ob diese den Prozess sachlich, emotional und in ihren sozialen Beziehungen im Team und im Unternehmen mittragen oder dagegen in Widerstand gehen.

Der Anfangsphase des Change-Prozesses kommt große Bedeutung zu. In ihr gilt es, eine Dringlichkeit für die Notwendigkeit von Veränderung aufzubauen, damit Mitarbeiter verstehen, dass und warum die Situation nicht so bleiben kann, wie sie ist (Kotter 2012, S. 22–33). Gleichzeitig müssen sie Vertrauen in die Organisation und den Veränderungsprozess aufbauen und stärken. Dringender Veränderungsbedarf kann motivieren und ängstigen zugleich. Deswegen müssen Manager den Mitarbeitern so gut und früh wie möglich Ängste nehmen, damit diese nicht wie Bremsklötze den Start des Veränderungsprozesses blockieren (Abb. 6.19).

Hilfreiche Fragen zur **Angstbewältigung** in der ersten Phase des Veränderungsprozesses sind beispielsweise:

- Was wissen die Mitarbeiter bereits über die anstehenden Veränderungen?
- Was wissen die Führungskräfte darüber?
- Worüber wissen Mitarbeiter (und Führungskräfte) wenig oder nichts?
- Was wissen die Führungskräfte über die Interessen, Meinungen und Stimmungen bei den Mitarbeitern?
- Welche Sorgen und Ängste sind besonders spürbar?
- Welche Mitarbeiter zeigen ihre Befindlichkeit offen?
- Welche Mitarbeiter verdrängen sie möglicherweise?
- Was würde den Mitarbeitern Sicherheit vermitteln?

Abb. 6.19 Erfolgreiche Veränderungsprozesse nach Kotter (2012)

Ängste zeigen sich in Menschen und Organisationen auf ganz unterschiedliche Weise. Bei einigen Mitarbeitern können Verunsicherung und Sorge direkt am Verhalten abgelesen werden. Bei anderen Menschen zeigt sich Angst subtiler oder ist den Betroffenen selbst wenig bewusst.

> Je bewusster Angst empfunden werden kann, desto wahrscheinlicher wird es, dass konkrete Gefahren auf der rational sachlichen Ebene wahrgenommen, kommuniziert und analysiert werden können. Dies wiederum erleichtert die Entscheidungsfindung und wirkt sich positiv auf die Entscheidungsqualität, die Produktivität, das Arbeitsklima und auf die Kommunikation in der Organisation aus. (Thomas Steiger und Brigitta Hug 2013, S. 256)

6.2.4.2 Vertrauen durch Kommunikation

Informationen dienen der „Versachlichung" von Ängsten und Unsicherheiten. Sachliche, wahre und selektive Informationen wirken Vermutungen entgegen, stärken Vertrauen und unterstützen den Veränderungsprozess (Deutinger 2013). Auch hier empfiehlt sich Kommunikation nach dem Prinzip der selektiven Authentizität (siehe Kap. 5.1.3). Unbedingt zu vermeiden ist es, dass Mitarbeiter durch die Gerüchteküche bereits von anstehenden strukturellen Veränderungen erfahren, bevor das Management tatsächlich Entscheidungen getroffen und Maßnahmen abgestimmt hat. Genauso ungünstig ist es, die Belegschaft vor vollendete Tatsachen zu stellen und nicht den Prozess der gezielten Veränderung zu intergrieren. Dieser Mangel an „Employee Engagement" bricht vielen Change-Prozessen das Genick.

Führungskräfte müssen das Vertrauen der Mitarbeiter in die Organisation und die Veränderungen aufbauen. Selbstverständlich spielen dabei die Bedingungen und möglichen Folgen der Veränderungen eine wichtige Rolle. Sind beispielsweise Mitarbeiter vom Verlust ihres Arbeitsplatzes bedroht, wird es für Führungskräfte weit schwieriger sein, Beteiligung an der Veränderung zu erzielen (Carnevale und Wechsler 1992, S. 471–494). Durch eine gelungene Informationspolitik und konstruktive Kommunikation können Veränderungen jedoch positiv gestaltet werden. Im Rahmen von Fusionen beispielsweise fördert die frühzeitige Implementierung der Informationspolitik zusammen mit interner Kommunikation, die sowohl die Fusionssituation als auch die Bedürfnisse der Mitarbeiter berücksichtigt, die Chancen einer erfolgreichen Integration (Klendauer 2006, S. 87–95).

Fusionen – ein Vertrauenskiller?

Das Initiieren von „**Mergern & Acquisitions**" gehört für einige Berater und Manager fast schon zum Alltagsgeschäft. Wie sich diese kurz- und mittelfristig auf die betroffenen Mitarbeiter auswirken, bekommen sie in vielen Fällen nur peripher mit. Professorin Ingela Jöns und Stella Steinmeier sind Expertinnen für Arbeits- und Organisationspsychologie an der Universität Mannheim. Sie untersuchten in einer wissenschaftlichen Studie, welche Rolle Vertrauen in der Fusion für die Manager und Mitarbeiter spielt (Steinmeier und Jöns 2011, S. 62–74). Sie begleiteten den Fusionsprozess einer Organisation der öffentlichen Verwaltung. Dazu führten die beiden Forscherinnen ausführliche Gespräche mit dem Management und anderen Fusionsverantwortlichen vor der Fusion durch. Das Erleben der betroffenen Mitarbeiter erfassten sie in einer anonymen Onlinebefragung.

Die Ergebnisse sollten folgende Forschungsfragen beantworten:
- Wie wirken sich die Fairness der Veränderungsprozesse, der Kommunikation und der organisationalen Unterstützung auf das Vertrauen der Mitarbeiter aus? Die Forscherinnen nahmen an, dass der Vertrauensverlust durch die Fusion umso geringer ausfällt, je positiver der Fusionierungsprozess hinsichtlich dieser organisationellen Faktoren erlebt wird.
- Wie wirkt sich ein durch die Fusion verändertes Vertrauen auf das Commitment der Mitarbeiter aus? Die Forscherinnen gingen aufgrund arbeitspsychologischer Theorien davon aus, dass das Ausmaß, in dem die Mitarbeiter bei der Organisation bleiben wollen, stark beeinflusst wird.
- Beeinflusst die individuelle Betroffenheit von der Fusion und die Beteiligung an dem Prozess die Zusammenhänge? Der Zusammenhang zwischen Fusionserleben und einer Vertrauens- und Commitment-Veränderung sollte von der Betroffenheit und Beteiligung (z. B. abhängig von der Hierarchieebene und Beteiligung am Change-Prozess) der Mitarbeiter in seiner Stärke variieren.

Die Ergebnisse ihrer statistischen Analysen zeigen zunächst, dass die Fusion das Vertrauen der Mitarbeiter in die Organisation verschlechterte. Die Motivation der Mitarbeiter, in der Organisation bleiben zu wollen (Commitment), wurde geringer, außer wenn sie geringe Chancen für andere Arbeitsplätze im Markt sahen. Mitarbeiter, die in Nebenstandorten der Institution arbeiteten und somit weniger von der Fusion betroffen waren, erlebten die Fusion unkritischer als Mitarbeiter am Hauptstandort. Zudem bestätigte sich die Annahme der Forscherinnen, dass Führungskräfte und aktiv an der Fusion beteiligte Mitarbeiter die Fusion positiver einschätzten. Sie erklären dies dadurch, dass die Unsicherheit und der erlebte Kontrollverlust durch die Mitarbeiter als Zeichen für ein hohes (persönliches) Risiko wahrgenommen wird. Detaillierte Analysen der Vertrauensskala wiesen nach, dass Organisationen sich bei einer Fusion um die Bedürfnisse und das Wohlergehen ihrer Mitarbeiter kümmern müssen, indem sie ihre Meinung und Emotionen frei äußern können und diese berücksichtigt werden. Der faire Umgang und ein konsistentes Verhalten des Managements, das sich an einer klaren Linie orientiert, schaffen Vertrauen Die Expertinnen empfehlen Unternehmen deswegen, frühzeitig ein „vertrauensförderndes Gestaltungskonzept für die Fusion" (Steinmeier und Jöns 2011, S. 62–74) zu entwickeln und im Change-Prozess zu implementieren.

Neben konstruktiver Kommunikation und dem offenen Umgang mit den emotionalen Auswirkungen der Veränderungen spielt das Ausmaß, indem die Mitarbeiter passiv Betroffene sind oder als aktiv Gestaltende („Change Agents") in den Veränderungsprozess einbezogen werden, eine zentrale Rolle. Der soziale Einfluss kann sich je nach Veränderungszielen und dem Prozessverlauf auf viele unterschiedliche Ebenen auswirken:

- Die **Wahrnehmung und Bewertung** von Aufgaben, Zielen, Strategien, Prozessen, Produkten und Personen (siehe Kap. 3.1). Das Aufbrechen gewohnter Wahrnehmungsmuster und eingefrorener Gedankenmuster stellt häufig einen schwierigen Schritt zu Beginn des Veränderungsprozesses dar.
- **Entscheidungen** über Inhalte und Strukturen können sich ändern oder aufgehoben werden. Kriterien, anhand derer bislang Entscheidungen getroffen wurden, können sich bedeutsam wandeln Entscheidungsbefugnisse und die Prozesse können einem Wandel unterzogen werden. (siehe Kap. 3.2).
- **Kommunikation und sozialer Austausch** können den Veränderungsprozess fördern oder durch die „Schockstarre" nach der Kenntnisnahme von gravierenden Veränderungen zum Erliegen kommen. Konstruktive Kommunikation ist ein zentrales Mittel zur Vertrauensförderung (siehe Kap. 5). Ob diese sich am besten in vertraulichen Vier-Augen-Gesprächen, Teammeetings oder aktiv mitgestaltenden Visions-Workshops realisieren lässt, muss individuell entschieden werden. Maßnahmen wie regelmäßige Teamtreffen oder die Intensivierung der persönlichen Kommunikation durch E-Mail-freie Arbeitstage können ebenfalls effektiv wirken.
- Die **Strukturen** von Kommunikation, Macht und sozialem Einfluss können sich in oder durch den Change-Prozess ebenfalls gravierend verändern. Neue Koalitionen werden geschlossen, alte Bündnisse verlieren an Kraft. Viele Veränderungsprojekte haben explizit andere Strukturen innerhalb der Organisation zum Ziel, um neue Unternehmensziele realisieren zu können.

6.2.4.3 Sozialer Einfluss mit System

Einen interessanten Ansatz, zwei unterschiedliche Strukturen zu etablieren, um Change Management in hierarchisch geführten Unternehmen zum Erfolg zu bringen, stellt der Harvard-Professor und Change-Experte John P. Kotter mit seinem „Ansatz der zwei Systeme" vor.

Change Management: Von Betroffenen zu Mitgestaltern

Die gezielte Veränderung von Unternehmen gelingt nach Ansicht von Professor Kotter am besten, wenn neben den traditionellen Strukturen des Unternehmens parallel ein Netzwerk von Transformationsmanagern entwickelt wird (Kotter 2012, S. 22–33). Diese „Change Agents" erlauben den schnellen flexiblen und unbürokratischen Umgang mit den Herausforderungen, die Veränderungsprozesse kennzeichnen. Das Netzwerk agiert jenseits der Hierarchien und Strukturen und bewirkt so, dass Mitarbeiter aus unterschiedlichen Bereichen unmittelbar in den Transformationsprozess einbezogen werden.

Die wichtigsten Prinzipien bei diesem Change Management-Modell zeigen beispielhaft, wie die Kenntnisse über sozialen Einfluss in Unternehmen gezielt und praktisch umgesetzt werden können:

- **Große Zahl an Change Agents:** Je mehr Menschen an der Mitgestaltung des Wandels beteiligt sind, desto effektiver und effizienter gelingt er. Um die Kosten zu begrenzen, sollte die Rolle der Change Agents auf freiwilliger Basis übernommen werden. 10 % der Mitarbeiter auf unterschiedlichen Hierarchieebenen sollten durch entsprechende Maßnahmen für das Change-Netzwerk gewonnen werden.
- **„Ich-will"-Mentalität:** Change Agents sollten intrinsisch motiviert sein, das Unternehmen zu verändern und voranzubringen. Sie müssen das Interesse und die Erlaubnis dazu haben, für den Erfolg des Change-Prozesses mit verantwortlich zu sein und auch so aufzutreten. Durch den Austausch im Netzwerk der Change Agents wird ihre Motivation gestärkt, damit sie auch schwierige Prozessphasen gemeinsam meistern.
- **Ziele mit Sinn:** Die Ziele des Transformationsprozesses müssen erreichbar und attraktiv sein. Die Formulierung der Ziele sollte klar und konkret sein (SMART-Formel, siehe Kap. 5.2.4) und auch das Herz und die Leidenschaft der Change Agents ansprechen (intrinsische Motivation).
- **Gute Führung:** Das Netzwerk der Change Agents muss mit angemessenen Prozessen, klaren Begriffen, Konzepten und Erwartungen agieren. Die Führung des Teams sollte sich stärker auf einen produktiven und konstuktiven Verlauf der Aktivitäten richten als auf die inhaltliche Aussteuerung oder das Projektmanagement, auf Budgetanpassungen oder Planerfüllung.
- **Integration:** Auch wenn das Netzwerk der Change Agents parallel zu den hierarchischen Strukturen etabliert wird, soll es kein Eigenleben führen. Beide Systeme müssen eng miteinander verbunden werden, damit der intendierte Wandel gelingt. Dies kann beispielsweise dadurch gewährleistet werden, dass alle freiwilligen Change Agents gleichzeitg eine Rolle innerhalb der Hierarchie ausüben. Regelmäßige Meetings und entsprechend kommunikative Stukturen fördern und fordern den unmittelbaren Austausch der beiden Systeme innerhalb der Organisation.

6.2.4.4 Instrumente und Maßnahmen

Die eigentlichen Instrumente und Maßnahmen des Change Managements reichen von direktiven Machtinstrumenten wie Anweisungen, Instruktionen und Vorgaben auf Basis von Expertenlösungen bis hin zu partizipativen Einflussmethoden wie der systemischen Organisationsentwicklung oder der totalen Partizipation (siehe Steiger und Hug 2013, S. 252–312). Im Alltag von Change Management kommen in erster Linie Basistechniken zum Einsatz, deren Bekanntheit einen gewissen Vertrauensvorschub bedeuten kann (Change Mangement Studie 2008):

- **Trainings, Schulungen und Workshops** vermitteln Informationen, Werte und Haltungen und für die Veränderung bedeutsame Fertigkeiten Sie werden eingesetzt, wenn umfassende mentale Veränderungsprozesse notwendig sind und können ohne strukturelle Umbaumaßnahmen erfolgen. Es gibt eine Vielzahl unterschiedlicher Formate und individueller Techniken, mittels derer die Inhalte in den Workshops herübergebracht werden. Ein breites Repertoire an Methoden und Erfahrung in der Wissensvermittlung zeichnen gute Trainer und Schulungsleiter aus. Im Rahmen von Change Management hängt die Effektivität von Workshops von der individuellen Ausgestaltung der Inhalte, Prozesse, Techniken und Tools ab (Rohm 2010 und 2012). Wichtige Inhalte von Trainings und Schulungen im Kontext von Change Management sind beispielsweise:

- Motivation für Veränderung und Umgang mit Widerständen
- Veränderungskommunikation
- Basis und Stolpersteine für Change Management
- Mentale Modelle/Landkarten der Mitarbeiter verstehen
- Systemische Frage- und Interventionstechniken
- Grundlagen für erfolgreiche Beratungsgespräche
- Führung in Veränderungsprozessen

Da die Lerneffekte aus Trainings im Laufe der Zeit verblassen, sind unterstützende Maßnahmen wie Coachings oder Transfergruppen empfehlenswert.

Change Management ist (auch) People Management

Natalie Stiller arbeitet seit mehreren Jahren als Managerin in einem mittelständischen Handelsunternehmen. Die Firma befindet sich gerade in einem Change-Prozess, der auch Frau Stiller betrifft. Sie übernimmt die Leitung der neu gegründeten kaufmännischen Abteilung, die sich aus Mitarbeitern formiert, die bislang in unterschiedlichen Abteilungen arbeiteten. Die optimistische und engagierte Frau Stiller sieht vor allem die Chancen für das Team und das Unternehmen, geht aber auch von einem gewissen Konfliktpotenzial aus. In einer E-Mail an einen befreundeten Consultant beschreibt sie die Situation: „*Es ergeben sich einerseits tolle Chancen, weil unterschiedliche Fähigkeiten und Kompetenzen zusammenkommen, auf der anderen Seite gibt es aber auch Konfliktpotenzial, denn jeder bringt natürlich seine alten Gewohnheiten und Vorlieben mit. Mein Wunsch ist, dass diese bunt gemischte Gruppe zu einem guten Team zusammenwächst, das gern miteinander arbeitet.*"[7] Ob Frau Stiller dies gelingt?

Wie sich die ersten 100 Tage in der neuen Führungssituation für Frau Stiller entwickeln, können Sie selbst erfahren. Denn die typische Ausgangssituation eines Change-Prozesses mit strukturellen und personellen Veränderungen auf der Teamebene ist das Szenario des computerbasierten TOPSIM®-Planspiels „People Management". Planspiele ermöglichen eine besonders praxisnahe Art des Trainings und sind deswegen in vielen Hochschulen und Unternehmen bereits festes Element im Führungskräftetraining. Die Palette der TOPSIM®-Planspiele reicht von Change Management über General Management bis hin zur Simulation von Start-Up-Unternehmen[8]. Im geschützten Umfeld eines Trainings lernen Führungskräfte, mit den komplexen Herausforderungen von Change Management umzugehen, zeitnah die richtigen Entscheidungen zu treffen und geeignete Maßnahmen umzusetzen. Wie im echten Management-Alltag stehen begrenzte zeitliche Ressourcen zur Verfügung und herrscht zu Beginn keine völlige Transparenz der Führungssituation. Natalie Stiller lernt ihre Mitarbeiter erst im Laufe der ersten 100 Tage immer besser kennen und gewinnt ein Gefühl dafür, wer

---

[7] TOPSIM®-Planspiel „People Management", Trainingsunterlagen.
[8] Siehe www.topsim.com, zugegriffen am 05.05.2014.

mit wem kann und wer nicht. Sie muss ihren eigenen Kommunikationsstil verändern, um immer stärker werdenden Widerständen zu begegnen und zusätzlich zum „People Management" natürlich dafür sorgen, dass die Abteilung ihre fachlichen Aufgaben mit guter Qualität bewältigt. Die Teams der Planspieler treffen in mehreren Runden Entscheidungen, wie Frau Stiller agiert, und erhalten zeitnahe Rückmeldungen, wie sich die Situation im Team verändert. Die relevanten Dimensionen ändern sich dabei entsprechend der Phasen des Change Management Prozesses (siehe Kap. 6.2.3). Wie im echten Leben gibt es nicht nur einen Weg, die Herausforderungen auf der Sach- und der Beziehungsebene zu meistern. Gleichwohl erfahren die Planspielenden durch die direkten Rückmeldungen, wie gut sie den Veränderungsprozess managen und bekommen durch den Vergleich mit den anderen Teams Ideen, wie sie sich auch hätten entscheiden können.

- Ziel der **Personalentwicklung** im Kontext des Change Managements ist die Anpassung des personalwirtschaftlichen Instrumentariums an Veränderungsprozess und -ziele durch Maßnahmen wie:
  - Planung, Konzeption und Organisation von Trainings- und Schulungsmaßnahmen
  - Selektion interner und externer Berater und Trainer
  - Unterstützung bei rechtlichen Fragen
  - Unterstützung bei der Entwicklung von Kompetenzprofilen (z. B. bei Klärung der Ist- und/oder Soll-Situation)

- Die **Organisationsentwicklung** ist im sozialpsychologischen Umfeld entstanden. Sie bezeichnet die gezielte und systematische Entwicklung der Organisation, die durch den Wandel der Strukturen, der Organisationskultur oder des Verhaltens der Mitarbeiter erzielt wird. Die Methoden sind von einem prozesshaften, evolutionären Ansatz geprägt, welche die im Unternehmen vorhandenen Potenziale anregen. Dadurch wird die Leistungsfähigkeit der Organisation und die Verwirklichung der Talente der Mitarbeiter unterstützt. Die Organisationsentwicklung erfolgt aus einer ganzheitlichen Perspektive und berücksichtigt die Wechselwirkungen zwischen einzelnen Mitarbeitern, Teams, Bereichen, Strukturen, Technologien und dem wirtschaftlichen Umfeld.
- Im Change Management sollten die Inhalte, die Kanäle und die Tonalität der **Kommunikation** mit Bedacht und bewusst ausgewählt werden, da Kommunikation in starkem Maße Vertrauen fördern oder Misstrauen wecken kann. Der Change-Prozess kann durch verschiedene Maßnahmen unterstützt werden, wenn es darum geht, die Notwendigkeit für Veränderungen zu vermitteln, Ziele zu definieren, ein gemeinsames Problembewusstsein zu entwickeln, Verantwortlichkeiten zu schaffen, Erfolge anzuerkennen und Emotionen zu bewältigen. Die Kommunikation kann dabei in Top-Down-Prozessen (vom Management zu den Mitarbeitern) oder Bottom-Up (vom Flurfunk ins Management) erfolgen. Empfehlungen für die gelungene Kommunikation im Change Management beschreibt Gerhild Deutinger anschaulich und detailliert im Buch „Kommunikation im Change" (Deutinger 2013).

- **Mitarbeiterbefragungen** erfolgen im Rahmen des Change Managements in erster Linie, um Aspekte und Dimensionen des Ist-Zustands und der ZielImportant zu ermitteln. Diese können sich auf die Arbeitszufriedenheit, die Mitarbeiterzufriedenheit, das Organisationsklima oder die Zufriedenheit mit der Führung beziehen. Wichtig (und häufig unterschätzt) ist der Effekt, dass Mitarbeiterbefragungen nicht nur Daten liefern, sondern bei den Mitarbeitern auch Erwartungen (hinsichtlich Veränderungen) bewirken. Mögliche Einsatzpunkte der Mitarbeiterbefragung im Change-Prozess:
  - **vor** dem Veränderungsprozess: Ist-Zustand ermitteln
  - **nach** dem Veränderungsprozess: Evaluation der Resultate
  - **während** des Veränderungsprozesses: gesicherte Steuerung des Prozesses für die Bestimmung notwendiger Kurskorrekturen

  Bei evolutionären Prozessen werden Mitarbeiterbefragungen regelmäßig durchgeführt.
- **Veranstaltungen, Events und Teambuilding-Aktivitäten** können flexibel eingesetzt werden, um die Change-Maßnahmen durch eine Erlebnisqualität zu unterstützen. Besonders häufig werden Teambuilding Events durchgeführt, in denen das Zusammengehörigkeitsgefühl des Teams gestärkt wird. Erlebnispädagogische Techniken bereichern und vertiefen Lerneffekte wie beispielsweise …:
  - … das Kennen und Managen des eigenen Führungsverhaltens.
  - … das Entwickeln kooperativer Strategien beim gemeinsamen Bewältigen von Aufgaben.
  - … das Erfahren der Kettenreaktion des eigenen Handelns.
  - … das Entwickeln und Erfahren von Vertrauen und Verlässlichkeit.
  - … die Veränderung von Kommunikation.
- Die Formulierung von expliziten **Führungsgrundsätzen**, einem Leitbild oder einer Vision für das Unternehmen ist ein häufig eingesetztes Instrument des Change Managements. In einem Top-Down-Prozess wird dabei vom Top Management, einer Expertengruppe oder einer Projektgruppe ein Leitbild entwickelt. Dieses wird über verschiedene Kanäle (z. B. Workshops, die Mitarbeiterversammlung, Schulungen) und Medien (z. B. Präsentation, E-Mail, Broschüren) innerhalb des Unternehmens weitergegeben. Führungsgrundsätze werden als alleinige Maßnahme jedoch inzwischen kritisch bewertet.

Nicht immer sind die populärsten Change Instrumente jedoch die wirksamsten. Unbekanntere Maßnahmen können zwar aufwendiger in der Vorbereitung und Durchführung sein, dafür aber umso wirkungsvoller:

- Das **Widerstandsradar** („Resistance Radar") ist ein Messinstrument zur Bestimmung von Widerständen in Veränderungsprojekten. Der identifizierte Widerstand wird in Form einer **Kennzahl** auf Basis eines Fragebogens ermittelt, der systematisch die Widerstände eines Projektes abfragt und zwischen sogenannten **harten und weichen Faktoren** unterscheidet. Die Analyse mündet in ein sogenanntes Widerstandsbild („Total Resistance Radar Map") und eine Kennzahl („Average Resistance Factor"). Die

Ergebnisse werden meist in einem anschließenden Workshop analysiert und entsprechende Maßnahmen abgeleitet.

- **Analoge Interventionen** ergänzen emotional und symbolisch die rationalen Maßnahmen. Der Begriff steht für die gemeinsame Kreation und den Einsatz von symbolischen Elementen, die Analogien zu den aktuellen Herausforderungen bilden. Über kreative und emotionale Kanäle ermutigen analoge Interventionen, die Sachverhalte andersartig zu beurteilen, zu beschreiben oder zu interpretieren.
- **Lernlandkarten** haben das Ziel, komplexe Kernbotschaften zu vermitteln bzw. zu verankern. Durch die kreative, visuelle Gestaltung der Lernlandkarte wird ein strukturierter Lernprozess angestoßen. Nach der Erstellung einer Lernlandkarte wird diese in Gruppen-Sessions genutzt, deren Diskussion durch eine leitfragengestützte Moderation gesteuert wird. Die erstellte Lernlandkarte sollte vor dem umfassenden Einsatz in der gesamten Organisation mit einer repräsentativen Zielgruppe getestet werden.
- Das **Change Readiness Assessment** überprüft mit qualitativen Methoden die Veränderungsbereitschaft der Organisation oder der wesentlichen Stakeholder. Es ermöglicht die Standortbestimmung im Rahmen der laufenden Veränderungsinitiative einer Organisation. Dieses Instrument macht Veränderungsfähigkeit und -bereitschaft der wesentlichen Stakeholder transparent und erlaubt es, notwendige Maßnahmen abzuleiten. Eingeschätzt wird die Bereitschaft zur Veränderungen durch persönliche Interviews und Fokusgruppen.
- Die **Change Impact-Analyse** bezeichnet einen strukturierten Workshop, mittels dessen die Auswirkungen der Veränderungen identifiziert, verfolgt und gesteuert werden. Innerhalb festgelegter Dimensionen werden die Veränderungen auf einer Skala nach dem Ausmaß ihrer Auswirkungen („Impact") gemessen. Die Auswertung dient als Grundlage für Empfehlungen für den weiteren Change-Prozess und die nächsten konkreten Schritte.
- **World Café**: In einer inszenierten „Caféhaus-Atmosphäre" steht der soziale Austausch im Vordergrund. Ziel dieser Methode ist es, unterschiedliche Meinungen zu einem Thema oder mehreren Themenblöcken offen zu diskutieren sowie neuartige Sichtweisen zu entwickeln. Der Ablauf ist unterteilt in Phasen der Gruppendiskussion und Phasen im Plenum, in denen dann neue Fragen gestellt oder Zwischenergebnisse präsentiert werden können. Die Gruppen sind jeweils nur für eine Fragestellung oder eine bestimmte Zeit in derselben Zusammensetzung um einen Tisch vereint. Nach Ablauf dieser Zeit stellt der „Gastgeber" seinen neuen „Gästen" die bisherigen Arbeitsergebnisse kurz vor. Dann beginnt die Gruppe an der neuen Fragestellung bzw. mit den bisherigen Ergebnissen weiterzuarbeiten. Die erarbeiteten Ergebnisse werden im Nachgang aufgegriffen und für die Teilnehmer sichtbar auch im Unternehmensalltag verankert.
- **Kulturforen** fördern die Beteiligung von Mitarbeitern am Veränderungsprozess, indem sie sich in Kleingruppen zu vorgegebenen kulturellen Aspekten austauschen. Ziel ist dabei die Sensibilierung für Aspekte der Organisationskultur und die Förderung eines Kulturwandels von unten. Die Forenbesucher diskutieren über festgelegte Themen in Runden von 10–12 Teilnehmenden. Die Ergebnisse der ersten Diskussionsgruppe (Pilotforum) können nach erfolgreicher Durchführung in die nächste Diskussionsgruppe

hineingegeben und dort weiterentwickelt werden. Kulturforen eignen sich für kleinere Gruppen und sollten regelmäßig in einem Zeitraum von mindestens sechs Monaten erfolgen, um einen mentalen Wandel zu bewirken.
- **Storytelling** wird nicht nur als Methode im Brand Management genutzt (siehe Kap. 6.2.2). Die Erzählmethode wird auch im Change Management eingesetzt, um Wissen versteckt oder offen weiterzugeben. Die Zuhörenden sollen die Handlung einer Geschichte zu einer erwünschten Schlussfolgerung führen. Die Zuhörer werden in die Geschichte möglichst eng einbezogen und bleiben nicht passive Zuhörer. Das Einbeziehen von prägnanten Erzählungen in die Kommunikation verankert die Veränderungsidee auf psychologisch wirksame Weise.
- Die **Kraftfeldanalyse** identifiziert die Faktoren, die die geplante Veränderung voranbringen oder behindern können. Sie macht den potenziellen Widerstand, mit dem bei der Umsetzung gerechnet werden muss, sichtbar und versachlicht Diskussionen über diese Gegenkräfte. Ein frühzeitiger Einsatz hilft, grundlegende Herausforderungen im Vorfeld zu identifizieren (Siehe auch von Rosenstiel et al. 2012). Das Ziele der Kraftfeldanalyse besteht darin, die hemmenden und förderlichen Faktoren zu erkennen und den Negativfaktoren möglichst förderliche Faktoren gegenüberzustellen (Abb. 6.20).
- Im Laufe der Analyse werden zunächst die positiven Kräfte im Brainstorming-Modus (d. h. keine Bewertung oder Zensur) gesammelt. Anschließend werden Negativfaktoren benannt und die hemmenden Faktoren werden hinsichtlich ihrer Bedeutung geordnet („Ranking"). In der Reihenfolge ihrer Bedeutung werden für die Contra-Kräfte mit Unterstützung von kreativen Methoden Lösungsmöglichkeiten entwickelt und in einen Maßnahmenplan überführt.

Welche Kräfte sind am Werk?

In einem Produktionsbereich eines Unternehmens soll Gruppenarbeit eingeführt werden. Die Mitarbeiter übernahmen bislang hauptsächlich Produktionsaufgaben mit starker Arbeitsteilung. Die Meister und Vorarbeiter waren für die Verteilung der Aufgaben sowie die Zeit- und Personalplanung verantwortlich. Der Change-Prozess sollte dazu führen, dass die Teammitglieder stärker an der Kontrolle und Qualitätssicherung ihrer Tätigkeiten beteiligt wurden. Damit die ungewohnten Steuerungsaufgaben gelingen, mussten die notwendigen Kompetenzen und Ressourcen in der Gruppe neu verteilt werden. Wöchentliche Teammeetings wurden von einem Teamsprecher geleitet und moderiert. Die höhere Selbstregulation sollte in kürzere Durchlaufzeiten der Produktion und eine höhere Flexibilität des Bereichs münden.

Um die Änderungen einzuführen, wurde ein Lenkungsteam ins Leben gerufen. Um gegen möglichst wenig Widerstände im Prozess arbeiten zu müssen, sollten zunächst hemmende und förderliche Faktoren für die Einführung von Gruppenarbeit ermittelt werden. Der begleitende Arbeits- und Organisationspsychologe Conny Antoni empfahl die Methode der Kraftfeldanalyse: *„Mit Interesse-/Kraftfeldanalysen können vorhan-*

6.2 Führung als sozialer Einfluss

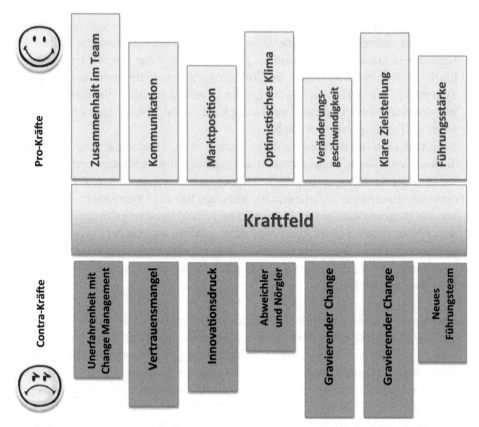

Abb. 6.20 Beispiel einer Kraftfeldanalyse

dene Interessensgruppen identifiziert und in den Einführungsprozess integriert werden (Antoni 2012, S. 168–179)." Im späteren Change-Prozess gelang es dem Lenkungsteam, die unterschiedlichen Interessensgruppen zur Partizipation zu motivieren und aus potenziellem Widerstand Energie für die gemeinsame konstruktive Veränderung zu machen. Besonders wichtig ist es, dieses Instrument frühzeitig im Change Management einzusetzen.

- **Systemische Organisationsaufstellungen** entstammen ursprünglich der Familientherapie, werden im Coaching, der Organisationsentwicklung und Beratung aber zunehmend in Organisationen eingesetzt (Faulstich 2007). Sie ermöglichen es, komplexe formelle und informelle Verflechtungen im Beziehungsgefüge einer Organisation anschaulich zu machen. Die Reduktion der Komplexität gibt Hinweise auf verdeckte Störungen und unentdeckte Lösungswege. Bei Systemaufstellungen wird davon ausgegangen, dass Menschen, die in der Rolle als Stellvertreter in einer Aufstellung fungieren, in dem aufgestellten System Aussagen machen, die der Dynamik des tatsächlichen Systems nahekommen und dadurch Hilfestellungen für die aufstellenden Entscheider

geben. Vor Beginn einer Aufstellung wird die aufstellende Person vom Moderator im Beisein der anderen Teilnehmenden interviewt. Die aufstellende Person wählt aus dem Kreis der Teilnehmenden Personen als Stellvertreter aus und platziert sie wortlos im Raum. Nach einer kurzen Phase der Einfindung werden die Personen im aufgestellten System nach ihrer Wahrnehmung befragt. Anschließend erarbeitet die aufstellende Person, unterstützt vom Moderator, ein Lösungsbild für das System, indem Stellvertreter an andere Positionen versetzt werden.
- Beim **Unternehmenstheater** schlüpfen professionelle Schauspieler stellvertretend in die Rolle von Unternehmensvertretern und machen auf Einstellungen und Verhaltensweisen aus dem Alltag aufmerksam. Das Unternehmenstheater platziert kritische Veränderungsbotschaften auf spielerische Weise und hält der Organisation einen Spiegel vor. Auf Basis von Recherche und Beobachtung der Mitarbeiter im Unternehmen (z. B. durch Befragungen, Sichtung von Dokumenten, Büros) entsteht der Entwurf eines Regieplans zur Abstimmung. Das verabredete Stück wird vor den Mitgliedern der Organisation aufgeführt. Unmittelbar im Anschluss oder etwas zeitversetzt erfolgt im kleinen Workshop eine Reflexion.

Veränderungen in Organisationen sind hochkomplexe Prozesse. Der soziale Einfluss von Führungskräften wirkt sich auf das gesamte Netzwerk von Mitarbeitern, Prozessen und Strukturen aus. Die gezielte Steuerung von Veränderung bedarf neben fachlicher Methodenkompetenz auch eines hohes Maßes an Prozesssteuerung und sozialer Fertigkeiten. Die vorgestellten Instrumente, und Modelle sind zur Erweiterung Ihrer Handlungsoptionen bestimmt. Change Management gelingt nicht mit Hilfe des mechanischen Einsatzes dieser „Tools", sondern ist die hohe Kunst der Einflussnahme auf allen sozialen Ebenen: von der Wahrnehmung der aktuellen Situation, über die Bewertung der Veränderung, die Motivation zur Beteiligung am Wandel bis hin zum kommunikativen Austausch. Gerade im Change Management zeigt sich, dass Mitarbeiter in der Wirtschaft und in Unternehmen keine Zahnräder eines Getriebes sind, die man technokratisch einem „Reengineering" unterziehen kann, sondern Menschen, die mit Engagement, Sinn und Bedeutung berührt, bewegt und verändert werden wollen.

6.3 Selbsttests und Arbeitsmaterialien

6.3.1 Die Rahmenbedingungen für meine Führung

Gehen Sie innerlich etwas auf Distanz und versuchen Sie, aus der Vogelperspektive einen Blick auf Ihre aktuelle Führungssituation zu werfen. Beantworten Sie dafür die folgenden Fragen.

1. Wie groß ist der von mir geführte Bereich?

6.3 Selbsttests und Arbeitsmaterialien

2. Wie viele Positionen, Stellen, Projekte oder Marken umfasst meine Führungsverantwortung?

3. Wie klar ist mein Verantwortung definiert?

4. Wie transparent ist sie meinen Kollegen und Mitarbeitern?

5. Über welche Erfahrungen verfüge ich von denen andere profitieren können?

6. Wie häufig frage ich Menschen um Rat oder bitte um bestimmte Informationen?

7. Habe ich Zugang zu besonderen Informationsquellen, die anderen nicht zugänglich sind (z. B. Berichte, Studien, Analysen)?

8. Wie lasse ich meine Kollegen und Mitarbeiter an meinen Erfahrungen teilhaben?

9. Wie bringe ich meine Expertise, z. B. in Gesprächen, ein?

10. Für welche Menschen bin ich möglicherweise ein Vorbild Welche Ihrer Stärken beeindrucken andere am meisten?

11. Wie leben Sie die Werte meines Unternehmens? Woran können andere dies erkennen?

12. Wie stark sind die Bindung und die Zusammengehörigkeit in meinem Team?

13. Wie gut unterstützen sich meine Mitarbeiter bei der Erfüllung ihrer Aufgaben?

14. Wie nah oder fern stehen sich meine Mitarbeiter persönlich?

15. Wie wichtig ist die aktuelle Position für jeden Ihrer Mitarbeiter?

16. Wie häufig sehe ich meine Mitarbeiter? Wie oft reden wir am Tag miteinander? Sprechen wir überwiegend im persönlichen Dialog, per Telefon oder per E-Mail miteinander?

17. Wie oft finden gemeinsame Meetings oder Workshops statt?

6.3.2 Mögliche Spannungsfelder und Stolpersteine

1. **Innenperspektive:** Beschreiben Sie Ihre persönliche Perspektive auf Ihre Führungsaufgabe und Ihren Führungsbereich.

   - Was wünsche ich mir für sich persönlich, meine Mitarbeiter, mein Team, meine Marke, Organisation?

   - Welche Führungsziele habe ich

6.3 Selbsttests und Arbeitsmaterialien

- Welche Führungserfahrungen bringe ich mit? In welchen Lebens- und Berufsbereichen habe ich bereits Menschen, Teams, Marken oder ein Unternehmen geführt?

- Was ist mir dabei gut gelungen?

- Wie habe ich das gemacht?

- Was ist mir weniger gelungen?

- Was hätte ich anders machen können?

2. **Außenperspektive:** Überlegen Sie in einem zweiten Schritt, welche Perspektive Ihre Mitarbeiter, Kollegen, Vorgesetzten und Kunden auf Sie als Führungskraft haben
   - Wo und wie erleben sie mich in meiner Führungsrolle?

   - Welche Führungsstärken würden sie mir attestieren?

   - Wo sehen Andere Möglichkeiten, dass ich mich als Führungskraft verbessern?

   - Wo und wie könnten sie mich in meiner Führungsrolle unterstützen?

- Was wären die Konsequenzen für Andere wenn ich als Führungskraft scheiterte

  _____

  _____

- Welche Wünsche, Ziele und Erwartungen richten Andere (ausgesprochen und unausgesprochen) an mich als Führungskraft?

  _____

  _____

Tipp Diese Frage können Sie auch im Rahmen von Vier-Augen-Gesprächen mit Ihren Mitarbeitern, Kollegen oder Kunden stellen, um Erwartungen frühzeitig zu reflektieren.

3. **Analyse:** Gleichen Sie nun Ihre Innenperspektive mit der Außenperspektive Ihres Führungsumfelds ab.
   - Worin stimmen beide Perspektiven überein?

     _____

     _____

   - Wo gibt es Abweichungen zwischen den beiden Perspektiven?

     _____

     _____

   - In wie vielen Bereichen weichen meine Vorstellungen von den Vorstellungen Ihrer Mitarbeiter, Kollegen und Vorgesetzen ab?

     _____

     _____

   - Wie groß und weitreichend sind die Diskrepanzen?

     _____

     _____

Sehr wahrscheinlich werden Innen- und Außenperspektive nicht zu 100 % übereinstimmen, da Menschen individuelle Sichtweisen haben. Weichen die beiden Perspektiven jedoch deutlich oder in mehreren Bereichen voneinander ab, müssen Sie mit Turbulenzen auf Ihrem Weg zum Führungserfolg rechnen.

Art und Ausmaß der Unterschiede zwischen Ihrer Innenperspektive und der Außenperspektive geben Ihnen eine Orientierung, welche wichtigen Spannungsfelder in Ihrer Führungskonstellation zu harmonisieren sind.

6.3.3 Reflexion: Mein Führungsstil

Denken Sie an die Entscheidungen, die Sie in den letzten sechs Wochen in Ihrem Arbeitsbereich, Unternehmen oder Ihrer Organisation getroffen haben. Welche der folgenden Aussagen beschreibt am besten, wie diese Entscheidungen zustande kamen? (Tab. 6.1)

Tab. 6.1 Reflexion: Mein Führungsstil

	Trifft nicht oder selten zu				Trifft stark oder meistens zu
	1	2	3	4	5
1. Ich habe die Entscheidungen alleine getroffen, ohne andere um Rat oder Input zu fragen					
2. Ich war an vielen Entscheidungen meines Teams/meiner Mitarbeiter gar nicht beteiligt, habe aber dafür gesorgt, dass die Umsetzung reibungsfrei gelingt					
3. Ich habe klare Instruktionen gegeben, wie alles ablaufen soll					
4. Ich habe bei meinen Entscheidungen vorgegeben, wo die Grenzen des Machbaren und Erlaubten sind, mich ansonsten aber aus der Entscheidungsfindung herausgehalten					
5. Ich habe meine Entscheidungen getroffen und begründet, damit meine Mitarbeiter verstehen, warum sie so handeln sollen, wie ich es entschieden habe					
6. Ich habe die Entscheidungen meinen Mitarbeitern überlassen, weil sie am besten wissen, wie sie die Aufgaben bewältigen und Ziele erreichen					

Auswertung Addieren Sie getrennt voneinander die Werte bei den Antworten, die Sie auf Fragen mit gerader Nummerierung (Fragen 2, 4 und 6) gegeben haben und die Werte bei den Antworten, die Sie auf Fragen mit ungerader Nummerierung (Fragen 1, 3 und 5) gegeben haben. Je höher die Summe bei den Antworten der geraden Fragen ist, desto demokratischer ist Ihr Führungsstil. Je höher die Summe bei den Antworten der ungeraden Fragen ist, desto autoritärer ist Ihr Führungsstil. Wenn Sie bei beiden Summen ähnlich hohe Werte erzielt haben, haben Sie einen konsultativen oder partizipativen Führungsstil.

6.3.4 Reflexion: Passung und Optimierung von Führungsstil und Führungssituation

Vergegenwärtigen Sie sich die Situationen, in denen Sie Ihre Entscheidungen der letzen sechs Wochen in Ihrem Arbeitsbereich, Ihrem Unternehmen oder Ihrer Organisation gefällt haben, anhand der folgenden Fragen:

1. Inwieweit konnte ich die Entscheidungssituation **beeinflussen**?

2. Standen mir **ausreichende Informationen rechtzeitig** zur Verfügung?

3. Wie **wichtig und bedeutsam** waren die Entscheidungen für übergeordnete Ziele?

4. Wie **dringend und kurzfristig** mussten die Entscheidungen getroffen werden?

5. Über welche **Befugnisse** verfügte ich und wo gab es Grenzen meiner Entscheidungsfreiheit?

6. War ich legitimiert, alle Entscheidungsmöglichkeiten umzusetzen?

7. Welche **Ressourcen** standen Ihnen und Ihren Mitarbeitern zur Verfügung, um die Entscheidungen zu treffen?

6.3 Selbsttests und Arbeitsmaterialien

8. Welche Ressourcen standen mir und meinen Mitarbeitern zur Verfügung, um die Entscheidung umzusetzen?

   _____

   _____

9. Welche **Mitarbeiter** neigten eher zu schnellen Entscheidungen, welche benötigten Bedenkzeit?

   _____

   _____

10. Welche Mitarbeiter trafen gute Entscheidungen und bei welchen musste ich häufiger nachkorrigieren?

    _____

    _____

11. Was hat bei welchem Mitarbeiter überwogen: **Kopf- oder Bauchentscheidung?**

    _____

    _____

12. In welchen Situationen habe ich eher **autoritär** bestimmt? Passte dieser Führungsstil zu der Situation (z. B. Rahmenbedingungen, Zeitdruck, Bedeutung, Ressourcen)? Warum (nicht)?

    _____

    _____

13. In welchen Situationen habe ich eher **demokratisch** entscheiden lassen? Passte dieser Führungsstil zu der Situation (z. B. Rahmenbedingungen, Zeitdruck, Bedeutung, Ressourcen)?

    _____

    _____

6.3.5 Reflexion: Führungsrollen

Betrachten Sie sich noch einmal Abb. 6.4 in Kap. 6.2.1. Beantworten Sie daraufhin die folgenden Fragen.

1. Wählen Sie drei typische oder wiederkehrende Führungssituationen oder -aufgaben aus Ihrem Verantwortungsbereich.

   _____
   _____

2. Welche **interpersonale Rolle** nehme ich wann ein?

   _____
   _____

3. Wer übernimmt die anderen Rollen?

   _____
   _____

4. Ist diese Rollenkonstellation für mich hilfreich? Welchen Nutzen hat sie?

   _____
   _____

5. Was würde geschehen, wenn ich eine andere der drei Rollen aus Abb. 6.4 einnehmen würde?
   a. **Repräsentant („Figurehead")**: Ich bin der symbolische Kopf meines Teams, der Abteilung oder der Organisation. Ich erfülle Repräsentationsroutinen sozialer und gesetzlicher Art (z. B. Eröffnungsreden, Anwesenheit bei wichtigen Events).
   b. **Führer („Leader")**: Ich motiviere und koordiniere die Aktivitäten meiner Mitarbeiter. Ich leite Mitarbeiter an, leite die Besetzung neuer Stellen und beteilige mich an der Personalentwicklung.
   c. **Koordinator („Liaison")**: Ich baue interne und externe Kontakte auf und pflege diese Ressource proaktiv. Dazu nutze ich formelle und informelle Wege des Austauschs und der Kommunikation.

   _____
   _____

6. Welche **informationelle Rolle** nehme ich ein (vgl. Abb. 6.3)? Stehen Ihnen und Ihren Mitarbeitern dadurch alle notwendigen und hilfreichen Informationen zur Verfügung?

   _____
   _____

6.3 Selbsttests und Arbeitsmaterialien

7. Wie hilfreich für den Informationsfluss ist diese Rolle? Welche Vor- und Nachteile hat diese Rolle für mich persönlich?

   _____
   _____

8. Was würde geschehen, wenn ich eine andere der drei Rollen aus Abb. 6.3 einnehmen würde?
   a. **Informationssammler („Monitor")**: Ich bin ein „Jäger und Sammler". Ich erhalte und suche sehr breit gefächerte Informationen, die mein Verständnis der Organisation, des wirtschaftlichen Umfelds und der daraus resultierenden Konsequenzen fördern.
   b. **Informationsvertreiber („Disseminator")**: Ich gebe gerne interne und externe Informationen an die Organisationsmitglieder weiter. Neben harten Fakten zählen auch Spekulationen und Gerüchte zu meinem Repertoire.
   c. **Sprecher („Spokesperson")**: Ich agiere als Sprecher und informiere andere Menschen über Pläne, Maßnahmen und Resultate der Unternehmung.

   _____
   _____

9. Welche **Entscheidungsrolle** nehme ich ein?

   _____
   _____

10. Wie gut sind die Entscheidungen in dieser Rolle?

    _____
    _____

11. Wie würden meine Entscheidungen vermutlich ausfallen, wenn ich eine der anderen Rollen aus Abb. 6.4 einnehmen würde?
    a. **Unternehmer („Entrepreneur")**: Ich agiere unternehmerisch und suche innerhalb der Organisation und dem unternehmerischen Umfeld nach Verbesserungschancen und Innovationsfeldern.
    b. **Krisenmanager („Disturbance Handler")**: Ich erkenne und erfasse unerwartete und wichtige Störungen der betrieblichen Leistung und gebe Anregungen zur Bewältigung.
    c. **Ressourcenzuteiler („Resource Allocator")**: Ich bestimme über die Vergabe von Ressourcen an Personen, Teams und Abteilungen. Ich behalte den Überblick über die Einzelentscheidungen der Ressourcenzuordnung.

d. **Verhandlungsführer („Negotiator"):** Ich trete gegenüber Menschen außerhalb der Abteilung und Organisation als Verhandlungführer auf, setze mich für die internen Interessen ein und verpflichte die Organisation für zukünftige Maßnahmen.

6.3.6 Zusammensetzung von Teams: Teamrollen

Betrachten Sie zunächst noch einmal Abb. 6.8 in Kap. 6.2.1. Analysieren Sie dann die Konstellation eines für Sie wichtigen Teams. Nutzen Sie dafür das Modell der Teamrollen in der Teamleitung oder stellen Sie ein Team entsprechend der unterschiedlichen Rollen zusammen. Beantworten Sie dafür die folgenden Fragen.

1. Welcher Mitarbeiter/Welches Teammitglied entspricht eher dem **„intellektuellen Typ"**?

2. Welcher Mitarbeiter/Welches Teammitglied ist eher **„der Arbeiter"**?

3. Welcher Mitarbeiter/Welches Teammitglied entspricht dem Profil des **Vermittlers**?

4. Bin ich/die Teamführung in der Rolle der Führung eher **Koordinator** oder **Gestalter**?

5. Wie gut **passen** bei den Personen formelle Rolle, Teamrolle und Persönlichkeit zusammen?

Tipp Je häufiger Sie das Modell der Teamrollen in Ihrem Führungsalltag nutzen, desto eher bereichert es Ihr implizites Wissen und geht Ihnen „in Fleisch und Blut" über.

6.3.7 Teamklima: Stimmungsbarometer

Betrachten Sie zunächst noch einmal Abb. 6.9 in Kap. 6.2.1.

1. Verwenden Sie Eigenschaftsbegriffe, Bilder und Metaphern, um die Qualität von Spannungen im Team zu erfassen. Es kann „dicke Luft herrschen" oder „kalter Krieg", „die Sonne wieder scheinen" oder „Licht am Ende des Tunnels" erkennbar sein. Diese Art der Sprache lockert den Umgang mit Spannungen auf, ohne zu bagatellisieren, und erleichtert vielen Menschen, sich der Auseinandersetzung mit unangenehmen Themen zu öffnen. Und gleichzeitig wissen die meisten, was gemeint ist.
Auch Visualisierungen können Klarheit und gleichzeitig Leichtigkeit in die Diskussion einbringen. Nutzen Sie das Bild eines Stimmungsbarometers in der Arbeit mit Ihrem Team, um einen Überblick über das aktuelle Teamklima zu erhalten. Es sollte zu Beginn eines Teammeetings oder „Time-Outs" eingesetzt werden. Jeder Teilnehmende trägt (offen oder verdeckt) einen Punkt auf der Visualisierung am Flip Chart ein, ohne dies zu kommentieren oder auf die anderen Punkte im Barometer einzugehen.
2. Im zweiten Schritt wird das Gesamtbild besprochen:
   - Wie ist die Großwetterlage? Eher freundlich oder eher stürmisch?
   - Liegen die Punkte nah beieinander oder gibt es eine große Streuung?
   - Was sind die Gründe für freundliches Wetter?
   - Welche Wolken verdunkeln die aktuelle Stimmung?
   - Was sorgt für stürmisches Klima?

Die Ergebnisse bieten eine gute Grundlage für die weitere Arbeit im Team und geben Anhaltspunkte, woran gearbeitet werden kann, um die aktuellen Spannungen aus dem Weg zu räumen.

6.3.8 Die Story meiner Marke

1. Wählen Sie eine Marke aus, deren Strategie Sie mittels einer Brand Story beschreiben möchten. Dies kann sein:
   - eine Marke, die Sie als Marketing-Verantwortlicher betreuen,
   - die Marke Ihres Unternehmens,
   - Ihre Geschichte als „Eigenmarke".
2. Legen Sie sich ein Blatt Papier zurecht. Bestimmen Sie folgende Elemente:
   - **Genre:** Um welche Art von Geschichte handelt es sich? Komödie oder Tragödie? Heldenepos oder Märchen? Romanze oder Science Fiction?
   - **Protagonisten:** Welche Personen sind beteiligt und welche Rollen spielen sie? Wer ist der Held und wer der Widersacher? Wer ist Unterstützer und Mitstreiter, wer Mitläufer? Was macht den Helden aus?
   - **Konflikt:** Durch welchen inneren oder äußeren Konflikt wird die Geschichte vorangetrieben? Welche Widersprüche und Gegenpole sorgen für die nötige Spannung? Welche Gefühle und Dilemmata sind beteiligt?
   - **Spannungsbogen:** Wie verläuft die Choreografie der Geschichte? Was schafft einen spannenden Auftakt? Welche Schichten zeichnen sich ab und wie entwickeln sie sich weiter? Wo gibt es Unterströmungen und Komplikationen? Wie endet das Ganze?

3. Beginnen Sie, die Geschichte in einem Fluss zu Papier zu bringen. Es muss keine druckreife Erzählung werden. Trauen Sie sich, die Werte und Wahrheit der Marke einmal auf ungewöhnliche Weise in Worte zu kleiden.

6.3.9 Analyse: Selbst- und Fremdbild der Marke

Analysieren Sie anhand der folgenden Aufgabenstellungen das Bild der Marke(n), …

- … die Sie als Brand Manager betreuen.
- … Ihres Unternehmens als Selbstständiger.
- … Ihrer Organisation oder werfen Sie einen Blick auf sich selbst als „Eigenmarke".

1. Betrachten Sie noch einmal Abb. 6.12 in Kap. 6.2.2.
2. Tragen Sie die Facetten des Selbstbilds der Marke unten in der linken Spalte der Tabelle ein.
3. Befragen Sie anschließend einige Personen, welche die Marken kennen, verwenden oder nutzen (wollen), um einen Einblick in das Markenimage zu gewinnen. Notieren Sie Ihre Eindrücke in der rechten Spalte der Tabelle.

Selbstbild	Fremdbild

Die unten stehenden Fragen geben Ihnen einige Anregungen zur Selbst- oder Fremdbefragung:

Selbstbild: Markenidentität:
- Wo steht die Marke heute?
- Wo soll sie in 5–10 Jahren stehen?
- Welche weitreichenden Ziele verfolgt sie?
- Für welche Werte steht die Marke? Was verkörpert sie?
- Über welche Kompetenzen verfügt die Marke? Was sind die Kernkompetenzen?
- Welche Grenzen hat die Marke? Wo sind andere besser?
- Welche Kompetenzen könnten noch stärker genutzt werden?

Fremdbild: Markenimage
- Was bietet die Marke ihren Verwendern, Käufern und Nutzern?
- Welchen funktionalen/technischen Nutzen bietet die Verwendung der Produkte und Services?
- Welche Bedürfnisse befriedigt die Marke und die Nutzung ihrer Produkte?
- Wie stark sind Menschen emotional beteiligt, wenn sie an die Marke denken/von der Marke sprechen?

- Welche Gefühle werden vermittelt?
- Wie reden sie mit anderen Menschen über die Marke?

6.3.10 Markenpersönlichkeit

Machen Sie sich ein Bild von einer Markenpersönlichkeit. Auch hier können Sie wieder Marken, die Sie als Brand Manager betreuen, die Marke Ihres eigenen Unternehmens als Selbstständiger, die Unternehmensmarke Ihrer Organisation oder sich selbst als „Eigenmarke" unter die Lupe nehmen.

1. Betrachten Sie dafür zunächst noch einmal Abb. 6.13 in Kap. 6.2.2. Überlegen Sie, wie das Wesen und der Charakter der Marke hinsichtlich der fünf Persönlichkeitsdimensionen einzuordnen ist. Denken Sie daran, was die Make ausmacht, mit welchen Geschichten die Marke von sich erzählt, wo und wie sie im Markt in Erscheinung tritt, wie die Webseite gestaltet ist usw. Welche positiven und negativen Eigenschaften machen die Markenpersönlichkeit aus?

    - Wie **ehrlich, aufrichtig und verbindlich** ist die Persönlichkeit der Marke?

      _____

    - Wie **temperamentvoll, phantasievoll und modern** ist sie?

      _____

    - Wie **zuverlässig, erfolgreich und intelligent** erscheint sie?

      _____

    - Wie **charmant und vornehm** ist die Marke?

      _____

    - Wie **robust und naturverbunden** erscheint sie?

      _____

2. Um Orientierung für die strategische Markenführung zu gewinnen, …

    - … erfassen Sie das **aktuelle Persönlichkeitsprofil** (Ist-Zustand).

      _____
      _____

- ... entwerfen Sie das von Ihnen **angestrebte Zukunftsprofil** der Marke (Soll-Zustand).

  _____

  _____

- ... entwickeln Sie Ideen für **Maßnahmen**, wie der Soll-Zustand erreicht werden kann. Bedenken Sie dabei die Produktgestaltung, das Portfolio, Werbung, Design der Produkte, den Webauftritt, die Preisgestaltung und Distribution.

  _____

  _____

  _____

6.3.11 Meine Antennen für Konflikte

Das Konfliktpotenzial frühzeitig erkennen zu können, ist eine wichtige Voraussetzung für gelungenes Konfliktmanagement. Mit dieser Übung schulen Sie Ihre Antennen für Konflikte.

1. Betrachten Sie sich zunächst noch einmal Abb. 6.15 in Kap. 6.2.3.
2. Vergegenwärtigen Sie sich einen aktuellen Konflikt in Ihrem beruflichen Umfeld oder denken Sie an einen Konflikt, den Sie selbst oder Ihre Mitarbeiter in den letzten sechs Monaten gehabt haben. Notieren Sie ihn in Stichworten.

   _____

   _____

3. Um welche Art von Konflikt hat es sich gehandelt/handelt es?

   _____

   _____

4. Denken Sie darüber nach, welche Signale und Hinweise Ihnen klar gemacht haben, dass sich ein Konflikt „zusammenbraut". Als mögliche Hinweisreize kommen in Frage:
   - Aspekte des Verhaltens der Mitarbeiter oder Ihr eigenes Verhalten,
   - die sprachliche und nicht-sprachliche Kommunikation,
   - die etwas diffuse und schwer greifbare Stimmung.

   _____

   _____

Abb. 6.21 Konfliktmarker zeigen Ihnen Konflikte und Spannungen an

Tipp Versuchen Sie, die Hinweisreize so klar wie möglich zu beschreiben. So wissen Sie, mittels welcher Antennen Sie das Maß an Anspannung oder Entspannung wahrnehmen und wichtige Informationen über das Organisations- und Teamklima erhalten (Abb. 6.21).

Literatur

ACE Matrix (2014). *Ace Metrix Study Confirms Celebrities Have Little to No Impact on Ad Effectiveness*. Whitepaper von ACE Matrix, New York. http://www.acemetrix.com/news/press-releases/ace-metrix-study-confirms-celebrities-have-little-to-no-impact-on-ad-effectiveness. Zugegriffen: 4. Mai 2014.

Antoni, C. (2012). Gruppenarbeit erfolgreich einführen. In L. von Rosenstiel, E. von Hornstein, & S. Augustin (Hrsg.), *Change Management Praxisfälle. Veränderungsschwerpunkte Organisation, Team, Individuum* (S. 168–179). Berlin: Springer.

Baltes, P. B., & Smith, J. (1990). Weisheit und Weisheitsentwicklung: Prolegomena zu einer psychologischen Weisheitstheorie. *Zeitschrift für Entwicklungspsychologie und Pädagogische Psychologie, 22*, 95–135.

Belbin, M. R. (1993). *Team roles at work*. Oxford: Butterworth-Heinemann.

Briggs Myers, I., McCaulley, M. H., Quenk, N., & Hammer, A. (1998). *MBTI handbook: A guide to the development and use of the Myers-Briggs Type Indicator* (3. Aufl.). California: Consulting Psychologists Press.

Carnevale, D. G., & Wechsler, B. (1992). Trust in the public sector: Individual and organizational determinants. *Administration Society, 23*(4), 471–494.

Change Management Studie (2008). Business Transformation – Veränderungen erfolgreich gestalten. Capgemini Consulting.

Clases, C., & Frei, F. (2012). Führung in Balance-kritischer Entwicklung. *Wirtschaftspsychologie, 2*, 4–13.

della Picca, M., & Spisak, M. (2013). Psychologische Grundlagen für Führungskräfte. In Th. Steiger & E. Lippmann (Hrsg.), *Handbuch Angewandte Psychologie für Führungskräfte. Führungskompetenz und Führungswissen* (S. 115). Berlin: Springer.

Deutinger, G. (2013). *Kommunikation im Change: Erfolgreich kommunizieren in Veränderungsprozessen*. Wiesbaden: Springer Gabler.

Dietrich, F. O., & Schmidt-Bleeker, R. (2013). *Narrative Brand Planning. Wie Marken zu echten Helden warden* (S. 3, 12). Wiesbaden: Springer Gabler.

Esch, F.-R. (2008). *Strategie und Technik der Markenführung*. München: Vahlen.

Faulstich, J. (2007). *Aufstellungen im Kontext systemischer Organisationsberatung*. Heidelberg: Carl Auer.

Frankfurter Rundschau Online (13. April 2014). http://www.fr-online.de/times-mager/google-glass-sei-kein-glasshole-,1838190,26834070.html. Zugegriffen: 8. Mai 2014.

Furtner, M., & Sachse, P. (2011). Self-leadership training. Wirksamkeitsprüfung mit qualitativ-quantitativer Methodenkombination. *Wirtschaftspsychologie, 2*, 102–112.

Glasl, F. (1994). *Konfliktmanagement. Ein Handbuch für Führungskräfte und Berater*. Bern: Haupt.

Hug, B. (2013). Arbeitsgruppen im Führungsprozess. In T. Steiger & E. Lippmann (Hrsg.), *Handbuch Angewandte Psychologie für Führungskräfte. Führungskompetenz und Führungsiwssen* (S. 301–349). Heidelberg: Springer.

Wirtschaftspsychologische Gesellschaft (WPGS): http://www.wpgs.de/content/view/529/366. Zugegriffen: 8. Mai 2014.

Keller, S., & Aiken, C. (2010). The inconvenient truth about change management. Why it isn't working and what to do about it. McKinsey & Company.

Klendauer, R. (2006). Ein psychologisches Rahmenkonzept zur Analyse von Fusions- und Akquisitionsprozessen. *Psychologische Rundschau, 57*(2), 87–95.

Kotler, Ph. (2008). *The Mantra of Marketing*. Vortrag beim London Business Forum.

Kotter, J. P. (2012). Die Kraft der zwei Systeme. *Harvard Business Manager, 12*, 22–33.

Krainer, K., & Fauck, D. (2013). *New reality. The genesis of the educated decision-maker*. Gedankenfabrik. http://www.gedankenfabrik.de/wp/wp-content/uploads/2013/12/Gedankenfabrik_Thesen_201401.pdf. Zugegriffen: 5. Mai 2014.

Kraft, W. (2006). Interview in brand eins (8). http://www.brandeins.de/archiv/2006/spielen/den-kauf-knopf-gibt-es-nicht.html.Zugegriffen: 11. Aug. 2014.

Krüger, W. (2009). *Teams führen*. München: Haufe.

Küpers, W. (2012). Die Bedeutung von praktischer Weisheit für die integrale Führungs und Organisationspraxis. *Wirtschaftspsychologie, 3*, 46–55.

Lewin, K., Frey, D., & Lohr, W. (2012). *Feldtheorie in den Sozialwissenschaften: Ausgewählte theoretische Schriften* (2. Aufl.). Bern: Hans Huber.

Manz, Ch., & Sims, H.P. (1987). Leading workers to lead themselves: The external leadership of self-managing work teams. *Administrative Science Quarterly, 1*(32), 106–128.

Meffert, H., Burmann, Ch., & Koers, M. (2005). *Markenmanagement: Identitätsorientierte Markenführung und praktische Umsetzung*. Wiesbaden: Gabler.

Mintzberg, H. (1973). *The nature of managerial work*. New York: Harper & Row.

Neuberger, O. (2002). *Führen und führen lassen. Ansätze, Ergebnisse und Kritik der Führungsforschung*. Stuttgart: Lucius & Lucius UTB.

Rohm, A. (2010/2012). Change Tools I und II. Erfahrene Prozessberater präsentieren wirksame Workshop-Interventionen (5. Aufl.). ManagerSeminare.

von Rosenstiel, L., von Hornstein, E., & Augustin, S. (2012). *Change Management Praxisfälle. Veränderungsschwerpunkte Organisation, Team, Individuum*. Heidelberg: Springer.

Selter, J., & Wilczek, I. (2000). *Konfliktmanagement*. Bonn: Gustav-Stresemann-Institut.

Steiger, T. (2013). Das Rollenkonzept der Führung. In T. Steiger & E. Lippmann (Hrsg.), *Handbuch Angewandte Psychologie für Führungskräfte. Führungskompetenz und Führungsiwssen* (S. 35–64). Heidelberg: Springer.

Steiger, T., & Hug, B. (2013). Veränderungsmanagement. In Th. Steiger & E. Lippmann (Hrsg)., *Handbuch Angewandte Psychologie für Führungskräfte. Führungskompetenz und Führungswissen* (S. 256). Heidelberg: Springer.

Steinmeier, St., & Jöns, I. (2011). Vertrauen im Fusionsprozess – Einflussfaktoren und Auswirkungen. *Wirtschaftspsychologie, 2,* 62–74.

Storch, M. (2005). *Das Geheimnis kluger Entscheidungen: Von somatischen Markern, Bauchgefühl und Überzeugungskraft.* München: Goldmann Verlag.

Streit, J. (2011). Modell adaptiver Präferenzen. Wirkung von Unterbewusstein und Emotion auf das Kaufverhalten. Diplomarbeit an der Universität Potsdam.

Tannenbaum, R., & Schmidt, W. H. (1958). How to choose a leadership pattern. *Harvard Business Review, 36,* 95–102.

Tuckman, B.W. (1965): Developmental sequence in small groups, *Psychological Bulletin, 63,* 384–399.

Wegge, J., & von Rosenstiel, L. (2007). Fuİhrung. In H. Schuler (Hrsg.), *Lehrbuch Organisationspsychologie* (S. 475–512).

Weinert (1989) zitiert nach von Rosenstiel, L et al. (2009). *Führung von Mitarbeitern. Handbuch für erfolgreiches Personalmanagement.* Stuttgart: Schäffer-Poeschel.

Sachverzeichnis

A
Adjourning 211
Advanced Organizer 130
Aha-Erlebnis 93
Akzentuierung 73
Ambivalenzkonflikt, doppelter 32
Analogie 94
Angstbewältigung 243
Anker- und Anpassungsheuristik 75, 76, 80
Anschlusshandlungen 50
Anschlussmotiv' 17
Anspruchsniveau 42
Arbeiten in Teams 207
Arbeitsgedächtnis 115
Arbeitszufriedenheit 2, 250
Aristoteles 16
Assimilationseffekt 73
Attributionsmuster 33
Attributionsstil
  optimistischer 42
  pessimistischer 42
Aufgabenorientierung 201
Aufstellung, systemische 253, 254
Authentizität, selektive 156, 157

B
Bagatellisierung 179
Baltes, Paul 196
Bedürfnishierarchie 37
Bedürfnispyramide 37
Behaviour Modeling 109
Belbin, Meredith 211
Beobachtungslernen 108
Bestätigungstendenz 73

Big Five 14, 230
Blinder Fleck 169
Blitzlicht 210
Botschaft, paradoxe 142
Bottom-Up-Kommunikation 249
Brainstorming 252
Brand Management 216
Brand Monitoring 230
Brand Story 224, 265
Briggs, Katharine 211

C
Change Agents 246, 247
Change Impact-Analyse 251
Change Management 242, 246
Change Readiness Assessment 251
Chunks 115
Coaching 248, 253
Codes 221
Customer Management 216

D
Doppelbotschaft 142

E
Early Adopter 195
Einfluss, sozialer 194
Elaboration 118
Eltern-Ich 149
Employee Engagement 244
Enkodieren 120
Entscheidung 2

Entscheidungsarten 81
Entscheidungsrolle 206
Entscheidungstechnik 86
Erlebnismarke 227
Erleichterung, soziale 127
Erwartungen 71, 250
Esch, Franz-Rudolf 221
Extraversion 212

F
Faktoren, situative 226
Faulenzen, soziales 127
Feeling 212
Festinger, Leon 4
Forming 209
Fragen, offene 174
Führen 198
Führungsgrundsätze 250
Führungsmotivmuster 48
Führungsrolle 205, 262
Führungssituation 202, 260
Führungsstil 201, 259
    transformationaler 202
Führungsstilforschung 48
Führung, transformationale 112

G
Gedächtnis, sensorisches 115
Gedankenstopp 52
Gefangenendilemma 10
Gewinnmaximierung 12
Glasl, Friedrich 236
Grenznutzen, abnehmender 82
Groupthink 18
Grundsätze, ökonomische 2
Gruppenarbeit 252
Gruppenpolarisierung 17
Gruppenprozess 68
Gruppenzwang 194

H
Handlungskompetenz 106
Handlungsphasen 55
Harvard-Konzept des sachgerechten
    Verhandelns 239
Heuristik 71

Heuristiken 218
High-Involvement-Produkte 225
Homo oeconomicus 6, 8
Hygienefaktoren 3

I
Ich-Beteiligung 225
Ich-Zustand 146, 147
Informationsverarbeitung
    heuristische 77
    systematische 77
Inhaltstheorie 37
Interpretation 156
Intervention, analoge 251
Introversion 212
Intuition 85, 212
Involvement 225

J
Joharifenster 169
Jöns, Ingela 245
Judging 212

K
Kindheits-Ich 148
Kohäsion 195
Kommunikationskonflikt 234
Kompetenzwahrnehmung 126
Konditionieren, operantes 103
Konflikt 233
    interpersoneller 233
    intrapersoneller 233
    latenter 234
    offener 234
    organisatorischer 233
    persönlicher 234
Konfliktdiagnose 235
Konflikteskalationsstufen 236
Konfliktklärungsgespräch 238
Konfliktlösungen, faire 241
Konfliktmanagement 236
    Interventionen 237
Konfliktsignal 235
Konformität 194
Konformitätsdruck 194
Konfrontation 156

Kontrasteffekt 74
Kooperationsskripts 134
Kotler, Philip 216
Kraftfeldanalyse 252
Kreuzungstransaktion, produktive 161
Kulturforum 251

L
Lebensskript 223
Leistungsmotiv 40, 126
Leistungsvorteile von Gruppen 208
Leitbild 250
Lernen
  am Modell 108
  soziales 108
Lernlandkarte 251
Lernteam 133
Lewin, Kurt 225
Lohhausenexperiment 90
Lösungsorientierung 158
Low-Involvement-Produkte 225

M
Machteingriff 238
Machtquellen 46
Management Rad 206
Marken
  als Persönlichkeiten 229
  im digitalen Zeitalter 223
Markenbotschafter 231
Markenfixierung 223
Markenidentität 229, 266
Markenimage 218, 229, 266
Markenpersönlichkeit 231, 267
  Kernmerkmale 230
Markenwert, psychologischer 220
Markenzeichen 221
Marketing Management 216
McKinsey 243
Mehrwert, emotionaler 218
Mensch als soziales Wesen 13
Merger and Acquisitions 245
Metakompetenz 196
Milgram, Stanley 193
Mintzberg, Henry 204
Mitarbeiterbefragung 250

Mitarbeiterorientierung 201
Mitarbeiterversammlung 250
Mitarbeiterzufriedenheit 250
Mnemotechniken 121
Modell der Ich-Zustände 146
Modus 226
Motivation
  extrinsische 18, 19, 34, 125
  intrinsische 18, 34, 125, 207, 247
Myers-Briggs-Typen-Indikator 212
Myers, Isabel 211

N
Narrative Brand Planning 223
Narzissmus 15
Norming 210
Notizblock, räumlich-visueller 116
Nutzenkalkulation 12

O
Organisation als Organismus 203
Organisationsentwicklung 247, 249, 253
Organisationsklima 250

P
Pacing 50, 152
Paraphrasieren 154, 155
Perceiving 212
Performing 211
Personalentwicklung 249
Persönlichkeitsmerkmal 12
Persönlichkeitspsychologie 14
Planspiele 248
Priming 217
Prinzip der selektiven Authentizität 156, 244
Product Management 216
Prophezeiung, selbsterfüllende 6, 7
Prozessbegleitung 238
Prozesstheorie 37
Psychopathie 15

R
Rahmung 83
Ranking 252

Rationalisierung 20
Rehearsal 115
Repräsentativitätsheuristik 79
Risikowahl-Modell 41
Rollen
  informationelle 205
  interpersonale 205
Rollenkonflikt 234
Rubicon-Modell 55
Rückmeldungen 105

S

Sachkonflikt 233
Salienz 70, 110
Sandwich-Technik 173
Schiedsverfahren 238
Schulungen 247, 250
Selbststeuerung 206
Selbstwirksamkeit 46
Self-Leadership 206
Sensing 212
Sentiment Analyse 219
Skript 143
SMART-Formel 247
Social Facilitation 127
Social Loafing 127
Spannungskonstrukt 224
Spiegeln 152
Spiegelneuron 108
SQ3R-Methode 133
State 30
Steinmeier, Stella 245
Storming 210
Storytelling 252
Strukturen im Unternehmen 204

T

Täuschung, kognitive 80
Team 207
  Leistungsstärke 208
  psychologisches Profil 211
Teamentwicklung 209
Teamklima 215, 264
  Barometer 215
Teamrollen 213, 264
Teamrollenmodell 211
Thematischer Apperzeptionstest 40
Themenlandkarte 131, 132

Thinking 212
Third-place-Ansatz 228
Top-Down-Kommunikation 249
Training 247
Trait 30
Transaktion
  gekreuzte 142, 160, 162
  komplementäre 141, 147
  verdeckte 142
Transaktionsanalyse 141
Transfergruppen 248
Tuckman, Bruce 209
Typenindikator 211

U

Unternehmenstheater 254
Urteilsbildung 66
Urteil, soziales 66
Urteilsverzerrungen 22

V

Verfügbarkeitsheuristik 22
Vergleichsprozess, sozialer 4
Verlustaversion 84
Vertrauensbildung 244
Vision 250
Volitionsdefizit 126

W

Wert-Erwartungs-Theorie 82
Widerstandsradar 250
Win-Win-Lösung 239
Wissen
  deklaratives 114, 117
  episodisches 117
  metakognitives 117
  prozedurales 114, 116
  semantisches 117
Wissenserwerb 114
Workshops 247, 250
World Café 251

Z

Zimbardo, Philip 193
Zusammengehörigkeitsgefühl 194, 250